Detlev Leutner

Adaptive Lehrsysteme

Fortschritte der psychologischen Forschung 13

Herausgegeben von:
Professor Dr. Dieter Frey
Professor Dr. Heiner Keupp
Professor Dr. Ernst-D. Lantermann
Professor Dr. Rainer K. Silbereisen
Professor Dr. Bernd Weidenmann

Detlev Leutner

Adaptive Lehrsysteme

Instruktionspsychologische Grundlagen und experimentelle Analysen

Psychologie Verlags Union
Weinheim

Anschrift des Autors:

Prof. Dr. Detlev Leutner
Abt. Methodik FB06 Psychologie
Justus-Liebig-Universität Gießen
Otto-Behaghel-Straße 10
6300 Gießen

Die Deutsche Bibliothek – CIP-Einheitsaufnahme
Leutner, Detlev:
Adaptive Lehrsysteme ; Instruktionspsychologische Grundlagen
und experimentelle Analysen / Detlev Leutner. – Weinheim :
Psychologie-Verl.-Union, 1992
(Fortschritte der psychologischen Forschung ; 13)
ISBN 3-621-27140-6
NE: GT

Herstellung: Goldener Schnitt, Sinzheim
Druck und Bindung: Druckhaus Beltz, Hemsbach

ISBN 3-621-27140-6

Vorwort

Mit zunehmender Verbreitung preiswerter Personal Computer ist zu beobachten, daß diese vermehrt auch als Hilfsmittel zur Unterstützung des Lernens und Lehrens verwendet werden. Ihr Einsatzbereich ist vielfältig, angefangen vom einfachen Datenbanksystem bis hin zum multi-modalen Informationssystem mit interaktivem Bildplattenzugriff, vom einfachen Trainingsprogramm für Vokabeln bis hin zum wissensbasierten System, das den Lernenden in ein quasi-intelligentes Lehrgespräch mit wechselnder Initiative bei Fragen und Antworten zu verwickeln vermag.

Die derzeit sich abzeichnende allgegenwärtige Verfügbarkeit von Computern fällt zeitlich eng zusammen mit einem verstärktem Bedarf an Aus- und Weiterbildung (Stichwort "lebenslanges Lernen"). Der Bedarf bezieht sich sowohl auf die Qualität als auch auf die Quantität der Aus- und Weiterbildung: Im Zuge des technischen Fortschritts müssen immer mehr Menschen zeitlich länger und häufiger auf einem höheren Qualifikationsniveau aus- bzw. weitergebildet werden. Viele Qualifikationsinteressenten sind dabei auf eigenständiges Lernen angewiesen (Stichwort "Selbststudium"), wozu üblicherweise traditionelle Hilfsmittel, insbesondere Bücher, verwendet werden. Hier aber bietet sich der Einsatz von Computern an. Sie zeichnen sich nicht nur durch ihre verbreitete Präsenz aus (zu Hause, am Arbeitsplatz, in Schule und Hochschule). Computerunterstütztem Lernen werden vor allem Attribute wie "Interaktivität", "Individualität" und "Flexibilität" zugeschrieben (vgl. z.B. Bodendorf, 1990). Dies alles scheint bei einem vergleichsweise günstigen Preis-Leistungsverhältnis gegeben zu sein, sofern man die Software-Entwicklungskosten - unter der Voraussetzung, daß die Software überhaupt effektiv ist - auf den gesamten Umfang der Software-Nutzung umlegt ("Lernerstunden"). Daß diese Rechnung allerdings nicht immer aufgeht, belegen Erfahrung mit groß angelegten Projekten in den 70er Jahren (vgl. O'Shea & Self, 1984, S. 97f).

Jenseits aller allgemeinen Kostenüberlegungen ist die Nützlichkeit computerunterstützten Lernens am individuellen Lernerfolg des einzelnen Lernenden zu bemessen. Die zentrale These der vorliegenden Arbeit bezieht sich darauf, daß der Lernerfolg zunehmen sollte, wenn die Software eher ein Lehrsystem als ein reines Lernsystem darstellt - und zwar ein Lehrsystem, welches so gestaltet ist, daß es sich im Verlaufe des Lehrens automatisch an den veränderlichen Lehrbedarf des Lernenden anpaßt (adaptiert). Gemäß dieser These sollten die Begriffe Lehrsystem und Lernsystem - im Gegensatz zu einer explizit formulierten Empfehlung z.B. von Seidel & Lipsmeier (1989, S. 18) - nicht synonym verwendet werden, da im einen Fall psychologisch begründete Lehrfunktionen implementiert sind, im anderen Fall nicht.

Lehren bezieht sich auf die Steuerung individueller Lernprozesse und ist somit Forschungsgegenstand der Psychologie - und zwar einer Psychologie des Lehrens oder einer Instruktionspsychologie. Die vorliegende Arbeit versteht sich insofern als Beitrag zur Instruktionspsychologie, als es darum geht, die Wirksamkeit solcher psychologisch begründeten Lehrmaßnahmen zu untersuchen, über die nicht *vor* Beginn der Instruktion, sondern *während* der laufenden Instruktion entschieden werden muß bzw. kann (Stichwort: dynamische "on-line"- oder "Mikro"-Adaptation).

Die Entwicklung computerbasierter Lehrsysteme hat sich unter der Bezeichnung "Intelligente Tutorielle Systeme" zu einem interdisziplinären Arbeitsfeld zwischen Psychologie, Pädagogik und Informatik entwickelt. In der diesbezüglichen Literatur wird jedoch an vielen Stellen beklagt, daß es für die Implementation adaptiver Lehrmaßnahmen nur wenige - wenn überhaupt irgendwelche - verwertbare Forschungsergebnisse gibt. Der Grund ist, daß sich im Umfeld von CAI (computer-assisted instruction) - wie in der vorliegenden Arbeit gezeigt wird - zwei unterschiedliche Forschungsparadigmen herauskristallisiert haben: das eine mit stärkerem Bezug zur Psychologie und speziell zur Instruktionspsychologie, das andere mit stärkerem Bezug zur Informatik.

Das Ziel des ersten, theoretischen Teils der vorliegenden Arbeit besteht darin, die sich abzeichnende Kluft zwischen den beiden Forschungsparadigmen CAI und ICAI ("intelligent" CAI) zunächst aufzuzeigen und schließlich - zumindest ansatzweise - zu überbrücken. Dabei wird vom zentralen Konzept einer "Adaptiven Steuerung von Lernprozessen" ausgegangen, womit die dynamische (on-line-) Anpassung von Lehrmaßnahmen an die sich laufend verändernden Erfordernisse der Lehr-Lernsituation gemeint ist. Anhand einer Übersicht über die einschlägige experimentelle psychologische Forschung von den Lehrmaschinen der 50er Jahre über herkömmliche CAI-Systeme bis hin zu jüngsten ICAI-Projekten können einige erfolgversprechende Ansätze zur Implementation adaptiver Lehrstrategien aufgezeigt werden, deren Berücksichtigung bei der Entwicklung von ICAI-Systemen dringend zu empfehlen ist.

Im zweiten, empirischen Teil der vorliegenden Arbeit werden insgesamt zehn eigene experimentelle Untersuchungen zur instruktionspsychologisch begründeten Implementation adaptiver Lehrstrategien vorgestellt. Sowohl die Adaptationsmaßnahmen wie auch die Lehrstoffe sind gezielt heterogen zusammengestellt, um eine generalisierende Aussage über die Wirksamkeit von Adaptationsmaßnahmen in verschiedenen Kontexten und bei verschiedenen Lernvoraussetzungen machen zu können: Es handelt sich (1) um die adaptive Begrenzung der maximal zulässigen Antwortzeit beim Bearbeiten von Übungsaufgaben, (2) um die adaptive Definition neuer Begriffe beim Erwerb von Wissen über hierarchisch geordnete Begriffssysteme und schließlich (3) um die Gestaltung adaptiver Problemlösungshilfen beim Explorieren computersimulierter dynamischer Systeme. Das Forschungsdesign ist derart angelegt, daß jeweils Lernbedingungen, die in unterschiedlichem Ausmaß mit nicht-adaptiven Lehrmaßnahmen ausgestattet sind, um eine adaptive Komponente ergänzt werden, wobei instruktionspsychologisch zu erwartende Wechselwirkungen zwischen Lehrmaßnahmen und unterschiedlich ausgeprägten Lernvoraussetzungen auf Seiten der Lernenden (sogenannte ATI-Effekte) berücksichtigt werden.

Als Ergebnis ist vorwegzunehmen, daß die Implementation adaptiver Lehrmaßnahmen in der Tat geeignet ist, den Erwerb von Wissen zu fördern: Faßt man die Effekte der sehr unterschiedlichen Maßnahmen über die Experimente hinweg metaanalytisch zusammen, so ergibt sich eine mittlere Effektstärke, deren Konfidenzintervall sowohl schwache als auch starke Effekte einschließt. Die Bandbreite der Effektstärken zeigt dabei sehr deutlich, daß der Erfolg einer adaptiven Steuerung von Lernprozessen zu einem nicht zu vernachlässigendem Anteil von verschiedenen, z.T. im Lernenden, z.T. außerhalb des Lernenden gelegenen Größen abhängig ist, die abschließend diskutiert werden.

Dieses Vorwort soll nicht enden ohne Worte des Dankes. Gedankt sei an dieser Stelle in ganz besonderer Weise Prof. Dr. K. J. Klauer, der mir am Institut für Erziehungswissenschaft der RWTH Aachen die zur Entwicklung der Lehrsysteme und zur Durchführung der Experimente erforderlichen umfangreichen Ressourcen zur Verfügung stellte und meine Arbeiten jederzeit und in jeglicher Hinsicht voll unterstützt hat. Gedankt sei auch Prof. Dr. L. F. Hornke, Prof. Dr. G. Debus und Prof. Dr. L. Kötter, die - wie selbstverständlich auch Prof. Klauer - die ursprüngliche und nur geringfügig abweichende Fassung des vorliegenden Textes im Sommer 1991 als Habilitationsschrift begutachtet haben. Viele Ihrer Anregungen konnten aufgegriffen und gewinnbringend eingearbeitet werden.

Gedankt sei ferner zahlreichen Kollegen und Studenten, die bei der Materialherstellung und Datenerhebung behilflich waren: Prof. Dr. H. Schrettenbrunner, Dr. G. Schumacher, OStR. A. Vogt, StR. F. Einhäuser sowie die damaligen Studenten U. Bongartz, L. Claßen-Kobetic, C. Groß, L. Klüber, M. Langen, T. Lieser, B. Michalik, R. Reißer, E. Rücker, R. Weyrauch-Irrmischer, H. Wolf. S. Saltenberger und T. Wieth schließlich sei gedankt für ihre Unterstützung bei den abschließenden Manuskriptkorrekturen.

Ganz besonderer Dank aber gilt meiner Frau Gisela und meinem Sohn Alexander, die mir in der außerordentlich arbeitsintensiven Abschlußphase des Niederschreibens mit großem Verständnis gestatteten, mich weitgehend zurückzuziehen, was ihnen - und auch mir selbst - gewiß nicht immer leicht gefallen ist. Ihnen beiden sei dieses Buch gewidmet.

Gießen und Aachen, im Mai 1992,

Detlev Leutner.

1. Einleitung: Lernen, Lehren und Maschinen

Gegenstand der vorliegenden Arbeit ist - in Anlehnung an eine Formulierung von Wenger (1987, S. 12) - die "Grauzone" zwischen *"Computer-Assisted Instruction" (CAI)* und sogenannten *"Intelligenten Tutoriellen Systemen" (ITS)* oder *"Intelligent Computer-Assisted Instruction" (ICAI)*. Das Gemeinsame von CAI und ICAI/ITS ist in dem Anspruch zu sehen, individualisiertes Lernen unter individuell optimierten Bedingungen zu ermöglichen. Gemeinsam ist weiterhin, daß das Lernen in Interaktion mit einem Computer, also mit maschineller Unterstützung, stattfindet. Unterschiede sind vor allem darin zu sehen, in welchem Ausmaß die Lehr-Lernsituation an den jeweiligen Lernenden angepaßt (adaptiert) werden kann. Geht man davon aus, daß auch einfache CAI-Systeme über zumindest minimale Adaptationsmöglichkeiten verfügen, dann lassen sich sowohl CAI- als auch ICAI-Systeme als *adaptive Lehrsysteme* bezeichnen.

Unter adaptiven Lehrsystemen werden im folgenden solche Lehrsysteme verstanden, die sich im Verlaufe des Lehrens automatisch an den veränderlichen Lehrbedarf des Lernenden anpassen. Es ist anzunehmen, daß der Lernerfolg umso höher bzw. die erforderliche Lehrzeit umso geringer ist, je besser diese Anpassung gelingt. Maßnahmen zur Verbesserung der Adaptivität sollten insofern bei der Entwicklung von Lehrsystemen einen zentralen Stellenwert einnehmen. Ziel der vorliegenden Arbeit ist es, hierfür die instruktionspsychologischen Grundlagen aufzuarbeiten.

Die Arbeit ist in drei Kapitel gegliedert. Im weiteren Verlauf dieses einleitenden *ersten* Kapitels wird ein grober Überblick über die maßgeblichen Entwicklungslinien im Bereich adaptiver Lehrsysteme gegeben. Der sich dabei abzeichnende Integrationsbedarf ist Gegenstand des *zweiten* Kapitels: Ausgehend vom Konzept der "Adaptiven Steuerung von Lernprozessen" wird dort untersucht, inwieweit Adaptationsmöglichkeiten in bisher realisierten Lehrsystemen implementiert und hinsichtlich ihrer Wirksamkeit empirisch untersucht worden sind. Im *dritten* Kapitel schließlich werden eigene experimentelle Untersuchungen zur Wirksamkeit adaptiver Lehrmaßnahmen in unterschiedlichen Kontexten vorgestellt.

ERSTE LEHRMASCHINEN

Der Versuch, Lernen durch den Einsatz von Maschinen zu unterstützen, ist nicht neu (vgl. Abb. 1.0-1, S. 2). Schon lange vor den einflußreichen Arbeiten des Behavioristen B.F. Skinner ließ eine Person namens H. Skinner 1866 in den USA eine Buchstabiermaschine patentieren, die zur Unterstützung von Lehrern im Unterricht vorgesehen war (vgl. Mellan, 1936). Allerdings waren es erst die von Pressey seit 1915 entwickelten Maschinen zur "Intelligenzprüfung und zur Informationsvermittlung" (Pressey, 1926, 1927), die mit Beginn der 50er Jahre in einschlägigen Übersichtsartikeln als Ausgangspunkt für die Entwicklung von Lehrmaschinen angesehen werden (vgl. z.B. Skinner, 1958a, b; Lumsdaine, 1960; Stolurow & Davis, 1965; bis hin zu O'Shea & Self, 1984).

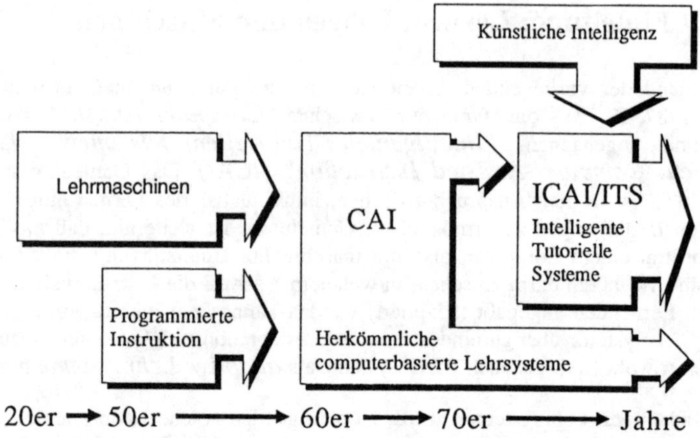

Abb. 1.0-1: Entwicklungslinien adaptiver Lehrsysteme

Wofür Pressey eintrat, war "die Befreiung des Lehrers von den mechanischen Aufgaben seines Berufes - die Last der Korrekturen und der Routine-Übungen -, so daß er nicht weitgehend mit Schreibarbeiten beschäftigt ist, sondern ein echter Lehrer sein kann" (Pressey, 1926, 1965a in dt. Übersetzung, S. 30). Dabei dachte er zunächst nur an die überaus lästige Arbeit des Korrigierens von Klausuren und Tests. Allerdings stellte er dann bald fest, daß seine Psychologie-Studenten beim Arbeiten mit der Testmaschine auch *neues* Wissen erwerben konnten, so daß er 1927 seine Maschine schon als Test- und Lehrmaschine bezeichnete. Bemerkenswert ist, daß er in der Lage war, die Lehrwirksamkeit der Maschine psychologisch zu begründen, und zwar im Rahmen der Lerntheorie von Thorndike (1912, 1932), insbesondere unter Bezug auf das "Gesetz des letzten Eindrucks" und das "Effektgesetz". Und schließlich betonte Pressey auch schon 1927 die "exakte Anpassung des Geräts an die individuelle Lernfähigkeit, wodurch nutzloses 'Überlernen' vermieden wird" (Pressey, 1927; 1965b in dt. Übersetzung, S. 34f).

SKINNER: LEHRMASCHINEN ALS PRIVATLEHRER

Ein vorläufiger Durchbruch in der Entwicklung von Lehrmaschinen geschah erst in den 50er Jahren unter dem Einfluß der behavioristischen Lerntheorie des operanten Konditionierens (Skinner, 1954, 1958a, b). Skinner hob den Aspekt des individualisierten Lehrens und Lernens dadurch hervor, daß er den Unterricht durch eine Lehrmaschine mit dem Unterricht durch einen Haus- oder Privatlehrer verglich:

> *"1. Es findet ein dauernder Austausch zwischen Programm und Schüler statt. Anders als Vorlesungen, Lehrbücher und die üblichen audio-visuellen Hilfsmittel weckt die Maschine Aktivität und erhält sie. Der Schüler paßt immer auf und ist immer beschäftigt.*

2. Wie ein guter Privatlehrer besteht die Maschine darauf, daß der Schüler, bevor er weitergeht, eine gestellte Aufgabe wirklich verstanden hat. Vorlesungen, Lehrbücher und ihre mechanischen Darbietungsformen schreiten andererseits fort, ohne die Gewißheit, daß der Schüler alles begriffen hat, und lassen ihn leicht zurückbleiben.

3. Wie ein guter Privatlehrer bietet die Maschine genau den Stoff, für den der Schüler weit genug ist. Er wird aufgefordert, nur den Schritt zu tun, für den er im Augenblick am besten befähigt ist.

4. Wie ein geschickter Privatlehrer hilft die Maschine dem Schüler, die richtige Antwort zu finden. ...

5. Schließlich verstärkt die Maschine natürlich wie ein guter Privatlehrer den Schüler für jede richtige Antwort, und benutzt diese unmittelbare Rückkopplung nicht nur dazu, das Verhalten sehr wirksam zu formen, sondern auch, um es in seiner Intensität zu erhalten" (Skinner, 1958a, b, 1965b in dt. Übersetzung, S. 44f).

Nach Einschätzung von Stolurow & Davis (1965) ist es Skinners Verdienst, das Hauptinteresse von der Hardware, der eigentlichen Maschine, auf das in der Maschine ablaufende Programm, die Software, zu lenken. Dies führte allerdings zu einer unscharfen Verwendung der Begriffe "Lehrmaschine" und "Lehrprogramm": Wenn die für individualisiertes Lernen erforderlichen Lehrfunktionen von einem mechanischen Gerät ausgeübt wurden, handelte es sich um eine Lehrmaschine; wenn dieselben Funktionen von gedrucktem Material ausgeübt wurden, sprach man von einem Lehrprogramm.

Skinners Theorie des operanten Konditionierens ermöglichte es, mit vergleichsweise wenig Aufwand gedruckte Lehrprogramme zu entwickeln, was als "Programmierte Unterweisung" weite Verbreitung fand. Lehrmaschinen im Sinne von mechanischen Geräten führten dagegen im Vergleich zu den Buchprogrammen eher ein Schattendasein, obwohl zu Beginn der 60er Jahre nach Einschätzung von Stolurow (1961) bereits mehr als 100 unterschiedliche Lehrmaschinen, z.T. noch als Prototypen, im Einsatz waren.

COMPUTER-BASIERTE LEHRSYSTEME

Das Schattendasein der Lehrmaschinen änderte sich auch nicht, als mehr und mehr Computer eingesetzt wurden, um Lehrmaschinen zu steuern. Angewiesen auf kostspielige Zentralrechner, fand auch der computer-unterstützte Unterricht der 60er und 70er Jahre keine allzu weite Verbreitung, obwohl seine Entwicklung durch groß angelegte Projekte wie z.B. PLATO (Bitzer, 1976, 1977) oder TICCIT (Bunderson, 1974) in den USA gefördert wurde. Für die Bundesrepublik Deutschland ist in diesem Zusammenhang z.B. ein von der bayerischen Landesregierung und der Bundesregierung geförderter Modellversuch mit dem von Siemens entwickelten System LIDIA (Lernen Im DIAlog) zu nennen - ein System, welches von 1972 bis 1975 in einem Augsburger "elektronischen Klassenzimmer" mit insgesamt über 100 von Lehrern entwickelten Lehrprogrammen und rund 45000 Schüler-Terminalstunden zum Einsatz kam (vgl. Kirsch, Blume & Gabele, 1980).

Die Situation änderte sich erst, als mit Beginn der 80er Jahre der Einsatz von Computern durch die Entwicklung leistungsfähiger und zugleich preiswerter Mikrocomputer (Personal Computer) dezentralisiert werden konnte. Bei der gegenwärtigen Verbreitung von Mikrocomputern ist es heute im Prinzip möglich, daß - wie bei den gedruckten Buch-

Lehrprogrammen der 60er und 70er Jahre - nahezu jedermann Computer-Lehrprogramme entwickeln kann. Dementsprechend muß mit einem Trend zur Ent-Professionalisierung gerechnet werden, der unterstützt wird durch die Verfügbarkeit sogenannter Autorensprachen und Autorensysteme (vgl. Issing & Tober, 1988; Küffner & Seidel, 1989; Glowalla & Schoop, 1992). Dabei handelt es sich um Software-Pakete, die es ermöglichen, mit vergleichsweise geringem Aufwand computer-implementierte Lehrprogramme herkömmlicher Art zu entwickeln. Da diese Pakete insbesondere auch von pädagogisch und psychologisch ungeschulten Laien verwendet werden, ist zu befürchten, daß viele der heute für den Einsatz auf Mikrocomputern verfügbaren Lehrprogramme weit hinter den didaktischen Möglichkeiten der Lehrmaschinen der 50er Jahre zurückbleiben.

INTELLIGENTE TUTORIELLE SYSTEME

Das Programm (die Software) sowohl der traditionellen Lehrmaschinen als auch der traditionellen CAI-Systeme basiert auf einem Lehr-Algorithmus. Dabei handelt es sich um eine festgelegte Abfolge einzelner voneinander abgegrenzter Programmschritte, in denen Lehrinhalte in Abhängigkeit von Schüler-Reaktionen präsentiert werden. Das Schreiben derartiger Lehrprogramme wurde dementsprechend im deutsch-sprachigen Bereich mitunter auch als Lehr-Algorithmieren bezeichnet (Frank, 1966). Kennzeichnend ist, daß alle Entscheidungen bezüglich Lehrstoff und Lehrmethode vom Programm-Autor im voraus getroffen werden müssen.

Bei traditionellen Lehrprogrammen werden also die Ergebnisse von auf der Basis fachlichen und pädagogischen Wissens getroffenen Entscheidungen programmiert (vgl. z.B. das erste Lehrprogramm, welches auf einer Datenverarbeitungsanlage implementiert wurde; Rath, Anderson & Brainerd, 1959). In den 70er Jahren, beginnend mit Carbonell (1970), wurden dann aber erste Lehrsysteme mit dem Anspruch entwickelt, nicht die *Entscheidungsergebnisse*, sondern die *Entscheidungsregeln* und damit das entscheidungsrelevante Wissen selbst zu programmieren. Nach Ansicht Wengers (Wenger, 1987) handelt es sich dabei um das wesentliche Unterscheidungsmerkmal für Lehrsysteme auf der Basis sogenannter "Künstlicher Intelligenz" (eine Teildisziplin der Informatik). Entsprechend wurden derartige Lehrsysteme als "Intelligent Computer-Assisted Instruction" (ICAI) oder als "Intelligent Tutoring System" (ITS) bezeichnet. Die Implementation von Wissen bezieht sich insbesondere auf den Lehrstoff, so daß ein ITS idealerweise auch unvorhergesehene Fragen eines Schülers beantworten kann, die zum Zeitpunkt des Programmierens noch nicht absehbar sind. Diese Möglichkeit führte vor allem zur Entwicklung sogenannter "reaktiver" Lern-Umgebungen (vgl. Goldstein, 1982), die in der Lage sind, einen weiten Bereich an Schüler-Reaktionen auf der Basis der implementierten Lehrstoff-Expertise zu analysieren und auf geeignete Art und Weise flexibel zu reagieren.

Neben *Lehrstoff*-Expertise beanspruchen derartige Systeme auch *Lehr*-Expertise. Im Gegensatz zur Implementation des Lehrstoffs hat man aber der Implementation von Lehr-Wissen generell wenig Beachtung geschenkt (Wenger, 1987, S. 20). Wie bedeutende ITS-Entwickler selbst zugestehen, ist das in den Systemen implementierte Wissen über Lehrmethoden und Lehrstrategien in der Regel sehr "elementar" (Goldstein, 1982, S. 51) oder "außerordentlich ad hoc, prinzipien-lose Intuitionen widerspiegelnd" (Sleeman & Brown, 1982b, S. 3, Übers. v. Verf.), um zwei der Autoren zu zitieren.

Dieses Defizit wird mit der Komplexität der Materie (z.B. Wenger, 1987, S. 20) und unzureichenden instruktionspsychologischen Forschungsergebnissen (Ohlsson, 1986, S. 313; Kunz & Schott, 1987, S. 20) begründet. Es ist nicht von der Hand zu weisen, daß es sich bei der Implementation von Lehrfunktionen (vgl. z.B. Gagné & Briggs, 1979; Klauer, 1985) um ein kompliziertes und dementsprechend nicht leicht zu realisierendes Vorhaben handelt. Es wäre jedoch schon ein wesentlicher Schritt, wenn bei der Entwicklung eines ITS die bisherigen Ergebnisse der Lehr-Lernforschung, insbesondere auch die psychologisch begründeten Arbeiten über Lehrmaschinen und programmierte Instruktion aus den 50er und 60er Jahren, zumindest rezipiert würden. Dies scheint in der Regel nicht oder zumindest selten der Fall zu sein - möglicherweise, weil sich vor allem Informatiker und seltener Psychologen und Erziehungswissenschaftler mit der Entwicklung von ITS befassen. Bemerkenswert ist, daß Wenger über den Psychologen J.R. Anderson und seine Arbeitsgruppe an der Carnegie-Mellon University schreibt, sie hätten "die ITS-Bühne durch eine interessante Seitentür" betreten (Wenger, 1987, S. 289, Übers. v. Verf.). Dies steht in auffälligem Gegensatz zu den Anfängen maschinell unterstützten Lernens, die maßgeblich von Psychologen mit einem Interesse an der Automatisierung und Optimierung von Lehrfunktionen initiiert waren (vgl. die Sammelbände von Galanter, 1959; Lumsdaine & Glaser, 1960; Coulson, 1962; Goldsmith, 1963; Glaser, 1965; sowie der Beitrag von Suppes, 1966).

CAI-DENKSCHULEN

Die Aufspaltung der CAI-Forschung in "Denkschulen" (schools of thought) wurde von Wedman (1987) am Beispiel des "Journal of Computer-Based Instruction" untersucht. Wedman wählte diese Zeitschrift, weil sie ein breites Spektrum an Entwicklungs-, Anwendungs- und Forschungsbeiträgen enthält und sehr unterschiedliche Autoren- und Lesergruppen anspricht. Gegenstand der Analyse waren 82 Beiträge im Zeitraum 1983-86 und die Frage, welche Autoren gemeinsam in einer der 82 Literaturlisten genannt werden. Es wurde erwartet, daß sich - wenn überhaupt - Denkschulen um produktive Autoren und einflußreiche Konzepte im Bereich von CAI organisieren sollten, was daran zu erkennen ist, daß die Mitglieder der jeweiligen Schule sich untereinander häufig zitieren. Sollten derartige Schulen im Bereich von CAI nicht nachweisbar sein, dann wäre dies ein Indikator für fehlende Kommunikation und Vernetzung, und es würde anzeigen, daß die meisten der Forschungs- und Entwicklungsprojekte isoliert und mit nur geringer bis gänzlich fehlender Beachtung von Arbeiten anderer durchgeführt werden. Die Ergebnisse Wedmans legen es nahe, letzteres anzunehmen. Diejenigen 33 Autoren, die mindestens in vier verschiedenen Beiträgen zitiert wurden, zerfallen in drei Cluster: Das erste Cluster ist (hier in Wedmans Begriffen wiedergegeben) ein *"cognitive science and artificial intelligence"*-Cluster um J.S. Brown. Das zweite Cluster ist ein *"research"*-Cluster um S. Smith, und das dritte Cluster ist ein *"instructional design"*-Cluster um R.D. Tennyson, L.J. Cronbach und R.M. Gagné. Zum dritten Cluster zählt übrigens auch R. Glaser, der sich schon zu Beginn der 60er Jahre mit Forschung über und Entwicklung von Lehrmaschinen befaßt hat (Glaser, 1965). Diese 33 Autoren betreffen allerdings nur 3 % aller überhaupt zitierten Autoren, und in knapp der Hälfte der analysierten Beiträge (49 %) wird kein einziger der 33 "Denkschulen"-Autoren zitiert. Die von Wedman ermittelten Zitations-Daten belegen, daß zumindest unter den Forschern, die das untersuchte CAI-Journal als Publikationsbasis wählen, sehr viele weitgehend isoliert ihre eigenen Ideen bearbeiten. Andererseits ist jedoch auch nicht zu erwarten, daß Analysen anderer Journale vollständig andere Ergebnisse bringen würden.

INTEGRATIONSBEDARF

Was bislang nur unzureichend geleistet wurde, ist eine Integration der neueren Arbeiten zum Lehren und Lernen mit Computern. Zumindest bezüglich der Diskrepanz zwischen CAI- und ITS-Forschung erscheint eine Integration längst überfällig: Zum einen wäre es vorteilhaft, die Forschung der "instructional design"-Schule zur Implementation von Lehrstrategien bei der Entwicklung eines ITS zu berücksichtigen. Zum anderen wäre es vorteilhaft, vorhandene ITS der "cognitive science and artificial intelligence"-Schule als Instrumente gezielter Lehr-Lernforschung zu verwenden. Letzteres scheitert z.Z. noch an den hohen Hardware-Kosten einer Implementation arbeitsfähiger KI-Systeme. Doch mit zunehmender Verfügbarkeit schneller Mikrocomputer scheint auch diese Barriere überwindbar zu sein, wie einige neuere ITS-Entwicklungen belegen (vgl. z.B. Kühn & Schmalhofer, 1987; Schmalhofer, Kühn, Messamer & Charron, 1990). Und schließlich, um auch diesen Punkt noch einmal zu wiederholen, scheint es angebracht, die in Vergessenheit zu geraten drohende Forschung aus den Anfängen der Entwicklung von Lehrmaschinen bei diesen Integrationsversuchen zu berücksichtigen.

"The success of education depends on adapting teaching to individual differences among learners" (Corno & Snow, 1986, S. 605).

2 Adaptive Steuerung von Lernprozessen

In diesem zweiten Kapitel werden die begrifflichen und instruktionspsychologischen Grundlagen für die im dritten Kapitel berichteten eigenen Experimente zur adaptiven Steuerung von Lernprozessen erarbeitet (vgl. Abb. 2.0-1, S. 7). In Kap. 2.1 wird zunächst der in diesem Zusammenhang zentrale Begriff der "Adaptivität" facettentheoretisch untersucht, gefolgt in Kap. 2.2 von einem Exkurs in die Regelungstechnik. In Kap. 2.3 schließlich werden bisher realisierte Lehrsysteme vorgestellt und hinsichtlich ihres Adaptivitätspotentials untersucht.

Abb. 2.0-1: Inhaltsübersicht des Kapitels 2

2.1 Adaptivität

In diesem Kapitel wird die Bedeutungsvielfalt des Begriffs "Adaptivität" in der Lehr- und Unterrichtsforschung untersucht. Verschiedene, in der Literatur vorgeschlagene Ansätze zum adaptiven Lehren werden anhand von drei Facetten klassifiziert: Adaptationsrate, Adaptationsmaßnahme und Adaptationszweck. Darüber hinaus wird das Konzept der ATI-Forschung vorgestellt. Abschließend wird diskutiert, inwiefern der Lernende selbst die Lehr-Lernsituation steuern und kontrollieren können sollte. - Soweit der Überblick über dieses Kapitel.

Die Idee, Unterricht zum Zwecke einer Erfolgs-Optimierung an individuelle Unterschiede zwischen Schülern anzupassen, läßt sich nach Corno & Snow (1986) schon ins 4. Jahrhundert vor Christus zurückverfolgen, wo sie in der Abhandlung "Xue Ji" des Chinesen Yuezheng geäußert wird. Ebenso ist diese Idee in Quintilians "De Institutione Oratoria" aus dem 1. Jahrhundert nach Christus nachzulesen und seitdem in Schriften verschiedener Autoren über die Jahrhunderte hinweg zu finden (vgl. Lysaught & Williams, 1963; Lawson, 1969; Gilman, 1972; Snow, 1982).

Nicht zuletzt wird das Prinzip der Adaptivität seit den Anfängen der Entwicklung von Lehrmaschinen betont: Pressey wies schon 1927 darauf hin, daß seine Lehr- und Testmaschine sich an die "Lernfähigkeit" des Studenten anpasse, und Skinner verglich 1958 den Unterricht durch eine Lehrmaschine mit dem Unterricht durch einen geschickten Privatlehrer. "Intelligente Tutorielle Systeme" scheinen nun - dreißig Jahre nach Skinners Vergleich - die technischen Voraussetzungen zu bieten, um diese Utopie einer Realisation näher zu bringen. Schon zu Beginn der 70er Jahre wurde ein lernfähiges ITS namens QUADRATIC-Tutor entwickelt (O'Shea, 1979a, 1979b, 1982), welches allerdings erst am Ende der 70er Jahre veröffentlicht wurde (vgl. Wenger, 1987). Dieses System ist in der Lage, selbständig experimentelle Veränderungen der Lehrstrategie vorzunehmen, Schülerdaten zu erheben und auszuwerten und auf diese Weise die Lehrstrategie über mehrere Experimente mit verschiedenen Schülern hinweg zu optimieren. Derartige lernfähige Systeme realisieren eine Vorstellung von Adaptivität, deren erste Äußerung häufig Atkinson (1972a) zugeschrieben wird, die aber schon zu Beginn der 60er Jahre zu finden ist (z.B. Pask, 1960a, b; Stolurow, 1961; Estrin, 1962; Frank, 1964a, 1964b; Stolurow & Davis, 1965; Pask, 1964a, b; Lewis & Pask, 1965).

Demgegenüber versteht Glaser (1972, 1977) in der Tradition von Dewey (1902a, b) und Thorndike (1911) unter einem adaptiven Erziehungssystem ein System, in dem die Lernumgebung (i.e. Lehrstoffe, -methoden, -medien etc.) und im Idealfall auch die Lehrziele an jeden einzelnen Schüler angepaßt werden, indem der Schüler in Abhängigkeit von seinen individuellen Lernvoraussetzungen einem bestimmten Lehr- oder Erziehungsprogramm zugewiesen wird. Hierbei handelt es sich um eine Verfahrensweise, die sowohl jedem gegliederten Schulsystem als auch allen anderen Ansätzen zur Unterrichtsdifferenzierung zugrunde liegt.

Dies zeigt die Variationsbreite auf, was Pädagogen und Psychologen meinen können, wenn sie von "Adaptivität" sprechen. Insofern ist es zunächst erforderlich, den Begriff "Adaptivität" hinsichtlich seines Facettenreichtums zu untersuchen, um anschließend angeben zu können, auf welche Facetten sich einzelne Forschungs- und Entwicklungsprojekte beziehen.

ADAPTATIONSRATE: MIKRO- VS. MAKRO-ADAPTATION

Eine häufig vorgenommene Unterscheidung bezieht sich auf die zeitliche Dauer eines einmal hergestellten oder erreichten Adaptationszustandes, bevor dieser wieder neu adaptiert wird. Diese *Adaptationsrate* ist eine Facette, die in der Literatur unter verschiedenen Bezeichnungen behandelt wird (z.B. "Adaptations-Ebene" bei Corno & Snow, 1986) und deren erstmalige Verwendung als "Adaptations-Skala" Cronbach (1967, 1975 in dt. Übersetzung) zugeschrieben wird. Am einen Ende der Skala lokalisierte Cronbach die von ihm so benannte *Mikro-Adaptation*, eine Anpassung, bei der alle paar Minuten oder sogar Sekunden neue Entscheidungen über den weiteren Unterrichtsverlauf getroffen werden. Am anderen Ende der Skala befinden sich Entscheidungen, die nur alle paar Wochen oder Monate getroffen werden. Diese Art der Anpassung bezeichnete Cronbach als *Makro-Adaptation.*

Cronbachs Unterscheidung von Makro- und Mikro-Adaptation entspricht einer etwas älteren Unterscheidung zweier Unterrichtsphasen, die von Stolurow & Davis (1965) vorgeschlagen wurde: In der sogenannten vor-tutoriellen Phase geht es darum, dasjenige Lehrprogramm zu spezifizieren, welches geeignet ist, ein bestimmtes Lehrziel bei bestimmten individuellen Lernvoraussetzungen zu erreichen, was Cronbachs Makro-Adaptation entspricht. In der sogenannten tutoriellen Phase geht es darum, das individuell angepaßte Lehrprogramm durchzuführen. In dieser Phase werden zwei Funktionen unterschieden, eine "Lehrer"- und eine "Professor"-Funktion: Die Funktion des "Lehrers" besteht darin, eine einmal festgelegte Lehrstrategie anzuwenden, während der "Professor" die Interaktion zwischen Lehrer und Schüler beobachtet und hinsichtlich ihrer Effektivität in Relation zum Lehrziel bewertet. Bei unzureichender Effektivität veranlaßt der "Professor" den "Lehrer", seine Lehrstrategie zu ändern, was Cronbachs Mikro-Adaptation entspricht.

ART DER ADAPTATIONS-MAßNAHME NACH CRONBACH UND NACH GLASER

Eine weitere Facette bezieht sich darauf, welche Maßnahmen eingesetzt werden können, um die Lehr-Lernsituation an den Lernenden anzupassen. Eine grobe Einteilung ergibt sich, wenn man zunächst *Lehrziele*, bestehend aus Lehrstoff und gefordertem Kompetenzgrad, *Lehrmethoden* und *Lehrzeiten* als elementare Adaptationsmittel unterscheidet, die sowohl einzeln, als auch in allen möglichen Kombinationen variiert werden können. Diese Adaptationsmittel sind durch einen "common range" mit den Endpunkten "fixiert/ nicht angepaßt" und "variabel/ angepaßt" gekennzeichnet und lassen sich als Sub-Facetten der Facette Adaptationsmaßnahmen auffassen. Durch Kombination der Sub-Facetten ergeben sich 2x2x2=8 unterschiedliche Klassen von Adaptationsmaßnahmen. Eine Analyse der von Cronbach (1967) beschriebenen Adaptationsmaßnahmen ergibt, daß die von ihm beschriebenen 5 Maßnahmen eine Teilmenge der 8 erzeugbaren Maßnahmen darstellen. Weiterhin zeigt sich, daß die von Glaser (1977) vorgestellten 5 Adaptationsmodelle durch Kombination aus diesen 8 Maßnahmen generierbar sind (vgl. Tab. 2.1-1, S. 10).

Wenn das Lehrziel festliegt, keine Wahlmöglichkeit hinsichtlich unterschiedlicher Lehrmethoden besteht und wenn darüber hinaus die für den Unterricht verfügbare Zeit begrenzt ist, dann besteht die einzige Möglichkeit zur Adaptation darin, nur geeignete Schüler zum Unterricht zuzulassen und während des Unterrichts diejenigen Schüler fortlaufend auszuschließen, von denen anzunehmen ist, daß sie das vorgegebene Ziel in der vorgegebenen Zeit nicht erreichen werden (fortschreitende Auslese). In dem Fall, daß die Unterrichtszeit nicht begrenzt ist, besteht die Möglichkeit, im Rahmen der festgelegten Lehrmethode so lange zu unterrichten, bis der Schüler das Lehrziel erreicht hat (ein wesentlicher Aspekt des zielerreichenden Lehrens bzw. Mastery Learning).

Tab. 2.1-1: Klassifikation von Adaptationsmaßnahmen

Adaptationsmittel Ziel	Methode	Zeit	Adaptations-Maßnahme (Beispiel)	Modelle von Cronbach (1967)	Glaser (1977) 1	2	3	4	5
fixiert	fixiert	fixiert	Fortschreitende Auslese	1a	x	x	x	x	x
		variabel	Mastery Learning bezügl. Lehrziel	1b	x	x	x	x	x
	angepaßt	fixiert	Innere (Unterr.-) Differenzierung	3b	-	-	x	x	-
		variabel	Förderunterricht/ Nachhilfeunterricht	3a	-	x	-	x	x
angepaßt	fixiert	fixiert	Notengebung beim herkömml. Unterricht	-	-	-	-	-	-
		variabel	Mastery Learning bezügl. Note	-	-	-	-	-	-
	angepaßt (an Ziel)	fixiert	Äußere (Schul-) Differenzierung	2	-	-	-	-	x
		angepaßt (an Methode)	gegliedertes Schulsystem	2	-	-	-	-	x

Sind bei einem festgelegten Lehrziel verschiedene Lehrmethoden verfügbar, dann besteht bei begrenzter Unterrichtszeit, z.B. innerhalb einer Schulstunde, die Möglichkeit zur internen Differenzierung. In diesem Fall wird der Schüler derjenigen Lehrmethode zugewiesen, von der anzunehmen ist, daß sie den Bedürfnissen des Schülers am ehesten entspricht. In dem Fall, daß einzelne Schüler über den üblichen zeitlichen Rahmen hinaus mit unterschiedlichen Methoden unterrichtet werden können, um spezifische individuelle Defizite ausgleichen zu können, handelt es sich um Nachhilfe- oder Förderunterricht.

Existiert nur eine einzige festgelegte Lernumgebung oder Lehrmethode, dann läßt sich das Lehrziel an den Schüler anpassen, indem eine abgestufte Skala benutzt wird, auf der für jeden Schüler - entsprechend seinen individuellen Möglichkeiten - eine individuelle Zielmarke festgelegt wird. Das traditionelle Notensystem im herkömmlichen Unterricht wäre ein Beispiel für diese Art der Adaptation. Bei unbegrenzter Unterrichtszeit kann man dann jeden Schüler theoretisch so lange unterrichten, bis er das jeweils individuell angepaßte Lehrziel erreicht hat.

Äußere Differenzierung ergibt sich, wenn man jedem Schüler entsprechend seinen Möglichkeiten nicht nur ein individuelles Lehrziel, sondern passend zum Lehrziel auch eine bestimmte Lernumgebung oder Lehrmethode zuordnet. Ist die Unterrichtszeit über die verschiedenen Lernumgebungen/ Lehrmethoden hinweg fixiert, dann handelt es sich um eine Differenzierung, wie sie in vielen Schulen z.B. in Form von Leistungs- vs. Grundkursen vorgenommen wird. Variiert die Unterrichtszeit in Abhängigkeit von der jeweiligen

Lernumgebung, dann ergibt sich eine Differenzierung, wie sie jedem gegliederten Schulsystem mit unterschiedlichen Bildungs- oder Ausbildungszeiten je Schultyp zugrunde liegt.

Wie in Tab. 2.1-1 (S. 10) ersichtlich ist, beschreibt Cronbach (1967) einzelne Adaptationsmaßnahmen, während die von Glaser (1977) vorgestellten Adaptationsmodelle sich aus einzelnen Adaptationsmaßnahmen zusammensetzen und bezüglich dieser eine kumulative partielle Ordnung darstellen. So besteht Glasers einfachstes Modell Nr. 1 ("Selection with Limited Alternatives") aus den beiden Adaptationsmaßnahmen "Auslese" und "Mastery Learning": Auslese findet in diesem Modell sowohl bei Unterrichtsbeginn als auch bei Unterrichtsende statt; die Idee des Mastery Learning ist zumindest im Ansatz dadurch realisiert, daß beim Verfehlen des Lehrziels anstelle des Ausscheidens auch eine Wiederholung des Unterrichts möglich ist (vgl. Abb. 2.1-1, S. 12). Glasers Modell Nr. 5 ("Alternative Attainment Possibilities") ist ein Beispiel für äußere Differenzierung hinsichtlich Lehrziel und Lehrmethode, wobei allerdings - wenn erforderlich - vor der Differenzierung sowohl Förderunterricht als auch Auslese möglich ist und dann, wenn die Lernumgebung einmal differentiell festgelegt ist, innerhalb dieser Umgebung wiederum Mastery Learning oder Ausscheiden möglich ist (vgl. Abb. 2.1-2, S. 12).

Auf den ersten Blick mag es verwirrend erscheinen, daß Glasers Modelle zugleich fixierte wie auch variable Lehrziele, Lehrmethoden und Lehrzeiten enthalten. So könnte der Eindruck entstehen, daß das Klassifikationssystem in Tab. 2.1-1 (S. 10) wenig nützlich ist. Dieser Widerspruch ist allerdings nur vordergründig gegeben, da Glasers Modelle Kombinationen von Adaptationsmaßnahmen beschreiben, wobei die einzelnen Adaptations-Entscheidungen sukzessiv gefällt werden und somit bei jedem Entscheidungspunkt im Flußdiagramm die zuvor getroffenen Entscheidungen als fixiert anzusehen sind.

Bemerkenswert ist, daß beide, Cronbach und Glaser, im Bereich adaptierbarer Lehrziele (die untere Hälfte von Tab. 2.1-1, S. 10) wenig differenzieren. In diesem Bereich schlagen beide Autoren nur eine einzige Adaptationsmaßnahme (Cronbach, 1967, Maßnahme Nr. 2) bzw. nur ein einziges Adaptationsmodell (Glaser, 1977, Modell Nr. 5) zur externen Differenzierung mit angepaßten Lehrmethoden/ Lernumgebungen ohne Bezug auf die vorgesehene Lehrzeit vor. Weiterhin wird von beiden Autoren keine Möglichkeit vorgesehen, bei fixierten Lehrmethoden individuell angepaßte Lehrziele anzustreben.

Hier zeigt sich - wie auch in vielen anderen Fällen - die Nützlichkeit einer facettentheoretischen Vorgehensweise, die in diesem Fall darin besteht, das vollständige Kreuzprodukt aller elementaren Adaptationsmittel zu bilden und *alle* der auf diese Weise erzeugbaren Adaptationsmaßnahmen hinsichtlich ihrer Realisierbarkeit zu untersuchen. Dabei zeigt sich, daß zwei der acht erzeugbaren Maßnahmen (vgl. Tab. 2.1-1, S. 10) in der Diskussion um adaptiven Unterricht bisher noch keine Beachtung gefunden haben, obwohl sie realisier*bar* sind und darüber hinaus in der Unterrichtspraxis auch tatsächlich eingesetzt werden.

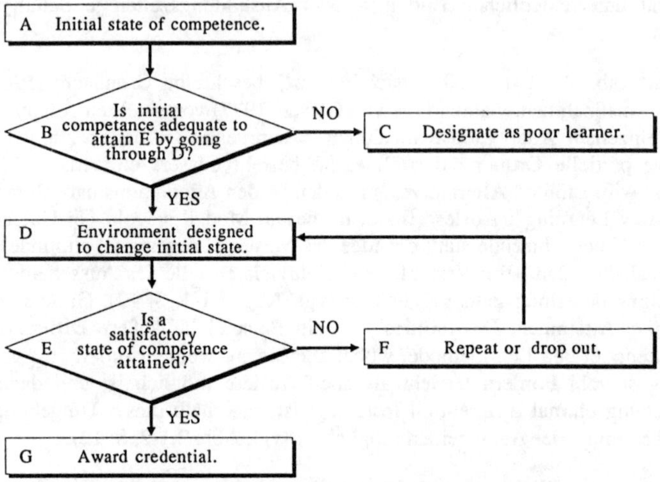

Abb. 2.1-1: Glasers Adaptationsmodell Nr. 1: "Selection with Limited Alternatives" (nach Glaser, 1977, S. 25)

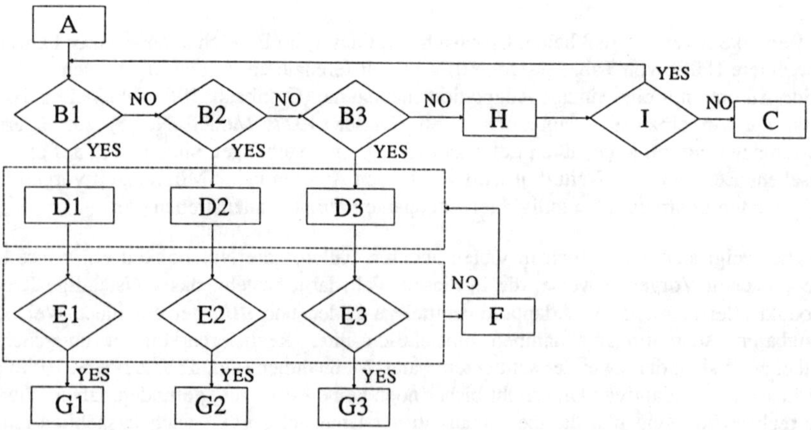

Abb. 2.1-2: Glasers Adaptationsmodell Nr. 5: "Alternative Attainment Possibilities" (nach Glaser, 1977, S. 37)

ATI-FORSCHUNG

Die beiden bisher beschriebenen Facetten (Adaptationsrate und Adaptationsmaßnahme) beziehen sich auf eher unterrichts-*technische* Aspekte adaptiven Unterrichts, nämlich auf die Frage, *wie* er realisiert werden kann, wenn das Ziel der Adaptationsbemühungen gegeben ist. Dieses Ziel besteht immer darin, den Unterricht an die inter- und intra-individuellen Unterschiede der Schüler anzupassen. Insofern ist pädagogisch-psychologische Forschung erforderlich, um herauszufinden, ob bei bestimmten individuell gegebenen Lernvoraussetzungen unterschiedliche Lehrmethoden zu unterschiedlichem Lernerfolg führen. Nach Cronbachs einflußreicher Präsidentschaftsansprache zur "American Psychological Association (APA)" im Jahre 1957 (Cronbach, 1957) hat es sich eingebürgert, derartige Forschung auf einen Vorschlag von Cronbach & Snow (1969, zit. nach Clark, 1975c) hin als ATI-Forschung zu bezeichnen, wobei ATI für "Aptitude-Treatment-Interaction" steht. Nach einer anfänglichen Welle zahlreicher ATI-Studien in den 60er Jahren trat jedoch bald eine Ernüchterung ein, und zwar aus zweierlei Gründen: Zum einen erwies es sich als schwierig, einmal gefundene ATI-Effekte in unabhängigen Studien oder Experimenten zu replizieren. Zum anderen wurde grundsätzliche Kritik an der Verwertbarkeit des Wissens um ATI-Effekte zur Optimierung des Lernerfolgs geäußert, weil es im Rahmen herkömmlichen Unterrichts kaum möglich ist, mehrere Lernvoraussetzungen gleichzeitig zur Differenzierung heranzuziehen (vgl. z.B. Kallós, 1975; Corno & Snow, 1986).

Das zweite der beiden Argumente, unzureichende unterrichtspraktische Verwertbarkeit von ATI-Effekten, ist gewiß zutreffend für herkömmlichen Gruppenunterricht. Es wird aber dann wesentlich abgeschwächt und möglicherweise sogar gegenstandslos, wenn der Unterricht individualisiert wird und gleichzeitig die Adaptationsentscheidungen erfolgreich automatisiert werden. Dies wäre eine typische Domäne für den Einsatz sogenannter "Intelligenter Tutorieller Systeme" (ITS, vgl. Kap. 2.3.3): Voraussetzung ist zunächst ein geeignetes Diagnoseparadigma als Ausgangspunkt für die Entwicklung eines ITS-Diagnosemoduls. Dazu passend ist ein ITS-Tutormodul erforderlich, welches die aufgrund der Diagnose angestrebten Adaptationen leisten kann. Dabei handelt es sich um eine Idee, die nach Ansicht von Salomon (1972) schon in den 60er Jahren mit dem CAI-System SOCRATES (Stolurow & Davis, 1965; Stolurow, 1967) erfolgreich realisiert wurde.

Gegen das erste Argument, unzureichende Replizierbarkeit von ATI-Effekten, lassen sich forschungsmethodische Mängel der frühen ATI-Forschung anführen, die in der Monographie von Cronbach & Snow (1977) zum damaligen Stand der ATI-Forschung ausführlich dargelegt sind. Eine weitere Ursache ist in unzureichenden psychologisch-theoretischen Begründungen für ATI-Hypothesen zu sehen, sofern überhaupt Hypothesen aufgestellt und nicht nur zufällig gefundene Effekte berichtet wurden.

ADAPTATIONS-ZWECK NACH SALOMON

Basierend auf Vorarbeiten Cronbachs (Cronbach, 1967), beschrieb Salomon im Jahre 1972 drei, wie er es nannte, "heuristische Modelle" für die Gewinnung von Interaktionshypothesen (Salomon, 1972, 1975 in dt. Übersetzung): das Fördermodell, das Kompensationsmodell und das Präferenzmodell (Tab. 2.1-2, S. 14). Diese drei Modelle stellen neben den beiden oben vorgestellten Facetten eine dritte Facette (Adaptations-Zweck) dar, die es ermöglicht, verschiedene Adaptationsmaßnahmen hinsichtlich des unmittelbaren Zwecks der Adaptation zu unterscheiden.

Tab. 2.1-2: Heuristische Modelle für ATI-Hypothesen (in Anlehnung an Salomon, 1975, S. 144)

	Fördermodell	Kompensationsmodell	Präferenzmodell
Funktion der Lehrmaßnahme	Beseitigung von Lerndefiziten durch Erreichen notwendiger untergeordneter Lehrziele.	Kompensation von Lerndefiziten durch die Maßnahme. Keine Beseitigung der Defizite.	Nutzbarmachung besonders günstiger Schülereigenschaften. Keine Beseitigung, kein Ausgleich von Defiziten.
Hauptunterschiede der Lehrmaßnahmen	Zeitaufwand der einzelnen Maßnahme.	Ausmaß, in dem die Maßnahme direkt - das leistet, was der Schüler nicht leisten kann. - Effekte hemmender Persönlichkeitsmerkmale neutralisiert.	Inhalt, Struktur, Präsentationsmodus etc.
Schülermerkmale	Leistung in aufgabenspezifischen Tests	Allgemeine Persönlichkeitseigenschaften (Intelligenz, Angst, Motivation etc.).	Allgemeine Persönlichkeitseigenschaften (Intelligenz, Angst, Motivation etc.).
Hypothesen	Hemmung guter Lerner durch Langeweile oder Interferenz. Förderung schwacher Lerner.	Hemmung guter Lerner durch Langeweile oder Interferenz. Förderung schwacher Lerner.	Bester Lernerfolg bei der Methode, die individuelle Stärken nutzbar macht.

Beim *Fördermodell* besteht der unmittelbare Zweck der Adaptationsmaßnahme darin, spezielle diagnostizierbare Lerndefizite auf Seiten des Schülers durch zusätzlichen Unterricht auszugleichen. Beim *Kompensationsmodell* (vgl. Salomons mediendidaktische "Supplantationstheorie"; Salomon, 1974, 1979) besteht der unmittelbare Zweck darin, allgemeine Lernvoraussetzungsdefizite, die zwar diagnostiziert, aber nicht ohne großen Aufwand behoben werden können, durch geeignete Maßnahmen zu kompensieren. Von beiden adaptiven Maßnahmen profitieren allerdings nur Schüler, die diese Defizite tatsächlich aufweisen. Schüler ohne diese Defizite können in ihrem Lernerfolg behindert werden, da zum einen Langeweile auftreten kann und zum anderen z.B. neue Strategien zur Bearbeitung von Aufgaben unterrichtet werden könnten, die mit den bisher erfolgreich eingesetzten Strategien in störende Interferenzen treten (vgl. Snow, 1977; Lohman, 1986). Beim *Präferenzmodell* schließlich besteht der unmittelbare Zweck der Adaptationsmaßnahme weder darin, Defizite zu beheben, noch darin, Defizite zu kompensieren. Es geht vielmehr darum, die besonderen Stärken eines Schülers zu nutzen und auf diese Weise möglichst auch solche Lerndefizite kompensieren zu können, die in der jeweiligen Situation nicht diagnostiziert wurden oder allgemein nicht diagnostizierbar sind.

Diese von Salomon vorgenommene Unterscheidung dreier Modelle für die differentielle Wirksamkeit von Lehrmaßnahmen ist so oder ähnlich in der Literatur zur ATI-Forschung und darüber hinaus auch in der Literatur zu psychologisch orientierter Medienforschung häufig anzutreffen, insbesondere bei Autoren, die mit Cronbach selbst oder einem seiner Schüler zusammengearbeitet haben (z.B. Cronbach, 1967; Salomon, 1974; 1979; Cronbach & Snow, 1977; Snow & Lohman, 1984; Corno & Snow, 1986; Snow, 1987; Clark, 1990). Gegenstand der Arbeiten, bei denen derartige Modelle verwendet wurden, waren in der Regel allerdings Fragen der *Makro-Adaptation*, d.h. Probleme der mittel- oder langfristigen Zuordnung von Schülern zu Lehr-Lernbedingungen in Abhängigkeit von Persönlichkeitseigenschaften, d.h. von Eigenschaften, die als relativ überdauernd angesehen werden (z.B. Intelligenz, Ängstlichkeit, Leistungsmotivation, Feldabhängigkeit etc., vgl. Cronbach & Snow, 1977). Dies gilt zumindest für das Kompensations- und das Präferenzmodell, bei denen allgemeine und nicht leicht zu verändernde Schülereigenschaften die Adaptation der Lehrmethode bestimmen.

Auch das Fördermodell, bei dem es vor allem darum geht, spezifische Wissenslücken durch zusätzlichen Unterricht zu schließen, hat vorwiegend im Rahmen der Makro-Adaptation Beachtung gefunden. Es ist aber ebenso auf Probleme der Mikro-Adaptation anwendbar, was am Beispiel der verzweigten, nicht-linearen Programmierten Unterweisung im Sinne von Crowder (1959) deutlich wird. Dabei geht es darum, den Lernenden in Abhängigkeit von einer fehlerhaften Antwort (in der Regel auf eine Multiple-Choice-Frage) zur Bearbeitung eines Programmteils zu veranlassen, der geeignet ist, die anhand der Antwort erkennbare Wissenslücke zu schließen. Das ist der klassische Fall einer Mikro-Adaptation des Lehrstoffs an den augenblicklichen Wissensstand des Lernenden. Im Prinzip ist auch schon Presseys Lehrmaschine (Pressey, 1926, 1927) ein Beispiel für Mikro-Adaptation im Sinne des Fördermodells: Der Lernende kann erst dann eine neue Aufgabe bearbeiten, wenn er die Lösung für die aktuelle Aufgabe gefunden und somit eine eventuell vorhandene Wissenslücke geschlossen hat.

Was für das Fördermodell gilt, ist aber auch für die anderen beiden Modelle anzunehmen, daß nämlich auch sie geeignet sind, die Effekte von Maßnahmen zur Mikro-Adaptation der Lehr-Lernumgebung zu begründen und vorherzusagen. Es ist im Grunde genommen sogar zu fordern, daß jegliche Adaptationsstrategie - unabhängig davon, an welcher Position des Mikro-Makro-Kontinuums sie anzusiedeln ist - begründet wird mit Bezug auf diejenigen Eigenschaften des Lernenden, die entweder verändert, kompensiert oder speziell genutzt werden sollen.

Zur Beantwortung der Frage, welches die relevanten Eigenschaften sind und welche Art von Adaptationsstrategien jeweils genutzt werden können, ist Grundlagenforschung erforderlich. Dabei sollte zunächst die isolierende Betrachtung einzelner Aptitude-Treatment-Kombinationen im Vordergrund stehen, wobei auch die simultane Beobachtung mehrerer interagierender Lernvoraussetzungen, sogenannter Aptitude-Komplexe, angebracht sein kann (Peterson, 1977; Corno, 1979; Peterson & Janicki, 1979; Corno, Mitman & Hedges, 1981; Janicki & Peterson, 1981; Snow, 1987).

ADAPTATION DURCH LERNERKONTROLLE?

Wie bei Makro-Adaptation im Gruppenunterricht gilt bei Mikro-Adaptation ebenfalls das Argument, daß theoretisch unendlich viele Kombinationen von Aptitudes und

Treatments untersucht werden können, so daß die praktische Verwertbarkeit auch in einem ITS oder CAI-System problematisch erscheint (Corno & Snow, 1986). Will man diesen Weg der isolierenden Grundlagenforschung nicht beschreiten, dann bleibt anstelle einer durch das Lehrsystem gesteuerten Adaptation vordergründig nur die Möglichkeit, dem Lernenden möglichst viel Freiraum einzuräumen, die Lernsituation *selbständig* an seine individuellen Bedürfnisse anzupassen. Diese Position, Lernerkontrolle zu ermöglichen statt Systemkontrolle auszuüben, wird insbesondere von Merrill vertreten: "Individuals should be given some procedure enabling them to adapt the environment to themselves. The individuals should make decisions about what tactic they want next rather than having this decision made *for* them" (Merrill, 1975, S. 221, Hervorhebung im Original). Was Merrill hier allerdings vom Lernenden fordert, kann als letztendliches und fachübergreifendes Ziel jeglichen Unterrichts angesehen werden, nämlich die Fähigkeit, selbständig zielorientiert lernen zu können, d.h. Lernstrategien aufbauen und benutzen (vgl. Klauer, 1988b) sowie die erforderlichen Lehrfunktionen (vgl. Klauer, 1985) auf sich selbst anwenden zu können. Wie dieser Lernprozeß des "learning-to-learn" allerdings bewirkt werden soll, das läßt Merrill in dem zitierten Text weitgehend offen, bis auf die Vorstellung, den Schüler abgestuft immer mehr Kontrolle übernehmen zu lassen. Das aber verlangt zu Beginn ein hohes Maß an Systemkontrolle, die mehr und mehr zurückgenommen wird, womit eindeutig eine Strategie zur Mikro-Adaptation der Lehrmethode gefordert wird. Im übrigen bleibt Merrills Argumentation gegen den ATI-Ansatz auch an anderen Stellen nicht sehr konsistent: "A learner control approach to individualization of instruction suggests considerable variation from the research methodology suggested by Cronbach and Snow. It is suggested that the determination of aptitudes may not be necessary to this work" (Merrill, 1975, S. 224); und eine Seite weiter: "In conclusion, we come full cycle and pose questions which we initially rejected. Is it possible that there are trait aptitudes which enable one student to benefit from one type of learner control while another student might benefit from a different type of learner control" (S. 225)? Mit diesen Zitaten wird deutlich, daß auch ein überzeugter Verfechter von Lernerkontrolle nicht umhin kommt, sich mit Fragen der Mikro- und der Makro-Adaptation zu befassen.

ZUSAMMENFASSUNG

Es ist festzuhalten, daß die Idee einer adaptiven Gestaltung von Lehr-Lernsituationen eine lange Tradition hat, wobei der verwendete Adaptativitätsbegriff mitunter sehr unterschiedlich ist. Adaptives Lehren läßt sich hinsichtlich dreier Facetten klassifizieren:

(1) Die *Adaptationsrate*: Dabei handelt es sich um den zeitlichen Abstand, in dem ein einmal hergestellter Adaptationszustand neu adaptiert wird. Die Pole dieser Skala werden als Mikro- und als Makro-Adaptation bezeichnet. Bei Mikro-Adaptation liegt der zeitliche Abstand von Adaptations-Entscheidungen im Bereich von Minuten oder Sekunden, bei Makro-Adaptation ursprünglich im Bereich von Monaten oder Jahren. Es hat sich aber eingebürgert, unter Mikro-Adaption alle diejenigen Adaptations-Entscheidungen zusammenzufassen, die (dynamisch) innerhalb eines laufenden Unterrichts getroffen und ständig wieder überprüft werden. Dagegen werden alle Entscheidungen, die nur einmal vor Beginn einer Unterrichtseinheit getroffen werden, unter Makro-Adaptation zusammengefaßt.

(2) Die *Art der Adaptationsmaßnahme*: Unterricht läßt sich dadurch adaptieren, daß man das Lehrziel (d.h. Lehrstoff und geforderte Kompetenz), die Lehrmethode und/oder die Lehrzeit an den einzelnen Lernenden anpaßt.

(3) Der *Adaptationszweck*: Adaptationsmaßnahmen können einerseits eingesetzt werden, um individuelle Defizite an Lernvoraussetzungen durch zusätzlichen Unterricht zu beseitigen (Fördermodell) oder durch geeignete Lernhilfen auszugleichen (Kompensationsmodell). Als dritte Möglichkeit können individuelle Stärken an Lernvoraussetzungen besonders genutzt werden (Präferenzmodell).

Besonders bedeutsam ist eine *instruktionspsychologisch* orientierte Festlegung des Zwecks einer Adaptationsmaßnahme, was in der Literatur zum adaptiven Unterricht - insbesondere dort, wo es um Mikro-Adaptation geht - häufig nur unzureichend geleistet wird. Was in der Literatur zur Mikro-Adaptation ebenfalls vernachlässigt wird, ist die Tatsache, daß es bei der dynamischen Adaptation von Unterricht um die Steuerung und Regelung von Lernprozessen geht.

2.2 Adaptive Steuerung und Regelung: Grundbegriffe der Regelungstechnik

Lernen ist ein Prozeß, der in der Zeit abläuft. Für viele Prozesse gilt, daß dann, wenn bestimmte Eigenschaften des Prozesses hergestellt werden oder erhalten bleiben sollen, es erforderlich ist, steuernd oder regelnd in den laufenden Prozeß einzugreifen. Die Aufgaben- oder Problemstellung des Steuerns und Regelns kann dabei zunächst unabhängig von der Art des jeweiligen Prozesses untersucht werden. In dieser Hinsicht lassen sich sehr unterschiedliche Probleme als äquivalent betrachten: z.B. das Problem, ein fahrendes Schiff auf einem bestimmten Kurs zu halten; oder das Problem, den Wärmeverlust eines Hauses durch Heizen zu kompensieren; oder das Problem, den Lernprozeß eines Schülers so zu steuern, daß ein bestimmtes Lehrziel erreicht wird. Insofern befassen sich sehr unterschiedliche Disziplinen mit Problemen des Steuerns und Regelns.

Bezüglich der Steuerung und Regelung von Lernprozessen könnte es nun nützlich sein zu prüfen, ob und inwieweit Konzepte und Modelle anderer Disziplinen zur Lösung des instruktionspsychologischen Problems der Optimierung von Lernprozessen herangezogen werden können. Da es hier insbesondere um die *Automatisierung* der Steuerung und Regelung von Lernprozessen geht, erscheint es vor allem angebracht, sich mit einigen Grundbegriffen der Regelungstechnik zu befassen (vgl. z.B. Müller-Schwarz, 1969, 1970).

In diesem Kapitel wird zunächst auf den Unterschied zwischen "Steuern" (open-loop/ feedforward control) und "Regeln" (closed-loop/ feedback control) eingegangen. Es folgt eine kurzgefaßte Darstellung herkömmlicher Regeleinrichtungen. Im Anschluß daran werden zwei grundlegende Typen *adaptiver* Regeleinrichtungen vorgestellt (self-tuning regulator/ model-referenced adaptive control). Diese sind in der Lage, den Erfolg ihrer Regelungsmaßnahmen zu beurteilen und - sofern erforderlich - sich selbst, d.h. die eigenen Reglerparameter, entsprechend zu modifizieren. Dies ist insofern interessant, als in den nachfolgenden Kapiteln einige computerbasierte Lehrsysteme zur Sprache kommen werden, die ebenfalls von Möglichkeiten einer zielgerichteten Selbstmodifikation Gebrauch machen.

STEUERN UND REGELN

In der Regelungstechnik wird streng unterschieden zwischen Steuerung und Regelung (Abb. 2.2-1, S. 18): *Steuerung* eines Prozesses liegt dann vor, wenn ein sogenannter offener Wirkungsweg gegeben ist (open-loop), bei dem keine Kenntnisse über den augenblicklichen Ist-Zustand des gesteuerten Prozesses gewonnen werden oder vorhandene Kenntnisse bei Eingriffen in den Prozeß nicht berücksichtigt werden (feedforward control). Beispiel ist die Steuerung der Temperatur eines Raumes in Abhängigkeit von der Außentemperatur ohne Berücksichtigung der augenblicklich tatsächlich gegebenen Innentemperatur: Die Außentemperatur wird durch einen Fühler gemessen und an ein Steuergerät weitergeleitet, welches das Ventil am Heizkörper mehr oder weniger öffnet bzw. schließt. Das Steuergerät ist so ausgelegt, daß die dem Raum durch die Heizung zugeführte Wärmemenge genau der durch die Wände nach außen abgegebenen Wärmemenge entspricht.

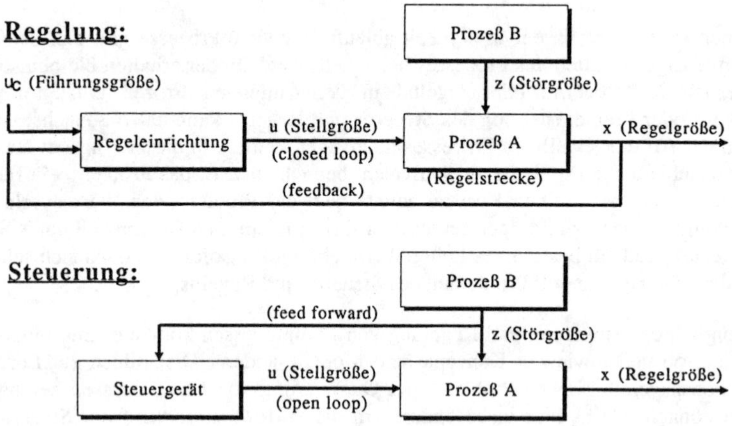

Abb. 2.2-1: Steuerung und Regelung

Regelung eines Prozesses liegt dagegen dann vor, wenn ein sogenannter geschlossener Wirkungsweg gegeben ist (closed-loop), bei dem die Kenntnis des augenblicklichen Ist-Zustandes des gesteuerten Prozesses herangezogen wird, um Eingriffe in den Prozeß vorzunehmen (Regelkreis, feedback-control). Im Beispiel der Raumtemperatur-Konstanthaltung wird Regelung durch einen Thermostaten realisiert, der das Ventil am Heizkörper in Abhängigkeit von der momentanen Raumtemperatur öffnet und schließt.

Steuerung und Regelung haben spezifische Vor- und Nachteile (vgl. Müller-Schwarz, 1969):

(1) Ein Regelvorgang kann erst dann eingeleitet werden, wenn schon eine Regelabweichung, d.h. eine Abweichung vom Sollwert, eingetreten ist (feedback): Die Raumtemperatur muß erst als Folge des Einwirkens einer Störgröße fallen, bevor das Heizkörperventil weiter geöffnet wird. Bei einer (außengeführten) Steuerung der Raumtemperatur dagegen wird das Ventil geöffnet, wenn die Außentemperatur zu sinken beginnt. D.h. es werden schon Gegenmaßnahmen eingeleitet, noch bevor die Änderung der Störgröße sich auf die Raumtemperatur auswirken kann (feedforward-control).

(2) Für das prinzipielle Funktionieren eines Reglers ist es nicht erforderlich, ihn auf die zu kontrollierende Anlage abzustimmen oder einzustellen. Eine Abstimmung von Parametern wird erst dann erforderlich, wenn die Funktionsweise optimiert werden soll. Ein Steuergerät muß dagegen sehr genau auf die jeweilige Störgröße und die Anlage (z.B. den Wärmedurchlaßwiderstand der Wände) abgestimmt werden.

(3) Eine Regelung arbeitet prinzipiell gegen alle möglichen Störgrößen, die die Regelgröße (im Beispiel die Raumtemperatur) verändern können, unabhängig davon, ob sie bei der Installation des Reglers berücksichtigt wurden oder nicht. Im Beispiel wären dies z.B. Wärmeverlust durch Öffnen von Fenstern und Türen, Sonneneinstrahlung durch geschlossene Fenster, Temperaturveränderung in Nachbarräumen, Veränderungen der Vorlauftemperatur des Wassers im Heizkörper etc. Eine Steuerung kann demgegenüber nur gegen solche Störgrößen wirken, die durch einen Fühler gemessen werden.

(4) Als Folge sogenannter Selbsterregung und anderer Effekte, die in der technischen Gestaltung des Reglers begründet sind, ist ein Regelkreis potentiell instabil. Eine Steuerung ist dagegen immer stabil, sofern die in der Planung berücksichtigten Anlagenparameter sich nicht verändern. Im Beispiel der Raumtemperatursteuerung lägen dann veränderte Anlagenparameter vor, wenn anstelle einfacher Fenster nachträglich solche mit einer Isolierverglasung eingebaut würden, wodurch der mittlere Wärmedurchlaßwiderstand des Raumes erhöht wird und somit dem Raum weniger Wärme zugeführt werden muß. Dasselbe gilt für die Auswirkung unterschiedlicher Windgeschwindigkeiten, wodurch sich der Wärmeübergangswiderstand der Außenwand verändert.

Die Vor- und Nachteile beider Kontrollprinzipien lassen sich nutzen bzw. kompensieren durch eine Regeleinrichtung mit sogenannter Störgrößenaufschaltung. Im Beispiel der Raumtemperaturregelung läßt sich diese z.B. dadurch realisieren, daß die Vorlauftemperatur des Heizwassers zunächst in Abhängigkeit von der Außentemperatur bestimmt wird (Steuerung), wobei eine Veränderung der Raumtemperatur aufgrund des Einwirkens weiterer Störvariablen durch geringfügige Veränderungen der Wassertemperatur ausgeglichen wird (Regelung). Dabei handelt es sich um eine Verfahrensweise, wie sie bei modernen Heizungssystemen durchaus üblich ist.

HERKÖMMLICHE REGELEINRICHTUNGEN

In der Regelungstechnik werden zwei Arten von Regeleinrichtungen unterschieden, stetige Regler einerseits und Zwei- oder Mehrpunktregler andererseits. Der wesentliche Unterschied besteht darin, daß Punktregler bei stetigen Eingangssignalen nur diskrete Ausgangssignale (z.B. Ventil vollständig öffnen und schließen), während stetige Regler beliebig viele Werte in einem bestimmten Bereich des Ausgangssignals (z.B. Ventil mehr oder weniger öffnen und schließen) erzeugen können.

Herkömmliche stetige Regler sind technisch z.B. als Proportional-Regler (P-Regler), als Differential-Regler (D-Regler) oder als Integral-Regler (I-Regler) realisiert (vgl. Schäfer, 1970; Reuter, 1975). Ein *P-Regler* ändert die Stellgröße, im Heizungsbeispiel die Wasser-Vorlauftemperatur oder die Öffnung des Heizkörperventils (vgl. Abb. 2.2-1, S. 18), proportional zum Betrag der augenblicklichen Regelabweichung, im Beispiel die Differenz zwischen Ist- und Soll-Wert der Raumtemperatur. Ein *D-Regler* ändert die Stellgröße proportional zur Geschwindigkeit der sich verändernden Regelabweichung, d.h. proportional zur ersten Ableitung der Regelabweichung über der Zeit. Ein *I-Regler* schließlich ändert die Geschwindigkeit der Stellgrößen-Änderung proportional zum Betrag der Regelabweichung, d.h. proportional zum Integral der Regelabweichung über der Zeit. Die einzelnen Grundtypen lassen sich kombinieren zu PI-, PD- und PID-Reglern, je nach Anforderung der jeweiligen Regelaufgabe.

Durch die Wahl des Regler-Typs wird die grundsätzliche Arbeitsweise eines Reglers festgelegt. Zur Herstellung des erforderlichen Wertes der Stellgröße ist darüber hinaus für jeden Typ eine multiplikative Konstante festzulegen, die bei einem zusammengesetzten Regler das Gewicht der einzelnen Glieder oder Komponenten bestimmt. Entscheidend ist aber, daß bei einem herkömmlichen, d.h. nicht-adaptiven Regler alle diese Parameter von Hand an den jeweils zu regelnden Prozeß angepaßt werden müssen, um eine optimale Regelung zu erzielen. Sind sie einmal angepaßt, dann bleiben sie während der gesamten Zeitdauer der Regelung invariant, auch wenn sich die Prozeßparameter der Regelstrecke mit der Zeit verändern.

ADAPTIVE REGELEINRICHTUNGEN: SELF-TUNING REGULATORS (STR)

Veränderungen der Regelstrecke, die zum Zeitpunkt des Reglerdesigns nicht vorhergesehen werden können, stellen den Ansatzpunkt dar, einen *adaptiven* Regler einzusetzen. Dieser soll in der Lage sein, (1) auch ohne explizite Kenntnis der Prozeßparameter die jeweils optimalen Reglerparameter einzustellen (tuning) und (2) bei zeitlicher Veränderung der Prozeßparameter die jeweils optimalen Reglerparameter nachzuführen.

Ein adaptiver Regler dieses Typs wird als "Self-Tuning Regulator (STR)" bezeichnet. Die Idee des Self-Tuning ist recht alt und wurde schon im zweiten Weltkrieg realisiert, jedoch erst zu Beginn der 50er Jahre publiziert (Draper & Li, 1951; vgl. Eveleigh, 1967).

Ein Self-Tuning Regulator besteht aus drei Funktionskomponenten (Abb. 2.2-2, S. 21), welche erforderlich sind, um die Ausgangsvariable eines Prozesses (die Regelgröße) durch Festlegen einer Eingangsvariable (die Stellgröße) auf einen bestimmten Soll-Wert einzuregeln (vgl. Eveleigh, 1967; Aström, 1980a, 1980b; Parks, Schaufelberger, Schmid & Unbehauen, 1980; Unbehauen & Schmid, 1980; Clarke, 1985; Vukobratovic, Stokic & Kircanski, 1985). Bei den Funktionskomponenten handelt sich

(1) um einen *herkömmlichen Feedback-Regler*, der die Stellgröße in Abhängigkeit vom Ist-Wert der Regelgröße, vom Soll-Wert der Führungsgröße und von weiteren aufgeschalteten (Feedforward-) Meßwerten - soweit vorhanden - verändert,

(2) um einen *Parameter-Schätzer*, der aus dem Vergleich der Prozeß-Eingangs- und -Ausgangsgrößen die augenblicklichen Prozeßparamter im Rahmen eines zuvor festgelegten Modells bestimmt,

(3) um eine *Design-Komponente*, an welche die Prozeßparameter weitergegeben werden und die schließlich die neuen Reglerparameter erzeugt und an den Feedback-Regler weiterleitet.

Sind alle drei Komponenten spezifiziert, handelt es sich um einen expliziten Self-Tuner. Ist die Design-Komponente nicht explizit implementiert, dann handelt es sich um einen impliziten Self-Tuner, bei dem die Prozeßparameter direkt in Reglerparameter umgesetzt werden.

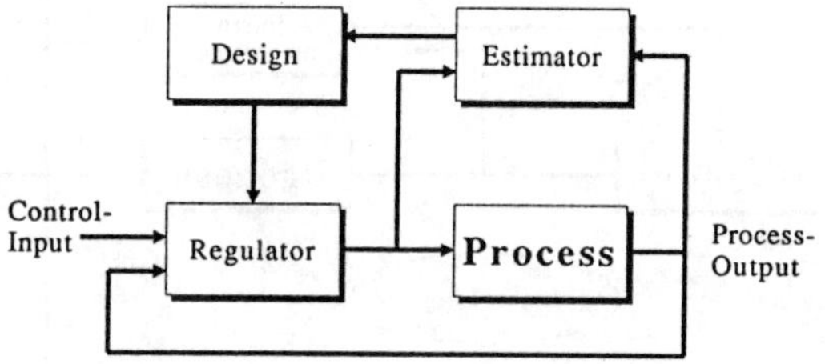

Abb. 2.2-2: Schematisches Diagramm eines "Self-Tuners" (nach Aström, 1980b)

Aus Abb. 2.2-2 (S. 21) ist erkenntlich, daß bei einem Self-Tuner die herkömmliche einfache Feedback-Schleife überlagert wird mit einer Parameteranpassungs-Schleife, wobei die letztgenannte Schleife bezweckt, den Regelungserfolg des herkömmlichen Reglers zu optimieren. Das bedeutet aber, daß zur Beurteilung des Regelungserfolgs ein Leistungsindex (Index of Performance, vgl. Eveleigh, 1967) definiert werden muß. Dieser Leistungsindex variiert dann, wenn die Parameter des zu regelnden Prozesses variieren und die gesetzten Reglerparameter dementsprechend keinen optimalen Regelungserfolg mehr gewährleisten. Die Regelgröße ist in diesem Fall der Leistungsindex, dessen Ist-Wert mit einem Soll-Wert verglichen wird. Regelstrecke ist der herkömmliche Regler, dessen Parameter die Stellgröße darstellen. Bei einem Self-Tuner handelt es sich also um eine Einrichtung zum Zwecke der Regelung einer Regeleinrichtung, also um eine Art "Meta-Regler".

ADAPTIVE REGELEINRICHTUNGEN: MODEL-REFERENCE ADAPTIVE CONTROL (MRAC)

Kennzeichnend für den Einsatz eines Self-Tuners ist, daß die momentanen Parameter des zu regelnden Prozesses identifiziert werden müssen, um die Parameter des herkömmlichen Reglers an veränderte Prozeßparameter anpassen und somit einen optimalen Regelungserfolg gewährleisten zu können. Einem Self-Tuner liegt also ein Modell des ablaufenden Prozesses zugrunde, welches fortlaufend on-line aktualisiert wird.

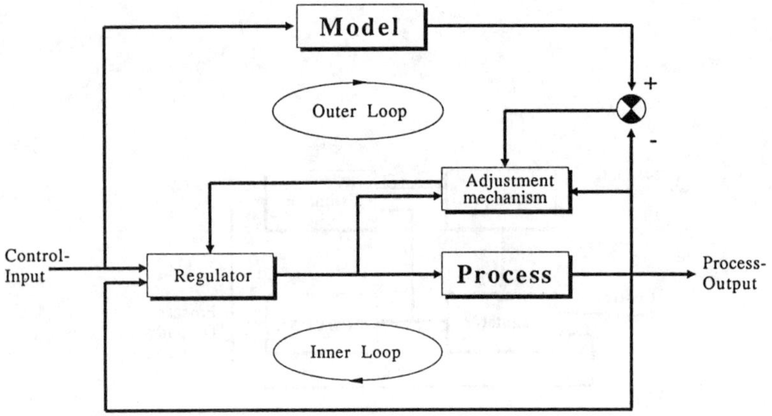

Abb. 2.2-3: Schematisches Diagramm eines "Model Reference Adaptive Controllers" (nach Aström, 1980b)

Dem Design eines "Model-Reference Adaptive Controllers (MRAC)" liegt dagegen die Überlegung zugrunde, daß ein System (oder ein Prozeß) sich auch ohne eingehende Kenntnis der Systemparameter steuern läßt. Dies ist realisierbar, indem man einen bestimmten Steuerungs-Input in das System hineingibt und den beobachtbaren Reaktions-Output mit dem Output eines bekannten Referenzmodells vergleicht, welches beim selben Input die gewünschte Reaktion zeigt. Verhält sich das zu steuernde System anders als das Referenzmodell, dann werden die Parameter eines Feedback-Reglers des zu steuernden Systems so angepaßt, daß die Abweichung zwischen System- und Modell-Output minimiert wird (vgl. Eveleigh, 1967; Aström, 1980a, 1980b; Narendra & Peterson, 1980; Narendra & Lin, 1980; Parks, Schaufelberger, Schmid & Unbehauen, 1980; Unbehauen & Schmid, 1980; Vukobratovic, Stokic & Kircanski, 1985). Das Ziel eines Model-Reference Adaptive Controllers besteht also darin, den Output eines unbekannten zu steuernden

Systems durch einen Feedback-Regler so zu verändern, daß sich der Closed-Loop-Output asymptotisch dem Output eines bekannten Referenzmodells annähert (Abb. 2.2-3, S. 22).

Bei der Entwicklung der ersten Self-Tuning Regulators stand zunächst das Design eines prinzipiell funktionsfähigen Reglers im Vordergrund, wobei es vor allem darum ging, geeignete Verfahren zur Bestimmung der System- und Reglerparameter zu finden. Erst in zweiter Instanz bemühte man sich darum, die Stabilität des gesamten Systems nachzuweisen. Bei einem Model-Reference Adaptive Controller stellen dagegen Überlegungen zur Gewährleistung der Stabilität des gesamten Systems die Grundlage für die Entwicklung dar: "MRAC has tended to proceed from considerations of stability of the overall system to optimization of control parameters while interest in STR has to a large extent been in the opposite direction" (Narendra & Lin, 1980, S. 119). Diese Trennung zwischen Self-Tuning Regulator und Model-Reference Adaptive Controller ist zwar historisch gegeben. Sie kann jedoch als überwunden gelten, da sich bei eingehender mathematischer Analyse beide Ansätze als äquivalent erweisen (Aström, 1980a, 1980b). Insofern ist davon auszugehen, daß die beiden Entwicklungstraditionen mit ihren unterschiedlichen Entwicklungsschwerpunkten voneinander profitieren (Narendra & Lin, 1980).

RELEVANZ TECHNISCHER REGEL- UND STEUEREINRICHTUNGEN FÜR DIE GESTALTUNG UND DIE BEURTEILUNG ADAPTIVER LEHRSYSTEME

Bevor untersucht wird, welcher Nutzen aus einer Kenntnis *technischer* adaptiver Regel- und Steuereinrichtungen für die Entwicklung adaptiver Lehrsysteme gezogen werden kann, soll zunächst anhand einiger Beispiele demonstriert werden, was einige Ingenieure unter Adaptation, adaptivem System und adaptivem Controller verstehen:

> *(1) "Adaptation is the regulation or control of a system in the presence of uncertainties" (Narendra & Peterson, 1980, S. 85).*
>
> *(2) "We define an adaptive system as one which measures its performance relative to a given IP [index of performance] and modifies its parameters to approach an optimum set of values" (Eveleigh, 1967, S. 135). "When an adaptive system is faced with a particular environmental condition, it determines by test parameter adjustments how parameter changes influence its operation and ultimately adjusts its parameters to perform optimally under the conditions encountered" (Eveleigh, 1967, S. 252).*
>
> *(3) "If an IP [index of performance] is available which indicates the systems's instantaneous or short-term average performance quality, and if a control loop is set up to optimize the IP automatically by adjusting controller parameters, the parameter-adjustment configuration is called an adaptive control loop. It is important to note that an adaptive controller is a parameter-adjustment loop above and beyond the normal feedback used to control position, velocity, and the like" (Eveleigh, 1967, S. 134).*

Diesen Definitionen zufolge versteht man unter einem adaptiven System ein System, welches durch Regelung oder Steuerung veränderten Umweltbedingungen angepaßt wird. Der Prozeß der Anpassung wird als Adaptation bezeichnet (Definition 1 und 2). Eveleigh (1967) nimmt in die Definition auf, wer die Adaptation vornimmt und wie sie bewerkstelligt wird: Das System paßt sich selbst an, und zwar durch selbständige Messung der eigenen Funktionsfähigkeit (Ist-Wert) und Vergleich dieser Messung mit einem vorgegebenen Soll-Wert (Definition 2). Nach dieser Definition ist jeder Regelkreis, bestehend aus einem Regler und einer Regelstrecke, ein adaptives System.

Nach Definition 3 ist ein "Adaptiver Controller" ein *zusätzlicher* Regelkreis, anhand dessen die Parameter eines herkömmlichen Reglers oder Steuergerätes in Abhängigkeit von der Beobachtung und Beurteilung des Regel- oder Steuer-Erfolgs modifiziert werden, um den Erfolg zu optimieren. Diesen Regelkreis kann man sich so vorstellen, daß der primäre Regelkreis, bestehend aus einem herkömmlichen Regler und dem eigentlich zu regelnden Prozeß, die Regelstrecke bilden (bei einem offenen Wirkungsweg gilt Entsprechendes). Regelgröße ist ein Leistungsindex, anhand dessen gemessen wird, wie gut der herkömmliche Regler seine Aufgabe erfüllt. Eine Regelabweichung liegt dann vor, wenn erkenntlich ist, daß der Leistungsindex aufgrund irgendwelcher Einflüsse nicht optimal ist (wobei zuvor genau zu definieren ist, was "nicht optimal" bedeutet). Stellgröße sind die Parameter des herkömmlichen Reglers, die durch den adaptiven Controller in geeigneter Weise modifiziert werden.

Welcher Nutzen läßt sich nun aus der Kenntnis *technischer* adaptiver Regel- und Steuereinrichtungen für die Entwicklung adaptiver Lehrsysteme ziehen? In der Antwort auf diese Frage soll auf zwei Bereiche eingegangen werden, zum einen auf allgemeine Begriffs- und Theoriebildung im Kontext adaptiver Lehrsysteme und zum anderen auf das Design spezieller Systeme.

Zunächst ist zu erkennen, daß in ingenieurwissenschaftlichen Texten hinsichtlich der verwendeten Begriffe weniger Vielfalt vorzufinden ist als in instruktionspsychologischen Texten, was nicht zuletzt darin begründet ist, daß die Grundbegriffe der Regelungstechnik genormt sind (DIN 19226). Ein erster Vorstoß in Richtung Begriffsnormierung im Kontext adaptiver Lehrsysteme wurde - zumindest für den deutsch-sprachigen Raum - in der sogenannten "Kybernetischen Pädagogik" (Frank, 1963, 1964a, b, c, 1965, 1966; vgl. Kap. 2.3.1) versucht. Desweiteren ist der Stand der Formalisierung in den Ingenieurwissenschaften erwartungsgemäß wesentlich höher, insbesondere was die Definition und Gewährleistung wünschenswerter und notwendiger Eigenschaften einer Steuer- oder Regeleinrichtung betrifft. Obwohl nicht zu erwarten ist, daß die formalen Ansätze vollständig übertragbar sind, so ist doch anzunehmen, daß einige zumindest im Ansatz zur Optimierung von Lehrsystemen verwendet werden können.

Bezüglich des Designs eines speziellen Lehrsystems könnte Hintergrundwissen aus der Regelungstechnik nützlich sein, die für eine on-line-Adaptation relevanten oder geeigneten Variablen zu identifizieren, zu klassifizieren und zu operationalisieren. Dabei geht es z.B. darum, was als Regelgröße betrachtet wird, wie diese gemessen werden kann, welches potentielle Störgrößen sind, ob Meßfühler für diese Störgrößen vorgesehen werden können, welche Variablen in welcher Weise rückgekoppelt werden müssen (um die on-line-Adaptation des Lehrsystems überhaupt erst zu ermöglichen) etc. All dies ist im Kontext von Lehrmaschinen, CAI- und ICAI/ITS-Systemen bisher bis auf wenige Ausnahmen (vgl. die Beispiele in Kap. 2.3) kaum geschehen und ist allem Anschein nach auch nicht leicht zu realisieren.

Soweit der Exkurs in die Regelungstechnik. Im folgenden wird es darum gehen, einige wesentliche Entwicklungsansätze und Forschungsergebnisse zur dynamischen Steuerung von Lernprozessen durch adaptive Lehrsysteme (Lehrmaschinen oder Computer) vorzustellen und sowohl hinsichtlich ihrer regelungstechnischen als auch hinsichtlich ihrer instruktionspsychologischen Fundierung zu untersuchen.

2.3 Forschung und Systementwicklung zur dynamisch-adaptiven Steuerung und Regelung von Lernprozessen

Nachdem die Begriffe "Adaptivität", "Steuerung", "Regelung" und deren Verwendung in verschiedenen Kontexten untersucht worden sind, geht es in diesem Kapitel um die dynamische Steuerung und Regelung von Lernprozessen durch (mikro-) adaptive Lehrsysteme. Die zentrale Frage ist, wie weit das dynamisch-adaptive Potential bisher realisierter Lehrsysteme reicht und inwieweit es durch instruktionspsychologisch orientierte empirische Forschung abgesichert ist.

Die Gliederung dieses Kapitels 2.3 folgt den drei historischen Entwicklungslinien "Lehrmaschinen/ Programmierte Instruktion", "CAI" und "ICAI/ITS" (vgl. Kap. 1). In der zusammenfassenden Diskussion der Entwicklungslinien werden schließlich einige Tendenzen aufgezeigt, die den Ausgangspunkt für die in Kap. 3 berichteten eigenen Experimente darstellen.

2.3.1 Lehrmaschinen und Programmierte Instruktion

In diesem Kapitel werden die mikro-adaptiven Möglichkeiten der in den 50er und 60er Jahren entwickelten Lehrmaschinen und programmierten Instruktionstexte untersucht. Die meisten der realisierten Lehrsysteme lassen sich auf Programmierprinzipien nach Skinner oder Crowder zurückführen. Adaptationsmaßnahmen bestehen bei diesen Systemen vor allem in einer Anpassung der Sequenz von Lehreinheiten und ihrer Schwierigkeit, wozu Ergebnisse einschlägiger Forschung berichtet werden. Die regelungstechnische Einordnung der entwickelten Systeme schließlich führt zu zwei Entwicklungslinien für sog. "komplexe adaptive Lehrmaschinen" (Rothkopf-Stolurow-Davis und Pask-Lewis). Diese werden in der gegenwärtigen Diskussion über Lehrsysteme in der Regel übersehen, obwohl sie schon in den 50er Jahren bzw. zu Beginn der 60er Jahre in bemerkenswerter Weise Möglichkeiten zur automatischen Modifikation der Lehrstrategie nutzten und damit als Vorläufer moderner ICAI/ITS-Systeme anzusehen sind. - Soweit der Überblick über dieses Kapitel.

Nach Klaus (1965) lassen sich die in den 50er und 60er Jahren entwickelten Verfahren zur Steuerung und Regelung von Lernprozessen auf zwei grundlegend verschiedene Programmiertechniken zurückführen, entweder auf einen reiz- oder auf einen reaktions-zentrierten Ansatz.

SKINNER UND DER REAKTIONS-ZENTRIERTE ANSATZ

Der reaktions-zentrierte Ansatz basiert auf der behavioristischen Lerntheorie - nach Klaus (1965) im Sinne von Thorndike (1932) - und wird im allgemeinen auf Skinner (1954) zurückgeführt. In diesem Ansatz wird davon ausgegangen, daß Lernen in einer Erhöhung von Verhaltenswahrscheinlichkeiten besteht. Ein komplexes Verhalten läßt sich durch die Verkettung einfacher Reaktionen aufbauen (shaping). Dementsprechend muß jeder Lehrstoff (aufgefaßt als ein mehr oder weniger komplexes Zielverhalten) in viele sehr leichte, aufeinander aufbauende Einheiten zerlegt werden, die in festgelegter Reihenfolge zu bearbeiten sind. Durch die Leichtigkeit der einzelnen Einheit ist gewährleistet, daß der Lernende die richtige Teil-Reaktion unmittelbar in Form einer selbst-konstruierten Antwort (also keine Mehrfachwahl-Antwort) zeigen kann. Es wird davon ausgegangen, daß die nach der Reaktion gegebene Rückmeldung über die Richtigkeit der Antwort als Verstärker (reinforcement) wirkt. Entscheidend ist, daß möglichst viele Antworten richtig sind, da nur richtiges Antwortverhalten verstärkt werden kann. Jede falsche Antwort bedeutet verschwendete Zeit, da - weil keine Verstärkung erfolgt - die Wahrscheinlichkeit der richtigen Teil-Reaktion nicht erhöht wird. Aufgaben können dadurch leicht gemacht werden, daß geeignete Antworthilfen gegeben werden (cueing, prompting), die im Laufe der Zeit mehr und mehr zurückgenommen werden (fading).

CROWDER UND DER REIZ-ZENTRIERTE ANSATZ

Der reiz-zentrierte Ansatz läßt sich nach Klaus (1965) im Sinne der kognitiven Lerntheorie von Tolman (1932) beschreiben und wird im allgemeinen auf Crowder (1959) zurückgeführt. Aber auch schon Presseys Test- und Lehrmaschinen (Pressey, 1926, 1927) fallen in diese Kategorie, obwohl Pressey selbst sich explizit auf Thorndike (1912, 1932) beruft. Im reiz-orientierten Ansatz wird davon ausgegangen, daß Lernen die Organisation oder Re-Organisation kognitiver Strukturen bedeutet. Dementsprechend muß jeder Lehrstoff als Ergebnis einer Lehrstoffanalyse so aufbereitet werden, daß seine Struktur möglichst klar und deutlich dargestellt werden kann. Eine einzelne Lehreinheit besteht aus zwei Teilen: Einer Menge von Informationen, die gewöhnlich zu lesen ist, und einer unmittelbar nachfolgenden Verständnisfrage mit Mehrfachwahl-Antwort. Selbstkonstruierte Antworten werden in der Regel nicht verlangt. Die Antwort des Lernenden wird üblicherweise sinngemäß wiederholt und hinsichtlich ihrer Richtigkeit beurteilt, was die Funktion einer informierenden Rückmeldung (feedback) hat. Ist die Antwort richtig, folgt unmittelbar die nächste Lehreinheit. Ist die Antwort falsch, wird zu einer remedialen Lehreinheit verzweigt (branching). Falsche Antworten sind für die Steuerung des Lernprozesses wichtiger als richtige Antworten, da sie Defizite aufzeigen, die korrigiert werden können bzw. müssen.

> *"To me, the essential problem is that of controlling a communication process by the use of feedback. The student's response serves primarily as a means of determining whether the communications process has been effective and at the same time allows appropriate corrective action to be taken when the communication has been ineffective. The structural peculiarities of automatic tutoring materials are designed to serve this testing and correctional purpose, and the material is not constrained by any particular theoretical learning model. If an error has occurred, the problem is not solved by revealing the right response to the student, as the failure (of communication) occurred before the response was emitted. What is required, in the case of an error,*

therefore, is to repeat or revise the communication process" (Crowder, 1959, S. 114).

Es mag zunächst widersprüchlich erscheinen, daß Klaus (1965) Crowders Ansatz mit Tolmans kognitiver Lerntheorie in Verbindung bringt, obwohl Crowder selbst in dem angeführten Zitat aussagt, daß sein Material durch keine bestimmte Lerntheorie eingeschränkt wird. Dieser Widerspruch löst sich aber auf, wenn man davon ausgeht, daß die Betonung auf "*not constrained*" liegt: Daß nämlich der Lehrprogramm-Autor relativ freie Hand bei der Gestaltung des Materials hat, wobei sich Restriktionen aus der Struktur des Lehrstoffs und der Verfügbarkeit und der Anwendbarkeit von Kommunikationstechniken ergeben.

"The point is that it has seemed to me to be preferable to have all these communication techniques available, and to employ a check on the success of the communcation at each step, rather then attempting to reduce the communication process to a specific conditioning model which does not seem well adapted to the teaching of complex meaningful material" (Crowder, 1959, S. 115).

Dies impliziert u.a., daß im Gegensatz zum reaktions-zentrierten Ansatz keine ausgesprochen leichten Aufgaben gefordert werden. Im Gegenteil, es wird davon ausgegangen, daß Fehler sogar motivierend wirken, wenn sie nicht zu häufig auftreten (Crowder, 1961; zitiert nach Klaus, 1965).

STUFEN DER ADAPTIVITÄT NACH CROWDER UND NACH STOLUROW

Die beiden Ansätze zur Steuerung und Regelung von Lernprozessen lassen sich als Ausgangspunkte der weiteren Entwicklung im Bereich Programmierter Instruktion und Lehrmaschinen ansehen. Bezüglich der dynamischen Adaptivität der beiden Ansätze läßt sich mit Crowder (1962) die Ansicht vertreten, daß die reaktions-orientierten linearen Maschinen und Lehrprogramme deshalb *nicht-adaptiv* sind, weil die Schülerantworten nicht zur Programmsteuerung herangezogen werden. Nach diesem Kriterium dagegen sind alle verzweigten Programme *adaptiv*. Crowder unterscheidet dabei zwei Klassen adaptiver Programme, intrinsische und extrinsische. *Intrinsische Programme* verzweigen ausschließlich auf der Basis der zuletzt gegebenen Schülerantwort, während *extrinsische Programme* darüber hinaus noch andere Informationen heranziehen (wie z.B. Kenntnisse über frühere Antworten), die miteinander verrechnet werden müssen.

Crowders Klassifikation entspricht teilweise einer Einteilung von Stolurow (1961): Er unterschied minimal adaptive, teil-adaptive und adaptive Lehrmaschinen bzw. Lehrsysteme. Stolurow definiert: "Adaptivity in a teaching-machine system is the capacity of the machine and its associated program to adjust, in one way or more, to the specific needs of the individual learner" (S. 14). Ein *minimal-adaptives System* basiert auf einem linearen Programm, wobei ein Lehrer erforderlich ist, der die Schülerantworten beurteilt und für Rückmeldungen sorgt. Mitunter können diese beiden Lehrfunktionen auch vom Lernenden selbst verlangt werden, wie es z.B. beim Lernen anhand von Karteikarten mit Fragen auf der einen und Antworten auf der anderen Seite der Fall ist. Die Arbeitsgeschwindigkeit wird vom Programm bestimmt. Das System geht also weder auf inter-, noch auf intraindividuelle Unterschiede ein. Wesentliche Lehrfunktionen wie z.B. Antwortbeurteilung und Auswahl der nächsten Lehreinheit bleiben unberücksichtigt.

Ein *teil-adaptives System* unterscheidet sich im wesentlichen dadurch, daß in Abhängigkeit von der Schülerantwort unmittelbar und automatisch (d.h. ohne Zutun einer Lehrperson) eine geeignete Rückmeldung gegeben wird. In der Regel wird die nächste Lehreinheit automatisch ausgewählt. Die Arbeitsgeschwindigkeit wird durch den Lernenden bestimmt. In diese Kategorie fallen lineare Programme mit und ohne Auslassen von Lehreinheiten. Lineare Programme ohne Auslassen sind Programme in Anlehnung an Skinner. Lineare Programme mit Auslassen von Items (selective linear) folgen Woodworths Technik des "adjusted learning" (Woodworth, 1938): Alle Lernenden bearbeiten beim ersten Durchlauf dieselben Items in derselben Reihenfolge; während der folgenden Durchläufe wird in Abhängigkeit von Fehlern entschieden, welche der Items erneut vorgelegt bzw. welche Items ausscheiden können. Stolurow beschreibt insgesamt 40 Lehrsysteme, die in diese Kategorie fallen (Stolurow, 1961, dort Tab. 3, S. 34ff).

Ein *adaptives System* schließlich verfügt über die Möglichkeit, das Instruktionsgeschehen durch Verzweigen oder andere Maßnahmen zu verändern, und zwar in Abhängigkeit vom augenblicklichen Verhalten des Lernenden. "In other words, it can be said to develop, on the spot, a specific program for each learner within the limits of the library and its own programming strategy" (Stolurow, 1961, S. 16). Als Beispiele nennt Stolurow insgesamt vier Lehrsysteme (zwei Systeme von Pask: "Interactive Decision Making Assembly (IDMA)" und "Solartron Automatic Teacher"; "DIDAK 1001" der Rheem Mfg. Corp; ein von Rath, Anderson & Brainerd, 1959, entwickeltes Programm für die IBM-650). Bei allen vier Systemen wurden Rechenmaschinen eingesetzt, beim letztgenannten System sogar schon ein frei programmierbarer Computer. Hinsichtlich dieser Zuordnung von Lehrsystemen weicht Stolurow allerdings von seiner Definition eines adaptiven Systems ab, da er verzweigte Textbuch-Lehrprogramme nach Crowder ("scrambled" textbooks) zu den teil-adaptiven Lehrsystemen zählt, obwohl sie in Abhängigkeit von den Antworten des Lernenden individuelle Lehreinheits-Sequenzen erzeugen. Offensichtlich ist für Stolurow entscheidend, daß bei einem adaptiven System alle Lehrfunktionen kontrolliert und automatisiert sind. So führt Stolurow z.B. zwei Probleme eines typischen Crowder'schen verzweigten Textbuches an: Zum einen kann der Lernende mogeln, indem er vor der eigenen Antwort die Musterantwort aufsucht. Zum anderen ist durch das unterschiedliche Ausmaß des erforderlichen Blätterns nicht gewährleistet, daß die Rückmeldung auf eine Antwort immer unmittelbar, d.h. innerhalb einer konstant kurzen zeitlichen Frist, erfolgt. Beide Probleme treten nach Stolurows Auffassung bei Lehrmaschinen nicht auf, die durch einen Computer gesteuert werden.

Vergleicht man beide Klassifikationssysteme, so entsteht der Eindruck, daß Stolurows Adaptivitätsbegriff weiter gefaßt ist als Crowders Auffassung von Adaptivität. Der Grund ist, daß Stolurow in Crowders Kategorie der nicht-adaptiven Lehrsysteme noch minimal-adaptive Systeme unterscheidet. Es bleibt allerdings völlig unklar, in welcher Hinsicht bei diesen Lehrsystemen - wenn auch nur minimal - Adaptation geleistet werden kann. Das einzige, was bei diesen, wie Stolurow es nannte, Lehrhilfen etwas mit Adaptation zu tun hat, ist die Tatsache, daß manche von ihnen durch einen Lehrer an den Lernenden angepaßt werden können. Insofern sind diese Lehrhilfen *adaptierbar*, aber nicht *adaptiv*. Am anderen Ende der Skala sind sich Crowder und Stolurow (zu Beginn der 60er Jahre schon) einig, daß dann, wenn ein Höchstmaß an Adaptivität gefordert wird, ein Computer erforderlich ist, der in Abhängigkeit von den Antworten des Lernenden und von anderen Variablen das Lehrprogramm steuert. Im Zwischenbereich unterscheiden sich Crowder und Stolurow allerdings insofern, daß Crowder Adaptivität nur im Sinne einer angepaßten Sequenz von Lehreinheiten betrachtet, während Stolurow auch eine Anpassung der Lehrgeschwindigkeit in Betracht zieht. Demgemäß sind lineare Skinner'sche Lehrprogramme für Crowder als nicht-adaptiv anzusehen, während sie für Stolurow teil-adaptiv sind, indem die Lehrgeschwindigkeit vom Lernenden bestimmt wird (self-pacing) und das Programm sich auf diese - primitive - Art und Weise der Lerngeschwindigkeit anpaßt.

SYSTEMATIK FÜR DIE SEQUENZIERUNG VON LEHREINHEITEN NACH FRANK

Das Ausmaß, in dem die Sequenz von Lehreinheiten angepaßt wird, spielt in der Adaptivitäts-Diskussion der 60er Jahre offensichtlich eine maßgebliche Rolle. Von Frank, dem Begründer der sog. "Kybernetischen Pädagogik", wurde ein Klassifikationssystem entworfen, das unter Verwendung von drei Facetten insgesamt sechs verschiedene Sequenzierungs-Grundtypen zu unterscheiden gestattet (Frank, 1965; Abb. 2.3.1-1, S. 30). Frank unterscheidet lineare vs. verzweigte, kreisfreie vs. zirkuläre und direktive vs. (topologisch)-adaptive Lehralgorithmen. Ein Lehralgorithmus ist

- *linear*, wenn auf der Menge der Lehreinheiten eine Lehrfolgerelation (Einheit A wird vor Einheit B gelehrt) definiert ist und die Lehreinheiten (bzw. "Lehrschritte" in Franks Terminologie) durch diese Lehrfolgerelation vollständig geordnet sind. Dies impliziert, daß jede Sequenz auf dieser einmal festgelegten Reihenfolge basiert. Adaptive Sequenzunterschiede können lediglich dadurch entstehen, daß einzelne Lehreinheiten übersprungen werden.

- *verzweigt*, wenn die Lehreinheiten nicht vollständig, sondern partiell geordnet sind. Es gibt keine allgemein gültige Sequenz. Unterschiedliche Sequenzen stellen damit nicht mehr Abkürzungen eines Hauptweges dar, sondern qualitativ unterschiedliche Wege.

- *zirkulär*, wenn einzelne Lehreinheiten wiederholt aufeinander folgen können. Ist dies nicht der Fall, dann ist der Lehralgorithmus *kreisfrei*.

- *direktiv*, wenn für jede Lehreinheit (mit Ausnahme einer unmittelbaren Wiederholung derselben Lehreinheit) nur ein einziger Nachfolger definiert ist. Sind für einzelne Lehreinheiten mehrere Nachfolger definiert, ist der Lehralgorithmus nicht-direktiv oder *(topologisch)-adaptiv*.

Jede der Facetten besteht aus zwei Elementen, so daß 2x2x2=8 Kombinationen möglich sind, von denen allerdings nur 6 realisiert werden können: Es ist nicht möglich, die Merkmale "verzweigt" und "direktiv" zu koppeln, weil beide sich per Definition ausschließen: Bei einer Verzweigung sind notwendigerweise mindestens zwei verschiedene Nachfolger zu unterscheiden. Insofern fallen die Kombinationen "verzweigt/ direktiv/ kreisfrei" und "verzweigt/ direktiv/ zirkulär" aus der Betrachtung heraus.

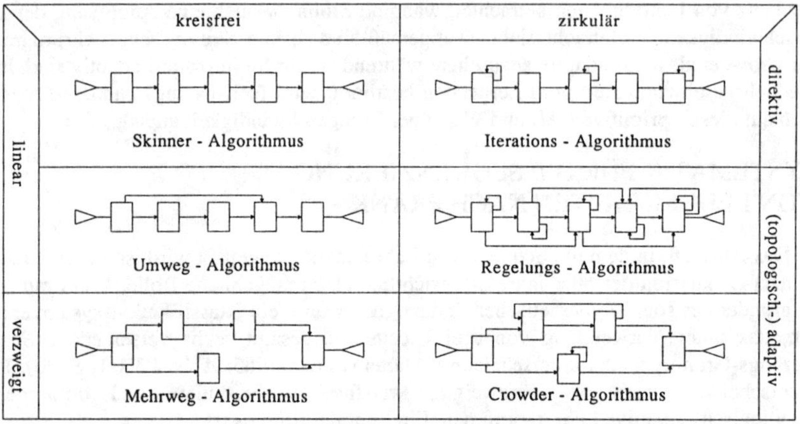

Abb. 2.3.1-1: Klassifikation von Sequenzierungs-Algorithmen nach Frank (Frank, 1965)

ADAPTATION DER SEQUENZ VON LEHREINHEITEN: FACETTENTHEORETISCHE ÜBERARBEITUNG DER FRANK-SYSTEMATIK

Bemerkenswert ist, daß sich Franks Klassifikation von 8-2=6 Lehralgorithmen, die ohne jeglichen psychologisch- oder pädagogisch-theoretischen Hintergrund bezüglich des Zwecks der einzelnen Merkmalsrealisierung entworfen wurde, auf eine sehr einfache Art und Weise so umgestalten läßt, daß die Facetten zum einen nur realisierbare Algorithmen erzeugen und zum anderen - was viel wichtiger ist - instruktionspsychologisch begründet werden können.

Der Kunstgriff besteht darin, die Zirkularitäts-Facette beizubehalten und Franks Linearitäts- und Direktivitäts-Facette zusammenzufassen zu einer Facette mit drei Elementen: "linear-direktiv", "linear mit Sprüngen" und "verzweigt". Die Elemente dieser beiden Facetten lassen sich nun im Sinne von Salomons "heuristischen Modellen für ATI-Hypothesen" (Salomon, 1975) beschreiben (vgl. Tab. 2.1-2, S. 14):

- Bei einem *zirkulären* Lehralgorithmus ist vorgesehen, Wissenslücken durch Wiederholung derselben Lehreinheit oder derselben Sequenz von Lehreinheiten zu schließen (Salomons Fördermodell). Zirkulär ist der Algorithmus im Prinzip auch dann, wenn als remediale Maßnahme zusätzliche Lehreinheiten eingefügt oder die zuvor verwendeten Lehreinheiten modifiziert werden. Entscheidend ist, daß wiederholt geprüft wird, ob das angestrebte Ziel erreicht ist oder nicht.

- Ein *linearer* Algorithmus mit Sprüngen ermöglicht Abkürzungen vom Hauptweg, was dann sinnvoll ist, wenn besonders günstige Lernvoraussetzungen vorliegen (Salomons Präferenzmodell).

- *Verzweigte* Algorithmen schließlich ermöglichen es, differentiell auf unterschiedliche Defizite einzugehen, indem qualitativ unterschiedliche Lehrsequenzen verwendet werden (Salomons Kompensationsmodell).

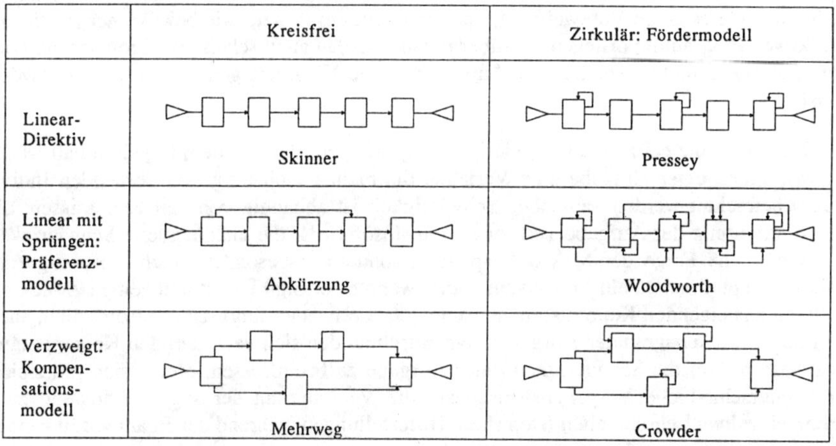

Abb. 2.3.1-2: Modifizierte Klassifikation von Sequenzierungs-Algorithmen

Das Kreuzprodukt der beiden Facetten ergibt 2x3=6 Algorithmen und reproduziert Franks ursprüngliches Schema mit modifizierten Begriffen (Abb. 2.3.1-2, S. 31): Der Skinner-Algorithmus ist kreisfrei und linear-direktiv. Franks Iterations-Algorithmus entspricht den ersten Lehr- und Testmaschinen von Pressey (1926, 1927). Er ist zirkulär und linear-direktiv. Franks Umweg-Algorithmus läßt sich sinnvoller als Abkürzungs-Algorithmus bezeichnen. Er ist kreisfrei und linear mit Sprüngen. Franks Regelungs-Algorithmus entspricht Woodworths Methode des angepaßten Lernens (Woodworth, 1938: adjusted learning). Er ist zirkulär und linear mit Sprüngen. Der Mehrweg-Algorithmus ist kreisfrei und verzweigt; der Crowder-Algorithmus schließlich ist zirkulär und verzweigt. Abweichend von Franks Auffassung erscheint es angebracht, auch zirkuläre Algorithmen als adaptiv anzusehen, da es nur sinnvoll ist, eine Wiederholungsschleife zu durchlaufen, wenn im Sinne von Salomons Fördermodell ein entsprechender Bedarf auf Seiten des Individuums festgestellt wird. Insofern sind - bis auf den Skinner-Algorithmus - alle Algorithmen dynamisch-adaptiv, da in Abhängigkeit von on-line erhobenen Antworten des Lernenden individuell unterschiedliche Sequenzen von Lehreinheiten mit individuell unterschiedlichen Wiederholungshäufigkeiten einzelner Lehreinheiten innerhalb einer Sequenz realisiert werden.

ADAPTATION DER SCHWIERIGKEIT VON LEHREINHEITEN

Neben der Sequenz ist die Schwierigkeit von Lehreinheiten eine der Variablen, die bei der Entwicklung von Lehrmaschinen und sonstigen Lehrprogrammen seit jeher eine bedeutende Rolle gespielt hat. Im reaktions-orientierten Ansatz nach Skinner soll jede Lehreinheit so leicht sein, daß der Lernende mit hoher Wahrscheinlichkeit das geforderte Antwortverhalten zeigen kann. Im reiz-orientierten Ansatz nach Crowder darf die Lehreinheit nicht zu leicht sein, damit der Lernende systematische (d.h. nicht zufällige) Fehler machen kann, die Wissensdefizite anzeigen und geeignete Korrekturmaßnahmen bestimmbar machen. Wenn in einem verzweigten Lehrprogramm prinzipiell keine Fehler gemacht würden, gäbe es keine Verzweigung, und man hätte im Prinzip wie bei Skinner ein linear-direktives Programm vorliegen. Darüber hinaus werden auch schon von Crowder motivierende Aspekte nicht allzu leichter Aufgaben in die Überlegungen einbezogen (Crowder, 1961).

Ob nun leichte oder mittel-schwierige Aufgaben gefordert werden, in jedem Fall ist die Schwierigkeit einer Aufgabe eine Variable, die nicht unabhängig vom lernenden Individuum betrachtet werden kann: Die Schwierigkeit ist abhängig von den Kenntnissen, die zur Bearbeitung der Aufgabe verfügbar sind. Insofern ist die angemessene Schwierigkeit nicht nur eine Frage der Makro-Adaptation, sondern insbesondere auch eine Frage der Mikro-Adaptation. Da ein Lehrsystem dann, wenn es erfolgreich ist und seinen Zweck erfüllt, zu ansteigenden Kenntnissen auf Seiten des Lernenden führt, ist es erforderlich, auch den Schwierigkeitsgrad der Aufgaben dynamisch an den sich verändernden Kenntnisstand anzupassen. Um die Schwierigkeit einer Aufgabe zu beeinflussen, bieten sich prinzipiell drei unterschiedliche Vorgehensweisen an: die Veränderung der sog. Schrittweite zwischen einzelnen Lehreinheiten (step size), Hilfestellungen während der Beantwortung einer Frage (prompting und cueing) und mehr oder weniger stark ausgeprägter Zeitdruck (pacing).

Step-Size: Die Schrittweite zwischen Lehreinheiten läßt sich dadurch variieren, daß derselbe Lehrstoff in unterschiedlich viele Lehreinheiten oder Items zerlegt wird (vgl. Stolurow, 1961). Bei vielen Lehreinheiten ist die Schrittweite klein, bei wenigen ist sie groß. Eine derartige Definition eines so zentralen Konzeptes wie "Schrittweite" ist insofern problematisch, als Schrittweiten nicht lehrstoff-übergreifend, sondern nur innerhalb eines Lehrstoffs miteinander verglichen werden können. Ein Ansatz zur operationalen Definition der Schrittweite unabhängig vom Lehrstoff ist - im Sinne einer Meßvorschrift - allerdings möglich, indem man z.B. auszählt, wieviele neue Begriffe in einer Lehreinheit im Vergleich zur vorhergehenden Lehreinheit verwendet werden (vgl. Anschütz, 1965, und die Kritik an diesem Vorgehen von Zifreund, 1965). Wenn einmal Lehreinheiten mit bestimmter Schrittweite festgelegt sind, dann läßt sich die Schrittweite dadurch dynamisch anpassen, daß man unter Verwendung eines Abkürzungs-Algorithmus einzelne Lehreinheiten oder Sequenzen von Lehreinheiten überspringt, wodurch sich aus dem Schrittweiten-Adaptationsproblem ein Lehreinheiten-Sequenzierungsproblem ergibt.

Cueing und Prompting: Die zweite Möglichkeit zur Beeinflussung der Schwierigkeit besteht darin, dem Lernenden bei der Bearbeitung einer Aufgabe Hilfestellungen zu geben, die es ihm erleichtern, die richtige Antwort zu geben. "Cueing" oder "cue-guidance" besteht darin, die kritischen Hinweisreize für eine bestimmte erwartete Antwort deutlich zu isolieren, was z.B. durch geeignete Maßnahmen zur Textgestaltung erreicht werden kann. "Prompting" oder "response-guidance" besteht darin, dem Lernenden die erwartete Antwort behutsam zu entlocken z.B. durch Vorgabe des Anfangsbuchstabens eines Begriffs (was mitunter schon als sokratischer Dialog bezeichnet wird). Neben diesen beiden Arten von Hilfen nennt Stolurow (1961) noch eine weitere Klasse von Hilfen, die er als "relational guidance" bezeichnet. In diesem Fall besteht die Hilfe darin, dem Lernenden ein Prinzip zu präsentieren, welches er verwenden kann, um die richtige Antwort auf die gestellte Frage zu finden. Prinzipiell läßt sich das Ausmaß dieser Arten von Hilfestellungen an den Bedarf des Lernenden dynamisch anpassen (fading), wobei aber in den 50er und 60er Jahren von dieser Möglichkeit nur wenig Gebrauch gemacht wurde. Im Grunde genommen lassen sich auch diese Hilfestellungen insofern, daß sie dem Lernenden zusätzliche Informationen in Form von Lehreinheiten sehr kleiner Schrittweite präsentieren, unter der Rubrik "Adaptation der Sequenz von Lehreinheiten" subsumieren.

Pacing: Neben der Schrittweite und neben Hilfen bei der Beantwortung von Fragen läßt sich die Schwierigkeit auch dadurch manipulieren, daß man das Schrittempo vorgibt und auf diese Weise mehr oder weniger Zeitdruck auf den Lernenden ausübt. In der Regel wird davon ausgegangen, daß das Schrittempo und damit die Lehrgeschwindigkeit sich an die Lerngeschwindigkeit des Lernenden anpassen solle. Das verlangt im einfachsten Fall Lernerkontrolle, wie es bei allen Textbuch-Lehrprogrammen notwendig der Fall ist. Zeitdruck kann allerdings dann relevant werden, wenn es explizit darum geht, möglichst schnelle Reaktionen einzuüben. In diesem Fall bietet es sich an, adaptiv Zeitdruck auszuüben und damit die Schwierigkeit, die richtige Reaktion innerhalb des vorgegebenen zeitlichen Rahmens zeigen zu können, auf einem bestimmten Niveau zu halten.

ADAPTATION DES VERSTÄRKUNGSPLANS

Von Stolurow (1961) wurde vorgeschlagen, eine gemischte Rückmeldungs-Strategie zu verwenden. In der Anfangsphase der Lehrprogrammbearbeitung wird auf jede Antwort des Lernenden eine Rückmeldung gegeben. Sobald ein bestimmter Kompetenzgrad erreicht ist, wird die Häufigkeit der Rückmeldungen reduziert. Gemäß Skinners Theorie des operanten Konditionierens soll mit diesem Wechsel von einem kontinuierlichen zu einem intermittierenden Verstärkungsplan erreicht werden, daß das gewünschte Verhalten in der ersten Phase schnell gelernt und in der zweiten Phase löschungs-resistent gemacht wird. Eine einfache Möglichkeit, die zweite Phase zu realisieren, sah Stolurow im Einfügen von Testitem-Blöcken (i.e. Items ohne Rückmeldung) zwischen Blöcke von Trainingsitems (i.e. Items mit Rückmeldung).

FORSCHUNGSERGEBNISSE ZU SOGENANNTEN PROGRAMMIERVARIABLEN

Im Jahre 1963 präsentierte Schramm auf einer internationalen Konferenz über Programmierten Unterricht und Lehrmaschinen ein Referat, in dem er sich auf insgesamt 195 Forschungsberichte zur Programmierten Instruktion bezieht, von denen 165 im Zeitraum 1959-1963 erschienen sind (Schramm, 1964). Schramm faßt die Frage bezüglich der Programmiervariablen wie folgt zusammen:

> *"If we had tried, four years and 165 research papers ago, to describe the characteristic of a presumably efficient linear program, we should probably have said that it has (1) an ordered sequence of items, through which the student works in (2) 'short steps', therefore (3) making few errors, as he*

> *records to each item (4) a constructed response, and receives (5) immediate knowledge of results. The student (6) works at his own pace, and (7) receives reinforcement for each correct response. After five years, what does the research say about those characteristics of Skinnerian program design?" (S. 469f).*

An dieser Stelle geht es nicht darum, die Zusammenfassung erneut zusammenzufassen. Es geht vielmehr darum, Forschungsergebnisse zu denjenigen Programmiervariablen zu extrahieren, die im Rahmen der dynamischen Adaptation eines Lehrprogramms Verwendung gefunden haben oder zumindest relevant sein könnten. Dabei handelt es sich insbesondere um die Schrittweite und die damit gekoppelte Fehlerrate, die unmittelbare Ergebnisrückmeldung, die selbstbestimmte Arbeitsgeschwindigkeit und schließlich um die Rolle der Verstärkung.

Schrittweite und Fehlerrate: Trotz einer häufig recht unpräzisen Definition von "Schrittweite" erwiesen sich bei denjenigen Untersuchungen, die signifikante Unterschiede fanden, kleine Schrittweiten bezüglich der Nachtestleistung als vorteilhaft. Der Lernerfolg läßt sich steigern, wenn die Schrittweite kontinuierlich vergrößert wird. Auf diese Weise läßt sich auch Langeweile auf Seiten des Lernenden vermeiden.

Unmittelbare Erfolgsrückmeldung: Die meisten der Forschungsberichte ergaben Vorteile der unmittelbaren Rückmeldung. Es gibt widersprüchliche Ergebnisse zu der Frage, ob der Effekt sich verstärken läßt, wenn zusätzlich eine Erklärung gegeben wird. Bei sehr leichten Aufgaben mit geringer Fehlerwahrscheinlichkeit scheint es allerdings nicht erforderlich zu sein, bei allen Aufgaben eine unmittelbare Erfolgsrückmeldung zu geben.

Selbstbestimmte Arbeitsgeschwindigkeit: Obwohl sehr viele Programm-Entwickler davon überzeugt sind, daß bei einer selbstgewählten Arbeitsgeschwindigkeit effizienter gelernt wird als bei einer fremdbestimmten Arbeitsgeschwindigkeit, erweist sich dieser Effekt in experimentellen Untersuchungen - wenn er überhaupt auftritt - als sehr schwacher Effekt. Self-Pacing scheint insbesondere dann zu einer im Gruppenmittelwert schnelleren Programmbearbeitung zu führen, wenn die Gruppe sehr inhomogen ist hinsichtlich der kognitiven Lernvoraussetzungen der Gruppenmitglieder. In solch einem Fall ist es wenig sinnvoll, das externale Pacing am Gruppenmittelwert zu orientieren, was anderenfalls - bei einer homogenen Gruppe - den Unterschied zwischen Self- und externalem Pacing verschwinden lassen kann.

Verstärkung: Die zentrale Frage ist, ob und inwiefern die Erfolgsrückmeldung einen Verstärker im Sinne Skinners Theorie des operanten Konditionierens darstellt. Nach Schramm war man bei der Suche danach, wodurch die Rückmeldung zum Verstärker wird, nicht erfolgreich. Es gibt aber zahlreiche Experimente, die zumindest für Paarassoziations-Lernen belegen, daß Prompting mit einem besseren Lernerfolg verbunden ist als Confirmation: Bei *Prompting* werden Stimulus und Response im Normalfall simultan dargeboten, worauf der Lernende den Response wiederholt. Bei *Confirmation* wird nur der Stimulus dargeboten. Der Lernende muß den Response selbst erzeugen, worauf der richtige Response dargeboten wird. Es gibt aber auch Untersuchungen, die dieses Ergebnis dahingehend modifizieren, daß unter bestimmten Umständen eine Misch-Strategie sinnvoll ist. Die ausgeprägte Wirksamkeit des Prompting läßt einige Zweifel an Skinners Betonung des Verstärkungsprinzips aufkommen. Möglicherweise reicht es aus, Guthries Kontiguitätsprinzip heranzuziehen, wonach Lernen als eine Assoziation zwischen Stimulus und Response dann erfolgt, wenn beide hinreichend oft in zeit- und räumlicher Nähe zusammen auftreten (vgl. Hilgard, 1964).

Holland, ein Schüler von Skinner, wertete 1965 insgesamt 108 Forschungsarbeiten aus dem Zeitraum 1951 bis 1964 aus, wobei nur 5 vor 1959 erschienen. Im wesentlichen kommt er zu denselben Schlußfolgerungen wie Schramm zwei Jahre zuvor. Aus Hollands Sammelreferat sind bezüglich adaptierbarer Variablen noch folgende Punkte zu ergänzen:

(1) Partielles Prompting (beim Paarassoziations-Lernen z.B. durch Vorgabe des Anfangsbuchstabens des richtigen Responses nach dem ersten fehlerhaften Versuch) erbrachte gegenüber dem normalen Vorgehen (Stimulus - Learner Response - Confirmation Response) keine Vorteile.

(2) Stolurows Idee intermittierender Erfolgs-Rückmeldungen erbrachte in Experimenten keine Vorteile, zumindest dann nicht, wenn dieses Vorgehen sich auf die gesamte Lernphase bezieht. Der von Stolurow vorgeschlagene Wechsel von kontinuierlicher zu intermittierender Verstärkung bei einem bestimmten erreichten Kompetenzgrad wurde in den von Holland ausgewerteten Arbeiten allerdings nicht explizit untersucht.

Im übrigen weist Holland kritisch darauf hin, daß intermittierende Verstärkung bei einem typischen linearen Programm wenig sinnvoll ist, da nicht immer wieder nur ein-und-derselbe, sondern unterschiedliche Responses verlangt werden. Das entspricht aber genau Stolurows Vorschlag, intermittierende Rückmeldungen erst in einer Einübungsphase zu verwenden, wenn immer wieder Aufgaben desselben Typs zu bearbeiten sind.

(3) Holland zitiert einige Arbeiten, die sich mit der Frage befassen, ob verzweigte Programme besser sind als lineare. Lineare Programme mit der Möglichkeit, einzelne Teile zu überspringen, scheinen lediglich - weil weniger Items zu bearbeiten sind - in einer kürzeren Bearbeitungszeit zu resultieren, nicht jedoch in besseren Nachtest-Leistungen. Er weist aber auch auf zwei Arbeiten hin, bei denen ein einfaches lineares Skinner-Programm sich bezüglich der Nachtestleistung als unterlegen erwies: Es handelte sich im einen Fall um einen Vergleich mit einem Programm, welches falsch beantwortete Items später zur Wiederholung vorlegte (Woodworths Methode des "Adjusted Learning"), und im anderen Fall um einen Vergleich mit einem Programm, welches eine vergleichsweise elaborierte Verzweigungstechnik benutzte (Verzweigungen aufgrund von diagnostischen Items, aufgrund von Fehlern in "normalen" Lehr-Items und aufgrund der Selbsteinschätzung des Lernenden, im Programm vorwärtsschreiten zu können).

Eine Auswertung weiterer 12 Forschungsarbeiten zur Wirksamkeit unterschiedlicher Realisationen der Programmiervariable "Bestätigung" aus dem Zeitraum 1963 - 1972 unterstützt die Schlußfolgerungen von Schramm und von Holland in den wesentlichen Punkten (Friede, Ommerborn, Rade & Stracke, 1974).

Im Gegensatz dazu kann McKeachie (1974) aber in einem Sammelreferat anhand vieler Beispiele zeigen, daß Skinners Prinzipien, insbesondere das Prinzip der unmittelbaren Ergebnisrückmeldung, für das Lernen komplexeren Materials keine uneingeschränkte Gültigkeit beanspruchen können:

"Knowledge of results, I would aver, is important for learning when the knowledge provides information and the learner knows how to correct his behavior; it doesn't make much difference if the learner already has a pretty good idea of how well he has done or doesn't know what to do differently. Contiguity probably makes a difference in learning if the learner soon forgets what he did, but it doesn't help when he can easily retrieve it from memory and continue to think about it" (McKeachie, 1974, S. 186, Hervorhebung im Original).

Er betont weiter, daß die Unterschiede zwischen den alten und - wie er es nennt - neuen Prinzipien nicht nur im besseren Verständnis ihrer Gültigkeitsgrenzen liegen, sondern auch in einem Wechsel von einem behavioristischen S-R-Paradigma zu einem Informationsverarbeitungs-Ansatz.

ATI-STUDIEN

Schon Stolurow (1961) behauptete, daß die Korrelation zwischen Intelligenz und Lernerfolg beim Bearbeiten eines Lehrprogramms ein Indikator für die Effizienz des Programms sei: je geringer die Korrelation, desto effizienter das Lehrprogramm. Als Belege werden von Stolurow Untersuchungen angeführt, bei denen die Korrelation in der Größenordnung von null ausfiel (z.B. Detambel & Stolurow, 1956; Porter, 1959; Meyer, 1959) bzw. bei denen die Leistungsvarianz nach Bearbeitung eines programmierten Textbuches geringer war als nach Bearbeitung eines herkömmlichen Textes (z.B. Homme & Glaser, 1959).

Cronbach & Snow (1977) werteten die verfügbaren Forschungsberichte hinsichtlich der Frage aus, ob dieser ATI-Effekt über verschiedene Arbeiten hinweg stabil und damit replizierbar ist. Als Ergebnis ihrer Recherchen berichten Cronbach & Snow, daß Programmierte Instruktion *nicht* in der Lage ist, individuelle Unterschiede in den kognitiven Lernvoraussetzungen Intelligenz und Vorwissen zu kompensieren: Es gibt zwar einige Arbeiten, die diesen Effekt belegen, aber zu viele Arbeiten fanden entweder keinen Unterschied oder einen Effekt in der entgegengesetzten Richtung.

In der Regel ist davon auszugehen, daß dann, wenn der unmittelbare Nachtest eines Lehrprogramms nicht mit Intelligenz oder Vorkenntnissen korreliert, Deckeneffekte vorhanden sind. D.h., daß alle oder doch zumindest sehr viele Lernende das Lehrziel erreicht haben, was im Sinne von Mastery Learning sehr wohl bezweckt sein kann. Stolurow (1961) zitiert als Beispiele für reduzierte Varianz Arbeiten von Briggs (1949) und Jensen (1949), bei denen beim Einsatz von Lehrmaschinen wesentlich mehr Schüler Noten am oberen Ende der Notenskala erhielten: In Jensens Experimentalgruppe hatten 51 % der Schüler die Note A, in der Kontrollgruppe nur 10 %. Darüber hinaus gab es in Jensens Experimentalgruppe überhaupt keine D- und E-Noten.

Die Auswirkung derartiger Deckeneffekte ist, daß die Vortest- und Nachtestverteilungen sich nicht nur in den beiden ersten Momenten (Mittelwert und Varianz) unterscheiden, sondern zumindest auch im dritten Moment (Schiefe). Damit kann aber der absolute Betrag der linearen Korrelation zwischen Vortest und Nachtest prinzipiell nicht allzu groß ausfallen, so daß geringe Korrelationen um null durch diesen Effekt zumindest mit verursacht sein können.

Ein weiteres Problem in diesem Zusammenhang ist, daß bei den beschriebenen Deckeneffekten die Lernerfolgsvariablen in Experimental- und Kontrollgruppe eine unterschiedliche Anzahl effektiver Kategorien (i.e. Kategorien mit einer Auftretenshäufigkeit größer null) aufweisen. So sind z.B. in Jensens Experimentalgruppe nur drei (A-C) der insgesamt fünf Notenstufen (A-E) vergeben. Das bedeutet aber, daß in der Experimentalgruppe mehr Rangplatzbindungen vorhanden sind und daß aus diesem Grund nicht nur die lineare Korrelation, sondern auch die streng monotone Rangkorrelation der Noten mit einer (in etwa) normalverteilten Lernvoraussetzungsvariable (z.B. Intelligenz) niedriger ist als in der Kontrollgruppe. Artefakte lassen sich also auch nicht dadurch vermeiden, daß man routinemäßig einen Rangkorrelations-Koeffizienten berechnet.

Artefakte lassen sich allerdings vermeiden, wenn man bei unterschiedlich schiefen Verteilungen auf die Berechnung linearer Korrelationen oder streng monotoner Rangkorrelationen verzichtet und stattdessen Maße der *schwach-monotonen* Korrelation berechnet (vgl. Leutner, 1990a). Eine andere Möglichkeit besteht darin, dafür zu sorgen, daß im Nachtest keine Deckeneffekte auftreten, was z.B. durch schwierigere Lern- und Testaufgaben oder ein niedrigeres Lehrziel erreicht werden kann. In der Tat zitiert schon Stolurow (1961, S. 124) eine Arbeit von Keislar (1959a), in der sich herausstellte, daß die Rangkorrelation zwischen Vortest und Lernerfolg bei einem schwierigen Lehrprogramm immerhin 0.52 betrug. Angesichts der geschilderten Gefahr von Artefakten bei der Interpretation niedriger Korrelationen ohne Berücksichtigung der zugrundeliegenden Verteilungen erscheint Stolurows Vorschlag, niedrige Korrelationen als Indikator für die Effizienz eines Lehrprogramms anzusehen, problematisch. Auf dieser Argumentationslinie liegen auch experimentelle Ergebnisse von Rigney (1962), aus denen er folgende Schlußfolgerung zieht: "It is probable that reports of no correlation between intelligence-test scores and programmed-learning criterion-test scores merely mean that the brighter individuals were held back by the material" (S. 164).

REGELUNGSTECHNISCHE EINORDNUNG

Die Übertragung steuer- und regelungstechnischer Konzepte auf nicht-technische Systeme bzw. die Analyse beliebiger komplexer Systeme im Hinblick auf Steuer- und Regelungsprozesse ist Gegenstand der Kybernetik - eine wissenschaftliche Disziplin, die auf Wiener (1948) zurückgeführt wird. Bei einer kybernetischen Betrachtungsweise von Lehr-Lernprozessen werden zunächst zwei Systeme unterschieden, die miteinander Informationen austauschen: Ein lehrendes und ein lernendes System. Jedes lernfähige System lernt automatisch und ohne spezifische Zielsetzung in Interaktion mit seiner Umwelt (was bei natürlichen Systemen bzw. lebenden Organismen Gegenstand der Lernpsychologie ist). Lehrsysteme haben dabei die Aufgabe, die Umwelt des lernenden Systems so zu gestalten, daß die Lernprozesse (1) auf ein Ziel hin ausgerichtet werden und (2) möglichst effektiv und effizient sind.

Lehren ist in dieser Betrachtungsweise zunächst also nichts anderes als die *Steuerung* von Lernprozessen (vgl. Rothkopf, 1957; Pask, 1960a, b; Stolurow, 1961; Frank, 1963; Sime, 1964). Eine *Regelung* von Lernprozessen liegt dann vor, wenn das lehrende und das lernende System nicht nur eine offene Wirkungskette bilden (wie z.B. bei einem Vortrag), sondern wenn die beiden Systeme einen geschlossenen Wirkungsweg darstellen, der eine Interaktion, d.h. einen Austausch von Informationen, ermöglicht. Dies ist die Grundlage für eine dynamische Anpassung der Lernumgebung an die augenblicklichen Erfordernisse des lernenden Systems.

Aus kybernetischer Sicht besteht jedes System wiederum aus einzelnen Komponenten oder Subsystemen, die spezifische Funktionen haben und Informationen untereinander austauschen. Bemerkenswert ist, daß - in guter behavioristischer Tradition - im Rahmen der bisher beschriebenen, auf Skinner und auf Crowder basierenden Forschung und Entwicklung zu Programmierter Instruktion und zu Lehrmaschinen der Schüler als lernendes System in der Regel nicht weiter in Subsysteme zergliedert, sondern als Black-Box betrachtet wird. Erste Ansätze einer Strukturierung der Black-Box sind allerdings darin zu beobachten, daß hin und wieder zumindest ein kognitives und ein motivationales Subsystem unterschieden wurden (z.B. Pask, 1960a, b; Crowder, 1961; Stolurow, 1961; Stachowiak, 1964). Bei Frank (1966) sind auch schon erste Ansätze zu beobachten, Funktionskomponenten des informationsverarbeitenden Systems auf Seiten des Lernenden zu beschreiben.

Von Beginn an aber wurden auf Seiten des Lehrsystems unterschiedliche Funktionskomponenten unterschieden, denen entsprechende Lehrfunktionen zugeordnet sind. So unterschied Rothkopf (1957) schon 8 Funktionskomponenten eines automatischen Trainingsgerätes:

(1) einen "Problem-Speicher",
(2) einen "Problem-Selector",
(3) einen "Zufallszahlen-Generator",
(4) einen "Leistungs-Evaluator",
(5) einen "Leistungs-Speicher",
(6) eine "Stimulus-Output"-Schnittstelle,
(7) eine "Response-Evaluations-Output"-Schnittstelle und
(8) eine "Response-Input"-Schnittstelle.

Diese Funktionskomponenten finden sich so oder ähnlich auch bei anderen Autoren, wobei mitunter noch ein Zeit-Taktgeber hinzugefügt wird (z.B. Stolurow, 1961).

An dieser Stelle interessiert nicht die Frage, ob die betrachteten Lehrfunktionen vollständig sind oder ob alternative Zugangsweisen zur Analyse von Lehrfunktionen möglicherweise nützlicher sind (vgl. z.B. Klauer, 1985; Rosenshine & Stevens, 1986; Wager & Gagné, 1988). Der Nutzen der von Rothkopf und anderen betrachteten Lehrfunktionen bestand zumindest darin, funktionsfähige automatische Lehrsysteme entwickeln zu können, wobei unter einem *automatischen* Lehrsystem mit Sime (1964) ein System verstanden werden soll, welches ohne die Anwesenheit eines menschlichen Lehrers zu lehren vermag.

In kybernetischen Begriffen läßt sich nun die Art und das Ausmaß der Adaptivität der auf Skinner bzw. Crowder basierenden automatischen Lehrsysteme untersuchen. Gemeint ist hier ausschließlich *Mikro-Adaptivität*, die Eigenschaft eines Lehrsystems, sich an dynamisch ändernde Eigenschaften des lernenden Systems anpassen zu können. Gemäß dieser Definition von Adaptivität ist jedes response-sensitive Lehrsystem adaptiv, sofern es sein Lehrverhalten in Abhängigkeit vom Schülerverhalten verändert und somit response-reaktiv ist.

Lineare Programme nach Skinner: In Abb. 2.3.1-3 (S. 39) sind die Funktionsschemata verschiedener Lehrsysteme dargestellt. Das lineare Programm mit *Self-Pacing* basiert auf einer vor-programmierten Sequenz von Lehreinheiten (frames). Der Lehrer wählt den nächsten Frame (informierender Text, Frage, Rückmeldung) aus und präsentiert ihn dem Schüler. Der nächste Frame wird erst dann präsentiert, wenn der Schüler auf den gegenwärtigen Frame reagiert hat. Die Qualität der Reaktion bleibt unberücksichtigt: Unabhängig davon, welche Antwort der Schüler z.B. auf eine Frage liefert, wird grundsätzlich immer die richtige Lösung präsentiert. Die Schüler-Reaktion dient gewissermaßen lediglich als "Freizeichen" zum Umblättern auf die nächste Seite des Lehrprogramms. Dies ist ein typisches Beispiel für schülerbestimmte Arbeitsgeschwindigkeit: Die Präsentationsrate des Lehrsystems paßt sich den Wünschen des lernenden Systems automatisch an, wobei die Wünsche idealerweise der Verarbeitungskapazität des lernenden Systems entsprechen, was von vielen Programmautoren stillschweigend vorausgesetzt wird.

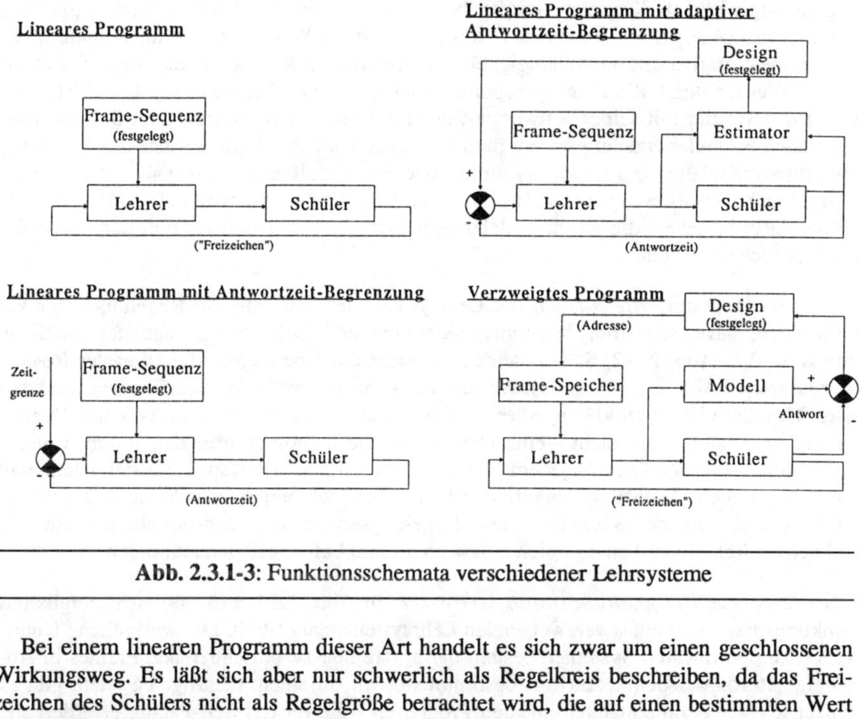

Abb. 2.3.1-3: Funktionsschemata verschiedener Lehrsysteme

Bei einem linearen Programm dieser Art handelt es sich zwar um einen geschlossenen Wirkungsweg. Es läßt sich aber nur schwerlich als Regelkreis beschreiben, da das Freizeichen des Schülers nicht als Regelgröße betrachtet wird, die auf einen bestimmten Wert eingestellt werden soll.

Kritischer Punkt des linearen Programms ist die festgelegte Zerlegung des Lehrstoffs in eine bestimmte Anzahl an Frames und die Reihenfolge der Frames. Sowohl die Anzahl, als auch die Reihenfolge ist während des Programmlaufs unveränderlich festgelegt: Während der Programmbearbeitung durch einen Schüler findet kein Tuning (im Sinne von Kap. 2.2) statt. Die Überarbeitung der Frames im Hinblick auf ihre Lehrwirksamkeit (i.e. Tuning) ist Ergebnis einer Evaluation, *nachdem* eine bestimmte Anzahl an Schülern das Programm bearbeitet hat. Während der Programmbearbeitung durch einen Schüler findet also keine Adaptation der Lehrstrategie an den augenblicklichen Lehrerfolg im Sinne eines "Self-

Tuning Regulators" statt. Insofern ist ein lineares Programm zwar response-adaptiv, aber nicht (lehr-)erfolgs-adaptiv.

Das lineare Programm läßt sich dadurch variieren, daß dem Schüler nicht beliebig viel Zeit zur Bearbeitung der einzelnen Frames zur Verfügung gestellt wird. Die Einführung einer Antwortzeitbegrenzung (*External Pacing*) ergibt einen Regelkreis, da die tatsächliche Antwortzeit des Schülers sich als Regelgröße auffassen läßt, die durch die Präsentation der Frames und die dadurch angeregten Lernprozesse unter einem bestimmten Wert eingestellt werden soll. Das lineare Programm mit Antwortzeitbegrenzung bleibt aber lediglich response-adaptiv.

Ein (lehr-)erfolgs-adaptives lineares Programm entsteht dann, wenn die Antwortzeitbegrenzung nicht als Konstante vorgegeben, sondern während der Programmbearbeitung variiert wird (*Adaptives External Pacing*). Auf diese Weise läßt sich die Schwierigkeit der Frame-Verarbeitung in Abhängigkeit vom Lehrerfolg konstant halten (vgl. Stolurow, 1961): Werden durch die Frames response-beschleunigende Lernprozesse ausgelöst, dann bleibt der Schüler mit seiner Antwortzeit unter der Antwortzeitbegrenzung. Soll die Antwort noch schneller erzeugt werden, muß - entsprechend dem Lernzuwachs des Schülers - die Antwortzeitbegrenzung (als Führungsgröße des Regelkreises) angepaßt werden. Eine sehr einfache Realisierung dieser Absicht (ohne Estimator- und ohne Design-Komponente) würde darin bestehen, die jeweils zuletzt gemessene Reaktionszeit als Führungsgröße des Reglers rückzukoppeln.

Obwohl hier ein erfolgs-adaptives Lehrsystem vorliegt, mag ein Regelungstechniker einwenden, daß es sich strenggenommen nicht um einen "Self-Tuning Regulator" im Sinne von Kap. 2.2 (Abb. 2.2-2, S. 21) handelt, da nicht die Übertragungsfunktion des Reglers (der Lehrer in Abb. 2.3.1-3, S. 39), sondern die Führungsgröße des Regelkreises verändert wird. Um diese Frage zu klären, wäre zu diskutieren, ob die Führungsgröße einen Reglerparameter darstellt oder nicht - eine Diskussion, die allerdings über den Rahmen dieser Arbeit hinausgehen würde. In jedem Fall aber ist im Sinne von Kap. 2.2 festzuhalten, daß die herkömmliche Feedback-Schleife durch eine Parameteranpassungs-Schleife überlagert wird, wobei letztere bezweckt, den Regelungserfolg des herkömmlichen Reglers (schnellere Reaktionen) zu optimieren bzw. in diesem Fall sogar zu maximieren.

Verzweigte Programme nach Crowder: In Abb. 2.3.1-3 (S. 39) ist ebenfalls das Funktionsdiagramm eines verzweigenden Lehrsystems dargestellt. Der wesentliche Unterschied zu den linearen Systemen besteht darin, daß neu zu präsentierende Frames in Abhängigkeit von der Schülerantwort bestimmt werden. In einem derartigen System gibt es zunächst - wie beim einfachen linearen Programm - die für das Self-Pacing erforderliche Rückkopplungsschleife. Darüber hinaus wird eine weitere Schleife eingesetzt, bei der die Differenz zwischen Schüler- und Musterantwort auf einen Frame an eine Anpassungskomponente weitergeleitet wird. Diese legt fest, welches der nächste Frame ist, der anschließend an den Lehrer zur Präsentation übergeben wird.

Ein derartiges Lehrsystem entspricht in seinen wesentlichen Punkten einem "Model-Referenced Adaptive Controller" (vgl. Kap. 2.2, Abb. 2.2-3, S. 22). Nennenswerte Unterschiede bestehen lediglich in zwei Punkten: Zum einen wird abweichend von Abb. 2.2-3 die Stellgröße (in diesem Fall der zu präsentierende Frame) unmittelbar als Ergebnis einer in der Anpassungskomponente abgelegten Verzweigungsregel verändert. Zum anderen wird nicht die Führungsgröße, sondern die Stellgröße des Reglers für den Vergleich mit dem Modell herangezogen.

Die herkömmliche (Self-Pacing-) Schleife spielt bezüglich der Adaptation der Frame-Sequenz keine Rolle. Es wäre aber denkbar, daß auch die Arbeitsgeschwindigkeit des Schülers bei der Festlegung des nächsten Frames Berücksichtigung findet und daß darüber hinaus die bei den linearen Lehrsystemen vorgestellten Möglichkeiten der adaptiven Antwortzeitbegrenzung hinzu gekoppelt werden. Damit ergeben sich Lehrsysteme, die über den Rahmen der bisher skizzierten einfachen Systeme hinausgehen und in der Regel einen Computer erfordern. Der Einsatz von Computern ist im übrigen auch dann schon ratsam, wenn man über die einfache Reaktionszeit-Rückkopplung hinaus eine etwas aufwendigere Adaptation der Antwortzeitbegrenzung realisieren will.

KOMPLEXE ADAPTIVE LEHRMASCHINEN

Schon in den ausgehenden 50er und den beginnenden 60er Jahren wurden recht komplexe adaptive Lehrmaschinen gebaut, die weit über die Möglichkeiten der herkömmlichen Skinner- und Crowder-Maschinen hinausgingen und manche der 70er-Jahre-Entwicklungen zu Computer-Assisted-Instruction (CAI) und "Intelligent" CAI (ITS/ICAI) oder "Intelligent" Tutoring Systems (ITS) vorwegnahmen. Es handelt sich um Lehrmaschinen, die nicht nur die Reihenfolge vorgefertigter Frames, sondern auch den Frame-Inhalt (insbesondere in Form von Lernhilfen) und die Lehrstrategie dynamisch-adaptiv verändern konnten. Die Anpassung der Antwortzeitbegrenzung zählt gewissermaßen zu den Standardeigenschaften dieser Maschinen.

Die komplexen adaptiven Lehrmaschinen verwenden zwar einen Computer. Sie sollen aber an dieser Stelle vorgestellt werden, da sie als Bindeglied zwischen den mechanisch-elektrischen Lehrmaschinen und Computer-Assisted-Instruction bzw. "Intelligenten Tutoriellen Systemen" anzusehen sind und als solche Bindeglieder noch sehr in den behavioristischen Konzepten der 50er und 60er Jahre verhaftet sind.

Die psychologisch orientierte Entwicklungslinie Rothkopf-Stolurow-Davis: 1957 stellte Rothkopf eines der ersten Funktionsschemata einer - in Crowders Begriffen extrinsisch programmierten - Lehrmaschine vor (Rothkopf, 1957), ein "general device for automated training", bestehend aus insgesamt 8 Funktionskomponenten (s.o.). Im Gegensatz zum linearen Programm nach Skinner und zum verzweigten Programm nach Crowder war vorgesehen, daß die Maschine die zu präsentierenden Aufgaben nicht nach einem vorgefertigten Plan, sondern vollständig in Abhängigkeit von den Erfordernissen des Augenblicks dynamisch-adaptiv auswählt. Stolurow (1961) übernahm die wesentlichen Funktionskomponenten von Rothkopf unter Hinzufügung eines adaptiven Zeitgebers zur Antwortzeitbegrenzung (vgl. Berger, 1963; Kelbert, 1964). 1965 stellte Stolurow dann zusammen mit Davis (Stolurow & Davis, 1965; Stolurow & Fauser, 1966) die Konzeption eines Systems vor (Abb. 2.3.1-4, S. 42), welches in Abhängigkeit von einer Beobachtung des Lehrerfolgs die Lehrstrategie zu verändern in der Lage ist (vgl. die Ausführungen in Kap. 2.1 zur "Professor"- und zur "Teacher"-Funktion bei Stolurow & Davis, 1965).

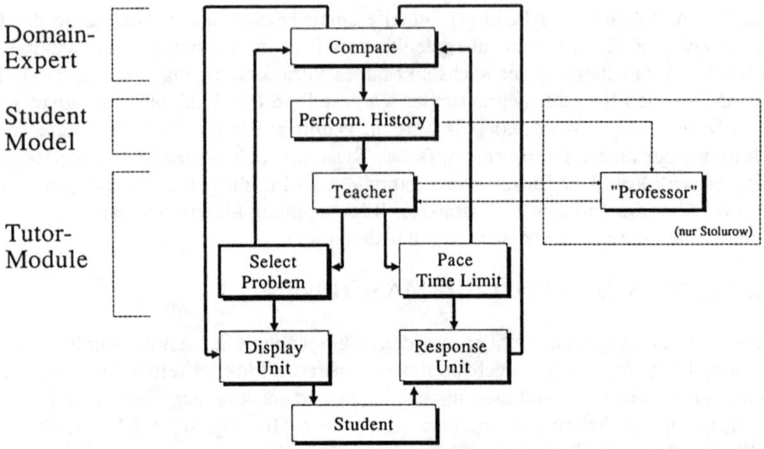

Abb. 2.3.1-4: Funktionsschema eines adaptiven Lehrsystems in der Entwicklungslinie Rothkopf-Stolurow-Davis (mit den ursprünglich verwendeten Begriffen in Anlehnung an Stolurow, 1961; links klassifiziert mit neueren Begriffen, vgl. Kap. 2.3.3).

Realisiert wurde diese Idee im Lehrsystem SOCRATES (System for Organizing Content to Review and Teach Educational Subjects, vgl. Stolurow & Davis, 1965; Stolurow & Fauser, 1966; Garner, 1966). SOCRATES basiert auf einem modifizierten AUTO-TUTOR-System (Crowder, 1962), bei dem die einzelnen Frames auf einer Filmrolle angeordnet sind, die in Abhängigkeit von der Antwort auf eine Frage bis zu einer bestimmten Stelle vor- oder zurückgespult wird, um den nächsten Frame - ähnlich wie bei einem Diabetrachter - zu präsentieren. Insgesamt sind 14 Schülerstationen dieser Art mit einem zentralen Computer verbunden, von dem sie im Time-Sharing-Betrieb gesteuert werden. Das System diente in erster Linie dazu, Lehr-Lernforschung zu betreiben (Identifikation kritischer Variablen, ATI, u.a.), was die psychologische Orientierung des Ansatzes deutlich macht.

Es wird allerdings nur sehr allgemein berichtet, wie die beiden zentralen Funktionen des Lehrsystems, die Teacher- und die Professor-Funktion, im einzelnen realisiert sind: "While the Teacher is involved with the implementation of the current program, the Professor searches for the new programs if the present one is not effective" (Stolurow & Davis, 1965, S. 199, Hervorhebung durch Großschreibung im Original). Wie die Professor-Funktion feststellt, ob das gegenwärtige Programm effektiv arbeitet und anhand welcher Regeln ein alternatives Programm ausgewählt wird, bleibt unklar.

Die kybernetisch orientierte Entwicklungslinie Pask-Lewis: Parallel zu Rothkopf entwickelte Pask die ersten - im Sinne des Klassifikationssystems von Stolurow (1961) - voll adaptiven Lehrmaschinen (vgl. die Literaturverweise bei Stolurow, 1961), basierend auf der Idee eines Kommunikationsspiels zwischen Lehrer und Schüler (Pask,

1960a). Pask entwarf das Funktionsschema eines "Adaptive Teaching System", welches nicht nur in der Lage ist, Aufgabenstellungen adaptiv auszuwählen, sondern darüber hinaus auch über Möglichkeiten verfügt, die ausgewählte Aufgabe durch die Präsentation von Antworthilfen adaptiv zu vereinfachen (vgl. Pask, 1964b). Im Prinzip entspricht dieses Funktionsschema dem Schema der Rothkopf-Stolurow-Linie in Abb. 2.3.1-4 (S. 42), so daß es nicht gesondert dargestellt zu werden braucht.

Realisiert wurde die Idee eines Kommunikationsspiels z.B. im Lehrsystem SAKI (Solartron Automatic Keyboard Trainer), einer Maschine zum Training der Fertigkeit, einen Hollerith-Lochkartenstanzer mit 12 Tasten zu verwenden (Pask, 1958; Pask, 1960b; Lewis, 1963; Kay, 1964a, b; Pask, 1964b; Sime, 1964; Lewis & Pask, 1965). Neben SAKI entwickelte Pask eine Reihe weiterer Maschinen, die auf denselben oder sehr ähnlichen Prinzipien beruhen (z.B. IBM Automatic Keyboard Instructor, Co-ordinate Transformation Trainer, Adaptive Trainer for Electronic Servicing, General Comprehension Trainer; vgl. die photographischen Abbildungen bei Lewis, 1963).

Pasks Lehrmaschinen bestehen aus einem Aufgaben-Simulator, der durch ein adaptives System gesteuert wird. Bei SAKI wird das Stanzen von Lochkarten simuliert: Der Lernende soll 4 Textzeilen mit jeweils 30 Zeichen (Pask, 1964b; Stolurow, 1961, nennt 24 Zeichen je Zeile), die in einem Display angezeigt werden, auf einer Tastatur blind kodieren. Unterhalb des Displays befindet sich ein Abbild der Tastatur, in dem jede Taste einzeln aufleuchten kann (vgl. die zeichnerische Darstellung der Konfiguration bei Stolurow, 1961, S. 49). Der Lernende hat jeweils das Zeichen zu kodieren, welches auf dem Display aufleuchtet. Als Trainingshilfe leuchtet gleichzeitig die entsprechende Taste unterhalb des Displays auf (cueing). Die Reaktionszeit ist begrenzt. In der ersten Trainingsphase werden die Zeichen der ersten Reihe sukzessiv in mehreren Durchgängen geübt, wobei der Lernende bei den Zeichen, die er besser beherrscht, immer weniger Reaktionszeit zugebilligt bekommt. Mit zunehmender Fertigkeit werden die Tasten immer später (Pask, 1964b; Stolurow, 1961: schwächer) beleuchtet, bis sie ganz erlöschen und die Trainingshilfe auf diese Weise ganz verschwunden ist (fading oder vanishing). Wenn die Fertigkeit bezüglich Fehlerrate und Reaktionsgeschwindigkeit ein bestimmtes Niveau erreicht hat, wird mit dem Üben der zweiten Reihe begonnen usw.

Die grundlegende Idee besteht darin, daß das Lehrsystem sich mit dem Lernenden auf ein Spiel einläßt. Bei diesem Spiel wird es dann, wenn der Lernende Fehler macht, eine kooperative Rolle übernehmen und die Aufgabenschwierigkeit durch Verlängerung der zulässigen Reaktionszeit und Einführung von Trainingshilfen zurücknehmen. Wenn die Fertigkeit des Lernenden ansteigt, wird das Lehrsystem zur Rolle eines Gegenspielers übergehen und die Aufgabenschwierigkeit durch eine inverse Manipulation der zulässigen Reaktionszeit und der Trainingshilfen erhöhen. Auf diese Weise soll erreicht werden, daß der Lernende weder unter-, noch überfordert wird und - auch bei steigender Kompetenz - immer bei einem für ihn individuell dynamisch angepaßten Schwierigkeitsgrad trainieren kann.

Die Regeln für die dynamische Anpassung der Aufgabenschwierigkeit sind - im Gegensatz zu Stolurow - sehr präzise angegeben (Pask, 1964b, 1972, 1975). Das Prinzip besteht darin, die Lerngeschwindigkeit als Ableitung einer mit der Aufgabenschwierigkeit gewichteten inversen Fehlerrate über der Zeit (dx/dt) zu beobachten. Sinkt die Lerngeschwindigkeit, dann ist dies ein Zeichen dafür, daß die Aufgaben entweder zu schwierig oder zu leicht sind. Sinkt die Lerngeschwindigkeit bei einer hohen Fehlerrate, dann ist dies ein Hinweis darauf, daß die Aufgaben zu schwierig sind. Entsprechend wird die Aufgabenschwierigkeit reduziert (Kooperation). Sinkt die Lerngeschwindigkeit bei konstant niedriger Fehlerrate, dann ist dies ein Hinweis darauf, daß der Lernende bei der gegebenen Aufgabenschwierigkeit ein Leistungsplateau erreicht hat. In diesem Fall kann das Gesamtleistungs-Niveau nur gesteigert werden, wenn die Aufgabenschwierigkeit erhöht wird (Kompetition oder Wettstreit).

Pasks Lehrmaschinen weisen alle Eigenschaften eines adaptiven, "self-tuning" Reglers auf, was insbesondere bei Pask (1975) deutlich herausgestellt wird. Besonders bemerkenswert ist, daß Pask sich in der zitierten Arbeit auch um einen Nachweis der Stabilität des Reglers bemüht.

Im Gegensatz zu Stolurow, der zahlreiche Beiträge zur Instruktionspsychologie in psychologischen Zeitschriften publizierte (vgl. die Literaturangaben bei Stolurow, 1961, und bei Stolurow & Davis, 1965), publizierte Pask nur wenige seiner zahlreichen Arbeiten in der Psychologie (vgl. die Literaturangaben bei Pask, 1975). Pasks interdisziplinäre kybernetische Orientierung wird deutlich in seinen eigenen Äußerungen:

> *"The [teaching] strategy should be, in some sense, optimum. The trouble is that the concept of an 'optimum strategy' is ambiguous, and open to a number of reasonable objections. What* are *the optimality criteria? Is it more important to give rapid instruction or to achieve a consistent performance? I propose to avoid the issue by introducing the cybernetic concept of a* stable *behavior, manifest when solving the problems of a skill" (Pask, 1964b, S. 87, Hervorhebungen im Original).*
>
> *"The present strategy stems from cybernetic principles. In these terms it is a procedure for maintaining a* stable interaction *by maximizing* information transfer *between the participants" (Pask, 1964b, S. 91, Hervorhebungen im Original). "The adaptive teaching system is no longer a child of guesswork but of applied cybernetics" (Pask, 1964b, S. 102). Und ein Jahr zuvor: "Of course, as a cybernetician, I am biased" (Pask, 1963, S. 199).*

1965 beschreibt Pask seine Lehrmaschinen auch schon in Begriffen der "Künstlichen Intelligenz": "The entire research effort reported in this chapter can be regarded as an attempt to wed behaviorism to the theory of artificial intelligence" (Lewis & Pask, 1965, S. 219). Und 1975 beschreibt er ein tutorielles Konversationssystem namens CASTE (Course Assembly System and Tutorial Environment), welches auf kybernetischen Prinzipien und auf Prinzipien der "Künstlichen" (oder wie Pask es verstanden haben möchte: "Allgemeinen") Intelligenz beruht (Pask, 1975).

Pasks frühe Lehrmaschinen sind nicht nur - weil sie Computer verwenden - als Vorläufer von CAI-Systemen anzusehen. Es handelt sich vielmehr um Vorläufer moderner ITS/ICAI-Systeme, da Pask schon in den 50er Jahren Regeln zur Adaptation der Lehrstrategie in seinen Maschinen implementierte. Dies war - so ist hinzuzufügen - auf einem Elaborationsniveau realisiert, das bei der Gestaltung der Tutorkomponente "moderner" ITS in der Regel nicht erreicht wird.

Soweit zu Lehrmaschinen und zur Programmierten Instruktion. Im folgenden wird es zunächst darum gehen, die wesentlichen Forschungsansätze zur dynamischen Adaptation herkömmlicher CAI-Systeme vorzustellen. Im Anschluß daran sollen "intelligente" CAI-Systeme oder ITS hinsichtlich der vorwiegend realisierten Adaptivität von Lehrstrategien untersucht werden.

2.3.2 "Adaptive" CAI-Systeme

In diesem Kapitel wird untersucht, inwieweit bisher bei der Gestaltung herkömmlicher computerbasierter Lehrsysteme Möglichkeiten zur Mikro-Adaptation des Lehr-Lerngeschehens genutzt, instruktionspsychologisch begründet und experimentell evaluiert wurden. Es gibt nur wenige Systeme, bei denen dies der Fall ist. Dabei handelt es sich insbesondere um das "Minnesota Adaptive Instructional System (MAIS)". Dieses System und einige weitere Paradigmen werden vorgestellt und kritisch diskutiert. - Soweit der Überblick über dieses Kapitel.

Bezüglich der Verwendung von Computern zur Steuerung von Lehrsystemen (Computer-Assisted Instruction, CAI) wird häufig beklagt, daß die Möglichkeiten der Computertechnologie völlig unzureichend genutzt werden. "Many of the computer-based drills currently available are dry, boring, and unpleasant and do not capitalize on the power of the computer" (Salisbury, 1988, S. 103). "The use of microcomputers for iterative presentation-feedback cycles is an example of technological overkill" (Jonassen, 1988c, S. 154). "Unfortunately, the adaptive methods frequently incorporated in today's commercial software are relative weak forms that mainly relegate decisions about pacing and sequencing of materials to the learner" (Ross & Morrison, 1988).

Der Grundtenor dieser Klagen ist darin zu sehen, daß gewissermaßen mit Kanonen auf Spatzen geschossen wird, indem lediglich die Lehrstrategien der Programmierten Instruktion (insbesondere Self-Pacing und Branching) in einem CAI-System implementiert werden. Der Rechner hat in dieser Verwendungsweise nur den Zweck, gewissermaßen wie auf Knopfdruck die nächste vorgefertigte Lehreinheit zu präsentieren, wie es schon bei den ersten Lehrmaschinen der Fall war. Ob die nächste Lehreinheit eine Text- oder Graphikseite ist oder ob es sich - um neuere "multi-media"-Techniken einzubeziehen (vgl. Glowalla & Schoop, 1992) - um Bildsequenzen von einem Videoband oder von einer Bildplatte handelt, ändert nichts an dem grundsätzlichen Funktionsprinzip dieser Art von CAI.

Zwar gibt es seit den 60er Jahren Vorstellungen darüber, was man mit Computern im Rahmen der Programmierten Instruktion alles machen könne bzw. könnte (z.B. Stolurow & Fauser, 1966; Klotz, 1970). In der Regel beruhen diese Vorschläge aber auf einer Analyse der technischen Eigenschaften der *Maschine*, weniger auf einer psychologischen Analyse der Erfordernisse effektiver und effizienter *Instruktion*. Was z.B. immer wieder genannt wird, ist die nahezu grenzenlose Speicherkapazität eines Computers, mittels derer sich alle Schülerantworten und Verzweigungen mühelos protokollieren lassen. Wozu ein derartiger "Datenfriedhof" anschließend verwendet werden soll, darüber werden in der Regel vorab keine Vorstellungen entwickelt. Auf diese Weise wird die Möglichkeit, den Lernweg eines jeden Schülers im Nachhinein anhand einer vollständigen Lernhistorie verfolgen zu können, zum Selbstzweck erklärt. Das Problem wurde im Prinzip schon zu Beginn der 60er Jahre erkannt: "The problem with respect to teaching machines is not the requirement for larger memories but the need for much more serious research on the use to which the memories (even small ones) are to be put" (Huskey, 1962, S. 258f).

Es soll nun nicht der Eindruck entstehen, daß die durch den Einsatz eines Computers gebotene Protokollierungsmöglichkeit grundsätzlich als irrelevant anzusehen ist. Im Gegenteil: Sie kann für Zwecke der Lehr-Lernforschung und Systemevaluation außerordentlich nützlich sein, vor allem dann, wenn sie theorie-orientiert erfolgt und damit gewährleistet wird, daß die zur Prüfung einer zuvor formulierten Hypothese erforderlichen Daten protokolliert werden.

Über die nachträgliche Analyse der Protokolldaten hinaus eröffnet CAI aber überhaupt erst die Möglichkeit, extrinsisch programmierte (Crowder, 1959), voll-adaptive (Stolurow, 1961) Lehrsysteme zu entwickeln, die - im Idealfall auf einer Instruktionstheorie basierend - die Lernumgebung an den individuellen und dynamisch sich verändernden Instruktionsbedarf des Lernenden anzupassen in der Lage sind. Dies setzt voraus, daß instruktionspsychologisch relevante Protokolldaten während der laufenden Instruktion (on-line) so verarbeitet werden, daß geeignete Adaptationen unmittelbar (ebenso on-line) eingeleitet werden können. Entsprechend Crowders Unterscheidung von intrinsischer und extrinsischer Programmierung ist wesentlich, daß nicht nur das jeweils zuletzt aufgenommene Protokolldatum zur Steuerung des Instruktionsgeschehens herangezogen werden kann, sondern auch zeitlich weiter zurückliegende Daten, die - in Crowders Sichtweise - "irgendwie" miteinander verrechnet werden (vgl. z.B. die weiter oben vorgestellten frühen computer-gesteuerten Lehrmaschinen von Pask).

Von Beginn an wurde bei CAI auch schon die Möglichkeit genutzt, nicht nur vorgefertigte Lehreinheiten (frames) on-line auswählen und präsentieren zu können, sondern Informationen bzw. Aufgaben auch on-line zu erzeugen (vgl. das allererste CAI-Programm von Rath, Anderson & Brainerd, 1959). Dieses Vorgehen wurde später (Wexler, 1970) als "generative" CAI bezeichnet und bedeutet einen wesentlichen Unterschied zur frame-orientierten Programmierten Instruktion (vgl. den exzellenten Überblick über die CAI-Entwicklungsgeschichte bei O'Shea & Self, 1984). "Generative" CAI ist ein frühes Beispiel dafür, wie sich mittels CAI nicht nur die Lehrstrategie, sondern auch das Lehrmaterial online an den Instruktionsbedarf des Lernenden anpassen läßt.

An dieser Stelle ist nun nicht bezweckt, lediglich weitere Möglichkeiten aufzuzeigen, hinsichtlich derer die Leistungsfähigkeit von Computern zur Adaptation des Instruktionsgeschehens eventuell genutzt werden könnten (vgl. die ausführliche Liste bei Jonassen, 1985a). Es geht vielmehr darum, solche dynamischen Adaptations-Strategien für herkömmliche CAI-Systeme zusammenfassend vorzustellen, die (1) tatsächlich realisiert wurden, deren Wirksamkeit (2) instruktionspsychologisch begründet ist und (3) darüber hinaus experimentell untersucht wurde.

Unter "CAI herkömmlicher Art" sollen Systeme verstanden werden, deren Autoren nicht den Anspruch erheben, ein sog. "Intelligentes Tutorielles System (ITS)" entwickelt zu haben (zur Abgrenzung vgl. das folgende Kapitel über ITS und ICAI).

Obwohl es zahllose Arbeiten zu CAI herkömmlicher Art gibt, sind nur wenige Arbeiten aufzufinden, die sich mit Problemen der dynamischen Adaptation befassen und zudem noch diesen drei Kriterien genügen. Im wesentlichen sind dies Arbeiten aus einer einzigen

Forschungsgruppe: die Gruppe um R.D. Tennyson an der University of Minnesota. Es gibt zwar andere Gruppen, die sich ebenfalls mit der Adaptation von CAI-Systemen befassen (insbesondere die Gruppe um S.M. Ross an der Memphis State University). Dabei handelt es sich aber nicht um Mikro-, sondern um Makro-Adaptationen, d.h. um eine Anpassung der Lernumgebung, die einmal zu Beginn einer Lektion festgelegt wird und während der Lektion unverändert bleibt (vgl. Ross & Morrison, 1988).

TENNYSON: DAS "MINNESOTA ADAPTIVE INSTRUCTIONAL SYSTEM (MAIS)"

Das "Minnesota Adaptive Instructional System" (MAIS) besteht aus einem System von Regeln, die es ermöglichen, den Erwerb und das Einüben intellektueller Fertigkeiten im Sinne von Gagné (vgl. z.B. Wager & Gagné, 1988) durch mikro-adaptive dynamische Veränderungen der Lernumgebung zu optimieren. Diese Regeln sind (1) einzeln oder in unterschiedlichen Kombinationen in verschiedenen computer-basierten Lehrprogrammen für verschiedene Lehrstoffe implementiert worden. Darüber hinaus ist ihre Lehrwirksamkeit (2) instruktionspsychologisch begründet und (3) durch eine Vielzahl an Experimenten - allerdings nur innerhalb der Tennyson-Gruppe - untermauert (vgl. die Zusammenstellung bei Tennyson, Christensen & Park, 1984, und bei Tennyson & Christensen, 1988).

Tennysons instruktionspsychologische Begründung der Regeln erfolgt im Hinblick auf ein sog. "Meta-Lerntheorie-Modell". Dabei handelt es sich um ein vergleichsweise einfaches Informationsverarbeitungsmodell mit den vier Komponenten "Sensorische Rezeptoren", "Wahrnehmung", "Kurzzeit-/Arbeitsspeicher" und schließlich einem "Langzeitspeicher" mit einer "Einspeicherungs-" und einer "Zugriffskomponente". Tennyson & Christensen betonen selbst, daß es sich um ein sehr vereinfachtes Modell handelt, an dem sich jedoch die in ihren Augen für Lernprozesse wesentlichen Modellvorstellungen verdeutlichen lassen.

> *"In our theoretical model, we discuss learning in reference to the two components of memory theory: storage and retrieval. On one hand we use current theories of information processing to explain acquisition of external information (i.e. through sensory registers and perception into long-term memory where it is stored within developing schematic networks). And, on the other hand, we also use current retrieval theory to account for creation of internal information as well as the recall of knowledge in the service of problem solving" (Tennyson & Christensen, 1988, S. 255). "Learning, then, is both acquisition of new information from external sources and creation of new knowledge from within the memory itself. The purpose of instruction is to improve both types of knowledge acquisition" (S. 254).*

Tennyson unterscheidet drei grundlegende "Wissensformen": deklaratives, konzeptuelles und prozedurales Wissen:

(1) *Deklaratives Wissen* bezieht sich auf "a given concept's internal semantic structure. For example, learning propositions, definitions, paired associations, and meaning of symbols" (Tennyson & Christensen, 1988, S. 254).

(2) *Konzeptuelles Wissen* bezieht sich auf "the schematic structure of a domain such that the conditions of decision selection are possible. That is the conditional knowledge of

selections within a domain of information is based on appropriate rules and criteria" (S. 254; bedeutungsgleich mit *"kontextuelles"* Wissen bei Tennyson & Rasch, 1988).

(3) *Prozedurales Wissen* bezieht sich in dieser Terminologie schließlich auf "the inference-making possibilities of the concept or rule in the service of problem solving" (S. 254).

An anderer Stelle werden diese Wissensformen als "Wissen, daß...", "Wissen, wann und warum..." und "Wissen, wie..." bezeichnet (Tennyson, 1988).

Im einzelnen betreffen die in der Tennyson-Gruppe entwickelten Regeln Maßnahmen zur Anpassung von insgesamt vier response-sensitiven Instruktionsvariablen: das Ausmaß der Instruktion, die Sequenz der Instruktion, die Begrenzung der Antwortzeit bei der Bearbeitung von Aufgaben und schließlich beratende Informationen in Form von Ratschlägen oder Empfehlungen (vgl. die Darstellung bei Tennyson, Christensen & Park, 1984). Bei Tennyson & Christensen (1984) werden noch weitere response-sensitive Designvariablen benannt, die aber entweder nicht unabhängig von diesen vier Variablen oder - zumindest in der Tennyson-Gruppe - überhaupt noch nicht untersucht wurden (z.B. "mixed initiative" - ein Konzept, welches als typisches Merkmal sog. "intelligenter" tutorieller Systeme gilt).

Adaptation des Instruktionsumfangs: Historisch betrachtet handelt es sich hierbei um den Ausgangspunkt für die Entwicklung des MAIS (Tennyson & Rothen, 1977). Grundlage bildeten einerseits herkömmliche CAI-Systeme, bei denen die Anzahl der zu bearbeitenden Lehreinheiten (Informations- und Aufgaben-Frames) in der Regel im vorhinein festgelegt ist. Andererseits ist zu beobachten, daß dann, wenn bei einem komplexen Lehrstoff beliebig viele Lehreinheiten verfügbar sind und der Lernende selbst zu entscheiden hat, wieviele der Einheiten er bearbeiten will, die Bearbeitung häufig abgebrochen wird, bevor ein zuvor festgelegter Kompetenzgrad erreicht wird (z.B. DiVesta, 1975; Steinberg, 1977). Im Extremfall ist es so, daß ohnehin gute Schüler zu viel (overlearning, in diesem Fall ein Effizienzproblem), ohnehin schlechte Schüler dagegen zu wenig bearbeiten (ein Effektivitätsproblem; vgl. Ross & Morrison, 1988; Carrier, Davidson & Williams, 1985).

Beiden Problemen läßt sich dadurch entgegenwirken, daß das Ausmaß der Instruktion weder im vorhinein festgelegt, noch dem Lernenden überlassen, sondern vom Lehrsystem adaptiv bestimmt wird. Dies läßt sich dadurch realisieren, daß während der Instruktion, wenn der Lernende Übungsaufgaben bearbeitet, laufend diagnostische Beobachtungen angestellt werden. Das Ergebnis jeder einzelnen Bearbeitung wird verwendet, um die Schätzung der tatsächlichen Schülerkompetenz in Relation zur geforderten Kompetenz laufend zu aktualisieren, und zwar unter statistischer Berücksichtigung von Entscheidungsfehlern. Entspricht die tatsächliche Kompetenz der geforderten Kompetenz mit einer zuvor festgelegten Irrtumswahrscheinlichkeit, dann gilt das Lehrziel als erreicht und die Instruktion kann abgebrochen werden. Ist das Lehrziel nicht erreicht, wird weiter unterrichtet. Um eine angemessene individuelle Abbruchentscheidung zu treffen, verwenden Tennyson & Rothen (1977) in Anlehnung an Novick & Lewis (1974) einen Bayes'schen Ansatz, der auf einem Beta-Binomialen Testmodell aufbaut (vgl. Klauer, 1987; sowie die Kritik am Vorgehen von Tennyson & Rothen bei Klauer & Leutner, 1991, sowie Leutner, 1992).

Park & Tennyson (1983) stellen die Vorteile dieser Strategie heraus gegenüber (1) der Verwendung mathematischer Lernmodelle (z.B. Atkinson & Crothers, 1964; Groen & Atkinson 1966; Atkinson & Paulson, 1972; Atkinson, 1974, 1976), (2) einer regressionsanalytischen Berechnung des Instruktionsbedarfs anhand von Vortests und von Vergleichsstichproben (z.B. Hansen, Ross & Rakow, 1977; vgl. Ross & Morrison, 1988) sowie (3) dem Einsatz sog. "curriculum-embedded tests" zusammen mit einem sequentiellen Testansatz (z.B. Ferguson, 1969, 1970).

Anhand mehrerer Experimente konnte Tennyson nachweisen, daß die von ihm verwendete Strategie der adaptiven Systemkontrolle des Instruktionsumfangs im Vergleich zur Lernerkontrolle tatsächlich nicht nur effektiver, sondern auch effizienter ist (und zwar hinsichtlich des erreichten Leistungsniveaus und der erforderlichen Lernzeit; vgl. Tennyson & Rothen, 1977; Rothen & Tennyson, 1978; Park & Tennyson, 1980; Tennyson, 1980, 1981c; Tennyson & Buttrey, 1980; Tennyson, Tennyson & Rothen, 1980; Johansen & Tennyson, 1984).

Adaptation von Ratschlägen und Empfehlungen: Tennyson nennt eine unmittelbar einleuchtende Begründung dafür, daß die meisten Lernenden nicht in der Lage sind, selbständig über das angemessene Ausmaß der Instruktion entscheiden zu können: Ihnen fehlt die erforderliche Informationsbasis zur Beurteilung des eigenen Lernfortschritts. Gleichzeitig aber geht Tennyson - wie viele andere CAI-Entwickler auch - davon aus, daß selbstbestimmtes Lernen (Lernerkontrolle) ein erstrebenswertes Ziel darstellt, welches nicht erreicht werden kann, wenn ausschließlich Systemkontrolle ausgeübt wird.

Die Lösung des Problems besteht für Tennyson darin, dem Lernenden die für angemessene Entscheidungen erforderlichen Informationen in Form von Empfehlungen zugänglich zu machen, was leicht möglich ist, weil diese Informationen beim MAIS ohnehin erzeugt und laufend aktualisiert werden. Zwar werden auch in anderen CAI- und ICAI-Systemen Empfehlungen realisiert, aber gewöhnlich nur in Form von ex-post-facto-Empfehlungen über Möglichkeiten zu remedialer Instruktion, die erst dann gegeben werden, wenn der Abschlußtest einer gesamten Lektion nicht bestanden worden ist (z.B. beim TICCIT-System, vgl. Bunderson, 1981) oder wenn soeben ein Fehler gemacht wurde (z.B. bei einem typischen Coaching-ICAI-System, vgl. Miller, 1982).

Im Gegensatz dazu kann beim MAIS die entscheidungsrelevante Information prospektiv gegeben werden ("preventive instruction", Tennyson & Christensen, 1988, S. 265), und zwar in Form von Informationen über den gegenwärtigen Leistungsstand in Relation zum angestrebten Lehrziel (Diagnose). Darüber hinaus kann dem Lernenden mitgeteilt werden, wieviele Aufgaben er noch mindestens bearbeiten muß, um das Lehrziel erreichen zu können (Präskription). Tennyson geht davon aus, daß die Verfügbarkeit dieser Informationen nicht nur langfristig selbstbestimmtes Lernen ermöglicht (weil die Fähigkeit zur selbständigen Wahrnehmung des eigenen Lernbedarfs trainiert wird), sondern daß insbesondere auch die erforderliche Lernzeit sehr effektiv und gleichzeitig effizient genutzt wird.

Experimentell konnte nachgewiesen werden (Tennyson & Buttrey, 1980), daß Lernerkontrolle mit adaptiven Empfehlungen zum Umfang und zur Sequenz der erforderlichen Instruktion genauso effektiv ist wie Systemkontrolle (keine Leistungsunterschiede im Nachtest). Darüber hinaus ist Lernerkontrolle mit adaptiven Empfehlungen wesentlich effizienter als Systemkontrolle (weniger in der Lektion verbrachte Zeit und geringere Anzahl bearbeiteter Aufgaben). Diese Ergebnisse konnten repliziert werden in weiteren Experimenten (Tennyson, 1980; Tennyson, 1981c; Johansen & Tennyson, 1984).

Adaptation der Instruktionssequenz: Tennyson unterscheidet zwei Arten von Beispielen für Begriffe und Regeln: expositorische und interrogative Beispiele. Expositorische Beispiele sind Demonstrationsbeispiele, anhand derer dem Lernenden der Begriff oder die Regel vorgeführt wird, ohne von ihm selbst eine Reaktion oder Antwort zu verlangen. Diese Beispiele haben den Zweck, im Gedächtnis des Lernenden einen Prototypen im Sinne von Rosch (1973, 1975a, b, 1977a, b, 1978) zu formen und den Übergang vom konzeptuellen zum prozeduralen Wissen vorzubereiten (vgl. Tennyson, Christensen & Park, 1984). Interrogative Beispiele sind dagegen Übungsbeispiele, bei denen vom Lernenden die Klassifikation eines Objektes oder die Anwendung einer Regel gefordert wird. Macht der Lernende bei einer derartigen Aufgabe einen Fehler, dann ist dies ein Indikator dafür, daß der Prototyp noch nicht hinreichend ausgeformt bzw. noch nicht genügend konzeptuelles Wissen aufgebaut worden ist. In diesem Fall schlägt Tennyson vor, als nächstes ein expositorisches Beispiel zu verwenden. Trat dagegen kein Fehler auf, dann folgen weitere interrogative Beispiele, um den Aufbau prozeduralen Wissens weiter zu fördern. Hierbei handelt es sich um den ersten Aspekt der von Tennyson verwendeten response-sensitiven Adaptation der Aufgabensequenz.

Der zweite Aspekt bezieht sich auf die Auswahl des jeweiligen Übungs- oder Demonstrationsbeispiels in dem Fall, daß nicht nur ein einzelner Begriff oder eine einzelne Regel gelehrt wird, sondern mehrere beigeordnete Begriffe oder Regeln. Beigeordnete Begriffe sind Begriffe, die zwar einen gemeinsamen unmittelbaren Oberbegriff haben, untereinander aber nicht in einer taxonomischen oder hierarchischen Teilmengenrelation stehen. Entsprechendes gilt für Regeln.

Tritt bei der Bearbeitung von Übungsbeispielen kein Fehler auf, dann wird im Laufe der Instruktion der jeweils nächste zu bearbeitende Begriff zufällig ausgewählt. Tritt jedoch ein Fehler auf, dann unterscheidet Tennyson zwei Strategien: eine Generalisierungs- und eine Diskriminationsstrategie (vgl. Tennyson, Christensen & Park, 1984; Tennyson & Christensen, 1988).

Die *Generalisierungsstrategie* kommt dann zum Einsatz, wenn unter den ersten (z.B. vier) Übungsaufgaben ein Fehler auftritt. Dies läßt sich an Klassifikationsaufgaben verdeutlichen, bei denen der Proband gefragt wird, ob ein bestimmtes Objekt einer bestimmten Kategorie zugehörig ist oder nicht. Die Kategorie, die gelehrt wird, sei als Zielkategorie bezeichnet. Die Generalisierungsstrategie kommt dann zum Einsatz, wenn beim Erlernen einer Zielkategorie A ein bestimmtes Exemplar a der Zielkategorie A fälschlicherweise einer anderen beigeordneten Kategorie B zugeordnet wurde. Beispiel wäre, daß ein Proband beim Erlernen des Begriffs "Säugetier" (A) den Delphin (a) den Fischen (B) zuordnet. Dies läßt sich als Überdiskriminierung auffassen, da der Geltungsbereich der Begriffsdefinition zu eng gefaßt wird. Dieser Fehler wird - wie oben beschrieben - als Indikator für unzureichenden Prototypaufbau bzw. unzureichendes konzeptuelles Wissen aufgefaßt, so daß weitere Beispiele *derselben* Zielkategorie A (z.B. Katze, Seehund) bearbeitet werden sollten, um den Prototyp angemessen auszuformen.

Die *Diskriminationsstrategie* kommt dann zum Einsatz, wenn bei späteren Übungsaufgaben (z.B. ab der fünften Aufgabe) ein Fehler auftritt. Bei Klassifikationsaufgaben wird im Anschluß an die Fehlklassifikation als Folgebeispiel ein Exemplar derjenigen beigeordneten Kategorie ausgewählt, zu der das vorherige Exemplar fälschlicherweise als zugehörig benannt worden war. Wenn also ein Exemplar a (Delphin) aus der beigeordneten Kategorie A (Säugetiere) fälscherlicherweise der Zielkategorie B (Fische) zugeordnet wurde (ein Übergeneralisierungsfehler), dann wird als Folgebeispiel ein Exemplar b (Hai) der Kategorie B (Fische) vorgelegt. Tennyson geht davon aus, daß sich mittels dieser Strategie die Diskrimination der verschiedenen beigeordneten Kategorien fördern läßt.

Anhand mehrerer Experimente wurde die Nützlichkeit dieser verschiedenen Regeln zur Adaptation der Instruktionssequenz nachgewiesen (z.B. Park & Tennyson, 1980, 1986a, b; Tennyson, 1980; Tennyson, Tennyson & Rothen, 1980). Tennyson betont mehrfach, daß es sich bei dieser Strategie nicht um eine der herkömmlichen Verzweigungstechniken handelt, da weder die Reihenfolge der Instruktionseinheiten, noch spezifische Verzweigungen zwischen einzelnen Beispielen im vorhinein festgelegt sind. Die Reihenfolge richtet sich ausschließlich nach den Antworten des Lernenden und wird entsprechend den implementierten allgemeinen Regeln on-line generiert - wobei allerdings, so ist hinzuzufügen, vergleichsweise große Aufgabenmengen erforderlich sind.

Adaptation der Präsentationszeit und Antwortzeitbegrenzung: Die selbstbestimmte Arbeitsgeschwindigkeit (self-pacing) gilt seit jeher als einer der wesentlichen Vorteile Programmierter Instruktion. Dieses Prinzip findet nicht nur bei herkömmlichen CAI-Systemen seine Anwendung, sondern ebenso bei neueren ICAI-Systemen oder ITS. Ausnahmen gibt es hin und wieder dann, wenn es darum geht, psychomotorische Fertigkeiten zu trainieren, wobei es nicht nur auf die Richtigkeit, sondern ebenso auf die Geschwindigkeit einer Antwort ankommt. Beispiele sind die frühen Tastatur-Trainingsmaschinen von Pask (vgl. Kap. 2.3.1). Die fremdbestimmte Arbeitsgeschwindigkeit sieht in diesen Fällen so aus, daß das Training zwar ohne Zeitdruck beginnt, daß aber mit zunehmender Fertigkeit und immer schnelleren Reaktionen des Lernenden auch immer mehr (moderater) Zeitdruck ausgeübt wird, um auf diese Weise die Reaktionsgeschwindigkeit des Lernenden noch weiter zu erhöhen.

Basierend auf seiner Phasen-Theorie des Lernens von Begriffen und Regeln (Tennyson & Park, 1980), schlägt Tennyson bezüglich des Begriffs- und Regellernens allerdings eine umgekehrte Vorgehensweise vor: eine vom Lehrsystem stark begrenzte Antwortzeit zu Beginn des Bearbeitens von Übungsaufgaben, die mit zunehmender Kompetenz des Lernenden immer mehr verlängert wird.

Die Absicht dieser umgekehrten Vorgehensweise besteht darin, vom Lernenden erst dann die Bearbeitung von Übungsaufgaben zu verlangen, wenn der Prototyp des Begriffs bzw. das zur Antwort erforderliche konzeptuelle Wissen hinreichend aufgebaut ist. Ob dies der Fall ist, läßt sich z.B. dadurch feststellen, daß man dem Lernenden probeweise eine Übungsaufgabe vorlegt: Gibt er eine falsche Antwort, dann ist dies ein Indiz für unzureichendes Wissen, welches beim MAIS durch ein auf das Übungsbeispiel folgendes Demonstrationsbeispiel erweitert wird (siehe die Ausführungen zur Adaptation der Instruktionssequenz). Unklar ist aber, ob der Lernende bei der nächsten Aufgabe nicht wieder falsch antworten wird. Dies wäre dann zu erwarten, wenn das Demonstrationsbeispiel nicht ausgereicht hat, das konzeptuelle Wissen im erforderlichen Umfang zu korrigieren. Eine derartige wiederholte falsche Antwort soll durch die adaptive Antwortzeitbegrenzung verhindert werden, indem die erlaubte Antwortzeit für die nächste Aufgabe so gestaltet wird, daß der Lernende idealerweise nur dann eine vollständige Antwort geben kann, wenn hinreichendes Wissen verfügbar ist. Anderenfalls wird der laufende Antwortversuch vom Lehrsystem unterbrochen und die richtige Antwort präsentiert, so daß das Übungsbeispiel auf diese Weise zu einem weiteren Demonstrationsbeispiel umfunktioniert wird. Dabei handelt es sich durchaus nicht um eine ungewöhnliche Maßnahme, da eine vergleichbare Vorgehensweise auch in alltäglichen Lehr-Lernsituationen beobachtbar ist.

Die Implementation der adaptiven Antwortzeitbegrenzung sieht im MAIS so aus, daß nach einer falschen Antwort die zulässige Antwortzeit verkürzt und nach einer richtigen Antwort verlängert wird. Auf diese Weise ergibt sich gewissermaßen ein fließender Übergang von Demonstrations- zu Übungsaufgaben. Auch bezüglich dieser Instruktionsstrategie konnte Tennyson experimentell nachweisen, daß sie anderen Strategien, wie z.B. "keine", "konstante" oder "invers adaptierte" Zeitbegrenzung, überlegen ist (Tennyson & Park, 1984, 1985a, b; Tennyson, Park & Christensen, 1985; vgl. die Metaanalyse und die eigenen Experimente sowie deren Diskussion im Kap. 3.1).

Einordnung und Bewertung des MAIS: Im Bereich herkömmlicher, nicht auf Prinzipien der Künstlichen Intelligenz beruhender CAI-Systeme ist Tennysons Forschungsgruppe eine der wenigen Gruppen, welche sich bemüht, die Informationsverarbeitungs-Möglichkeiten des verwendeten Computers zur dynamisch-adaptiven Steuerung von Lernprozessen so zu nutzen, daß mehr dabei herauskommt als ein vordefiniertes Hin- und Herblättern zwischen vordefinierten Lehreinheiten oder Frames. Bemerkenswert ist, daß die Adaptationsmaßnahmen auf einem einheitlichen instruktionspsychologischen Hintergrund, Tennysons Phasen-Theorie des Begriffs- und Regellernens, geplant und hinsichtlich ihrer Lehrwirksamkeit experimentell untersucht wurden.

Die einzelnen Adaptationsregeln weisen ein so hohes Maß an Generalität auf, daß sie im Prinzip in beliebige CAI-Systeme implementiert werden können und - wie die Veröffentlichungen der Arbeitsgruppe belegen - auch in eine Vielzahl unterschiedlicher Lehrprogramme mit unterschiedlichen Lehrstoffen implementiert worden sind. Da es sich allerdings nur um Regeln handelt, erscheint es etwas übertrieben, beim MAIS von einem "authoring system for designing computer-based learning programs" zu sprechen, wie es bei Tennyson & Christensen (1988) der Fall ist.

Der einheitliche theoretische Bezug, die einheitliche methodische Vorgehensweise und die konvergierenden Forschungsergebnisse der Tennyson-Gruppe könnten sogar nahelegen, das MAIS als Paradigma für instruktionspsychologische Forschung zu adaptiven Lehrsystemen anzusehen. Unterzieht man allerdings die zahlreichen Veröffentlichungen seit 1978 einer kritischen Analyse, dann ist eine Vielzahl begrifflicher und technischer Unklarheiten festzustellen, die eine uneingeschränkte Verwertbarkeit der Forschungsergebnisse zunächst sowohl in theoretischer wie auch in praktischer Hinsicht als problematisch erscheinen lassen.

Einige Beispiele mögen dies verdeutlichen: 1984 scheint Tennyson in seiner Phasen-Theorie des Begriffslernens noch von zwei Phasen auszugehen: "The concept-learning theory followed in the empirical testing of the MAIS is a two-stage process of prototype formation and classification skill development" (Tennyson, Christensen & Park, 1984, S. 3). (Man beachte, daß in diesem Zitat die *Theorie* als Zwei-Phasen-Prozess bezeichnet wird, was *so* nicht gemeint sein kann. Gemeint ist wohl "The theory assumes...".) 1988 sind es dann drei Phasen: "... the transition between declarative knowledge and conceptual knowledge" (Tennyson & Christensen, 1988, S. 261) und "... the transition between conceptual knowledge and procedural knowledge" (S. 262).

1988 ist nicht mehr von Prototypen, sondern von Schemata die Rede, womit Tennyson einem allgemeinen Trend zu folgen scheint (Tennyson & Christensen, 1988). 1990 wird nicht mehr der Begriff "conceptual knowledge", sondern "contextual knowledge" verwendet (Tennyson & Breuer, 1990). Unklar ist auch, was gemeint ist mit Sätzen wie "Perception is defined as the learner's *attitude* toward what is to be learned. (...) *As such*, perception is directly associated with *cognition* - unlike motivation, which is associated with personality" (Tennyson, Christensen & Park, 1984, S. 7, Hervorhebung nicht im Original).

Technische Probleme werden deutlich, wenn man z.B. versucht, die an verschiedenen Stellen veröffentlichten Beschreibungen der Bayes'schen Strategie nachzuvollziehen. Es werden zwar Teile von Computerprogrammen in BASIC abgedruckt. Diese erweisen sich aber bei näherer Betrachtung als unbrauchbare Bruchstücke, aus denen die im MAIS verwendeten "beta values" nicht rekonstruiert werden können.

Trotz der angesprochenen Probleme ist Tennysons Arbeit am MAIS aber dennoch als ein bedeutsamer Beitrag zur instruktionspsychologisch fundierten Gestaltung dynamisch-adaptiver Lehrsysteme zu würdigen. Insbesondere sind es die zahlreichen konvergierenden experimentellen Forschungsergebnisse im Bereich des Erwerbs von Begriffs- und Regelwissen, die dieses Gesamturteil angemessen erscheinen lassen. Aber gerade die Forschungsergebnisse gilt es, anhand unabhängiger Experimente zu überprüfen (Kap. 3.1).

SONSTIGE ANSÄTZE ZUR MIKRO-ADAPTATION

Adaptation der Schwierigkeit von Übungsbeispielen: Litchfield, Driscoll & Dempsey (1990) schlagen vor, beim Erlernen von Begriffen und Regeln die Schwierigkeit von Übungsbeispielen an den beobachteten Kenntnisstand des Lernenden anzupassen. Die Schwierigkeit eines Übungsbeispiels ist eine Funktion der erforderlichen Generalisierungs- oder Diskriminationsleistung. Sie wird anhand der sog. "Rational-Set-Generator"-Technik bestimmt (Driscoll & Tessmer, 1985; Dempsey, 1986). Litchfeld, Driscoll & Dempsey (1990) prüften die Lehrwirksamkeit der adaptiven gegenüber einer "inclusive" Präsentationssequenz.

Die *adaptive Sequenz* ist so gestaltet, daß bei mehreren aufeinander folgenden Schwierigkeitsstufen nach einer richtigen Schülerantwort ein Item der nächsten Schwierigkeitsstufe zur Bearbeitung vorgelegt wird, während nach einer falschen Antwort ein Item der vorhergehenden Schwierigkeitsstufe folgt. Innerhalb jeder Stufe wird nach Zufall ausgewählt. Die Bearbeitung von Übungsbeispielen wird dann abgebrochen, wenn alle Items der höchsten Schwierigkeitsstufe bearbeitet sind. Während bei dieser adaptiven Sequenz nicht notwendigerweise alle Items der niedrigeren Schwierigkeitsstufen zu bearbeiten sind, wird genau dies bei der *"inclusiven" Sequenz* gefordert: Es werden alle verfügbaren Items in aufsteigender Schwierigkeitsreihenfolge zur Bearbeitung vorgelegt.

Die Ergebnisse des Lehrexperiments ergaben keine signifikanten Wissensunterschiede im Nachtest. Es zeigte sich aber, daß die adaptive Sequenz signifikant weniger Übungsbeispiele und Übungszeit beanspruchte und somit zwar nicht effektiver, aber zumindest doch effizienter ist.

Das "corrective feedback paradigm" für Übungsprogramme: Siegel & Misselt (1984) beschreiben ein Verfahren, welches geeignet ist, das Einüben von Paar-Assoziationen zu unterstützen. Das Verfahren, bezeichnet als "corrective feedback paradigm", besteht aus vier Komponenten: adaptives Feedback, Diskriminationstraining, "increasing ratio review" und ein "retirement"-Kriterium.

Die grundlegende Idee des Verfahrens besteht darin, Diskriminationsfehler durch Feedback, Übung und Wiederholung zu korrigieren. Es gibt jedoch nicht nur Diskriminationsfehler. Im Falle eines "out of list"-Fehlers, bei dem der Lernende auf einen Stimulus A einen Response x gibt, der nicht mit einem anderen Stimulus der Stimulus-Liste assoziiert ist, wird unmittelbar der richtige Response präsentiert, was herkömmlichen Übungsprogrammen entspricht. Wird jedoch ein Diskriminationsfehler diagnostiziert, bei dem der Lernende auf einen Stimulus A einen Response b gibt, der mit einem anderen Stimulus B der Liste assoziiert ist, werden beide Stimulus-Response-Paare A-a und B-b gleichzeitig präsentiert (adaptives Feedback). Danach werden beide Stimuli zwecks Übung als Item vorgegeben (Diskriminationstraining). Unabhängig von der Art des Fehlers wird ein fehlerhaft bearbeitetes Item zwecks Wiederholung mehrfach in die Liste der noch zu bearbeitenden Items eingeordnet (increasing ratio review): Ist der Fehler an der Position x aufgetreten, dann wird das Item an den Positionen $x+a$, $x+a+b$ und $x+a+b+c$ ($a<b<c$) nochmals zur Bearbeitung vorgelegt. Tritt bei diesen Bearbeitungen nochmals ein Fehler auf, dann wird die Wiederholungsliste neu initialisiert. Wird ein Item außerhalb der Wiederholungsliste richtig beantwortet, gelangt es an das Ende der Stimulusliste und wird auf diese Weise erneut zur Bearbeitung vorgelegt. Jedes Item wird nach einer festzulegenden Anzahl k richtiger Antworten aus der Liste entfernt (retirement criterion).

Anhand eines Experimentes konnten Siegel & Misselt (1984) nachweisen, daß adaptives Feedback allein nicht ausreicht, den Lernerfolg zu erhöhen: Dem Feedback ist das gezielte Diskriminationstraining hinzuzufügen. Die verteilte Wiederholung ist nur dann wirksam, wenn sie nicht mit der auf den Fehler folgenden Position beginnt, sondern erst später ($a>1$): Nach Ansicht der Autoren ist zu befürchten, daß der Lernende bei unmittelbarer Wiederholung ($a=1$) - einem häufig verwendeten Verfahren bei herkömmlichen tutoriellen CAI-Systemen - nur die Antwort trainiert, ohne den Stimulus zu beachten.

Darüber hinaus betonen die Autoren, daß durch das Diskriminationstraining und die verteilten Wiederholungen die gesamte Lernzeit nicht signifikant verlängert wird und daß das untersuchte "corrective feedback paradigm" prinzipiell auch auf das Lernen von Begriffen anwendbar ist.

"Intelligente" Übungsprogramme: Ausgehend von Fitts' Drei-Phasen-Theorie des Erwerbs von Fertigkeiten (skill learning, Fitts, 1964; Fitts & Posner, 1967) beschreibt Salisbury (1988) verschiedene Möglichkeiten, CAI-Programme zum Einüben von Faktenwissen und intellektuellen Fertigkeiten - wie er es nennt - "intelligent" zu gestalten.

> *"An intelligent drill, then, would be one that responds to the learner much like a teacher or tutor who posesses expertise... The more sophisticated drill strategies (...) might be described as 'intelligent' drills in that they are constantly adapting future instructional presentations based on a continuous*

process of collecting and analyzing student performance data. Drills that simply follow the same preset sequence for each learner would be considered 'nonintelligent' drills" (Salisbury, 1988, S. 122).

Bezüglich des Einübens von Faktenwissen stellt Salisbury verschiedene Techniken vor, die alle auf Karteikarten-Techniken beruhen und sich hinsichtlich der Komplexität des Mischens und Wiedervorlegens einzelner Karten in Abhängigkeit von Schülerantworten unterscheiden. Bezüglich des Einübens intellektueller Fertigkeiten (wie Lernen von Begriffen und Regeln, Problemlösen, Anwenden von Prozeduren) betont Salisbury, daß es im Gegensatz zu reinem Faktenwissen darum geht, die jeweilige Fertigkeit in einer Vielzahl unterschiedlicher Kontextsituationen zu trainieren. Dies erfordert so viele verschiedene Übungsaufgaben, daß der Lernende nicht in die Situation kommt, eine Antwort nur deswegen richtig geben zu können, weil er sie schon einmal gegeben hat und sich an die schon einmal bearbeitete Aufgabe und an die frühere Antwort erinnern kann, ohne z.B. die zu trainierende Regel anwenden zu müssen. Einen weiteren Unterschied zum Einüben von Faktenwissen sieht Salisbury in der Art der erforderlichen Rückmeldung. Bei Faktenwissen reicht es aus, auf einen Fehler die richtige Antwort mitzuteilen. Beim Einüben intellektueller Fertigkeiten ist es dagegen angebracht, weitere Informationen zu geben wie z.B. eine Wiederholung der Begriffsdefinition (vgl. Tennysons MAIS) bzw. - so kann ergänzt werden - ein schrittweises Durcharbeiten der Begriffsdefinition im Hinblick auf den zu klassifizierenden Begriff (vgl. die Experimente in Kap. 3.2).

Salisburys Ausführungen zur Gestaltung von Übungsprogrammen (vgl. auch Salisbury, 1990) sind konzeptioneller Art; nur an wenigen Stellen wird auf experimentelle Arbeiten verwiesen. Bezüglich des Übens intellektueller Fertigkeiten sind seine Überlegungen längst nicht so elaboriert wie Tennysons experimentelle Arbeiten zum MAIS. Bezüglich des Einübens von Faktenwissen bietet Salisbury allerdings einen guten Überblick über verwendbare Adaptationstechniken.

Fehler-abhängiges Feedback: Fischer & Mandl (1988a) berichten ein Experiment zur Frage der optimalen Intensität fehler- abhängiger Rückmeldungen beim Bearbeiten von Wiederholungs- und Verständnisfragen. Die Feedback-Intensität wurde dreifach von niedrig bis hoch variiert: (1) "informatives" Feedback durch Präsentation zusammenfassenden audio-visuellen Lehrmaterials zur jeweiligen Frage (teilweise mit optischen Hervorhebungen), (2) "korrigierendes und regulatives" Feedback durch (2a) allgemeine und (2b) spezielle verbale Beschreibung des jeweiligen Fehlers und schließlich (3) eine Kombination von (1) und (2), wobei erwartet wird, daß die verbale Fehlerbeschreibung die Rolle eines "Advance Organizers" für das folgende audio-visuelle Material spielt.

Allgemein wurde erwartet, daß Feedback um so effektiver ist, je intensiver es realisiert wird. Versuchspersonen (Vpn) mit geringen Vorkenntnissen sollten allerdings durch rein verbale Fehlerbeschreibungen ohne audio-visuelle Unterstützung überfordert sein und demzufolge unter dieser Bedingung am schlechtesten lernen können. Vpn mit hohen Vorkenntnissen dagegen sollten von dieser Art der Rückmeldung profitieren und - aufgrund der höheren Intensität - besser lernen als unter der audio-visuellen Rückmeldung allein.

Die Ergebnisse bestätigten diese Erwartungen allerdings nicht: Als eines von vielen Ergebnissen berichten Fischer & Mandl, daß die Feedback-Manipulation keine signifikanten Kenntnisunterschiede im Nachtest bewirkt, daß aber eine signifikante Interaktion mit Vorkenntnissen (also ein ATI-Effekt) auftritt - wenn auch etwas anders als erwartet: Vpn mit *hohen* Vorkenntnissen profitieren tendenziell am meisten vom kombinierten Feedback, gefolgt vom audio-visuellen Feedback und schließlich von der verbalen Fehlerbeschreibung. Vpn mit *geringen* Vorkenntnissen dagegen erreichen unter audio-visuellem Feedback die Leistung der Vpn mit hohen Vorkenntnissen, während sie unter den beiden anderen Bedingungen gleichermaßen wesentlich schlechtere Ergebnisse im Nachtest erzielen: Für diese Vpn gilt zwar im Einklang mit der Erwartung, daß verbale Fehlerbeschreibungen dem Lernen nicht zuträglich sind. Entgegen der Erwartung muß diese Aussage aber dahingehend erweitert werden, daß verbale Fehlerbeschreibungen bei Vpn mit geringen Vorkenntnissen dem Lernen sogar abträglich sind, was seinen Niederschlag darin findet, daß der lernfördernde Effekt des audio-visuellen Feedbacks durch die zuvor gegebene Fehlerbeschreibung zunichte gemacht wird. Ob dieser Effekt kognitiven oder eher motivationalen Charakters ist, läßt sich dem Bericht leider nicht entnehmen, obwohl einige Äußerungen der Autoren vermuten lassen, daß die entsprechenden Daten erhoben wurden.

ZUSAMMENFASSUNG UND BEWERTUNG

Eingangs wurde beklagt, daß bei herkömmlichen CAI-Systemen die Möglichkeiten des Computers in der Regel nicht hinreichend genutzt werden, weil lediglich die Prinzipien der Programmierten Instruktion (lineare oder verzweigte Programme) zum Einsatz kommen, die zumeist auch mit gedrucktem Material realisiert werden können. Ansätze zur Steuerung von Videorecordern oder von Bildplatten ändern nichts an dieser grundsätzlichen Einschätzung.

Im Rahmen von CAI gibt es nur sehr wenige Ansätze, die Informationsverarbeitungskapazität von Computern zur psychologisch begründeten dynamischen on-line-Steuerung von Lernprozessen zu verwenden. Wie sich zeigte, bedeuten vor allem Tennysons Experimente zum MAIS unter diesen Ansätzen einen wesentlichen Fortschritt, der insbesondere aufgrund der Integration unterschiedlicher Steuerungsvariablen und der großen Anzahl von Replikationen experimenteller Ergebnisse bedeutsam ist. Demgegenüber sind die anderen vorgestellten Ansätze eher als Insellösungen anzusehen.

Aus regelungstechnischer oder kybernetischer Sicht ist zu erkennen, daß alle vorgestellten Ansätze zur dynamischen Steuerung von Lernprozessen als Regelungseinrichtungen anzusehen sind, weil Inhalt, Sequenz und zeitlicher Rahmen der Instruktion (Demonstrationsaufgaben, Übungsaufgaben, Feedback, Antwortzeitbegrenzung) durch das augenblickliche Verhalten des Lernenden direkt gesteuert werden (wobei im Rahmen einzelner Maßnahmen wie z.B. bei der Adaptation des Instruktionsumfangs durchaus auch im Laufe der Instruktion akkumulierte Informationen berücksichtigt werden). Es handelt sich also um geschlossene Wirkungswege und damit um Regelkreise. Im übrigen gelten für die hier beschriebenen Ansätze dieselben regelungstechnischen Einschätzungen, wie sie weiter oben anhand der Abb. 2.3.1-3 (S. 39) für lineare und verzweigte Lehrprogramme entwickelt wurden.

In diesem Kapitel ging es um Mikro-Adaptation, d.h. die dynamische response-reaktive Anpassung des Lehrsystems an den Lernenden. Es ging nicht um Makro-Adaptation, d.h. eine Anpassung des Lehrsystems an den Lernenden anhand von Informationen, die vor Beginn der Instruktion erhoben wurden. Im Vergleich zur Mikro-Adaptation gibt es zur Makro-Adaptation eine wesentlich umfangreichere Forschungsaktivität. Einen Überblick über lernrelevante Persönlichkeitsvariablen geben Cronbach & Snow (1977) und Carrier &

Jonassen (1988). Eine Übersicht über adaptierbare Designvariablen geben Jonassen (1985a, 1988 und Jonassen & Hannum (1987). Einen Überblick über realisierte Ansätze zur Makro-Adaptation geben Ross (1984) und Ross & Morrison (1988): Anzahl der erforderlichen Übungsaufgaben und motivierende Anreize (Hansen, Ross & Rakow, 1977; Ross & Rakow, 1982; Ross, 1984), Einbettung des Lehrstoffs in persönlich bedeutsamen Kontext (Ross, 1983; Ross & Anand, 1986; Ross, Anand & Morrison, 1988), Reichhaltigkeit und Detailliertheit (density) von Instruktionstexten (Ross & Morrison, 1988: Ergebnisse einer Pilotstudie). Auch Gustafsson (1987) gibt einen Überblick über verschiedene Projekte zur Makro-Adaptation, nicht aber zur Mikro-Adaptation, obwohl dies aufgrund des Titels seiner Arbeit zu erwarten gewesen wäre.

Bemerkenswert ist, daß einige der von Ross und seinen Kollegen vorgestellten Adaptationsverfahren vor Beginn der Instruktion erhobene Daten verwenden (Makro-Aspekt), um sie während der Instruktion für Entscheidungen (z.B. Instruktionsumfang) oder zur dynamischen Erzeugung von Instruktionsinhalten (z.B. Einbettung des Lehrstoffs in einen persönlich relevanten Kontext) zu verwenden (Mikro-Aspekt). Bei diesem Ansatz liegt keine klassische Makro-Adaptation vor, da der Lernende nicht vor Beginn der Instruktion einer vordefinierten und im Laufe der Instruktion konstant gehaltenen Lernumgebung zugewiesen wird, sondern vielmehr die Lernumgebung entsprechend den Vorinformationen dynamisch modifiziert wird.

Abschließend sei ergänzt, daß neben Programmen zur Vermittlung neuen Wissens ("Tutorials") und zum Einüben schon vorhandenen Wissens ("Drills") eine dritte Art von CAI in Form von Simulationsprogrammen existiert (vgl. Alessi & Trollip, 1985; Mandl & Hron, 1985; Leutner, 1990c). Computerbasierte Simulationen wurden an dieser Stelle jedoch nicht weiter thematisiert, da bei den traditionellen Simulationssystemen bisher keine Maßnahmen zur dynamischen Adaptation vorgesehen sind (vgl. Wager & Gagné, 1988).

2.3.3 "Intelligente" CAI-Systeme

In diesem Kapitel wird untersucht, inwieweit und in welcher Hinsicht bisher realisierte ITS/ICAI-Systeme mikro-adaptiv gestaltet sind. Zunächst wird auf das "I" in ITS/ICAI eingegangen. Dann werden diejenigen Funktionskomponenten vorgestellt, die erforderlich sind, um ein Lehrsystem als ITS/ICAI-System bezeichnen zu können. Es wird untersucht, welche Lehrstrategien in ITS/ICAI-Systemen üblicherweise implementiert und wie diese Strategien zustande gekommen sind. Schließlich wird beispielhaft eines von den wenigen Projekten vorgestellt, in dem die Implementation von Lehrstrategien aus instruktionspsychologischer Perspektive erfolgt und empirisch-experimentell untersucht wird. Die Lehr-Expertise der bisher realisierten ITS/ICAI-Systeme wird abschließend kritisch diskutiert. - Soweit der Überblick über dieses Kapitel.

"Intelligent Tutoring Systems (ITS)" oder Systeme auf der Basis von "Intelligent Computer-Assisted Instruction (ICAI)" gelten z.Z. - abgesehen vom menschlichen Privatlehrer in einer Situation des Einzelunterrichts - als *die* Möglichkeit zur dynamisch-adaptiven Gestaltung einer Lernumgebung schlechthin. Inzwischen gibt es eine Fülle an computer-basierten Lehrsystemen, deren Entwickler beanspruchen, ein ITS oder ICAI-System erzeugt zu haben. Dementsprechend mehren sich auch Versuche, Ordnung und

Struktur in die Systemvielfalt hineinzubringen (z.B. Sleeman & Brown, 1982a; O'Shea & Self, 1984; Mandl & Fischer, 1985; Kunz & Schott, 1987; Mandl & Lesgold, 1988 - um einige der maßgeblichen Sammelbände und Monographien anzuführen). Besondere Beachtung verdient aber Wenger (1987), der nicht nur insgesamt mehr als 70 veröffentlichte ICAI-Systeme vorstellt, sondern insbesondere auch - aus einer Perspektive der Künstlichen Intelligenz (KI) - einen integrierten Überblick über Forschungsgruppen, Entwicklungslinien und Fragestellungen gibt.

Hier kann es nun nicht darum gehen, die an anderen Stellen zusammenfassend beschriebenen Systeme nochmals oder noch weiter zusammenzufassen. Es interessiert vielmehr, welche Möglichkeiten zur dynamisch-adaptiven Steuerung von Lernprozessen bei ITS/ICAI genutzt werden. Zuvor ist aber erforderlich, in aller Kürze auf das "I" in ITS und ICAI und die allgemeine Systemarchitektur von ITS und ICAI-Systemen einzugehen.

DAS "I" IN ITS UND ICAI

Grundlegend für die Bedeutung des ersten "I" in ITS und ICAI ist das Konzept der "Künstlichen Intelligenz". Dabei handelt es sich nach gängiger Auffassung um "the science of making machines do things that would require intelligence if done by humans" (O'Shea & Self, 1984, S. 4). Bezogen auf Lehrsysteme bedeutet dies:

> *"Artificial intelligence (AI) is the study of the processes underlying 'intelligent behavior' (defined [...] as expert problem solving in complex, unstructured environments with multiple obstacles and no universal solution algorithm - this encompasses a significant fraction of current instructional goals). Educational devices incorporating AI would 'understand'* what, whom *and* how *they were teaching and could therefore tailor content and method to the needs of an individual learner without being limited to a repertoire of prespecified responses" (Dede, 1986, S. 330, Hervorhebungen im Original).*

Nach dieser ebenfalls gängigen Auffassung sind ITS/ICAI-Systeme solche Lehrsysteme, die über "Künstliche Intelligenz" verfügen und somit in der Lage sind, sich in einem bestimmten komplexen Gegenstandsbereich annäherungsweise wie ein menschlicher Experte zu verhalten. Der komplexe Gegenstandsbereich eines Lehrsystems ist die Steuerung von Lernprozessen, wobei traditionellerweise menschliche Lehrer als Experten in diesem Gegenstandsbereich angesehen werden. Insofern muß ein Lehrsystem dann, wenn es als "intelligent" gelten soll, sich in seinem Instruktionsverhalten einem menschlichen Lehrer annähern, und zwar weit über Skinners Vorstellung eines Privatlehrers hinaus (vgl. Kap. 1).

Üblicherweise werden in der Literatur zu ITS/ICAI mindestens drei Bereiche unterschieden, hinsichtlich derer Expertise vorhanden sein muß. In der Darstellung von Wenger (1987) ist es erforderlich, daß ein "intelligentes" Lehrsystem (1) über ein *kommunizierbares* Modell des zu lehrenden Gebietes verfügt (Soll-Zustand des Lernenden), (2) ein dynamisch sich veränderndes Wissensmodell des Lernenden aufzubauen in der Lage ist (Ist-Zustand des Lernenden) und (3) Kenntnisse darüber hat, wie eine dynamisch sich verändernde Diskrepanz zwischen Soll-Zustand und Ist-Zustand behoben werden kann (Lehren, vgl. auch Kunz & Schott, 1987).

Die Grenze zwischen herkömmlichen (nicht-intelligenten) und intelligenten Lehrsystemen ist allerdings fließend, da auch viele - aus Sicht der Künstlichen Intelligenz - herkömmliche CAI-Systeme über mehr oder weniger stark ausgeprägte Expertise in einzelnen dieser drei Bereiche verfügen. Dies läßt sich anhand eines fiktiven einfachen Arithmetik-Lehrprogramms deutlich machen: Lehrstoff sei z.B. das große Einmaleins, bestehend aus 10x10=100 Aufgaben.

(1) Es ist unmittelbar einsichtig, daß ein Computer - gewissermaßen voreingestellt - über Expertise in diesem Gegenstandsbereich verfügt und somit auch ohne Bezug zu KI-Techniken so programmiert werden kann, daß zumindest einfache Fragen des Lernenden bezüglich dieses Gegenstandsbereiches (wie z.B. "3x5=?") beantwortet werden können. Wechselnde Initiative zwischen Lernendem und Lehrsystem, was seit Carbonell (1970) als eines der wesentlichsten ITS/ICAI-Merkmale angesehen wird, ist also in diesem Fall recht einfach und ohne KI-Bezug zu realisieren.

(2) Die Theorie kriteriumsorientierter Tests (Klauer, 1987) stellt Verfahren zur Verfügung, anhand derer sich in diesem Gegenstandsbereich unterschiedliche Lehrziele aufstellen und überprüfen lassen, was ebenfalls ohne jeglichen Bezug zu KI-Techniken geleistet werden kann.

(3) Zur Behebung der Diskrepanz zwischen Soll- und Ist-Zustand ist es schließlich nicht erforderlich, den Lernenden alle 100 Aufgaben in vordefinierter Reihenfolge einmal oder mehrmals bearbeiten zu lassen. Vielmehr lassen sich - wiederum ohne Bezug zur KI - verschiedene der weiter oben beschriebenen dynamisch-adaptiven Lehrstrategien zur Minimierung des Lehr- und Lernaufwandes einsetzen.

Wenn auch die Grenze zwischen CAI und ITS/ICAI aufgrund wenig überzeugender Definitionsversuche anhand definierender Merkmale unscharf ist, so lassen sich dennoch folgende Eigenschaften aufzeigen, anhand derer ITS und ICAI im Sinne von Roschs Prototypenbegriff (Rosch, 1973, 1977a, b) gekennzeichnet werden können:

(1) *Möglichkeit zur wechselnden Initiative*: Der Lehrstoff ist so implementiert, daß das System nicht nur lehrstoffbezogene Fragen an den Lernenden stellen, sondern auch lehrstoffbezogene Fragen des Lernenden beantworten kann, und zwar insbesondere auch solche Fragen, deren Antworten nicht explizit gespeichert sind. Bei herkömmlichen CAI-Systemen besteht der Lehrstoff ausschließlich aus vordefinierten Informationseinheiten (Frames), so daß - wenn überhaupt - nur vorhergesehene Fragen beantwortet werden können.

(2) *Trennung von Lehrstoff und Lehrstrategie*: Für die Lehrstrategie bedeutet dies, daß sie weitgehend unabhängig vom jeweiligen Lehrstoff in Form von allgemeinen Wenn-Dann-Regeln (z.B. als Produktionssystem) formuliert ist. Bei herkömmlichen CAI-Systemen sind die einzelnen Lehraktivitäten zwar auch an Wenn-Dann-Regeln gebunden. Diese sind aber insofern nicht allgemein, als sie an spezifische, vordefinierte Informationseinheiten des Lehrstoffs gekoppelt sind. Typisches Beispiel sind verzweigte Lehrprogramme, bei denen der Programmautor für jeden einzelnen Frame vor Einsatz des Programms genau festlegen muß, wohin in Abhängigkeit von welcher Antwort des Lernenden verzweigt werden soll.

(3) *Möglichkeit zur Diagnose des Lernenden*: Dies bedeutet, daß das Lehrsystem in der Lage sein muß, ein internes Modell des Lernenden aufzubauen, welches möglichst detailliert ist und insbesondere Schlußfolgerungen über lehrstoffbezogene Defizite ermög-

licht. CAI-Systeme herkömmlicher Art, insbesondere solche, die als einfache, im Sinne von Crowder (1962) intrinsisch verzweigte Lehrprogramme konzipiert sind, generieren kein derartiges Schülermodell, was sich allerdings - zumindest annäherungsweise - durch kriteriumsorientierte Messungen (vgl. Klauer, 1987) relativ einfach realisieren ließe.

(4) *Adaptivität*, die sich sowohl auf die Lehrstrategie, als auch auf den Lehrstoff beziehen kann: Bezüglich der Lehrstrategie geht es zunächst darum, die Lehraktivitäten an den augenblicklichen Bedarf des Lernenden dynamisch anzupassen, indem das vorhandene Regelsystem angewendet wird. Darüber hinaus kann im Sinne von Atkinsons Vorstellung eines selbst-lernenden Systems (Atkinson, 1972a) auch gefordert werden, daß das Regelsystem sich aufgrund von Erfahrung mit verschiedenen Schülern selbständig optimieren können soll (z.B. O'Shea, 1979a, 1979b, 1982). Bezüglich des Lehrstoffs geht es darum, das verfügbare Wissen über den Gegenstandsbereich dadurch anzupassen, daß das Lehrsystem vom Lernenden lernt, indem es z.B. dann, wenn der Lernende eine bessere Lösung eines Problems gefunden hat, diese Lösung übernimmt und in die eigene Wissensbasis integriert (z.B. das von Kimball, 1982, vorgestellte System). Im einen Fall handelt es sich gewissermaßen um eine selbständige Erweiterung der Lehr-Expertise, im anderen Fall um eine selbständige Erweiterung der Lehrstoff-Expertise. Herkömmliche CAI-Systeme sind - wie weiter oben erörtert - zwar in der Lage, die Sequenz vordefinierter Lehreinheiten adaptiv zu gestalten. Es ist aber on-line weder möglich, die Lehrstrategie zu optimieren, noch den Lehrstoff zu verändern. Dieses "Tuning" des Lehrsystems kann bei herkömmlichen CAI-Systemen nur off-line durch den Programmautor erfolgen (vgl. Kap. 2.3.1).

FUNKTIONSKOMPONENTEN EINES ITS/ICAI-SYSTEMS

Auf die traditionellen Funktionskomponenten eines ITS/ICAI-Systems (vgl. Abb. 2.3.3-1, S. 61), das Experten-, das Schüler- und das Tutormodul, soll an dieser Stelle nur kurz eingegangen werden, da sie in zahlreichen Übersichtsarbeiten detailliert dargestellt sind.

Expertenmodul: Dieses Modul ist - in Begriffen der Künstlichen Intelligenz - ein wissensbasiertes System, welches innerhalb des zu lehrenden Gegenstandsbereiches Aufgaben bearbeiten und Probleme lösen kann (Lehrstoffexpertise).

Schülermodul: Dieses Modul ist ein wissensbasiertes System, welches innerhalb des zu lehrenden Gegenstandsbereiches Aufgaben und Probleme (idealerweise) so bearbeiten bzw. lösen kann, wie es dem diagnostizierten Kenntnisstand des Lernenden entspricht. (Die Expertise zum Aufbau eines solchen Systems wird als Diagnostikexpertise bezeichnet.)

Tutormodul: Dieses Modul ist ein wissensbasiertes System, welches in der Lage ist, den im Schülermodul abgebildeten Kenntnisstand des Lernenden (den Ist-Zustand) an den im Expertenmodul abgebildeten Kenntnisstand (den Soll-Zustand) durch geeignete tutorielle Maßnahmen anzugleichen (Lehrexpertise).

Manche Autoren beschreiben neben diesen drei Modulen noch ein *Kommunikationsmodul*, welches für die Interaktion zwischen Lernendem und Lehrsystem verantwortlich ist. Andere Autoren schlagen diese Aufgabe dem Tutormodul zu.

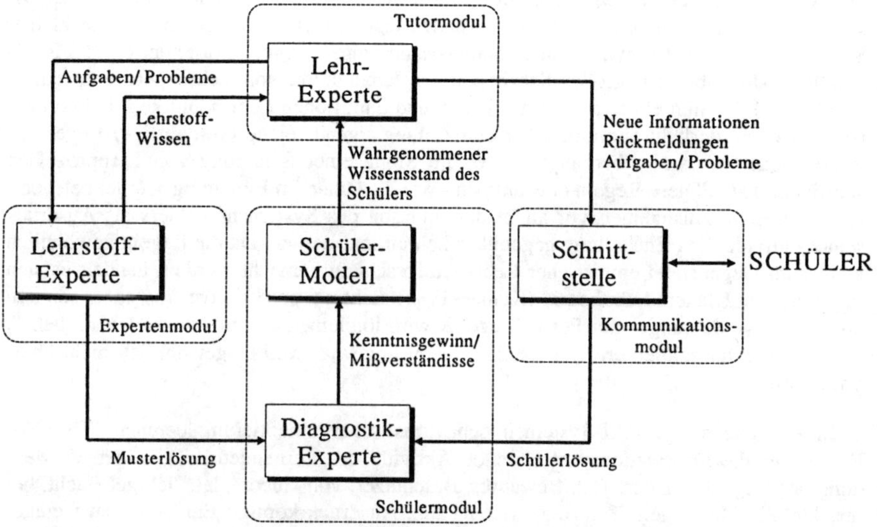

Abb. 2.3.3-1: Funktionskomponenten eines ITS/ICAI-Systems (nach VanMerrienboer, VanDenBerg & Maaswinkel, 1989; Wallach, 1987)

IMPLEMENTIERTE LEHRSTRATEGIEN

> *"Tutoring (coaching) rules determine what should be taught to the student given the current state of the student model... The teaching rules identify what components of the knowledge network should be presented next. The error rules identify misconceptions and mistakes in the responses or questions produced by the student, provide appropriate feedback, and update the student model accordingly. The teaching process continues until there is no identifiable discrepancy between the student model and the knowledge network" (Kearsley, 1988, S. 384).*

Wie im Einleitungskapitel (Kap. 1) ausgeführt, konzentrierten sich die bisherigen Bemühungen zur Entwicklung funktionsfähiger ITS/ICAI-Systeme insbesondere auf die Implementation des Experten- und des Schülermoduls, während das Tutormodul weniger Beachtung gefunden hat. Historisch gesehen ist dies insofern verständlich, als ITS/ICAI-Systeme zunächst als Anwendung der Künstlichen Intelligenz entstanden sind. So lag es nahe, die dort entwickelten Verfahren zur Darstellung von Wissen (Expertensysteme, wissensbasierte Systeme) unmittelbar zur Implementation des Expertenmoduls zu verwenden. Von da aus ist es zunächst kein allzu großer Schritt, zumindest ein einfaches Modell des Schülerwissens dadurch zu gewinnen, daß man es mit den Begriffen und Strukturen des Expertenmoduls beschreibt: Der Unterschied zwischen Experte und Lernendem besteht in diesem Fall darin, daß der Lernende *weniger* weiß (Teilmengenmodell - eines von mehreren Modellen, die z.B. bei Ohlsson, 1986, beschrieben sind).

Es ist offensichtlich, daß bezüglich des Tutormoduls andere Überlegungen anzustellen sind: Lehr-Expertise läßt sich nicht dadurch beschreiben, daß man - wie beim Übergang vom Expertenmodul zum Schülermodul - das im Expertenmodul implementierte bereichsspezifische Wissen ein weiteres Mal verwendet. Insofern ist es ein vergleichsweise kleiner Schritt vom lehrstoff-spezifischen Expertensystem zum diagnostik-orientierten ITS/ICAI-Schülermodul, aber ein großer Schritt zur Implementation von Lehrexpertise in einem Tutormodul. Da nun ein System ohne Tutor- und damit ohne Lehrmodul kein Lehrsystem ist, ist es erforderlich, zumindest für den Anfang irgendwelche (vernünftige) Regeln zu implementieren, damit überhaupt Lehren im Sinne einer Steuerung von Lernprozessen stattfinden kann. Diese Regeln entstammen - wie die Zitate im Einleitungskapitel belegen - bis auf wenige Ausnahmen vor allem der Intuition des Systementwicklers als Ausdruck seiner individuellen Einstellung gegenüber Lehren und Lernen. Da die Regeln gewöhnlich nicht zum Gegenstand empirischer Lehr-Lernforschung gemacht werden, handelt es sich im Sinne von Klauers Lehrtheorie (Klauer, 1985) nicht um präskriptive Aussagen, sondern um normative Setzungen der Form "Regel X wird implementiert, um zu erreichen, daß...". Ob die Ziele tatsächlich erreicht werden, bleibt ungewiß, weil es gewöhnlich nicht überprüft wird.

In Abgrenzung zu CAI-Systemen behavioristischer Orientierung betonen ITS/ICAI-Entwickler die informationsverarbeitende Aktivität des Lernenden, was in der Verwendung des Begriffs "Tutor" (lat. Bewahrer, Beschützer; von "tueor", lat. "ich gebe acht, beobachte") in "Intelligent Tutoring System" zum Ausdruck kommt: Ein Tutor hat weniger die Aufgabe, didaktisch aufbereitete Informationen zu präsentieren, sondern den Lernenden beim selbständigen Erarbeiten des Lehrstoffs und beim Üben zu unterstützen.

Zu beachten ist ferner, daß das Attribut "tutoriell" bei herkömmlichen CAI-Systemen häufig eine andere Bedeutung hat als bei ITS/ICAI-Systemen: Herkömmliche tutorielle CAI-Systeme sind in der Regel solche, die neu zu erwerbendes Wissen darstellen und insofern von Übungsprogrammen unterschieden werden. Bei ITS/ICAI-Systemen ist diese Unterscheidung dagegen weniger am Attribut "tutoriell" festzumachen als vielmehr an den Regeln, wie der Tutor arbeiten soll. Entsprechend lassen sich - wiederum im Sinne von Roschs Prototypentheorie - verschiedene Typen von ITS/ICAI-Systemen unterscheiden. "Tutoring" wird in der ITS/ICAI-Literatur als Oberbegriff verwendet. Beigeordnete Unterbegriffe sind z.B. "Mixed-Initiative Dialogue" und "Coaching".

Mixed-Initiative Dialogue: Historisch gesehen handelt es sich hierbei um die erste Art von "Tutoring", die in der ITS/ICAI-Entwicklungslinie SCHOLAR - WHY zum Einsatz gekommen ist (Carbonell, 1970; Carbonell & Collins, 1973; Collins, 1977; Stevens & Collins, 1977; Collins & Stevens, 1982). Der Dialog mit wechselnder Initiative bestand bei SCHOLAR darin, daß sowohl der Lernende als auch das Lehrsystem geographie-bezogene Fragen über Südamerika stellen konnten. Dieses Frage-Antwort-Spiel wurde schließlich bei WHY zur sog. Sokratischen Methode ausgebaut, bei der es im wesentlichen darum geht, den Lernenden durch geschicktes Nachfragen dahin zu bringen, daß er Widersprüche in seinen Überlegungen selbst erkennt und korrigieren kann. Das Regelsystem des Tutormoduls hat in diesem Fall festzulegen, welche weiteren Fragen auf die Antworten des Lernenden gestellt werden sollen. Collins & Stevens (1982) beschreiben insgesamt 59 solcher Regeln, wie z.B. die "case selection strategy"-Regel No. 1 (S. 98):

> *"If (1) a student has not identified many of the factors that are relevant to a particular value on the dependent variable, then (2) pick a case where as many as possible of the values on the factors are consistent with the particular value on the dependent variable."*

Coaching: Diese zweite Art von "Tutoring" unterscheidet sich von anderen Formen dadurch, daß das Lehrsystem in der Rolle eines Coachs (Trainer) dem Lernenden weitgehend die Kontrolle über seine Aktivitäten in einer dafür geeigneten Lernumgebung überläßt. Das Regelsystem des Tutormoduls hat in diesem Fall insbesondere zu spezifizieren, zu welchem Zeitpunkt der Lernende durch welche tutoriellen Eingriffe unterbrochen werden soll (vgl. Wenger, 1987, S. 124). Coaching ist nicht nur anwendbar in Lehrsystemen, sondern vor allem auch bei der Gestaltung adaptiver oder "intelligenter" Hilfssysteme für die Mensch-Maschine-Kommunikation (vgl. z.B. Fischer, 1988; Wandke, 1988). Die Gestaltung eines ITS/ICAI-Systems als Coaching-System setzt die Simulation eines Gegenstandsbereiches als "reaktive" Lernumgebung (Brown, Burton & DeKleer, 1982) voraus, in der der Lernende in einem vorgegebenen Rahmen weitgehend selbständig agieren kann. Frühe Beispiele sind WEST (Burton & Brown, 1976; 1982) und WUSOR (Carr & Goldstein, 1977; Goldstein, 1980, 1982), aber von der Grundkonzeption her auch schon SOPHIE (Brown & Burton, 1975; Brown, Rubinstein & Burton, 1976; Brown, Burton & DeKleer, 1982) als Vorläufer der Entwicklung von WEST.

Eine besondere Stellung unter den Coaching-Systemen nehmen solche "reaktiven" Lernumgebungen ein, die es dem Lernenden ermöglichen, den Lehrstoff anhand einer direkt manipulierbaren Simulation (Computergraphik) zu explorieren. Beispiele sind die Systeme STEAMER (Stevens & Roberts, 1983; Hollan, Hutchins & Weitzman, 1984) und QUEST (White & Frederiksen, 1986). Eine weitere Sonderstellung nehmen Systeme ein, die den Lernenden in eine explorierbare "Mikrowelt" versetzen. Gegenüber LOGO-Mikrowelten, bei denen es sich in der Regel nicht um ITS/ICAI-Systeme handelt (vgl. Mandl & Hron, 1989), ist SMITHTOWN (Shute & Glaser, 1986; Shute & Bonar, 1986) ein Beispiel für ein auf dem Mikrowelt-Konzept beruhendes ITS/ICAI-System.

Mit Wenger (1987) lassen sich die in ITS/ICAI-Systemen implementierten Lehrstrategien danach unterscheiden, ob sie eher "opportunistic" oder "plan-based" angelegt sind (vgl. zusammenfassend Wenger, 1987, S. 414).

Opportunistic Strategy: Bei dieser Lehrstrategie werden die Aktivitäten des Lernenden (z.B. Exploration, Problemlösen, Dialog) zunächst nur beobachtet. Der Tutor wird erst in dem Augenblick für den Lernenden erkenntlich aktiv, wenn das Schülermodul eine Abweichung vom Expertenmodul erkennt. Das Schülermodul ist gewissermaßen die treibende Kraft, welche die Gelegenheiten für tutorielle Eingriffe anzeigt und geeignete Lehraktivitäten vorübergehend in Gang setzt. Die meisten ITS/ICAI-Systeme sind von diesem Typ.

Plan-Based Strategy: Bei dieser Lehrstrategie geht es darum, durch geplante Lehraktivitäten bestimmte Lehrziele zu erreichen (vgl. auch Ohlsson, 1986). Dabei ist nicht das Schülermodul die treibende Kraft, sondern das Tutormodul. Diagnostische Aktivitäten des Schülermoduls sind lediglich erforderlich, um das Erreichen der Ziele zu kontrollieren. In Abhängigkeit davon werden dann vom Tutormodul Sequenzen von Lerngelegenheiten geplant und realisiert. Diese Art von Lehrstrategie ist nach Wengers Auffassung bei ITS/ICAI-Systemen nur selten zu finden, obwohl es sich hierbei - von Wenger nicht diskutiert - um eine Strategie handelt, die bei herkömmlichen, nicht KI-basierten adaptiven Lehrsystemen eher die Regel ist.

Bei Wengers "opportunistic strategy" reagiert der Tutor, während er bei der "plan-based strategy" eigenständig aktiv wird. Insofern ließen sich die beiden Strategien auch als *reaktive* bzw. als *aktive* Lehrstrategie bezeichnen. Man könnte nun erwarten, daß eine reaktive Lehrstrategie dem Schüler mehr Freiraum für eigene Aktivitäten ließe als eine aktive Lehrstrategie. Dies ist jedoch nicht allgemein der Fall, da einerseits die tutoriellen Eingriffe bei einer reaktiven Strategie sehr massiv sein können, während sie andererseits bei einer aktiven Lehrstrategie z.B. darin bestehen können, die zu explorierende Lernumgebung kaum merklich zu verändern.

Diese Überlegungen führen nun zu einem Vorschlag von Neuwirth (1989), die in ITS/ICAI-Systemen implementierten Lehrstrategien danach zu unterscheiden, ob sie eher an "Discovery Learning" oder an "Learning-by-Doing" orientiert sind.

Tab. 2.3.3-1: Regeln für "Discovery Learning"[a) (Burton & Brown, 1982, S. 90ff).

01. Before giving advice, be sure the Issue used is one in which the student is weak...
02. When illustrating an Issue, only use an Example (an alternative move) in which the result or outcome of the move is dramatically superior to the move made by the student...
03. After giving the student advice, permit him to incorporate the Issue immediately by allowing him to repeat his turn...
04. If a student is about to lose interrupt and tutor him only with moves that will keep him from loosing...
05. Do not tutor on two consecutive moves, no matter what...
06. Do not tutor before the student has a chance to discover the game for himself...
07. Do not provide only criticism when the Tutor breaks in! If the student makes an exceptional move, identify why it is good and congratulate him...
08. After giving advice to the student, offer him a chance to retake his turn, but do not force him to...
09. Always have the Computer Expert play an optimal game...
10. If the student asks for help, provide several levels of hints...
11. If the student is loosing consistently, adjust the level of the play...
12. If the student makes a potentially careless error, be forgiving. But provide explicit commentary in case it was not just careless...

a) Hervorhebung einzelner Begriffe durch Großschreibung im Original.

Discovery Learning: Im allgemeinen betonen die Entwickler von ITS/ICAI-Systemen den besonderen Wert des selbständigen Entdeckens oder Erarbeitens von Erkenntnissen. Ein Tutor sollte dementsprechend - im übertragenen Sinne - keine Vorlesung abhalten, sondern den Schüler beim entdeckenden Lernen beobachten und nur dann Hilfestellungen anbieten, wenn es unbedingt erforderlich ist. Die Anzahl der Hilfen insgesamt und der Umfang der einzelnen Hilfestellung sollte minimal sein, weil man sonst möglicherweise verhindern würde, daß der Schüler lernt, selbständig zu lernen: "If students are to exercise processes of discovery, that is, learn how to learn, then providing too much guidance may prevent students from developing the skill of examining their own behavior and looking for causes of their own mistakes" (Neuwirth, 1989, S. 48). Dementsprechend wäre es z.B. nicht angebracht, dem Schüler im Falle eines Fehlers grundsätzlich eine sofortige Fehlerrückmeldung zu geben (vgl. Tab. 2.3.3-1, S. 64).

Learning-by-Doing: Der Erwerb einer (eng umrissenen psychomotorischen oder kognitiven) Fertigkeit läßt sich als mehrstufiger Lernprozeß beschreiben (Fitts, 1964; Fitts & Posner, 1967; Anderson, 1983; Tennyson & Park, 1984, 1985a, b; Tennyson, Park & Christensen, 1985; Lane, 1987), wobei am Ende des Prozesses die Fertigkeit so weit automatisiert ist, daß sie nahezu ohne Zuwendung von Aufmerksamkeit ausgeführt werden kann. Bevor es jedoch zur Automatisierung kommt, ist ein hohes Ausmaß an praktischer Einübung erforderlich, was sich als "Lernen durch Tun" bezeichnen läßt (vgl. Anzai & Simon, 1979; Anzai, 1987; Neuwirth, 1989).

Man beachte, daß diese Auffassung von "Lernen durch Tun" in der Bedeutung von Einüben sich deutlich vom "Lernen durch Tun" der Reformpädagogik unterscheidet. Anliegen der Reformpädagogik war es, den Schüler zur aktiven und selbstgesteuerten Auseinandersetzung mit einem Lehrstoff anzuregen (Dewey, 1902a, b; Kerschensteiner, 1912; Gaudig, 1909), und zwar in deutlicher Abgrenzung zu einer Unterrichtsform, bei der der Vortrag des Lehrers im Vordergrund steht. Insofern läßt sich die didaktische Grundorientierung der Reformpädagogik zwar durchaus mit dem Anliegen von ITS/ICAI-Entwicklern vergleichen, nicht aber die reformpädagogische Auffassung von "Lernen durch Tun".

Im Sinne von Andersons ACT*-Theorie (Adaptive Control of Thought-star; Anderson, 1983, 1987a, b) wird eine anfänglich interpretativ Schritt für Schritt ausgeführte Fertigkeit durch häufiges Anwenden bei der Bearbeitung von Aufgaben prozeduralisiert, d.h. automatisiert. Im Laufe des wiederholten Anwendens werden einzelne Schritte (Produktionen) u.a. zu größeren Einheiten zusammengefaßt, bis bei hinreichender Übung alle einzelnen Schritte verschwunden sind und die Fertigkeit nur noch aus einer einzigen Produktion besteht. Wesentlich ist, daß das Zusammenfassen einzelner Produktionen als kreativer Akt anzusehen ist, der - lehrstoffbezogen - nicht automatisch zu fehlerfreien neuen Produktionen führt. Sind aber einmal fehlerhafte Produktionen entstanden und werden diese zudem auch noch trainiert und weiter kompiliert, dann ist es sehr schwierig, den Fehler wieder zu korrigieren. Im Alltagsbereich dürfte dieses Problem allen jenen bekannt sein, die ohne kompetenten Trainer versucht haben, eine Sportart mit psychomotorisch hoch-komplexen Bewegungsabläufen wie z.B. Skifahren, Tennis oder Dressurreiten zu erlernen.

Will man den Erwerb einer Fertigkeit unterstützen, dann ist es erforderlich, den Kompilierungsprozeß zu beobachten und möglichst sofort korrigierend einzugreifen, sobald ein Fehler erkenntlich wird. Im übrigen ist alles zu tun, den Prozeß zu erleichtern, z.B. durch eine Reduktion der Belastung des Arbeitsgedächtnisses. "Productions are basically acquired through practice, and the only purpose of a tutor is to increase the effectiveness of that practice" (Anderson, 1987a, S. 457). Entsprechende tutorielle Regeln sind in den ITS/ICAI-Systemen der Anderson-Gruppe implementiert (vgl. Tab. 2.3.3-2, S. 66).

Tab. 2.3.3-2: Regeln für "Learning-by-doing" (Anderson, Boyle, Farrell & Reiser, 1984)

1. Develop explicit student models and ideal models - production systems.
2. Communicate the goal structure underlying problem solving.
3. Provide instruction in the context of problem solving.
4. Promote an abstract understanding of the problem-solving knowledge.
5. Focus more on problem-solving strategy than on declarative facts.
6. Minimize working memory demands.
7. Provide immediate feedback on errors.
8. Adjust the grain size of instruction.
9. Facilitate successive approximations to the target skill.

Neuwirth (1989) weist darauf hin, daß "Lernen durch Tun" eine deskriptive Lerntheorie darstellt, was im übrigen Andersons eigener Auffassung entspricht (Anderson, 1987). Als Lerntheorie beschreibt "Lernen durch Tun", wie ein Schüler lernt, und schreibt nicht vor, wie er lernen sollte. "Entdeckendes Lernen" dagegen ist, obwohl die Bezeichnung es nahelegen könnte, im Kontext von ITS/ICAI-Systemen nicht als *Lern*theorie anzusehen, sondern als präskriptive *Lehr*theorie: Es wird nicht beschrieben, wie gelernt wird, sondern es wird vorgeschrieben, wie gelernt werden sollte. Insofern wäre es eher angemessen, von "Entdeckenlassendem *Lehren*" zu sprechen (vgl. Nußbaum, 1984; Leutner, 1988b).

QUELLEN DER FORMULIERUNG VON LEHRSTRATEGIEN

Entwickler von ITS/ICAI-Systemen gehen in der Regel davon aus, daß es weder in der Psychologie, noch in der Erziehungswissenschaft hinreichend gesicherte Erkenntnisse gibt, die sich zur Implementation von Lehrstrategien verwenden lassen. Gleichzeitig wird aber nicht deutlich herausgestellt, daß man sich hinreichend informiert hat. So ist es nur bezeichnend, daß z.B. in dem klassischen, von Sleeman & Brown (1982a) herausgegebenen ITS-Sammelband nur 3 der insgesamt 15 bei Gagné & Dick (1983) genannten Namen von Instruktionspsychologen zur Sprache kommen: Collins tritt als Co-Autor eines Sammelbandbeitrags in Erscheinung, während Scandura auf S. 177 im Zusammenhang mit der Definition von Teilfertigkeiten und Suppes auf S. 1 im Zusammenhang mit nicht-intelligenten adaptiven CAI-Programmen erwähnt wird. Die übrigen Autoren der bei Gagné & Dick zusammenfassend beschriebenen psychologisch begründeten Instruktionstheorien (Gagné, Briggs, Bloom, Merrill, Reigeluth, Case, Rothkopf, Markle, Tieman, Landa, Karplus, Lawson) werden dagegen überhaupt nicht erwähnt. Bei Wenger (1987) sieht es nicht wesentlich anders aus.

Wenn man nun als ITS/ICAI-Entwickler unterstellt, daß keine wissenschaftlich abgesicherten, implementierbaren Lehrstrategien verfügbar sind, dann ergeben sich zumindest drei Alternativen, zu einem Tutormodul zu gelangen: (1) die eigene Intuition, (2) "Knowledge-Elicitation" bei kundigen Lehrern, (3) Entwicklung und Überprüfung einer neuen instruktionspsychologischen Theorie.

Intuition des Programmierers: Dies ist diejenige Alternative, die mit dem geringsten Aufwand verbunden ist und aller Wahrscheinlichkeit nach aus diesem Grund bei vielen Systemen gewählt wurde. Aber selbst in ITS/ICAI-Kreisen wird dieses Vorgehen kritisiert: "The tutoring and critiquing strategies used by these systems are excessively ad hoc reflecting unprincipled intuitions about how to control their behavior" (Sleeman & Brown, 1982b, S. 3).

Knowledge-Elicitation: Dies ist diejenige Alternative, die sich unter KI-Forschern unmittelbar anbietet, weil sie häufig verwendet wird, um die Wissensbasis für Expertensysteme zu generieren.

> *"The literature does not provide much help in deciding on a tutoring strategy. (...) One possible source of ideas is to observe when a human tutor gives advice. Just as designers of expert systems ('knowledge engineers') interview experts to discover the expert's decision rules, the designer of an on-line tutor should spend time observing successful interactions between a human tutor and students before attempting to build an on-line tutor" (Mackay, 1988, S. 336f).*

Beispiel sind Collins Untersuchungen zum Sokratischen Dialog, die zu einer großen Zahl tutorieller Regeln geführt haben (Collins, 1977). Es ist allerdings zu bezweifeln, daß dieses Vorgehen der Befragung oder Beobachtung von Experten zumindest dann, wenn keine instruktionspsychologische Aufarbeitung der Befragungs- und Beobachtungsergebnisse geleistet wird, einen großen Fortschritt gegenüber der Reflexion über die eigene Lehrexpertise darstellt. Zu befürchten wäre vielmehr, daß die eigene Intuition des Programmierers lediglich durch die Intuition irgendeines Lehrers oder einer Gruppe von Lehrern ersetzt wird, womit - zumindest auf theoretischer Ebene - wenig gewonnen wäre.

Instruktionspsychologische Theoriebildung: Dies ist gewiß die aufwendigste Alternative, zumindest dann, wenn sie gewählt wird, um eine neue Instruktionstheorie zu entwickeln. Die Situation ist allerdings eine andere, wenn es möglich ist, eine vorhandene Lerntheorie so zu einer Instruktionstheorie auszubauen, daß sie als Ausgangspunkt für die Implementation eines Tutormoduls dienen kann. Dies genau ist der Ansatz der Gruppe um Anderson, deren ITS/ICAI-Systeme eine unmittelbare Anwendung der ACT*-Theorie darstellen. Bemerkenswert ist allerdings, daß - wie im Einleitungskapitel schon erwähnt - Wenger (1987) aufgrund des psychologisch orientierten Ansatzes die Anderson-Arbeitsgruppe so charakterisiert, daß sie - in Wengers Begrifflichkeit - die "ITS-Bühne" durch eine Seitentür betritt.

Ein weiteres Beispiel für einen eher psychologisch orientierten Ansatz ist die aus den Systemen BUGGY (Brown & Burton, 1978) und DEBUGGY (Burton, 1982) entstandene REPAIR-Theorie (Brown & VanLehn, 1980; VanLehn, 1982) zum Entstehen von Fehlern beim Erlernen von Fertigkeiten, sowie - darauf aufbauend - VanLehns STEP-Theorie (VanLehn, 1983) und deren Anwendung auf ein System namens SIERRA (VanLehn, 1987).

Die Bemühungen zur Implementation des Tutormoduls lassen sich mit Sleeman & Brown (1982b) wie folgt zusammenfassen:

> *"In the area of tutorial strategies, much remains to be discovered and made explicit. We hope that educational theorists will find the explicit formulation of tutoring, explanation and diagnostic processes inherent in intelligent tutoring*

systems a test bed for developing more precise theories of teaching and learning" (S. 9).

Bemerkenswert ist allerdings, daß vergleichbare Vorstellungen schon 20 Jahre zuvor in bezug auf Lehrmaschinen und 10 Jahre zuvor in bezug auf herkömmliche CAI-Systeme geäußert wurden.

INSTRUKTIONSPSYCHOLOGISCH AUSGERICHTETE EXPERIMENTELLE FORSCHUNG ZUR GESTALTUNG DES TUTORMODULS

Abschließend soll beispielhaft ein Projekt vorgestellt werden, das sich unter instruktionspsychologischer Perspektive und unter Verwendung experimenteller Forschungsmethodik mit der Implementation von Lehrstrategien in einem ITS/ICAI-Systemen befaßt.

Tab. 2.3.3-3: Klassifikation von Lehr-Lernmethoden (in Anlehung an Schmalhofer, Kühn, Messamer & Charron, 1990; Nußbaum, 1984; Leutner, 1988b)

Lehr-Lern-material	Verantwortlichkeit primär bei: Lehrer	Verantwortlichkeit primär bei: Schüler	Lernform
Spezifische Beispiele	Lernen aus Demonstrationen	Entdeckendes Lernen	(induktiv)
Allgemeine Aussagen	"learning by being told"	"mixed-initiative tutorial dialogue"	(deduktiv)
Lernform	(rezeptiv)	(explorativ)	

Schmalhofer, Kühn, Messamer & Charron (1990) beschreiben ein Experiment zum Erlernen der Programmiersprache LISP. Ausgangspunkt ist ein allgemeines Modell für den Wissenserwerb, in dem rezeptives und exploratives Lernen unterschieden wird. *Rezeptives Lernen* setzt voraus, daß dem Lernenden durch einen Tutor Informationen präsentiert werden. Dabei handelt es sich entweder um allgemeine Aussagen (z.B. in Form von Texten) oder um Beispiele (z.B. in Form von Lösungen für spezifische Aufgaben oder Probleme). *Exploratives Lernen* setzt voraus, daß eine explorierbare Lernumgebung verfügbar ist. Lernen bedeutet in diesem Fall, daß neues Wissen aus einer selbstgesteuerten Interaktion mit der Lernumgebung abgeleitet wird. Auch hier ist es möglich, allgemeine Aussagen zu explorieren (z.B. durch Fragen an einen Tutor) oder situationspezifische Beispiele (z.B. Programmcode-Input gegenüber einem LISP-Interpreter). Dies ergibt ein Zwei-Facetten-Design für Lehr-Lernmethoden mit den Facetten "Verantwortlichkeit" und "Lehr-Lernmaterial" (Tab. 2.3.3-3, S. 68), welches in seinen wesentlichen Zügen den Facetten bei Nußbaum (1984) und Leutner (1988b) entspricht.

Für Schmalhofer et al. besteht eine ideale Lehrstrategie darin, je nach diagnostiziertem Bedarf zwischen den einzelnen Methoden zu wechseln, um auf diese Weise die Vorteile einer jeden Methode nutzen und die bei alleiniger Verwendung einer Methode auftretenden Nachteile vermeiden zu können (*adaptiver Lehrmethodenwechsel*). Gemeinsam ist allen Methoden, daß das Vorwissen des Lernenden eine maßgebliche Rolle spielt und daß das Ziel darin besteht, sowohl spezifisches Wissen für die Bearbeitung konkreter Aufgaben und Probleme als auch allgemeines Wissen für einen Anwendungstransfer auf neue Situationen zu erwerben. Dementsprechend unterscheiden sich die Methoden hinsichtlich der Art von Informationen, die der Lernende selbständig ableiten muß, da sie im Rahmen der jeweiligen Methode nicht explizit verfügbar sind. Um allgemein gehaltene Textinformationen auf spezifische Probleme anwenden zu können, ist es nötig, die erforderliche spezifische Information aus dem Text herauszuziehen. Spezifische Beispiele hingegen erfordern eine Ableitung allgemeiner Informationen, um andere Probleme bearbeiten zu können. Nach Schmalhofer et al. hat explorierendes Lernen den Vorteil, daß der Lernende selbst bestimmen kann, was er lernen möchte, so daß individuelle Wissensdefizite aufgefüllt werden können und der Lernende seine eigene Organisation der Wissensstruktur so weit wie eben möglich behalten kann. Exploratives Lernen ist aber nur dann sinnvoll, wenn ausreichend Vorwissen vorhanden ist, um relevante Fragen zu stellen oder um in informative Interaktionen mit einer reaktiven Lernumgebung einzutreten. Ist das erforderliche Vorwissen nicht verfügbar, dann sollte es durch gezielte Instruktion aufgebaut werden.

Diese Überlegungen wurden in einem Lehrsystem implementiert, dessen Schülermodul durch Simulation in der Lage ist zu prüfen, ob der Schüler auf der Basis des vorhandenen Wissens neue Informationen (Texte, Beispiele) explorativ oder rezeptiv wird verarbeiten können:

> *"When a student encounters an impasse in his exploration behavior, for which the cognitive model determines that he cannot overcome this impasse himself, an appropriate instruction is presented (example or text information). Text information is used to direct a student's attention to search spaces, which contain relevant hypotheses. From syntactically incorrect inputs, examples are constructed on line, so that they are suited for testing those hypotheses, which the student supposedly intended to test. After such tutor instructions learning by exploration should consequently become successful again. The advantages of learning by exploration can thus be utilized while its disadvantages are avoided" (Schmalhofer et al., 1990, S. 62).*

Anhand eines Lehrexperimentes konnte nachgewiesen werden, daß die beschriebene Lehrstrategie mit einem Wechsel zwischen rezeptiven und explorativen Phasen tatsächlich wirksamer ist als rein exploratives Lernen. Allerdings erwies sich die im Modell als sinnvoll angesehene adaptive Fehlertoleranz des Tutors (keine Intervention, wenn wahrscheinlich ist, daß der Lernende aufgrund seines Wissenstandes in der Lage ist, Fehler oder Redundanzen selbst zu korrigieren) nur als tendenziell wirksamer im Vergleich zu einer Strategie, bei der der Tutor unabhängig vom Schülermodell mit einer konstant geringen Fehlertoleranz intervenierte. Dies könnte darauf verweisen, daß die Parametrisierung der Adaptation des Interventionszeitpunktes noch mit einigen Schwierigkeiten behaftet ist.

ZUSAMMENFASSENDE DISKUSSION UND BEWERTUNG

In diesem Kapitel wurden "Intelligente Tutorielle Systeme" (ITS) bzw. Systeme für "Intelligent Computer-Assisted Instruction" (ICAI) vorgestellt. Der wesentlichste bei den derzeitigen Systemen realisierte Unterschied gegenüber herkömmlichen CAI-Systemen ist darin zu sehen, daß ICAI-Systeme - basierend auf Verfahren der Künstlichen Intelligenz - über Lehrstoffexpertise verfügen. Das bedeutet, daß ITS/ICAI-Systeme in der Lage sind, lehrstoffbezogene Aufgaben und Probleme zu bearbeiten, deren Lösungen nicht explizit vorprogrammiert sind. Diese Expertise ermöglicht wechselnde Initiative: Das Lehrsystem kann nicht nur Fragen an den Schüler stellen, sondern auch lehrstoffbezogene Fragen des Schülers beantworten und die Antwort erläutern. Ein weiterer Unterschied zu herkömmlichen CAI-Systemen ist darin zu sehen, daß ITS/ICAI-Systeme den Anspruch erheben, ein dynamisches Modell des Lernenden aufzubauen, wobei das Wissen des Lernenden im einfachsten Fall genauso wie der Lehrstoff beschrieben wird. Manche Autoren vertreten die Ansicht, daß der Grad der Elaboration des Lernermodells ein Indikator für den Grad der "Intelligenz" des Lehrsystems darstellt (Self, 1974; Fischer & Mandl, 1985). Mandl & Lesgold (1988) definieren Intelligente Tutorielle Systeme als "systems that can make inferences about student knowledge and can interact intelligently with students based upon individual representations of what those students know" (Vorwort, S. vi). Neben Lehrstoff- und Diagnostikexpertise sind die Trennung von Lehrstoff und Lehrstrategie sowie deren Adaptivität weitere Unterscheidungsmerkmale gegenüber herkömmlichen CAI-Systemen. Entsprechend den drei Bereichen von Expertise besteht ein typisches ITS/ICAI-System aus drei Funktionskomponenten: dem (Lehrstoff-) Expertenmodul, dem Schülermodul und dem Tutormodul.

Die Grenzen zwischen ITS/ICAI- und herkömmlichen CAI-Systemen sind allerdings insofern unscharf, als zum einen nicht alle ITS/ICAI-Systeme über die geforderten Eigenschaften verfügen und zum anderen manche herkömmlichen CAI-Systeme einige der geforderten Eigenschaften realisieren. So wurden die ersten herkömmlichen Lehrsysteme, die zwischen Lehrstoff und Lehrstrategie eine Trennung vornahmen, als "generativ" bezeichnet (Wexler, 1970), weil sie das zu bearbeitende Aufgabenmaterial on-line erzeugten. Insbesondere trennen auch seit jeher klassische Übungsprogramme zwischen Lehrstoff und Lehrstrategie, sofern sie auf einem zu übenden Aufgaben-Pool beruhen. Besonders deutlich wird diese Trennung bei Tennysons MAIS, wo explizit formulierte allgemeine Regeln festlegen, welcher Typ von Item nach einem bestimmten Typ von Fehler als nächstes bearbeitet werden soll. Bestandteil des MAIS ist auch ein Schülermodul, welches im Rahmen der Bayes'schen Strategie die Kompetenz des Lernenden bezüglich einzelner Lehrziele repräsentiert. Was die Elaboration der einzelnen Module bei KI-basierten ITS/ICAI-Systemen betrifft, führt Wenger (1987) hinreichend viele Beispiele für Systeme an, deren Schülermodul gegenüber dem MAIS nicht wesentlich weiter entwickelt ist.

Als grundlegendes Problem des überwiegenden Teils der bisher entwickelten ITS/ICAI-Systeme ist aber anzusehen, daß das Tutormodul zwar tutorielle Regeln ("*Wenn* Zustand A des Lernenden diagnostiziert, *dann* führe tutorielle Aktion B aus.") anwendet, daß diese Regeln aber noch nicht "interpretativ" verarbeitet werden, d.h. es ist nicht vorgesehen, aus den explizit gegebenen Regeln neue Regeln schlußfolgernd abzuleiten. Dies wäre aber - zumindest aus der Perspektive der Künstlichen Intelligenz - das wesentliche Merkmal für "intelligentes" tutorielles Verhalten. Während diese Art der Interpretierbarkeit zumindest beim Expertenmodul und mitunter auch beim Schülermodul realisiert ist, besteht beim Tutormodul in dieser Hinsicht noch maßgeblicher Nachholbedarf (vgl. Ohlsson, 1986; Wenger, 1987; Murray, 1989).

Bezüglich der in ITS/ICAI-Systemen implementierten Lehrstrategien ist festzuhalten, daß der eigenständigen Aktivität des Lernenden eine zentrale Bedeutung beigemessen wird. Die Strategien lassen sich danach unterscheiden, ob sie eher aktiv vs. reaktiv sind, ob sie eher an einer Dialog-Situation vs. an einer Coaching-Situation orientiert sind und ob sie eher auf der Lehrtheorie des entdeckenlassenden Lehrens vs. der Lerntheorie des "Lernen durch Tun" beruhen. Als Problem der Lehrstrategien und tutoriellen Regeln ist zu sehen, daß sie in den meisten Fällen auf der Intuition der Systementwickler, in einigen Fällen auf der Beobachtung von Lehrern beruhen. Es gibt aber nur sehr wenige Beispiele für eine instruktionspsychologische Begründung tutorieller Regeln und noch weniger Beispiele für eine experimentelle Überprüfung.

Aus regelungstechnischer oder kybernetischer Sicht ist schließlich festzuhalten, daß ITS und ICAI-Systeme Möglichkeiten zur Realisierung sehr komplexer Regeleinrichtungen bieten, da eine Vielzahl tutorieller Maßnahmen durch das augenblickliche Verhalten des Lernenden gesteuert werden kann. Beachtenswert ist vor allem, daß die einzelne Maßnahme sich sehr genau an den diagnostizierten Kenntnisstand des Lernenden anpassen läßt, indem z.B. eine Erklärung des Systems in exakt den Begriffen formuliert wird, die dem augenblicklichen Kenntnisstand des Lernenden am besten gerecht werden (realisiert z.B. im System QUEST von White & Frederiksen, 1986; vgl. Wenger, 1987, S. 88-99). Wenn auch ITS/ICAI allgemein als Regeleinrichtungen angesehen werden können, so realisieren aber nur sehr wenige der bisher entwickelten Systeme einen *adaptiven* Regler im strengen Sinne von Kap. 2.2, der in der Lage ist, seine Übertragungseigenschaften (i.e. die tutoriellen Regeln) aufgrund einer Analyse des Lehrerfolgs on-line zu verändern. Das in Abb. 2.3.3-1 (S. 61) dargestellte Funktionsschema eines ITS/ICAI-Systems entspricht aber zumindest in seinen Grundzügen einem "Model-Referenced Adaptive Controller" (Abb. 2.2-3, S. 22). Wie schon bei der regelungstechnischen Beschreibung eines verzweigten Lehrprogramms nach Crowder (Abb. 2.3.1-3, S. 39) besteht aber der wesentliche Unterschied darin, daß im Gegensatz zum "Model-Referenced Adaptive Controller" beim ITS/ICAI-System nicht die Führungsgröße, sondern die Stellgröße (in diesem Fall die gestellte Aufgabe) für den Vergleich mit dem Modell herangezogen wird.

2.4 Zusammenfassung und Integration

Dieses zweite Kapitel galt dem Bemühen, das Problemfeld der dynamisch-adaptiven Steuerung von Lernprozessen abzustecken. Zunächst zeigte sich, daß es sich bei "Adaptivität" um einen recht unscharfen Begriff handelt, der sich aber hinsichtlich dreier Facetten präzisieren läßt:

(1) die *Adaptationsrate* (Mikro-Adaptation; Makro-Adaptation),

(2) die Art der *Adaptationsmaßnahme* (Lehrziel, bestehend aus Lehrstoff und geforderter Kompetenz; Lehrstrategie oder -methode; Lehrzeit),

(3) der *Adaptationszweck* (Fördermodell; Kompensationsmodell; Präferenzmodell).

Ein Blick über die Grenzen der Psychologie hinaus in die Regelungstechnik war erforderlich, um die Begriffe "Adaptive Steuerung", "Regelung" und "Adaptiver Regler" in ihrer technischen Bedeutung und Realisation zu untersuchen. Festzuhalten ist, daß die Begriffe dort um einiges klarer definiert sind. Darüber hinaus ist anzunehmen, daß die Kenntnis technischer Steuerungs- und Regelungsmechanismen es erleichtert, die für eine on-line-Adaptation von Lehrmaßnahmen relevanten oder geeigneten Variablen zu identifizieren und zu operationalisieren.

Der Schwerpunkt dieses Kapitels aber lag in einer Untersuchung des dynamisch-adaptiven Potentials bisher realisierter Lehrsysteme (Mikro-Adaptation). Hierzu war es erforderlich, sich der Anfänge der Automatisierung von Lehrprozessen anzunehmen, die in den Lehrmaschinen der 50er Jahre und früher liegen. In den 60er und 70er Jahren wurden die Lehrmaschinen durch "Computer-Assisted Instruction"-Systeme ersetzt, und in den 70er Jahren kamen - oftmals nur dem Namen nach - "Intelligente Tutorielle Systeme" bzw. "Intelligent Computer-Assisted Instruction"-Systeme hinzu.

Die Lehrmaschinen der 50er Jahre realisierten entweder lineare Lehrprogramme nach Skinner, verzweigte Lehrprogramme nach Crowder oder komplexe Lehrstrategien nach Pask bzw. Stolurow. Die Adaptivität der Skinner-Maschinen ist minimal und besteht ausschließlich darin, daß der Lernende die Lehr- bzw. Lerngeschwindigkeit selbst kontrolliert. Die Adaptivität der Crowder-Programme wurde als intrinsisch bezeichnet und bezieht sich darauf, daß die Abfolge der Lehreinheiten in Abhängigkeit von den Antworten des Lernenden individuell angepaßt wird. Die Pask- bzw. Stolurow-Maschinen schließlich ermöglichen es, neben der Reihenfolge der Lehreinheiten auch deren Inhalt und darüber hinaus auch die Lehrstrategie selbst in Abhängigkeit vom Lehrerfolg dynamisch zu adaptieren. Diese Form der Adaptivität wurde als extrinsisch bezeichnet, weil zu ihrer Realisation externe Berechnungen erforderlich sind, wozu schon gegen Ende der 50er Jahre Computer verwendet wurden.

Seit den 60er Jahren werden beim überwiegenden Teil der CAI-Systeme Lehrstrategien realisiert, die den Lehrprogrammen nach Skinner oder Crowder entsprechen. Es gibt aber nur wenige Ansätze, die Informationsverarbeitungsmöglichkeiten der verwendeten Hard- und Software zu einer weitergehend dynamischen on-line Adaptation des Instruktionsgeschehens zu nutzen. Diesbezüglich sind insbesondere die Arbeiten der Gruppe um Tennyson zum MAIS zu würdigen, da die vorgeschlagenen Adaptationsstrategien (Instruktionsumfang und -sequenz, Ratschläge und Empfehlungen, Antwortzeitbegrenzung) in verschiedenen Lehrsystemen bezüglich verschiedener Lehrstoffe realisiert wurden und ihre Wirksamkeit sowohl instruktionspsychologisch begründet ist als auch in einer Vielzahl von Lehrexperimenten nachgewiesen und repliziert werden konnte.

ITS/ICAI-Systeme scheinen gute Möglichkeiten zur adaptiven Steuerung von Lernprozessen zu bieten. Sie unterscheiden sich insofern von herkömmlichen CAI-Systemen, als Verfahren der Künstlichen Intelligenz benutzt werden, um das Lehrsystem mit on-line verfügbarer Expertise bezüglich Lehrstoff, Wissensdiagnose und Lehrstrategie auszustatten. Dieses Vorhaben erweist sich inzwischen als gut realisiert bezüglich der Lehrstoff- und Diagnostik-Expertise, weniger jedoch bezüglich der eigentlichen Lehr-Expertise. Hinsichtlich der verwendeten Lehrstrategien wird bei ITS/ICAI-Systemen die selbständige Aktivität des Lernenden betont. Die Systeme lassen sich danach unterscheiden, ob sie einen Dialog mit wechselnder Inititative oder eine Trainingssituation realisieren, ob die tutoriellen Maßnahmen aktiv oder reaktiv erfolgen, ob entdeckendes Lernen oder "Lernen durch Tun" betont wird. Die Lehrstrategien werden bis auf wenige Ausnahmen nicht aus instruktionspsychologischen Theorien abgeleitet. Sie entstammen in der Regel der Intuition des jeweiligen System-Entwicklers; in einigen Fällen beruhen sie auch auf der Beobachtung und Befragung von Lehrern. Experimentelle Untersuchungen zur Wirksamkeit der verwendeten Lehrstrategien sind als Seltenheit anzusehen.

ENTWICKLUNGSTENDENZEN

Bezüglich der historischen Entwicklung dynamisch-adaptiver Systeme zur Steuerung und Regelung von Lernprozessen von den ersten Lehrmaschinen über herkömmliche adaptive CAI-Systeme bis hin zu ITS/ICAI-Systemen lassen sich - ohne Anspruch auf Vollständigkeit - im wesentlichen folgende Tendenzen aufzeigen:

(1) Der Zeitpunkt didaktischer Entscheidungen hat sich mehr und mehr von der Entwicklungsphase zur Laufzeitphase verlagert. In neueren Systemen werden weniger die Ergebnisse von Entscheidungen implementiert als vielmehr die Entscheidungsregeln selbst, so daß das Instruktionsgeschehen während der laufenden Instruktion dynamisch an den Instruktionsbedarf des Lernenden angepaßt werden kann.

> *"Instructional designers must realize that their days as plotters of prescribed courses through instruction are numbered and that their future lies in the creation of instructional theory and in building ICAI systems around the principles that this theory contains" (Winn, 1987, S. 74).*

(2) Die dem Lehrsystem zugrundeliegende Sichtweise des Lernenden hat sich mehr und mehr von der reagierenden "Black Box" zu einem aktiv agierenden, zur Selbstregulation befähigten informationsverarbeitenden System verlagert. Dieser Prozeß begann schon mit Crowders Konzeption der verzweigten Programmierten Instruktion als Gegenpol zu Skinners linearen Programmen und findet seinen derzeitigen Höhepunkt in den reaktiven Lernumgebungen Intelligenter Tutorieller Systeme.

> *"At the moment, the philosophy of ICAI remains somewhat distant from the more directive style of traditional teaching. The flexibility of interaction and learning made possible by the power of AI techniques applied to educational tasks has largely distinguished ICAI from its forerunner, CAI. CAI has always dreamed of incorporating more learner control in its systems, whereas ICAI, often involving a good measure of learner control (...), seeks to mitigate it by stronger tutorial intervention in order to increase its effectiveness (...). In one sense, learner control and tutorial intervention are two opposing forms of computer-student interaction. Balancing the part of each in teaching will remain an issue in ICAI for some time" (Duchastel, 1989a, S. 99).*

(3) Das wissenschaftliche Interesse an Lehrsystemen hat sich mehr und mehr von der Psychologie zur Informatik verlagert. Während anfangs noch zahlreiche psychologische Experimente zur Wirksamkeit sogenannter "Programmiervariablen" durchgeführt wurden, werden ITS/ICAI-Systeme in der Informatik als eine unter vielen möglichen Anwendungen für Verfahren der Künstlichen Intelligenz angesehen. Fatal ist in diesem Zusammenhang, daß die umfangreiche Literatur zur Lehr-Lernforschung (incl. ATI) sowie zu Lehrmaschinen und CAI (incl. adaptive CAI-Systeme) vom überwiegenden Teil der ITS/ICAI-Entwickler ignoriert zu werden scheint.

(4) Parallel zur Verlagerung des Entwicklungsinteresses von der Psychologie zur Kognitionswissenschaft läuft ein nicht zu übersehender Verfall des Interesses an differenzierter experimenteller Forschung zur Wirksamkeit der implementierten Lehrstrategien. Wenn Experimente durchgeführt werden, dann sind sie in der Regel mit einer sehr kleinen Anzahl an Probanden eher als Explorationsstudien angelegt und kaum in der Lage, schwache Effekte aufzudecken.

KRITIK AN ITS/ICAI

Im Hinblick auf die dargestellten Tendenzen mehrt sich unter Wissenschaftlern, die vornehmlich an Lehr-Lernprozessen und "Instructional Design" interessiert sind, die Kritik an ITS und ICAI. So bestreitet Merrill (1988c) den Nutzen eines Vergleichs von CAI mit ITS/ICAI im Sinne Clarks Kritik an traditioneller Medienforschung (Clark, 1983). Danach ist es wenig sinnvoll, die Effektivität von CAI mit der eines menschlichen Lehrers oder eines anderen Mediums zu vergleichen. Merrill führt Beispiele dafür an, daß "Mixed-Initiative Dialogue" und "Coaching" auch mit einem herkömmlichen CAI-System wie TICCIT (Merrill, Schneider & Fletcher, 1980) realisiert werden können, ohne darauf angewiesen zu sein, daß Verfahren der Künstlichen Intelligenz verfügbar sind.

> *"Too much attention has been focussed on the wrong question... Instructional strategy and not software intelligence will cause any differences in learning outcomes that may exist. The use of sophisticated programming techniques will not automatically guarantee more effective instructional strategies or more adequate content representations. Many of the so-called intelligent tutoring systems implement ineffective instructional strategies. The only possible advantage of intelligent programming techniques is that they may enable us to implement instructional strategies that are not easily implemented using other instructional delivery systems. This requires that we know what those instructional strategies are and not merely assume that because our system is 'intelligent' it is therefore automatically better" (Merrill, 1988c, S. 8).*

Rosenberg (1987) bringt die Kritik an ITS/ICAI wie folgt auf den Punkt:

> *"ITS work is characterized by two major methodological flaws. First, ITSs are not well grounded in a model of learning; they seem more motivated by available technology than by educational needs (...). Second, positive claims for ITSs are based on testing procedures that typically are poorly controlled, incompletely reported, inconclusive, and in some cases totally lacking" (S. 7).*

KONSTRUKTIVE KRITIK

Ausgehend von einer Analyse des Instruktionsprozesses formulieren Kunz & Schott (1987) eine Reihe von Anregungen zur Bearbeitung offener Probleme bei ITS/ICAI-Systemen. Bezüglich der Lehrzielbestimmung und Lehrstoffauswahl warnen Kunz & Schott davor, irgendeine Form der Wissensrepräsentation im Expertenmodul zum Lehrstoff zu deklarieren. Vielmehr sei es erforderlich, eine Repräsentationsform zu wählen, die vom jeweiligen Schüler prinzipiell auch übernommen werden kann. Dieses Problem scheint in ITS-Kreisen erkannt zu sein, und Ansätze zur Lösung wurden vorgeschlagen, z.B. beim System QUEST die Verwendung einer Hierarchie mentaler Modelle (White & Frederiksen, 1984, 1985, 1986; vgl. Wenger, 1987). Kunz & Schott fordern berechtigterweise, daß bei der Verfolgung eines Lehrziels spezifische Teillehrziele im Sinne einer Lernhierarchie zu berücksichtigen seien - ein Punkt, der auch schon in einigen Systemen berücksichtigt wird wie z.B. BIP-II (Wescourt, Beard & Gould, 1977), WUSOR-III (Goldstein, 1982), MHO (vgl. Wenger, 1987, S. 147ff; Lesgold, 1988).

Bezüglich der Adaptivität und der verwendeten Lehrstrategien beklagen Kunz & Schott wie andere auch, daß einschlägige psychologische Arbeiten zur Mikro- und Makroadaptation in ITS/ICAI-Kreisen nicht berücksichtigt werden. Dementsprechend sind in ITS/ICAI-Systemen bisher kaum Ansätze erkennbar, das Instruktionsgeschehen an individuelle Unterschiede anzupassen, die über lehrstoffbezogenes (Vor-) Wissen hinausgehen. Bezüglich der Überprüfung des Instruktionserfolgs bemängeln Kunz & Schott, daß bei ITS/ICAI-Systemen die Ergebnisse der Forschung zu kriteriumsorientierten Tests (vgl. Klauer, 1987) ebenfalls keine Berücksichtigung finden (siehe aber die Untersuchung zum Testlängen-Dilemma bei Leutner, 1992). Und schließlich empfehlen Kunz & Schott, gezielte experimentelle Untersuchungen zur Wirksamkeit einzelner Aspekte von ITS/ICAI-Systemen anhand des "klassischen" Methodenarsenals durchzuführen (vgl. Leutner, 1990b).

AUSBLICK

Neue Technologien scheinen grundsätzlich die Eigenschaft zu haben, weit überzogene Erwartungen bezüglich ihrer Nützlichkeit hervorzurufen. Betrachtet man die teilweise euphorisch vorgetragenen Erwartungen bezüglich der erreichbaren Effekte von - in historischer Reihenfolge - Lehrmaschinen, CAI und ICAI, dann ist festzustellen, daß neue Lehr-Lerntechnologien keine Ausnahme darstellen. Offenbar verhält es sich hier aber ähnlich wie mit neuen wissenschaftlichen Paradigmen, die im Sinne von Kuhn (1962) nach einem anfänglichen Bruch mit dem vorangegangenen Paradigma doch wieder zu einer Phase "normaler" Detailforschung führen und auf diese Weise schließlich der nächste Paradigmenwechsel vorbereitet wird.

Gegenwärtig scheint die revolutionäre Phase des ITS/ICAI-"Paradigmas" deutlich abzuklingen, was daran zu erkennen ist, daß innerhalb dieses Bereichs mehr und mehr Detailforschung betrieben wird. Überhaupt erst auf einer breiteren Basis möglich geworden ist diese Art von Forschung, weil KI-Verfahren inzwischen auch auf weitverbreiteten Personal Computern realisiert werden können und somit nahezu überall verfügbar sind. Der Effekt ist, daß sich in zunehmendem Maße auch Instruktionspsychologen und "Instructional Designer" dieser Technologie bedienen und - jenseits eines genuinen KI-Interesses - Lehr-Lernforschung zur Implementation geeigneter Lehrstrategien betreiben können, deren Ansätze in diesem Kapitel aufgezeigt wurden.

Fatal wäre es allerdings, die im Kontext anderer Paradigmen gewonnenen Forschungsergebnisse gänzlich zu ignorieren. Auf die Forschung zur adaptiven Steuerung von Lernprozessen bezogen bedeutet dies, auf Adaptationsprinzipien aufzubauen, die sich schon mit Lehrmaschinen und herkömmlichen CAI-Systemen realisieren ließen und sich dort als lernfördernd erwiesen haben. KI-Verfahren wären im übrigen dann einzusetzen, wenn sie erforderlich sind oder zumindest nützlich erscheinen. Darüber hinaus ist es wünschenswert, die Forschung hinsichtlich Theorie und Methodik so anzulegen, daß sie - entgegen der gegenwärtig verbreiteten Praxis im Kontext von ITS/ICAI - zumindest auch in *psychologischen* Fachzeitschriften veröffentlicht werden kann.

3 Experimente zur dynamischen Adaptation ausgewählter Variablen des Lehrprozesses

Wie in den vorstehenden Kapiteln herausgearbeitet wurde, besteht bezüglich der Implementation dynamisch-adaptiver Lehrstrategien in Lehrsystemen ein bemerkenswertes Forschungsdefizit. Als ein Beitrag zur Behebung dieses Mangels werden in diesem Kapitel nun insgesamt 10 exemplarische Untersuchungen zu ausgewählten adaptierbaren Variablen des Lehrprozesses vorgestellt.

Gegenstand der Untersuchungen sind solche Variablen, die sowohl für herkömmliche computer-basierte Lehrsysteme (CAI) wie auch für ITS und ICAI-Systeme relevant sind. Es handelt sich (1) um die schon von der Tennyson-Gruppe untersuchte adaptive Begrenzung der Antwortzeit beim Bearbeiten von Übungsaufgaben, (2) um die adaptive Definition neuer Begriffe beim Erlernen hierarchisch geordneter Begriffssysteme und (3) um adaptive Problemlösungshilfen beim Explorieren computersimulierter dynamischer Systeme.

Sowohl bezüglich der getroffenen Auswahl von dynamisch ("on-line"-) adaptierbaren Variablen des Lehrprozesses wie auch bezüglich der Auswahl von Lehrstoffen und Vpn sollte eine nicht zu enge Bandbreite realisiert werden, um letztendlich eine generalisierende Aussage über die Wirksamkeit von Adaptationsmaßnahmen in verschiedenen Kontexten machen zu können. Ziel der Untersuchungen ist damit in erster Linie die Evaluation instruktionspsychologisch begründbarer und anhand konkreter System-Prototypen realisierbarer Adaptationsmaßnahmen, was an einigen Stellen allerdings auch eine differenziertere Analyse von Bedingungen ihrer Wirksamkeit erforderlich macht.

VORBEMERKUNGEN ZUR FORSCHUNGSMETHODIK

Experimentelle Vorgehensweise: In allen 10 Untersuchungen wurde eine experimentelle Vorgehensweise gewählt. Es wurde Wert darauf gelegt, experimentelle Ergebnisse durch Replikationsversuche abzusichern. In der Mehrzahl der Experimente wurden zur Bindung von Fehlervarianz und zur Aufdeckung von ATI-Effekten kognitive und nicht-kognitive Lernvoraussetzungen erhoben. Die Analyse der experimentellen Daten erfolgte, wenn nicht anders angegeben, anhand des Allgemeinen Linearen Modells (vgl. Horton, 1978), wobei ATI-Effekte als Interaktionsterme zwischen Lernvoraussetzungsvariablen und experimentell manipulierten Variablen spezifiziert wurden (vgl. Cronbach & Snow, 1977). Um Kollinearitätsprobleme zu vermeiden, wurden die Kovariablen vor ihrer Aufnahme in das Lineare Modell grundsätzlich um ihren Mittelwert zentriert. Darüber hinaus wurden in allen Zellen der jeweiligen Versuchspläne grundsätzlich identische Stichprobengrößen verwendet. Dies hat den maßgeblichen Vorteil, daß die - auf dem hier in der Regel verwendeten F-Test begründeten - Signifikanzaussagen weitgehend robust sind in bezug auf Verletzungen der Varianzhomogenität und der Normalverteiltheit der abhängigen Variablen (vgl. Horton, 1978).

Signifikanztests: Alle Signifikanztests, die im folgenden berichtet werden, beziehen sich - sofern nicht anders angegeben - auf ein Signifikanzniveau von alpha = 5%. Diese

Setzung gilt für jeden einzelnen durchgeführten Test, insbesondere auch für den Fall, daß mehrere Parameter desselben Linearen Modells geprüft werden. Dies entspricht dem üblichen Vorgehen, obwohl in diesem Zusammenhang auf die Gefahr einer unkontrollierten Inflation des Fehlers erster Art hingewiesen wird (z.B. Klauer, 1990). Bei der Auswertung der vorliegenden Experimente wurde zwar auf eine entsprechende Herabsetzung der einzelnen Alpha-Niveaus verzichtet. Es wird aber für jeden signifikanten Modellparameter als Maß der praktischen Signifikanz grundsätzlich angegeben, welcher Anteil der Gesamtvarianz der abhängigen Variablen durch den entsprechenden Effekt gebunden wird. Im übrigen ist in diesem Kontext nochmals auf die Replikationsbemühungen hinzuweisen: Im Grunde genommen geht es nicht darum, einen Signifikanztest oder eine Serie von Signifikanztests durchzuführen und im Anschluß daran die Forschung zum jeweiligen Sachverhalt als beendet zu erklären. Viel interessanter und theoretisch fruchtbarer ist es, sich durch die inferenzstatistische und - darüber hinaus auch - praktische Signifikanz eines Effektes zu weiterer Forschung anregen zu lassen, wobei es zunächst darum geht, den beobachteten Effekt zu replizieren und mögliche Grenzfälle seiner Gültigkeit zu identifizieren (vgl. Guttman, 1981a, b).

Multivariates Design: Schließlich ist darauf hinzuweisen, daß es sich in einigen Experimenten angeboten hätte, zumindest einen Teil des jeweiligen Designs als Meßwiederholungsdesign aufzufassen und auszuwerten. Davon wurde jedoch Abstand genommen, weil inferenzstatistische Aussagen im Rahmen eines Meßwiederholungsdesigns sehr restriktive Annahmen machen, die in vielen Fällen nicht erfüllt sind. Darüber hinaus sind die Aussagen auch wenig robust gegen Verletzungen der Annahmen (Horton, 1978; Wilkinson, 1990b). Aus diesen Gründen wurden die Designs, sofern mehrere Messungen der abhängigen Variable oder Variablen vorhanden waren, in der Regel als multivariate Designs behandelt. Dabei wurde - gewissermaßen als kleineres Übel - bewußt in Kauf genommen, potentiell vorhandene Interaktionen zwischen unabhängigen Designvariablen und Meßzeitpunkten nicht überprüfen zu können.

Ausführliche Ergebnistabellen im Anhang: Bezüglich der Gestaltung der Ergebnisberichte soll an dieser Stelle abschließend noch vermerkt werden, daß im Anhang zu jedem der Experimente ausführliche Tabellen mit deskriptiven Statistiken (Mittelwerten, Standardabweichungen, Korrelationen etc.) zu finden sind, deren Aufnahme in den Text die Lesbarkeit unnötig gestört hätte. Im Text werden vorwiegend Abbildungen verwendet, wobei einzelne deskriptive Werte angegeben werden und im übrigen auf die jeweilige Tabelle im Anhang (ab S. 217) verwiesen wird.

"It is almost always better to learn a skill correctly the first time" (Scandura & Scandura, 1988, S. 374).

3.1 Adaptive Begrenzung der Antwortzeit beim Bearbeiten von Übungsaufgaben

3.1.1 Stand der Forschung

Die meisten Lehrsysteme stellen dem Lernenden beliebig viel Zeit zur Verfügung, eine Aufgabe zu bearbeiten, eine Frage zu beantworten, einen Text zu lesen oder eine Graphik zu betrachten etc. Diese Art der Lernerkontrolle ("self-pacing") zieht sich durch alle Erscheinungsformen automatisierter Lehrsysteme hindurch, angefangen bei Presseys Lehrmaschinen über Skinners Programmierte Instruktion und herkömmliche CAI-Systeme bis hin zu neueren ITS und ICAI-Systemen. Dabei wird die Möglichkeit, das Arbeitstempo selbst zu bestimmen, in der Regel als einer der maßgeblichen Vorteile des individualisierten Lernens mit Lehrsystemen herausgestellt und betont. Wenn zeitliche Vorgaben vorkommen, dann gewöhnlich nur in der Form, daß dem Lernenden mitgeteilt wird, er habe das komplette Programm in einer bestimmten Zeit (z.B. einer Schulstunde) durchzuarbeiten. Zeitvorgaben für einzelne Aufgaben allerdings widersprechen dem Prinzip des Self-Pacing und kommen dementsprechend nicht zum Einsatz. Derartige Zeitvorgaben würden im übrigen zu ihrer Realisierung aufwendige technische Maßnahmen erfordern, die man sich - aus der Not eine Tugend machend - beim Self-Pacing erspart.

Wie in den vorstehenden Kapiteln erörtert, gibt es aber schon seit den 50er Jahren Ansätze, das Prinzip des Self-Pacing zumindest dann *nicht* zum Einsatz kommen zu lassen, wenn es um das Training von Fertigkeiten geht. Als Beispiel wurden in Kap. 2.3.1 Pasks extrinsisch programmierte Tastatur-Trainingsmaschinen vorgestellt, bei denen der Lernende mit zunehmender Kompetenz immer schneller zu reagieren hat. Auf diese Weise lassen sich gewissermaßen zwei Ziele angehen: Zum einen läßt sich die psychomotorische Fertigkeit bis zu einer individuellen Grenze der Reaktionsgeschwindigkeit hin ausbilden; zum anderen läßt sich erreichen, daß die subjektiv wahrgenommene psychomotorische Anforderung der Aufgabe über die gesamte Trainingszeit hinweg konstant bleibt. Dementsprechend hat die Steuerung der Antwortzeit in diesem Fall eine doppelte Funktion: zum einen die Aufrechterhaltung der Trainingsmotivation durch Vermeidung allzu leichter Aufgaben und zum anderen die Adaptation des Lehrziels an die individuelle Leistungsfähigkeit.

UNTERDRÜCKUNG VORSCHNELLER REAKTIONEN

Bei Pasks Trainingsmaschinen geht es darum, die Reaktionszeit des Lernenden durch zeitliche Vorgaben zu steuern, was immer dann sinnvoll ist, wenn im Lehrziel bestimmte Anforderungen an die Schnelligkeit einer Reaktion festgelegt sind. Zeitliche Vorgaben können aber nicht nur dazu verwendet werden, *schnellere* Reaktionen hervorzurufen, sondern auch dazu, *vorschnelle* Reaktionen zu unterdrücken - eine Lehrstrategie, die erstmals von Tennyson vorgeschlagen und experimentell untersucht wurde (vgl. Kap. 2.3.2). Vorschnelle Reaktionen in diesem Sinne sind nicht solche, die in ihrer Ausführung zu schnell, sondern solche, die mit hoher Wahrscheinlichkeit fehlerhaft sind, weil sie zu früh vom Lernenden gefordert werden, bevor nämlich seine Reaktionskompetenz hinreichend ausgebildet ist. Neben der Aufrechterhaltung der Lernmotivation und der Beschleunigung von Antworten bei Pask (speed-Komponente der Antwort) kann die Steuerung der verfügbaren Antwortzeit damit eine dritte Funktion haben, nämlich die Unterdrückung fehlerhafter Antworten (accuracy-Komponente der Antwort).

Die dritte Funktion der Unterdrückung fehlerhafter Antworten ist instruktionspsychologisch besonders interessant. Nach Brown & VanLehns REPAIR-Theorie (Brown & VanLehn, 1980) tritt bei der Ausführung prozeduraler Fertigkeiten hin und wieder die Situation ein, daß man an einer bestimmten Stelle nicht mehr weiß, wie es richtig weitergeht. Derartige Wissenslücken werden "repariert", indem spontan irgendetwas Naheliegendes eingefügt wird. Das führt aber in den meisten Fällen zu einem Fehler, der sich darüber hinaus zu einem systematischen Fehler entwickeln kann.

Es gibt zwei Möglichkeiten, das Entstehen von Fehlern durch unangemessene Reparaturen unvollständig ausgebildeter prozeduraler Fertigkeiten in der Lernphase zu verhindern: Die eine Möglichkeit besteht darin, den Lernenden erst dann selbständig Aufgaben bearbeiten zu lassen, wenn sichergestellt ist, daß die erforderliche prozedurale Fertigkeit hinreichend sicher und vollständig verfügbar ist. Die andere Möglichkeit besteht darin, den Lernenden während der Bearbeitung von Aufgaben sehr genau zu beobachten und ihn dann, wenn selbständige Reparaturen einsetzen, rechtzeitig zu unterbrechen, bevor Fehler entstehen können.

Bei den beschriebenen Möglichkeiten, Fehler gewissermaßen schon im Vorfeld zu verhindern, handelt es sich um radikale Coaching-Strategien (vgl. Kap. 2.3.3). Um sie zu realisieren, ist ein Indikator erforderlich, anhand dessen zu erkennen ist, ob die zu lehrende oder zu trainierende Fertigkeit insgesamt noch unzureichend ausgebildet ist bzw. ob Reparaturprozesse einsetzen. Im Hinblick auf gängige Phasentheorien des Erwerbs kognitiver und psychomotorischer Fertigkeiten (Fitts, 1964; Anderson, 1983; Tennyson & Park, 1984, 1985a, b) bietet es sich an, als einen von vielen möglichen Indikatoren die *Zeit* zu verwenden, die der Lernende zur Bearbeitung einer Aufgabe benötigt: Ist die benötigte Zeit im Vergleich zu einem Standard zu lang, dann kann angenommen werden, daß die Fertigkeit noch unzureichend ausgebildet ist. Grundlage für diese Überlegung ist die übereinstimmende Annahme der genannten Phasentheorien, daß zu Beginn des Erwerbs einer Fertigkeit die Ausführung langsam und unter gezielter kognitiver Kontrolle, während sie später schnell und automatisch erfolgt.

ADAPTIVE STEUERUNG DER PRÄSENTATIONSZEIT VON AUFGABEN IM MAIS

Wie in Kap. 2.3.2 beschrieben, hat Tennyson im "Minnesota Adaptive Instructional System (MAIS)" eine Strategie zur adaptiven Steuerung der Präsentationszeit von Aufgaben implementiert, die auf diesen Überlegungen beruht: Zu Beginn der Bearbeitung von Übungsaufgaben wird dem Lernenden relativ wenig Zeit zur Verfügung gestellt, eine Antwort zu geben. Die Festlegung der anfänglichen Zeitbegrenzung erfolgt anhand der

Antwortzeiten einer Vergleichsgruppe von Probanden, die das Lehrziel schon erreicht haben, wobei als Präsentationszeit der Mittelwert der Vergleichsgruppe verwendet wird. Diese *Präsentationszeit* wird dann wie folgt adaptiert (Tennyson & Park, 1984):

(1) Erfolgt innerhalb der begrenzten Präsentationszeit eine *richtige* Antwort, wird dies als Indikator dafür angesehen, daß der Lernende in ausreichendem Ausmaß konzeptuelles Wissen aufgebaut hat und weitere Übungsaufgaben bearbeiten sollte, und zwar mit einer weniger restriktiven Zeitbegrenzung. Die Präsentationszeit der nachfolgenden Aufgabe wird deswegen als Mittelwert der Vergleichsgruppe *plus* eine Standardabweichung festgelegt.

(2) Erfolgt innerhalb der Zeitgrenze eine *falsche* Antwort, dann wird dies als Indikator für unzureichendes konzeptuelles Wissen gewertet. Der Lernende benötigt die Musterlösung und weitere Übungsbeispiele, allerdings mit einer restriktiveren Begrenzung der Antwortzeit, um keine weiteren Fehler zu forcieren. Deswegen wird nach Präsentation der Musterlösung die Präsentationszeit der nachfolgenden Aufgabe als Mittelwert der Vergleichsgruppe *minus* eine Standardabweichung festgelegt.

(3) Erfolgt innerhalb der Zeitgrenze *keine* Antwort, dann wird dies ebenfalls als Indikator für unzureichendes konzeptuelles Wissen gewertet. Der Lernende erhält die Möglichkeit, sich die Musterlösung präsentieren zu lassen. Auf diese Weise wird aus dem Übungsbeispiel ein Demonstrationsbeispiel, anhand dessen das für eine richtige Antwort erforderliche konzeptuelle Wissen ausgebaut werden kann. Die Präsentationszeit der nachfolgenden Aufgabe wird nicht verändert, da die Zeitbegrenzung offensichtlich ausreicht, falsche Antworten zu verhindern.

EXPERIMENTELLE ERGEBNISSE

Tennyson & Park (1984) testeten die Lehreffektivität und die Lehreffizienz der beschriebenen Adaptationsstrategie im Vergleich zu drei anderen Strategien, so daß sich vier experimentelle Bedingungen ergaben: (1) die *adaptive* Strategie, (2) eine *invers-adaptive* Strategie, bei der die Präsentationszeit nach einem Fehler verlängert und nach einer richtigen Antwort verkürzt wurde, (3) eine *nicht-adaptive* Strategie, bei der für alle Aufgaben die mittlere Antwortzeit der Vergleichsgruppe unverändert als Präsentationszeit verwendet wurde, und (4) eine Bedingung *ohne* Steuerung der Präsentationszeit. Die adaptive Strategie erwies sich als effektiver und gleichzeitig auch als effizienter als die anderen Strategien: Unter dieser Bedingung waren in der Übungsphase insgesamt weniger Aufgaben in geringerer Zeit erforderlich, um das Lehrziel zu erreichen. Darüber hinaus ergaben sich bessere Leistungen im unmittelbar anschließenden Nachtest und im Erinnerungstest, der zwei Wochen später bearbeitet wurde.

In einem zweiten Experiment variierten Tennyson & Park (1985b) die adaptive Strategie so, daß zu Beginn der Bearbeitung von Übungsaufgaben eine restriktivere Zeitbegrenzung verwendet wurde, nämlich der Mittelwert der Vergleichsgruppe minus eine Standardabweichung. Nach einer richtigen Antwort wurde die Präsentationszeit der folgenden Aufgabe so verlängert, daß der Zeitzuwachs mit zunehmender Kompetenz des Lernenden immer größer wurde. Sowohl nach einem Fehler als auch dann, wenn keine Antwort innerhalb der Zeitgrenze erfolgte, wurde die Präsentationszeit für die nächste Aufgabe unverändert beibehalten. Auch hier erwies sich die adaptive Steuerung der Präsentationszeit als überlegen im Vergleich zu einer Bedingung ohne jegliche Zeitbegrenzung: weniger Aufgaben in geringerer Zeit bis zum Erreichen des Lehrziels, bessere Leistung im unmittelbar anschließenden Nachtest und im Behaltenstest zwei Wochen später.

In einem dritten Experiment (Tennyson, Park & Christensen, 1985) ergab sich dasselbe Bild, wobei der Behaltenstest vier Wochen nach der Lernphase bearbeitet wurde und im experimentellen Design die Instruktionssequenz (Generalisierungstraining, Diskriminationstraining, Kombination von Generalisierungs- und Diskriminationstraining) als zweiter Faktor realisiert war.

Die Ergebnisse eines vierten Experimentes (Tennyson, Welsh, Christensen & Hajovy, 1985) replizieren die vorherigen Ergebnisse ein weiteres Mal, wobei der Behaltenstest eine Woche später bearbeitet wurde und im experimentellen Design zwei zusätzliche Faktoren untersucht wurden: Informationsstruktur (schematisch, taxonomisch) und Informationssequenz (Generalisierungstraining, Diskriminationstraining).

METAANALYSE

Die Ergebnisse der Tennyson-Experimente bezüglich des Vergleichs von Lernerkontrolle und adaptiver Systemkontrolle der Antwortzeitbegrenzung sind in Anh. 3.1.1-1 (S. 217) dargestellt. Zur Beurteilung der Effektstärke sollen sie im folgenden meta-analytisch integriert werden.

Methode: Die metaanalytische Vorgehensweise entspricht dem bei Fricke & Treinies (1985, S. 72ff) beschriebenen Verfahren zur Integration experimenteller Studien. Zunächst wurden bei allen Experimenten für Lernerkontrolle und adaptive Systemkontrolle die arithmetischen Mittelwerte und Standardabweichungen aller abhängigen Variablen ermittelt (vgl. Anh. 3.1.1-1, S. 217). Sofern keine Standardabweichungen verfügbar waren, wurden die F-Werte des entsprechenden Haupteffektes aus den Ergebnissen der Varianzanalysen isoliert. Für jedes Experiment und für jede abhängige Variable wurde sodann die Effektstärke

$$g = (\bar{x}_{\text{Systemkontrolle}} - \bar{x}_{\text{Lernerkontrolle}}) / s_{\text{Lernerkontrolle}}$$

berechnet. Weil die Standardabweichungen unter den experimentellen Bedingungen z.T. erheblich variieren, wurde einheitlich die Standardabweichung der Kontrollgruppe im Nenner von g verwendet. In drei Fällen waren keine Standardabweichungen verfügbar, so daß die Populationsstandardabweichung aus dem F-Wert der Varianzanalyse geschätzt werden mußte (vgl. Fricke & Treinies, 1985, S. 94). Zu beachten ist, daß in diesen Fällen die über Lernerkontrolle und Systemkontrolle zusammengefaßten Standardabweichungen den Nenner von g bilden und daß darüber hinaus dieser Wert bereinigt ist hinsichtlich aller anderen in der jeweiligen Varianzanalyse berücksichtigten Haupt- und Interaktionseffekte.

Im nächsten Schritt wurden die Effektstärken einer jeden abhängigen Variable über die Experimente hinweg integriert. Zu diesem Zweck wurde ein von Schwarzer (1989) entwickeltes Programmsystem zur Metaanalyse verwendet, welches zunächst die einzelnen Effektstärken g durch Multiplikation mit einem Korrekturfaktor in erwartungstreue Schätzungen der Populationseffektstärke d transformiert. Diese werden schließlich unter Gewichtung mit ihrer jeweiligen Varianz zum Schätzer d+ integriert, für den gleichzeitig ein 95%-Vertrauensintervall angegeben wird. Da diese Art der Integration homogene Effektstärken voraussetzt, wurde vor der Integration jeweils ein Test auf Homogenität durchgeführt (alpha = 0.25). Dieser Test schlug bei zwei der sechs abhängigen Variablen an, so daß in diesen beiden Fällen die einzelnen Effektstärken anhand des Integrationsmodells mit Zufallseffekten (Hedges & Olkin, 1985) zum erwartungstreuen Schätzer DELTA zusammengefaßt wurden. Auch für DELTA wird das 95%-Vertrauensinterval angegeben.

Alle einfachen Effektstärken g über alle Experimente und alle abhängigen Variablen hinweg weisen die adaptive Programmkontrolle als der Lernerkontrolle überlegen aus: positive Effekte bezüglich der Anzahl richtiger Aufgaben im Nach- und im Behaltenstest, negative Effekte bezüglich der Anzahl bearbeiteter Aufgaben im Übungsteil und bezüglich des Zeitbedarfs im Übungsteil, im Nachtest und im Behaltenstest. Insofern erscheint es angebracht, die Effektstärke der adaptiven Programmkontrolle über die verschiedenen abhängigen Variablen hinweg beurteilen zu können. Zu diesem Zeck wurden die Absolutbeträge der verfügbaren Effektstärken g *innerhalb* eines Experiments arithmetisch gemittelt. Auf diese Weise ergab sich für jedes Experiment jeweils ein durchschnittlicher Wert der Effektstärke g, der anschließend entsprechend dem zuvor beschriebenen Verfahren über die verschiedenen Experimente hinweg integriert wurde.

Ergebnisse: Betrachtet man zunächst die integrierten Effektstärken der einzelnen abhängigen Variablen (Anh. 3.1.1-1, S. 217, letzte Spalte), dann zeigen sich in der überwiegenden Zahl der abhängigen Variablen entsprechend der Konvention von Cohen (1988) große Effekte (d+>0.80): Übungszeit (d+=-0.84), Nachtestzeit (d+=-1.14), Behaltenstestzeit (DELTA=-1.28) und Anzahl richtiger Aufgaben im Behaltenstest (DELTA=+1.35). Bezüglich der Anzahl bearbeiteter Aufgaben im Übungsteil und der Anzahl richtiger Aufgaben im Nachtest ergeben sich mittlere Effekte (d+=-0.58 bzw. d+=+0.68). Der über die abhängigen Variablen zusammengefaßte Effekt ist ebenfalls als groß zu bezeichnen (d+=0.82).

Zusammenfassung und Diskussion: Die Metaanalyse der Tennyson-Experimente belegt, daß die adaptive Systemkontrolle der Antwortzeitbegrenzung gegenüber der Lernerkontrolle eine beachtliche lernfördernde Wirkung zu haben scheint. Dies bezieht sich sowohl auf den Aspekt der Effektivität (Leistung in Tests nach Abschluß des Lehrprogramms), als auch auf den Aspekt der Effizienz (Lehraufwand in der Lern- bzw. Übungsphase, i.e. Anzahl erforderlicher Aufgaben und benötigte Übungszeit bis zum Erreichen des Lehrziels). Im Durchschnitt der von Tennyson verwendeten abhängigen Variablen ergibt sich mit d+=+0.82 ebenfalls ein beachtlicher Effekt als Schätzung für den Populationsunterschied zwischen Experimental- und Kontrollgruppe.

Das Vorgehen der Durchschnittsbildung entspricht einer Verfahrensweise, die bisher nur für die Zusammenfassung abhängiger Effektstärken in Form von Korrelationskoeffizienten vorgeschlagen wurde (Hunter, Schmidt & Jackson, 1982; vgl. Fricke & Treinies, 1985, S. 100ff). Insofern ist kritisch anzumerken, daß die Durchschnittsbildung genormter Mittelwertsdifferenzen nicht dasselbe ist wie die Durchschnittsbildung von Korrelationskoeffizienten. Zwar lassen sich die beiden Effektstärkekoeffizienten anhand einer einfachen Beziehung ineinander überführen:

$$r = g/(g^2+4)^{1/2} \quad \text{bzw.} \quad g = 2r/(1-r^2)^{1/2}$$

Aber wie den beiden Formeln zu entnehmen ist, handelt es sich um nicht-lineare Transformationen. Insofern ist nicht zu erwarten, daß man, wenn man g-Effektstärken zunächst in r-Effektstärken transformiert, dann arithmetisch mittelt und schließlich die mittlere r-Effektstärke wieder in eine g-Effektstärke zurück transformiert, dieselbe mittlere g-Effektstärke erhält, als wenn man die einzelnen g-Effektstärken selbst arithmetisch mittelt. Nun ist es aber nicht möglich festzulegen, welches Verfahren "richtig" ist, da beide Vorgehensweisen gleichermaßen beliebig erscheinen.

Im Ergebnis unterscheiden sich die beiden Verfahren aber erst dann, wenn relativ extrem unterschiedliche Effektstärken gemittelt werden. Im vorliegenden Fall führen sie zu zahlenmäßig dicht beieinander liegenden Schätzungen der Populationseffektstärke: Während die g-gemittelten Effektstärken

d+=0.82 mit dem 95% Vertrauensintervall 0.59<d+<1.06

ergeben (vgl. Anh. 3.1.1-1, S. 217), führt die Durchschnittsbildung von r-Effektstärken nach Rücktransformation zu einer Schätzung von

d+=0.79 mit dem 95%-Vertrauensintervall 0.56<d+<1.02.

Wie zu erkennen ist, ergaben sich sowohl bezüglich der d+-Schätzungen als auch bezüglich der Vertrauensintervalle nahezu identische Werte.

BEWERTUNG

Gegenüber der herkömmlichen Coaching-Strategie, Fehler zu korrigieren, *nachdem* sie aufgetreten sind, kann Tennysons Ansatz, das Entstehen von Fehlern prospektiv zu verhindern, *bevor* sie auftreten, als bedeutender Fortschritt angesehen werden. Die Effektivität und Effizienz der Tennyson-Strategie zur adaptiven Steuerung der Präsentationszeit von Aufgaben ist eindrucksvoll hoch und durch mehrere Experimente repliziert. Es gibt jedoch einige problematische Punkte, die es erforderlich erscheinen lassen, Tennysons Ergebnisse einer unabhängigen Überprüfung zu unterziehen:

(1) Die exakte Implementation der Adaptationsstrategie ist nicht eindeutig genug beschrieben und wechselt zwischen den verschiedenen Experimenten, so daß eine Übertragung auf andere Lehrsysteme ohne weiteres nicht möglich ist.

(2) Alle Experimente wurden ausschließlich innerhalb der Tennyson-Gruppe durchgeführt und ausschließlich mit dem MAIS.

(3) In den Experimenten stand nur eine sehr kleine Menge an Übungsaufgaben zur Verfügung (z.B. nur 14 Beispiele je Begriff bei Tennyson & Park, 1984), so daß nicht alle Lernenden das Lehrziel erreichen konnten. Insofern ist unklar, ob die Adaptationsstrategie eine Verkürzung der Lernzeit oder eine verbesserte Nachtestleistung oder beides bewirkt.

Um diese Probleme zu klären, wurden zwei Experimente mit Kommasetzungsregeln der deutschen Grammatik als Lehrstoff durchgeführt (vgl. Leutner & Schumacher, 1990; Schumacher & Leutner, 1990).

3.1.2 Experiment 1: Verkürzung der Übungszeit

FRAGESTELLUNG

Dieses erste Experiment zielte darauf ab zu prüfen, ob die von Tennyson vorgeschlagene Strategie zur Adaptation der Begrenzung der Antwortzeit in einer Situation des zielerreichenden Lernens eine Verkürzung der Gesamtlernzeit bis zum Erreichen des Lehrziels bewirkt. Es wurden drei alternative Strategien miteinander verglichen: (1) Tennysons adaptive Programmkontrolle, (2) Lernerkontrolle ohne eine Begrenzung der Antwortzeit, (3) Tennysons invers-adaptive Programmkontrolle.

THEORETISCHER HINTERGRUND

Adaptive Systemkontrolle: Im Sinne der Phasentheorien zum Erwerb prozeduraler Fertigkeiten (Fitts, 1964; Anderson, 1983; Tennyson & Park, 1980) und von Theorien über das Entstehen von Fehlern (Brown & VanLehn, 1980) sollte es möglich sein, fehlerhafte Antworten beim Bearbeiten von Übungsaufgaben zu unterdrücken, indem bei zu langen Antwortzeiten des Lernenden die Musterlösung vom Lehrsystem präsentiert wird. Zu Beginn erfordert dies weitgehend restriktive Zeitvorgaben, die mit zunehmender Fertigkeit des Lernenden gelockert werden können.

Lernerkontrolle: Dies ist die traditionelle Strategie. Im Grunde genommen ist es nicht einfach, sie psychologisch zu begründen. Versuchsweise läßt sich Skinners Theorie des operanten Konditionierens heranziehen: Danach ist es einerseits erforderlich, daß der Lernende eine Reaktion zeigt, die verstärkt werden kann, damit Lernen stattfindet. Wird nun die Antwortzeit begrenzt, dann kann möglicherweise keine Reaktion auftreten. Das aber bedeutet, daß keine Verstärkung und damit auch kein Lernen stattfindet. Nach dieser Überlegung wäre zu fordern, daß der Lernende möglichst ungehindert möglichst viele Antworten produzieren können sollte. Andererseits aber ist nach Skinner zu fordern, daß die Aufgaben so leicht sind, daß mit an Sicherheit grenzender Wahrscheinlichkeit keine Fehler, sondern richtige Antworten auftreten - was ja gerade durch Tennysons Adaptation der Präsentationszeit bewirkt werden soll. Insofern scheint Skinner keine sehr brauchbare Begründung für eine Lernerkontrolle der Antwortzeit anzubieten. Was bleibt, ist die Rolle der Lernerkontrolle als "incumbent hypothesis" im Sinne von Guttman (1981a, b), während die anderen Strategien die Rolle von "challenging hypotheses" übernehmen.

Invers-adaptive Systemkontrolle: Im Sinne motivationspsychologischer Überlegungen erscheint es angebracht, während der Bearbeitung von Übungsaufgaben ein bestimmtes Niveau der Aufgabenschwierigkeit einzuhalten. Dabei ist allerdings noch nicht ganz klar, ob es mittelschwierige Aufgaben sein sollten (Heckhausen, 1968) oder eher leichte Aufgaben (Nußbaum & Leutner, 1986b). Geht man davon aus, daß Zeitdruck die Aufgabenschwierigkeit erhöht (vgl. Pasks Lehrmaschinen), dann läßt sich der subjektive Eindruck immer leichter werdender Aufgaben, der bei zunehmender Fertigkeit im Laufe des Übens entsteht, durch zunehmenden Zeitdruck kompensieren - und zwar zugeschnitten auf das optimale Schwierigkeitsniveau. Mit Bezug auf Csikszentmihalyi (1985) ist zudem zu erwarten, daß bei moderatem Zeitdruck ein Zustand des "Flußerlebens" entstehen kann, der bewirkt, daß die Aufgaben mit gesteigerter Aufmerksamkeit bearbeitet werden, was sich in einer erhöhten Leistung niederschlagen sollte. Will man diesen Überlegungen gerecht werden, dann ist es erforderlich, daß zu Beginn des Bearbeitens von Übungsaufgaben viel Zeit für eine Antwort zur Verfügung gestellt wird, die bei richtigen Antworten verkürzt und bei falschen Antworten verlängert wird.

Bezüglich der in Kap. 2.1 vorgestellten Facetten lassen sich die adaptive und die invers-adaptive Strategie als Mikro-Adaptation der Lehrmethode im Rahmen des Fördermodells bzw. des Kompensationsmodells klassifizieren. Bei der adaptiven Strategie geht es darum, Wissensdefizite durch zusätzliche Demonstrationsbeispiele zu beseitigen, bevor dem Lernenden gestattet wird, ungehindert zu üben (Fördermodell). Bei der invers-adaptiven Strategie geht es darum, Motivationsdefizite bei zunehmender Fertigkeit durch moderaten Zeitdruck zu kompensieren (Kompensationsmodell).

Hypothese: Es wurde erwartet, daß sich Tennysons Ergebnisse replizieren lassen. Demzufolge sollte die Übungszeit bis zum Erreichen des Lehrziels unter adaptiver Programmkontrolle am kürzesten sein, gefolgt von der Bedingung mit Lernerkontrolle. Unter invers-adaptiver Programmkontrolle sollte die längste Übungszeit erforderlich sein.

METHODE

Versuchspersonen und experimentelles Design: Am Experiment nahmen 66 Studenten aller Fachrichtungen der Technischen Hochschule Aachen als Vpn teil, die zufällig drei experimentellen Bedingungen zugewiesen wurden. Auf jede Bedingung entfielen 22 Vpn. Es handelte sich um einen einfaktoriellen Drei-Gruppen-Versuchsplan mit Vor- und Nachtest. Unabhängige Variable war die Steuerung der Antwortzeitbegrenzung (adaptive Systemkontrolle, Lernerkontrolle, invers-adaptive Systemkontrolle). Vortest und Nachtest waren identisch, wobei die Anzahl der richtigen Antworten im Vortest als Kovariable verwendet wurde. Abhängige Variable war die Übungszeit, definiert als Zeit in Sekunden vom Beginn der Bearbeitung von Übungsaufgaben bis zum Erreichen des Lehrziels.

Lehrstoff, Lehrprogramm und Material: Als Lehrstoff wurden Kommasetzungsregeln der deutschen Grammatik gewählt, und zwar diejenigen fünf Teil-Regeln, die Stetter (1986) als Regel No. 1 zusammenfaßt. Es wurde ein PC-Lehrprogramm entwickelt (KOMMA), das im wesentlichen aus zwei Teilen besteht, einem Darstellungsteil und einem Übungsteil. Im Darstellungsteil werden die fünf Regeln dargestellt und anhand von Demonstrationsbeispielen erläutert. Im Übungsteil werden Übungsaufgaben bearbeitet. Im Rahmen eines facetten-theoretischen Ansatzes und basierend auf Klauers Vorschriften zur Konstruktion kontentvalider Aufgabenmengen (Klauer, 1987) wurden für den Übungsteil insgesamt 690 Sätze erzeugt und in einer Item-Bank abgelegt. 30 dieser Items wurden für eine Verwendung im Vor- und im Nachtest reserviert.

Zur Bearbeitung eines Items wird der Satz auf dem Bildschirm präsentiert, wobei der Cursor an einer zufällig gewählten Stelle zwischen zwei Wörtern plaziert ist. In dem Fall, daß der Satz ein Komma erfordert, muß die Vp den Cursor durch Betätigung der Pfeiltasten auf der Tastatur an die jeweilige Stelle führen und das Komma setzen. Einmal gesetzte Kommazeichen können wieder gelöscht und an einer anderen Stelle neu plaziert werden. Durch Drücken der Enter-Taste wird die Bearbeitung beendet, worauf im Vor- und im Nachtest das nächste Item präsentiert wird. Im Übungsteil dagegen wird in jedem

Fall die Musterlösung zusammen mit einer Erläuterung der verwendeten Kommasetzungsregel präsentiert.

Im Übungsteil wurden neben der experimentellen Variable "Steuerung der Antwortzeitbegrenzung" noch einige andere der in Tennysons MAIS verwendeten Adaptationsmaßnahmen implementiert (vgl. Kap. 2.3.2): (1) die Adaptation der Aufgabenreihenfolge im Sinne eines Generalisierungs- und Diskriminationstrainings und (2) die Adaptation der Anzahl zu bearbeitender Übungsaufgaben bis zum Erreichen des Lehrziels. Als Lehrziel z wurde eine Lösungswahrscheinlichkeit von p_z=0.75 festgelegt. Die Bearbeitung von Übungsaufgaben wurde abgebrochen, wenn die Wahrscheinlichkeit, daß eine Vpn i eine Lösungswahrscheinlichkeit p_i größer oder gleich p_z hat, größer oder gleich 0.75 ist. Das Lehrziel gilt also als erreicht, wenn

$$p(p_i >= p_z) >= .75$$

(vgl. die ausführliche Darstellung dieses und vergleichbarer Kriterien bei Klauer & Leutner, 1991, sowie Leutner, 1992). Im Gegensatz zu Tennysons MAIS wurde zur Beurteilung des Abbruchkriteriums keine apriori-Verteilung herangezogen. Es wurden lediglich alle von der jeweiligen Vp bearbeiteten Aufgaben betrachtet.

Implementation der experimentellen Bedingungen: Die experimentelle Manipulation der Item-Präsentationszeit wurde im Übungsteil des Lehrprogramms - abweichend vom MAIS - wie folgt realisiert.

(1) *Adaptive Systemkontrolle*: Der Anfangswert der Antwortzeitbegrenzung wurde für jede der fünf Kommasetzungsregeln getrennt definiert, und zwar als minimale Zeit einer richtigen Antwort der jeweiligen Vp bei einem Item zur selben Regel im Vortest. Nach einer falschen Antwort im Übungsteil wurde die zulässige Antwortzeit für das folgende Item zur selben Regel um 20 % verkürzt, nach einer richtigen Antwort um 20 % verlängert.

(2) *Lernerkontrolle*: In dieser experimentellen Bedingung hatte die Vp beliebig viel Zeit, ein Item zu bearbeiten.

(3) *Invers-adaptive Systemkontrolle*: Der Anfangswert der Antwortzeitbegrenzung orientierte sich an der maximalen Zeit eines Items zur selben Regel im Vortest. Nach einer falschen Antwort wurde die zulässige Antwortzeit für das folgende Item zur selben Regel um 20 % verlängert, nach einer richtigen Antwort wurde die aktuell benötigte Zeit als zulässige Antwortzeit für das folgende Item verwendet.

Unter beiden Bedingungen mit systemkontrollierter Zeitbegrenzung wurde die Zeitgrenze für jede Regel getrennt adaptiert. Bei der Anwendung auf ein spezifisches Item wurde die Zeitgrenze hinsichtlich der alphanumerischen Satzlänge angepaßt, um unterschiedlich lange Lesezeiten und Cursor-Bewegungszeiten auszugleichen. Um zu verhindern, daß die Antwortzeitvorgaben durch die adaptive Verkürzung zu kurz gerieten, wurde eine minimale Zeitgrenze von 3 sec. berücksichtigt. Darüber hinaus wurde die zulässige Antwortzeit grundsätzlich um 20 % verlängert, wenn eine Vp bei drei aufeinander folgenden Items zur selben Regel auf die Zeitgrenze gestoßen war, um ihr wieder die Chance für eine Antwort einräumen zu können.

Vorgehensweise: Zunächst wurden anhand von Vorversuchen geeignete Adaptationsparameter (Ausgleich der Lesezeit, Startwert der Zeitbegrenzung und Schrittweite der Veränderung) gewonnen und im CAI-System implementiert. Das Experiment begann für alle Vpn mit einem Vortest, bestehend aus 30 Sätzen in zufälliger Reihenfolge, 6 Items je Kommasetzungsregel. Vpn, die das Lehrziel schon erreicht hatten, wurden von der weiteren Teilnahme ausgeschlossen. Danach hatten die Vpn einen Informationsblock durchzuarbeiten, in dem die Kommasetzungsregeln vorgestellt und anhand von Beispielen erläutert wurden. Auf den Informationsblock folgte die Übungsphase, in der die experimentelle Manipulation realisiert war. Die Bearbeitung von Übungsaufgaben wurde abgebrochen, wenn das Lehrziel für jede der fünf Regeln erreicht war. Darauf war ein Nachtest zu bearbeiten, der die Items des Vortests enthielt, aber in anderer, ebenfalls zufälliger Reihenfolge. Alle Phasen des Experiments, vom Vortest bis zum Nachtest, waren als CAI-Programm realisiert. Insgesamt standen fünf IBM-kompatible Personal Computer zur Verfügung. Sowohl die experimentellen Bedingungen wie auch die Vpn wurden zufällig auf die PC verteilt. Vor dem Vortest hatten die Vpn am PC eine kurzgefaßte Einweisung in die Benutzung des Lehrprogramms durchzuarbeiten.

ERGEBNISSE

Die Ergebnisse des Experiments sollen in vier Schritten vorgestellt werden: Da Übungszeitunterschiede zwischen den experimentellen Bedingungen nur dann sinnvoll untersucht werden können, wenn alle Vpn das Lehrziel erreicht haben, geht es im ersten Schritt um die Überprüfung der Frage, ob in allen Versuchsgruppen tatsächlich zielerreichendes Lernen realisiert werden konnte. Im zweiten Schritt geht es zur Gewährleistung der internen Validität des Experiments um die Effektivität der experimentellen Manipulation. Im dritten Schritt schließlich werden die drei experimentellen Gruppen hinsichtlich ihrer Übungszeit miteinander verglichen, und im vierten Schritt wird ein detaillierter Vergleich von Lernerkontrolle und adaptiver Systemkontrolle der Antwortzeit vorgestellt.

Wirksamkeit des zielerreichenden Lehrens: Wenn zielerreichendes Lehren realisiert werden konnte, dann sollte ein Lernzuwachs zwischen Vortest und Nachtest nachweisbar sein und die drei experimentellen Bedingungen sollten sich in der Anzahl richtiger Antworten im Nachtest nicht unterscheiden. Eine - in diesem Fall angemessen erscheinende - Varianzanalyse mit dem Testzeitpunkt als within-subjects- (Meßwiederholungs-) Faktor und den drei experimentellen Bedingungen als between-subjects-Faktor belegt, daß tatsächlich ein Lernzuwachs zwischen Vortest und Nachtest vorhanden ist, $F(1,63)=93.9$, $p<.05$. Entsprechend der beabsichtigten Wirkung gibt es keinen signifikanten Effekt der experimentellen Bedingungen, $F(2,63)=1.45$, $p>.05$, und keine signifikante Interaktion, $F(2,63)=1.32$, $p>.05$). Insofern ist davon auszugehen, daß das Lehrprogramm zum einen effektiv gewesen ist und daß zum anderen unter allen drei experimentellen Bedingungen zielerreichendes Lernen gleichermaßen realisiert werden konnte (Anh. 3.1.2-1, S. 218).

Wirksamkeit der experimentellen Manipulation: Eine maßgebliche Eigenschaft der adaptiven Systemkontrolle besteht darin, daß dann, wenn ein Fehler aufgetreten ist, durch eine sehr kurze Zeitvorgabe weitere Fehler verhindert werden sollten. Nach einer richtigen Antwort sollte dagegen beim folgenden Item keine Zeitbegrenzung wirksam werden. Dies bedeutet, daß die Wahrscheinlichkeit eines systemgesteuerten Antwort-Abbruchs nach einer falschen Antwort größer sein sollte als nach einer richtigen Antwort.

Dementsprechend sollte die Differenz D der beiden konditionalen Wahrscheinlichkeiten positiv sein:

$$D = p(\text{Abbruch} \mid \text{falsch}) - p(\text{Abbruch} \mid \text{richtig}) > 0$$

Unter invers-adaptiver Systemkontrolle sollte dieser Adaptivitätsindex nicht positiv sein, da nach einer falschen Antwort die verfügbare Zeit für das nächste Item verlängert wird und somit die Wahrscheinlichkeit eines Antwortabbruchs geringer wird. Umgekehrt ist die Wahrscheinlichkeit eines Abbruchs nach einer richtigen Antwort höher, da die für die richtige Antwort benötigte Zeit als Zeitvorgabe für das folgende Item verwendet wird.

Der Adaptivitätsindex läßt sich unter Systemkontrolle für jede einzelne Vp berechnen, wobei er unter Lernerkontrolle allerdings nicht definiert ist. Die Mittelwerte des Index sind 0.43 und -0.03 unter adaptiver bzw. invers-adaptiver Systemkontrolle (Anh. 3.1.2-1, S. 218). Demzufolge kann davon ausgegangen werden, daß die experimentelle Manipulation - zumindest bezüglich der adaptiven Systemkontrolle - erfolgreich gewesen ist.

Tab. 3.1.2-1: Korrelationen der Variablen aus Anh. 3.1.2-1 (S. 218), Exp. 1[a)]

			Vortest (1)	Vortest (2)	Übungsteil (3)	Übungsteil (4)	Nachtest (5)	Nachtest (6)
Vortest	richtige	(1)	1.000	-.398	*	-.502	.665	-.348
	Zeit	(2)	-.141	1.000	*	.585	-.256	.495
Übungsteil	Ad.Index	(3)	.142	-.162	*	*	*	*
	Zeit	(4)	-.407	.083	-.020	1.000	-.652	.431
Nachtest	richtige	(5)	.321	-.566	.080	-.382	1.000	-.298
	Zeit	(6)	.165	.610	.064	-.267	-.186	1.000

a) Produktmoment-Korrelationen; untere Dreiecksmatrix: adaptive Systemkontrolle, obere Dreiecksmatrix: Lernerkontrolle, '*'indiziert nicht definierte Werte

Unterschiede in der Übungszeit: Nachdem sichergestellt werden konnte, daß die Vpn überhaupt etwas gelernt haben und darüber hinaus unter den experimentellen Bedingungen auch gleich viel gelernt haben, konnte die eingangs formulierte Hypothese bezüglich der bis zum Erreichen des Lehrziels benötigten Übungszeit geprüft werden. Der Tabelle im Anh. 3.1.2-1 (S. 218) und Abb. 3.1.2-1 (S. 90) ist zu entnehmen, daß der erwartete Trend tatsächlich gegeben ist: Die Vpn unter adaptiver Systemkontrolle benötigten durchschnittlich weniger Übungszeit als die Vpn unter Lernerkontrolle. Die Vpn unter invers-adaptiver Systemkontrolle benötigten die meiste Zeit. Zur inferenz-statistischen Prüfung wurde ein von Jonckheere (1954) entwickeltes Verfahren verwendet (vgl. Lienert, 1973; Schumacher, 1988). Der Trend erweist sich als signifikant, S=412, sigma=169.9, p<.05. Eine anschließende Kovarianzanalyse ergab, daß die Unterschiede zwischen den experimentellen Bedingungen 12.9% der Übungszeit-Varianz erfassen, die Anzahl richtiger Antworten im Vortest als Lernvoraussetzung 19.6% und die Interaktion zwischen Lernvoraussetzung und experimenteller Bedingung nur 0.9%. Diese Ergebnisse replizieren somit Tennysons Ergebnisse.

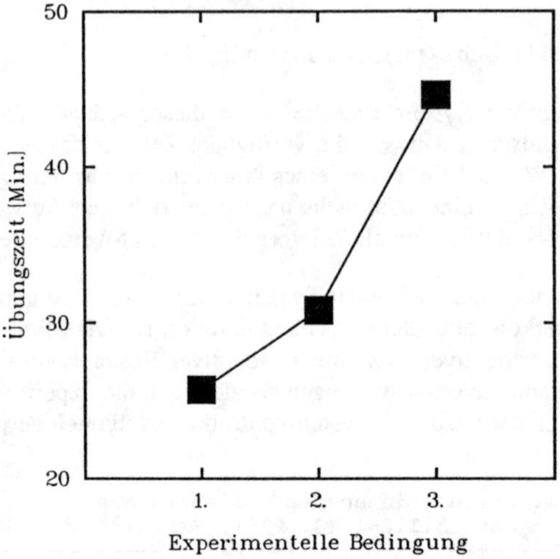

Abb. 3.1.2-1: Mittlere, bis zum Erreichen des Lehrziels erforderliche Übungszeit, Experiment 1 (1: adaptive Systemkontrolle; 2: Lernerkontrolle; 3: invers-adaptive Systemkontrolle)

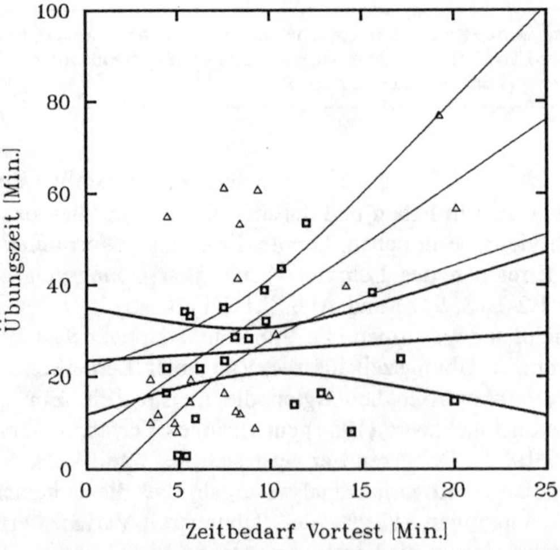

Abb. 3.1.2-2: ATI-Effekt von Zeitbedarf im Vortest (aptitude) und Lernerkontrolle vs. adaptive Programmkontrolle (treatment) auf die Übungszeit, Experiment 1 (dünn ausgezogene Linien/Symbole: Lernerkontrolle; fett ausgezogene Linien/Symbole: adaptive Systemkontrolle)

Vergleich von adaptiver Systemkontrolle und von Lernerkontrolle: Wie aus Abb. 3.1.2-1 (S. 90) ersichtlich, ist der Übungszeit-Unterschied zwischen adaptiver Systemkontrolle und Lernerkontrolle nur gering, wenn auch in der erwarteten Richtung (Effektstärke d=-0.24). Im Jonckheere-Test erweist sich der Unterschied allerdings als nicht signifikant, S=2, sigma=85.2, p>.05. Dies ist aber diejenige Differenz, der im Hinblick auf die kognitionspsychologische Begründung der systemgesteuerten Antwortzeitbegrenzung eine besondere Bedeutung beizumessen ist. Aus diesem Grund wurden die beiden Gruppen einer detaillierten post-hoc Analyse unterzogen. Insbesondere war zu prüfen, ob möglicherweise ein ATI-Effekt vorliegt, welcher den schwachen Haupteffekt der Lehrstrategie überlagern könnte.

Zu diesem Zweck wurde die Korrelationsmatrix der in Anh. 3.1.2-1 (S. 218) berichteten Variablen berechnet, und zwar getrennt für die beiden experimentellen Gruppen (vgl. Tab. 3.1.2-1, S. 89; untere Dreiecksmatrix: adaptive Systemkontrolle; obere Dreiecksmatrix: Lernerkontrolle). Was ins Auge fällt, ist die unterschiedliche Korrelation zwischen Zeitbedarf im Vortest und Übungszeit: unter adaptiver Systemkontrolle ist sie nahezu null (r=0.083), unter Lernerkontrolle substantiell positiv (r=0.585). Die positive Korrelation unter Lernerkontrolle überrascht nicht, da zu erwarten ist, daß die Arbeitsgeschwindigkeit in den beiden Phasen des Lehrprogramms korreliert. Bemerkenswert ist aber, daß dieser Zusammenhang unter adaptiver Systemkontrolle aufgebrochen wird. In einer Kovarianzanalyse mit den Prädiktoren Gruppenzugehörigkeit, Vortestbearbeitungszeit und Gruppe x Vortestzeit erweist sich dieser ATI-Effekt als signifikant, F(1,40)=5.59, p=0.023, R^2=0.110.

In Abb. 3.1.2-2 (S. 90) sind die beiden unterschiedlichen Regressionen der Übungszeit auf die Bearbeitungszeit im Vortest dargestellt. Wie zu erkennen ist, profitieren Vpn, die im Vortest langsam waren, von der adaptiven Begrenzung der Antwortzeit, während im Vortest schnelle Vpn weder gefördert, noch behindert werden. Dies wird anhand der in der Abbildung eingetragenen 75%-Vertrauensintervalle um die beiden Regressionsgeraden deutlich, die sich nur im oberen Bereich der Vortestzeiten nicht überlappen. Teilt man die beiden Gruppen am Median der Vortestbearbeitungszeit, dann ergibt sich für die im Vortest langsamen Vpn bei Relativierung auf die kleinere Standardabweichung der Gruppe mit adaptiver Systemkontrolle mit g=(28.8-39.4)/14.8=-0.71 ein Effekt, der in Cohens Begriffen (Cohen, 1988) als mittelgroß zu bezeichnen ist. Legt man die Standardabweichung der Gruppe mit Lernerkontrolle zugrunde, dann ist g=(28.8-39.4)/21.7=-0.48, was lediglich einem kleinem Effekt entspricht. Die recht ungewöhnliche Beschreibung der Effektgröße durch zwei unterschiedliche Werte erscheint an dieser Stelle angemessen, weil die Standardabweichungen der beiden experimentellen Gruppen sich deutlich unterscheiden und der Unterschied möglicherweise als Effekt der experimentellen Manipulation anzusehen ist. Insofern ist es - wie auch bei der zuvor berichteten Metaanalyse - wenig sinnvoll, die zusammengefaßte Standardabweichung zur Berechnung der Effektgröße heranzuziehen. (Anzumerken ist an dieser Stelle, daß die unterschiedlichen Standardabweichungen bzw. Varianzen der abhängigen Variable den kovarianzanalytischen F-Test wegen identischer Stichprobengrößen nur unmaßgeblich beeinträchtigt haben dürften.)

DISKUSSION

Zusammenfassend ist festzustellen, daß Tennysons Ergebnisse in diesem ersten Experiment repliziert werden konnten. Wenn auch die Unterschiede zwischen den experimentellen Bedingungen nicht allzu groß sind, ergab sich bezüglich der bis zum Erreichen des Lehrziels erforderlichen Übungszeit derselbe Trend: Die geringste Übungszeit ist dann erforderlich, wenn zu Beginn der Übungsphase die Antwortzeit sehr restriktiv begrenzt und mit zunehmend verfügbarem Regelwissen verlängert wird (adaptive Systemkontrolle). Die längste Übungszeit ist erforderlich, wenn die Begrenzung der Antwortzeit invers adaptiert wird. Der Unterschied zwischen adaptiver Systemkontrolle und Lernerkontrolle ist jedoch gering, was auf die Wirkung eines ATI-Effektes zurückgeführt werden konnte: Nur Vpn, die den Vortest langsam bearbeitet hatten, profitierten von der adaptiven Systemkontrolle. Dies kann zwei Ursachen haben: Zum einen ist denkbar, daß die Parametrisierung der Adaptationsstrategie noch Probleme bereitet. Zum anderen ist denkbar, daß weniger ein kognitiver, sondern eher ein motivationaler Effekt der adaptiven Antwortzeitbegrenzung wirksam ist.

Parametrisierungsprobleme sind deswegen in Erwägung zu ziehen, weil diejenige Variable, die den ATI-Effekt bewirkt, auch gleichzeitig diejenige Variable ist, anhand welcher die anfängliche maximale Präsentationszeit der Übungsaufgaben bestimmt wird. Zur Erinnerung: Die adaptive Begrenzung der Antwortzeit beginnt mit der minimal benötigten Zeit für ein Item zur jeweils selben Regel im Vortest. Wenn nun eine Vp im Vortest sehr schnell gewesen ist, dann wird sie in der Übungsphase mit sehr restriktiven Zeitvorgaben konfrontiert, die möglicherweise trotz guter Regelkenntnis nicht zu unterbieten sind. In diesem Fall muß die Vp jeweils mindestens drei Aufgaben bearbeiten, bevor die Zeitvorgabe erstmals um 20% verlängert wird. Vpn, die dagegen im Vortest langsamer gearbeitet haben, bekommen im Übungsteil anfänglich weniger restriktive Zeitbegrenzungen, die bei ausreichender Regelkenntnis leichter zu unterbieten sind.

Motivationale Effekte könnten insofern eine Rolle spielen, daß manche Vpn sich durch die adaptive Begrenzung der Antwortzeit möglicherweise ganz einfach zu schnellerer Arbeitsweise anregen lassen - ein Effekt, der insbesondere bei langsam arbeitenden Vpn besonders stark auf die Übungszeit durchschlagen sollte. Anhand dieser Überlegung würde man eine ordinale Interaktion erwarten, bei der sich die beiden Regressionsgeraden zwar in ihrer Steigung unterscheiden, sich jedoch nicht schneiden. Die Daten zeigen aber tendenziell eine disordinale Interaktion, aus der ersichtlich ist, daß schnelle Vpn durch die adaptive Antwortzeitbegrenzung im Vergleich zur Lernerkontrolle zumindest tendenziell behindert werden. Im übrigen wäre bei ausschließlich motivationalen Effekten im Sinne eines beschleunigten Arbeitstempos zu erwarten, daß die Vpn unter der adaptiven Bedingung auch im Nachtest schneller wären, wie es in Tennysons Experimenten der Fall gewesen ist. Wie Anh. 3.1.2-1 (S. 218) aber zeigt, sind die Nachtestbearbeitungszeiten über die experimentellen Bedingungen hinweg so übereinstimmend, daß sich jeder inferenzstatistische Test erübrigt. Insofern ist davon auszugehen, daß die motivationalen Überlegungen allein nicht ausreichend sind, den beobachteten ATI-Effekt zu erklären.

Abschließend ist unter methodischem Gesichtspunkt noch eine Bemerkung zu der in Abb. 3.1.2-2 (S. 90) gewählten Darstellung des ATI-Effektes durch die beiden Regressionsgeraden und ihre Vertrauensintervalle anzubringen: Eine Alternative wäre gewesen, die Regionen des praktisch bedeutsamen Regressionsunterschiedes anhand des sog. Potthoff-Verfahrens zu untersuchen. Dieses Verfahren beruht darauf, das Vertrauensintervall für die Differenz der Regressionsgleichungen innerhalb der beiden experimentellen Gruppen zu berechnen und gegebenenfalls graphisch darzustellen (vgl. Cronbach & Snow, 1977, S. 90ff). Demgegenüber erscheint die hier gewählte Darstellungsweise als eine vorteilhafte Alternative, weil sich im Streuungsdiagramm unmittelbar ablesen läßt, für welche und für wieviele Vpn der ATI-Effekt praktisch bedeutsam ist: Dies sind diejenigen Personen, die nicht im Überlappungsbereich der beiden Vertrauensintervalle gelegen sind - in Abb. 3.1.2-2 (S. 90) z.B. diejenigen neun Vpn, welche für die Bearbeitung des Vortests 12 oder mehr Minuten benötigt haben.

3.1.3 Experiment 2: Vergrößerung des Wissensumfangs

FRAGESTELLUNG UND THEORETISCHER HINTERGRUND

Das folgende zweite Experiment zielte darauf ab zu prüfen, ob die im vorangegangen Experiment beobachtete Überlegenheit der adaptiven Antwortzeitbegrenzung bezüglich der erforderlichen Übungszeit sich auch in der Menge des erworbenen Regelwissens niederschlägt. Auf den Vergleich mit einer invers-adaptiven Bedingung wurde bei diesem Experiment verzichtet. Adaptive Systemkontrolle wurde nur mit Lernerkontrolle verglichen.

Das Verhindern fehlerhafter Antworten beim Bearbeiten von Aufgaben sollte nicht nur die bis zum Erreichen des Lehrziels erforderliche Übungszeit reduzieren. Darüber hinaus sollte sich dann, wenn die Übungszeit konstant gehalten wird, der Umfang des erworbenen Wissens erweitern lassen: Wenn Vpn unter adaptiver Antwortzeitbegrenzung im Vergleich zur Lernerkontrolle *schneller* lernen, dann ist zu erwarten, daß sie in derselben Zeit auch *mehr* lernen. Diese beiden Aspekte sind in Tennysons Experimenten konfundiert, da dort nicht genügend Aufgaben verfügbar waren um zu gewährleisten, daß alle Vpn das Lehrziel erreichen konnten.

Ein pragmatischer Grund für das Folgeexperiment ist im übrigen darin zu sehen, daß bei den meisten CAI-Anwendungen nicht beliebig viel Lernzeit zur Verfügung steht, weil die Geräte nur für einen bestimmten Zeitraum (z.B. zwei Unterrichtsstunden) benutzt werden können. Wenn schon in solchen Situationen kein zielerreichendes Lernen realisiert werden kann, dann wäre es zumindest wünschenswert, daß die Lernenden in der vorhandenen Lernzeit möglichst nahe an das Lehrziel herangeführt werden können.

Hypothese: Analog zum vorangegangenen Experiment wurde erwartet, daß bei konstanter Übungszeit unter adaptiver Antwortzeitbegrenzung mehr gelernt wird als unter Lernerkontrolle, was sich in einer höheren Anzahl richtiger Antworten im Nachtest niederschlagen sollte.

METHODE

Versuchspersonen und experimentelles Design: Am Experiment nahmen 40 Schülerinnen der Oberstufe eines Aachener Gymnasiums teil. Es wurde ein einfaktorieller Zwei-Gruppen-Versuchsplan mit Vortest und Nachtest verwendet. Unabhängige Variable war die Steuerung der Antwortzeitbegrenzung (adaptive Systemkontrolle, Lernerkontrolle). Auf jede der beiden Bedingungen entfielen 20 Vpn. Die Anzahl der richtigen

Antworten und die benötigte Zeit im Vortest wurde als Kovariable verwendet. Abhängige Variable war die Anzahl richtiger Antworten im Nachtest.

Lehrstoff, Lehrprogramm und Material: Es wurde dasselbe Lehrprogramm zum selben Lehrstoff verwendet wie im vorangegangenen Experiment. Der einzige Unterschied bestand darin, daß der Nachtest um 19 Aufgaben erweitert wurde, so daß er insgesamt einen Umfang von 49 Items hatte. Abweichend vom ersten Experiment wurde er als Papier-und-Bleistift-Test eingesetzt.

Implementation der experimentellen Bedingungen und Vorgehensweise: Die adaptive Antwortzeitbegrenzung wurde dahingehend geringfügig geändert, daß die für eine Antwort verfügbare Zeit nicht unter fünf Sekunden sinken konnte, während es im ersten Experiment drei Sekunden waren. Für den Versuch standen sechs PC zur Verfügung, so daß jedes der beiden Lehrprogramme auf zwei PC installiert werden konnte. Die Vpn wurden den PC zufällig zugewiesen. Bis auf den Übungsteil hatten die Vpn beliebig viel Zeit, das jeweilige Lehrprogramm zu bearbeiten. Die Bearbeitung des Übungsteils war auf 30 Minuten begrenzt. Nach Ablauf dieser Zeit wurde der Nachtest vorgelegt. Das gesamte Material konnte in einer Doppelstunde (90 Minuten) durchgearbeitet werden.

ERGEBNISSE

Wie auch beim vorhergehenden Experiment werden die Ergebnisse in mehreren Teilen vorgestellt: Zunächst geht es um die Überprüfung der experimentellen Manipulation, dann um Unterschiede im Nachtest und schließlich um die Analyse eines ATI-Effektes.

Überprüfung der experimentellen Manipulation und Leistung im Nachtest: Die experimentelle Manipulation ist mit einem mittleren Adaptivitätsindex von D=0.40 vergleichbar erfolgreich wie im ersten Experiment. Bezüglich der Leistung im Nachtest ist jedoch kein Unterschied zwischen den beiden experimentellen Bedingungen zu erkennen. Die Mittelwerte liegen mit 42.1 bzw. 42.3 so dicht beieinander, daß sich eine inferenz-statistische Prüfung der Differenz erübrigt (vgl. Anh. 3.1.3-1, S. 219, Spalten 2 und 3). Dieses Bild ändert sich auch nicht, wenn die Anzahl richtiger Antworten im Vortest oder der Zeitbedarf im Vortest als Kovariable verwendet werden. Demzufolge ist davon auszugehen, daß die Adaptation der Antwortzeitbegrenzung keinen allgemeinen Effekt auf die Leistung der Vpn im Nachtest hat.

Nachtestleistung in Abhängigkeit vom Adaptivitätsindex: In Anbetracht des geringen Nachtestunterschiedes zwischen den beiden experimentellen Bedingungen wurde die Gruppe mit adaptiver Systemkontrolle einer detaillierteren Analyse unterzogen. Es zeigte sich, daß der individuell bestimmte Adaptivitätsindex recht hoch mit der Anzahl richtiger Antworten im Nachtest korreliert (r=0.43; r=0.60, wenn die Anzahl richtiger Antworten im Vortest auspartialisiert wird). Offensichtlich scheint es so zu sein, daß diejenigen Vpn, bei denen die Adaptation der Antwortzeitbegrenzung einigermaßen gut realisiert werden konnte, mehr gelernt haben als diejenigen Vpn, bei denen die experimentelle Manipulation weniger erfolgreich gelungen ist.

Da die mittlere Anzahl richtiger Antworten im Nachtest unter Lernerkontrolle und adaptiver Systemkontrolle nahezu identisch ist, ist aufgrund der hohen Korrelation innerhalb der adaptiven Bedingung davon auszugehen, daß Vpn mit niedrigem Adaptivitätsindex im Nachtest schlechter, während Vpn mit hohem Adaptivitätsindex im Nachtest besser als die Vpn in der Bedingung mit Lernerkontrolle abschneiden. Um diese Trendhypothese zu prüfen, wurde die Gruppe mit adaptiver Systemkontrolle am Median des Adaptivitätsindices halbiert. Die vortest-adjustierten Mittelwerte der Anzahl richtiger Antworten im Nachtest folgen dem erwarteten Trend (vgl. Anh. 3.1.3-1, S. 219, Spalten 2,4,5; Abb. 3.1.3-1, S. 95). Im Jonckheere-Test erweist sich der Trend als signifikant, S=186, sigma=78.5, p<.05. Anhand einer Kovarianzanalyse läßt sich feststellen, daß durch die Unterschiede zwischen den drei Gruppen 17.3% der vortest-adjustierten Nachtestvarianz erfaßt werden. Die Effektstärke der experimentellen Manipulation beträgt beim Vergleich der Bedingung mit hohem Adaptivitätsindex gegenüber der Bedingung mit Lernerkontrolle g=(44.0-41.9)/3.0=0.70, was als mittelstarker Effekt zu bezeichnen ist. Zu beachten ist, daß auch hier, wie bei der zuvor berichteten Metaanalyse, die Standardabweichung der Kontrollgruppe im Nenner von g verwendet wurde, was in diesem Fall eine konservative Berechnung der Effektstärke bewirkt. Würde man die zusammengefaßte Standardabweichung der beiden Gruppen heranziehen, ergäbe sich eine größere Effektstärke.

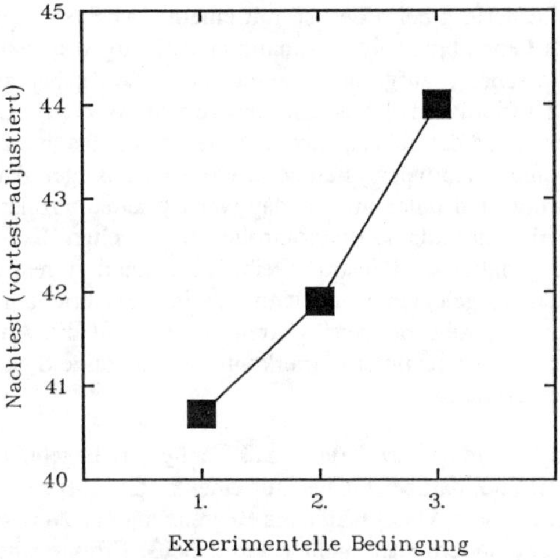

Abb. 3.1.3-1: Mittlere Anzahl richtiger Lösungen im Nachtest, Experiment 2 (1: adaptive Systemkontrolle, wenig effektiv; 2: Lernerkontrolle; 3: adaptive Systemkontrolle, hoch effektiv)

DISKUSSION

Die Fragestellung des Experimentes bezog sich darauf, ob die adaptive Antwortzeitbegrenzung der Lernerkontrolle überlegen ist bezüglich des im Nachtest ermittelten Umfangs des erworbenen Regelwissens. Die experimentellen Ergebnisse belegen, daß dies - zumindest allgemein betrachtet - nicht der Fall ist. Wie die nachträgliche Analyse offenbarte, ist der Grund vor allem darin zu sehen, daß die Adaptationsstrategie nicht bei allen Vpn gleichermaßen erfolgreich realisiert werden konnte. Werden diese Unterschiede in

Betracht gezogen, dann tritt ein deutlicher Effekt der experimentellen Manipulation zutage. Folgendes ist dementsprechend festzuhalten: Die adaptive Steuerung der Antwortzeitbegrenzung ist dann ein effektives Mittel zur Steigerung des Wissenserwerbs, wenn sie das erreicht, was erreicht werden soll, nämlich die Unterdrückung fehlerhafter Antworten (genauer: die Unterdrückung von Antworten als Folge von Fehlern anstatt als Folge richtiger Antworten). Gelingt dies nicht oder nur zu einem geringen Teil, dann ist ein Bumerang-Effekt in dem Sinne zu erwarten, daß im Vergleich zur Lernerkontrolle - zumindest tendenziell - sogar weniger Wissen erworben wird. Die Nützlichkeit einer Adaptation der Antwortzeitbegrenzung ist offensichtlich in hohem Ausmaß von einer angemessenen Implementation der Adaptationsstrategie abhängig.

3.1.4 Zusammenfassende Diskussion

Anhand der ersten beiden Experimente konnte demonstriert werden, daß die adaptive Begrenzung der Antwortzeit dann, wenn sie angemessen implementiert ist, ein geeignetes Mittel darstellt, den Lernerfolg beim Lernen mit einem CAI-System zu steigern. Es wurden zwei Aspekte des Lehr-Lernerfolgs erstmalig unabhängig voneinander untersucht, die in der bisherigen Forschung aufgrund unzureichender Aufgabenuniversa konfundiert waren: Effizienz und Effektivität. Im ersten Experiment wurde zielerreichendes Lehren realisiert. Es zeigte sich, daß die bis zum Erreichen des zuvor festgelegten Lehrziels erforderliche Übungszeit unter adaptiver Systemkontrolle der zulässigen Antwortzeit kürzer ist als unter Lernerkontrolle und unter invers-adaptiver Systemkontrolle: Adaptive Systemkontrolle ist also effizienter als Lernerkontrolle. Im zweiten Experiment wurde die Übungszeit konstant gehalten und insofern eine Lernsituation realisiert, die üblichem Unterricht mit zeitlich festgelegten Unterrichtseinheiten entspricht. Es zeigte sich, daß unter adaptiver Systemkontrolle der verfügbaren Antwortzeit die Anzahl richtiger Antworten im Nachtest größer ist als unter Lernerkontrolle: Adaptive Systemkontrolle ist also auch effektiver als Lernerkontrolle.

Zusammenfassend ist damit festzuhalten, daß Tennysons Ergebnisse in den wesentlichen Punkten repliziert und, darüber hinaus, auf eine breitere theoretische und empirische Basis gestellt werden konnten. Unter adaptiver Begrenzung der Antwortzeit wird tatsächlich nicht nur schneller, sondern auch mehr gelernt. Beide Effekte sind allerdings an eine erfolgreiche Implementation der Adaptationsstrategie gebunden: Wenn es um die Reduktion der Übungszeit geht, dann profitieren insbesondere langsame Schüler von der Antwortzeitbegrenzung. Wenn es um die Steigerung des Wissensumfangs geht, dann wird um so mehr profitiert, je häufiger die auf falsche, aber nicht auf richtige Aufgabenlösungen folgenden Antworten unterbrochen werden und auf diese Weise Übungsbeispiele automatisch zu Demonstrationsbeispielen umfunktioniert werden.

Es kann nun allerdings nicht die Schlußfolgerung gezogen werden, daß die vorliegenden Ergebnisse die kognitionspsychologisch begründeten Phasentheorien des Erwerbs prozeduraler Fertigkeiten wie ACT* oder die REPAIR-Theorie des Entstehens von Fehlern *be*legen bzw. die motivationspsychologischen Überlegungen *wider*legen. Derartige Schlüsse waren nicht das Ziel der beiden Experimente. Andererseits kann aber gesagt werden, daß die kognitionspsychologischen Überlegungen geeignet sind, (1) die Wirksamkeit einer adaptiven Steuerung der Antwortzeitbegrenzung theoretisch zu begründen und (2) vorherzusagen, daß dieser Eingriff in die Lehr-Lernsituation bessere Lernergebnisse bewirkt als keine Steuerung der Antwortzeitbegrenzung bzw. eine motivationspsychologisch begründete inverse Adaptation der Antwortzeitvorgabe.

Bemerkenswert ist, daß unter Lernerkontrolle das Verhältnis richtig bearbeiteter zu insgesamt bearbeiteten Übungsaufgaben vergleichsweise hoch ist (im Mittelwert 0.85 in Experiment 1 und 0.79 in Experiment 2, vgl. Anh. 3.1.2-1, S. 218, bzw. Anh. 3.1.3-1, S. 219). Dies entspricht in etwa der theoretischen Begründung für diese Lehrstrategie, daß nämlich im Sinne von Skinner aufgrund leichter Aufgaben möglichst viele richtige Antworten auftreten sollen, um Lernen aufgrund von Verstärkung zu ermöglichen. Bei Programmierter Instruktion klassischer Art würde man zwar noch leichtere Aufgaben fordern. Bezüglich der beiden hier berichteten Experimente ist aber festzuhalten, daß - obwohl unter Lernerkontrolle in beiden Experimenten im Mittelwert deutlich leichtere Übungsaufgaben zu bearbeiten waren als unter adaptiver Systemkontrolle (0.85 gegenüber 0.63 in Experiment 1 bzw. 0.79 gegenüber 0.49 in Experiment 2) - der Lernerfolg unter Lernerkontrolle in beiden Fällen geringer ist.

Bemerkenswert ist ferner, daß unter der invers-adaptiven Begrenzung der Antwortzeit im Experiment 1 das Verhältnis richtig bearbeiteter zu insgesamt bearbeiteten Übungsaufgaben mit .52 tatsächlich in einem Bereich liegt, der entsprechend der motivationspsychologischen Begründung für diese Lehrstrategie eine optimale Lernbedingung darstellen sollte. Die Ergebnisse zeigen aber, daß dies nicht der Fall ist: Die Vpn benötigen wesentlich mehr Zeit, das Lehrziel zu erreichen, sie bearbeiten dabei eine größere Anzahl von Übungsaufgaben, und sie sind trotz alldem im Nachtest nicht besser als die Vpn unter Lernerkontrolle oder adaptiver Systemkontrolle. Deskriptiv ist in diesem Zusammenhang noch festzuhalten, daß die Zugehörigkeit zu den experimentellen Bedingungen in Experiment 1 76% und in Experiment 2 79% der Varianz der individuellen Aufgabenschwierigkeiten im Übungsteil erfaßt.

Diese Ergebnisse scheinen den Ergebnissen eines früheren Experimentes zum entdeckenden Lernen von Regeln zu widersprechen, bei dem sich zeigte, daß sehr leichte Übungsaufgaben lehrwirksamer sind als mittelschwierige Aufgaben (Nußbaum & Leutner, 1986b; Nußbaum, 1989). In jenem Experiment war allerdings eine Situation des lernerkontrollierten strikt entdeckenden Lernens ohne jegliche Anleitung realisiert, so daß die Ergebnisse nicht unmittelbar miteinander vergleichbar sind. Darüber hinaus konnten die Vpn in dem angesprochenen Experiment unter der leichten im Vergleich zur mittelschwierigen Bedingung doppelt so viele Aufgaben in derselben Zeit bearbeiten. Was aber in Relation zu den hier berichteten beiden Experimenten bedeutsam ist, ist die Tatsache, daß im früheren Experiment auch eine Bedingung realisiert war, bei der die Aufgaben zu Beginn sehr leicht waren und im Laufe des Übens immer schwieriger gestaltet wurden. Unter dieser Bedingung bearbeiteten die Vpn genauso viele Aufgaben wie unter der Bedingung konstant mittelschwieriger Aufgaben und erzielten nahezu denselben Lernerfolg wie die Vpn mit doppelt so vielen sehr leichten Aufgaben. Jene experimentelle Bedingung mit ansteigender Aufgabenschwierigkeit ist insofern mit der hier untersuchten adaptiven Antwortzeitbegrenzung vergleichbar, als daß die Vpn in der früheren Untersuchung aufgrund der anfangs leichten Aufgaben wenig Fehler machten und die erforderlichen Regeln demzufolge leicht entdecken konnten, bevor sie im weiteren Verlauf schwierigere Aufgaben zu bearbeiten hatten. Diese anfängliche Unterstützung ist aber genau auch der Zweck der adaptiven Antwortzeitbegrenzung, die darauf abzielt, erst dann unabhängiges Üben zu gestatten, wenn sichergestellt ist, daß das erforderliche Wissen verfügbar ist. Insofern widersprechen die Ergebnisse der beiden hier berichteten Experimente keineswegs dieser früheren Untersuchung. Im Gegenteil: Wenn man bereit ist, der vorgestellten Argumentation zu folgen, dann ist davon auszugehen, daß die früheren Ergebnisse sogar repliziert worden sind.

Für den Lernerfolg scheint demnach, ganz im Sinne der diskutierten Phasen- und Fehlerentstehungstheorien, nicht die Aufgabenschwierigkeit an sich wesentlich zu sein, sondern vielmehr die Schwierigkeit der Aufgaben in Abhängigkeit vom Zeitpunkt der Bearbeitung. Günstig für den Lernerfolg ist es, wenn zu Beginn der Bearbeitung von Aufgaben mit großer Wahrscheinlichkeit keine falschen Antworten gegeben werden, was sich durch zwei Maßnahmen erreichen läßt: Entweder man verwendet leichte Aufgaben, oder man sorgt bei Aufgaben unbekannter Schwierigkeit dafür, daß der Lernende in geeigneter Weise unterstützt wird, z.B. dadurch, daß die Übungsaufgabe nach Ablauf einer systemkontrollierten Präsentationszeit automatisch in eine Demonstrationsaufgabe umgewandelt wird (vgl. auch Nußbaum, 1989).

Gewiß sind diese Überlegungen nicht als gänzlich neue Erkenntnisse anzusehen. Schon bezüglich des historisch ersten computer-basierten Lehrprogramms betonten Rath, Anderson & Brainerd (1959) die Wichtigkeit einer möglichst unmittelbaren Ergebnisrückmeldung. Sie implementierten diese Unmittelbarkeit derartig, daß sie die Antwort des Lernenden schon während der Tastatureingabe Zeichen für Zeichen prüften und dann, wenn ein Fehler erkennbar wurde, die weitere Eingabe blockierten, um auf diese Weise weitere Fehler verhindern zu können. Kürzlich formulierten Orey & Burton (1989) eine Kritik an den zur Zeit bekannten Intelligenten Tutoriellen Systemen, die auf denselben Überlegungen beruht: Sie bemängeln, daß die Antworten des Lernenden in der Regel erst dann analysiert werden, wenn sie abgeschlossen sind. Gegenüber dieser, wie sie es nennen, produktorientierten Fehlerdiagnose empfehlen Orey & Burton eine prozeßorientierte Fehlerdiagnose, bei welcher die Antwort des Lernenden nicht erst am Ende, sondern schon während der Eingabe überprüft wird. Implementiert wurde dieser Vorschlag in einem ITS namens POSIT (Process Oriented Subtraction-Interface for Tutoring). Aber weder Rath et al., noch Orey & Burton lieferten experimentelle Belege für die Nützlichkeit dieser Lehrstrategie im Vergleich zu alternativen Strategien.

Abschließend sei darauf hingewiesen, daß die hier realisierte adaptive Begrenzung der Antwortzeit durchaus nicht in völligem Gegensatz zu herkömmlicher Unterrichtspraxis steht, zumindest dann nicht, wenn mehrere Schüler zusammen unterrichtet werden. Man vergegenwärtige sich die Situation, daß der Lehrer eine Frage an die Klasse stellt. Nach einiger Zeit melden sich einige Schüler, um die Frage zu beantworten. Einer der Schüler wird aufgerufen und äußert die richtige Antwort. Für diejenigen Schüler, die die Antwort bis zu diesem Zeitpunkt noch nicht gefunden haben, präsentiert der aufgerufene Mitschüler die Musterlösung, was konsequenterweise einen Abbruch der Antwortsuche bewirken wird. Auf diese Weise ist die Übungsaufgabe für diese Schüler zu einer Demonstrationsaufgabe umfunktioniert worden, was genau dem Zweck der computergesteuerten adaptiven Begrenzung der Antwortzeit entspricht. Die hier berichteten experimentellen Ergebnisse belegen also nicht zuletzt auch die Nützlichkeit dieser herkömmlichen Unterrichsstrategie, wobei allerdings zu berücksichtigen ist, daß im Klassenverband eine Adaptation der Zeitvorgabe an den einzelnen Schüler in der Regel nicht möglich sein wird.

"New meanings are acquired most efficiently when instructional materials are related to, interact with, and are subsumed by relevant and more inclusive, established ideas in cognitive structure..." (Ausubel, 1978, S. 66).

3.2 Adaptive Definition neuer Begriffe beim Lernen hierarchisch geordneter Begriffssysteme

3.2.1 Stand der Forschung

Begriffe lassen sich als Äquivalenzklassen beliebiger Objekte oder Situationen in der Umwelt eines zur Wahrnehmung befähigten Lebewesens auffassen. In diesem Sinne sind Begriffe die Voraussetzung für zielgerichtetes Verhalten (vgl. Klix, 1980). Insbesondere aber sind Begriffe auch die Grundbausteine jeglichen Wissens. Insofern ist es nicht erstaunlich, daß das Lehren und Lernen von Begriffen einen zentralen Gegenstand psychologischer und pädagogischer Forschung darstellt (z.B. Klausmeier, 1976; Rosch, 1977a, b, 1978).

LEHREN VON BEGRIFFEN

Empfehlungen zum Lehren von Begriffen folgen gewöhnlich zwei - in der Didaktik nahezu klassischen - Möglichkeiten, einen Begriff zu definieren:

(1) *Nominaldefinition* durch Benennung eines Oberbegriffs (genus proximum) und Angabe spezifischer Eigenschaften, die den zu definierenden Begriff von anderen beigeordneten Begriffen unterscheiden (differentia specifica);

(2) *Realdefinition* durch Aufzählung von Beispielen.

So konnte Tennyson z.B. in einer Reihe von Experimenten nachweisen, daß Begriffe dann besonders effektiv und effizient gelernt werden, wenn die Lernenden zunächst eine Nominaldefinition präsentiert bekommen, dann im Sinne einer Realdefinition einige möglichst gute Demonstrationsbeispiele sehen und danach schließlich selbständig so viele Übungsbeispiele bearbeiten, bis sie mit einer zuvor festgelegten Wahrscheinlichkeit beliebige Beispiele und Nicht-Beispiele des zu lernenden Begriffs richtig klassifizieren können (vgl. Kap. 3.1; siehe auch das bei Kötter, Auffenfeld, Jüngst & Struchholz, 1990, beschriebene Forschungsprojekt zum Lehren und Lernen von Begriffen).

RELATIONEN ZWISCHEN BEGRIFFEN

Begriffe sind in der Regel keine isolierten Wissensinseln. Sie stehen vielmehr in vielfältigen Relationen zu anderen Begriffen. Die bedeutsamsten Relationen sind die "ist ein"-Relation und die "hat"-Relation, die beide bei der klassischen Nominaldefinition eines Begriffs Verwendung finden: Die "ist ein"-Relation verbindet den zu definierenden Begriff mit dem jeweiligen Oberbegriff, während die "hat"-Relation eine Verbindung zu den definierenden Eigenschaften herstellt.

Die "ist ein"-Relation ist gleichbedeutend mit der Teilmengenrelation: Wenn x einen Oberbegriff repräsentiert und u und v Unterbegriffe von x sind, dann sind die Menge der Objekte u und die Menge der Objekte v Teilmengen der Menge der Objekte x.

In Abhängigkeit davon, ob die Schnittmenge von u und v die leere Menge ist, ergibt sich eine Taxonomie oder eine Hierarchie: Ist die Schnittmenge leer, handelt es sich um eine Taxonomie, wie sie typischerweise aus der Biologie bekannt ist. Eine Taxonomie entsteht dadurch, daß eine Menge A in sich *nicht* überschneidende Teilmengen A_1, A_2 ... A_n zerlegt wird. Jede dieser Teilmengen wird wieder zerlegt, z.B. A_1 in die Teilmengen A_{11}, A_{12} ... A_{1m} usw. Damit wird gewährleistet, daß jedes zu klassifizierende Objekt auf jeder Ebene der Taxonomie eindeutig eingeordnet werden kann. Wird die Eindeutigkeit der Klassifikation dagegen nicht gefordert, dann handelt es sich um eine Hierarchie. In diesem Fall können sich die Teilmengen u und v der Obermenge x überschneiden, so daß ein zu klassifizierendes Objekt gleichzeitig als u und als v bezeichnet werden kann, ohne daß u und v einander unter- oder übergeordnet sind, d.h. in keiner hierarchischen Relation zueinander stehen. Begriffsstrukturen der beschriebenen Art lassen sich als Abstraktionshierarchien bezeichnen (vgl. Dörner, 1976).

Da jeder Begriff eine Menge von Objekten darstellt, die durch eine bestimmte Menge definierender Eigenschaften gekennzeichnet sind, ist es - rein formal betrachtet - gleichbedeutend, ob nun ein Begriff unter explizitem Bezug auf einen Oberbegriff definiert wird oder ob stattdessen die Menge der definierenden Eigenschaften des Oberbegriffs mit in die Eigenschaftsliste des neu zu definierenden Begriffs aufgenommen wird, ohne den Oberbegriff explizit zu benennen. So ist die Definition

A: "Ein x ist ein u mit den Eigenschaften d, e"

äquivalent zur Definition

B: "Ein x ist ein v mit den Eigenschaften a, b, c, d, e",

sofern der in der Definition A verwendete Oberbegriff u definiert ist als

C: "Ein u ist v mit den Eigenschaften a, b, c".

KOGNITIVE ÖKONOMIE UND SEMANTISCHE NETZWERKE

Die geschilderte Überlegung zur Definition eines Begriffs führte in der Kognitionspsychologie der 70er Jahre unter dem Stichwort "kognitive Ökonomie" zu der Frage, wo denn nun die definierenden Eigenschaften eines Begriffs gespeichert werden. Eine in hohem Ausmaß unökonomische Speicherung würde darin bestehen, mit jedem einzelnen Begriff alle zutreffenden "ist ein"- und alle zutreffenden "hat"-Relationen abzuspeichern. Eine in hohem Ausmaß ökonomische Speicherung dagegen würde mit einem Begriff nur diejenigen Relationen ablegen, die sich *nicht* aufgrund der Transitivität der "ist ein"-Relation erschließen lassen: Der jeweilige Oberbegriff repräsentiert in diesem Fall gewissermaßen ein Bündel von Eigenschaften, so daß es nicht erforderlich ist, mit diesen Eigenschaften nochmals Speicherplatz zu belegen (vgl. die Definitionsbeispiele weiter oben).

Jede Eigenschaft wird auf diese Weise nur einmal und zwar auf der höchstmöglichen Hierarchiestufe abgelegt und - in Begriffen der Künstlichen Intelligenz - an alle untergeordneten Begriffe "vererbt".

Diese Idee der Vererbbarkeit ist an die Konzeption eines hierarchisch organisierten semantischen Gedächtnisses gebunden - eine Idee, die sich auf Quillian (1969) bzw. Collins & Quillian (1969) zurückführen läßt (vgl. auch und die Modelle von Norman, 1973; Collins & Loftus, 1975; Dörner, 1976; Simon, 1976). In Quillians TLC (Teachable Language Comprehender) sind Oberbegriffsrelationen zwischen Begriffen im Speicher abgelegt, wobei Merkmale jeweils beim Oberbegriff angebunden sind. Mit diesem Modell war es möglich, die Reaktionszeit einer Antwort auf Fragen vorherzusagen wie "Ist ein Spatz ein Vogel?" oder "Kann ein Spatz fliegen?": Die Reaktionszeit ist umso länger, je größer die Distanz zwischen den Begriffen in der Frage ist, wobei Distanz operationalisiert wird als Anzahl zwischenliegender Hierarchiestufen.

Das hierarchisch organisierte Netzwerkmodell versagt allerdings häufig dann, wenn die in der Frage behauptete Relation falsch ist (z.B. "Ist ein Hund ein Vogel?", "Kann ein Hund fliegen?") oder wenn nach weniger typischen Beispielen für eine Kategorie gefragt wird (z.B. "Ist ein Pinguin ein Vogel?"). Zur Erklärung dieser abweichenden Reaktionszeiten wurden Merkmalsmodelle vorgeschlagen (z.B. Smith, Shoben & Rips, 1974): Jeder Begriff wird als Liste von Merkmalen gespeichert. Der Begriff ist eindeutig festgelegt durch eine Teilmenge *definierender* Merkmale. Daneben wird eine Teilmenge von Merkmalen angenommen, die für die jeweilige Kategorie *charakteristisch* sind. So ist z.B. das Merkmal "fliegen können" zwar charakteristisch für die Kategorie der Vögel, aber nicht definierend. Oberbegriffsrelationen stellen in diesen Modellen keine unmittelbar gespeicherten Merkmale dar. Sie müssen vielmehr aus den Merkmalslisten abgeleitet werden. Dies erfolgt in einem zweistufigen Verfahren: In der ersten Stufe wird ein globaler Vergleich der charakteristischen Merkmale vorgenommen, der zu einer sehr schnellen Antwort führen kann. Wird eine derartige schnelle Antwort nicht erreicht, dann erfolgt in der zweiten Stufe ein detaillierter Vergleich der definierenden Eigenschaften. Diese zweite Stufe erfordert mehr Zeit, so daß das Merkmalsmodell in der Lage ist, längere Reaktionszeiten für Fragen wie z.B. "Ist ein Pinguin ein Vogel?" vorherzusagen.

Zu ergänzen ist allerdings, daß Netzwerk- und Merkmalsmodelle des semantischen Gedächtnisses nicht prinzipiell unvereinbar sind, sondern formal ineinander überführt werden können, worauf z.B. Hollan (1975) und Klatzky (1975) hingewiesen haben. Insofern lassen sich auch anhand eines Netzwerkmodells längere Reaktionszeiten bei Fragen nach untypischen Beispielen vorhersagen, wenn zusätzliche Annahmen z.B. bezüglich der Kanten zwischen den Knoten und der Art der im Netz ablaufenden Suchprozesse gemacht werden. Dementsprechend ist - auch entgegen andersgearteten Aussagen wie z.B. bei Conrad (1972) - bisher noch nicht abschließend geklärt, ob das Prinzip der kognitiven Ökonomie gilt oder nicht.

MÖGLICHKEITEN DES AUFBAUS HIERARCHISCH ORGANISIERTER BEGRIFFSSTRUKTUREN DURCH INSTRUKTION

Unabhängig davon, ob bezüglich der Struktur eines *vorhandenen* semantischen Gedächtnisses kognitive Ökonomie angenommen werden kann oder nicht, ist eine wichtige und bisher unbeantwortete instruktionspsychologische Frage darin zu sehen, welche Strategie beim *Aufbau* einer Begriffshierarchie verfolgt werden sollte. Folgt man Ausubels Empfehlung (Ausubel, 1968, Ausubel & Robinson, 1969), vom Allgemeinen zum Besonderen vorzugehen (vgl. auch Norman, 1973; Dörner, 1975), dann sind grundsätzlich drei Möglichkeiten denkbar, einen neu zu lernenden Begriff nominal-definitorisch einzuführen:

(1) Man definiert jeden neuen Begriff unter Verwendung des in der Hierarchie *unmittelbar übergeordneten* Oberbegriffs, was gleichzeitig bedeutet, daß man mit einer vergleichsweise kurzen Liste definierender Eigenschaften auskommen kann. Diese Strategie entspricht im besonderen Ausmaß der alten didaktischen Empfehlung, neues Wissen möglichst eng an bereits vorhandenes Wissen anzubinden.

(2) Man definiert alle neu zu lernenden Begriffe unter Verwendung desselben sehr *allgemeinen* Oberbegriffs an der Spitze der jeweiligen Hierarchie. In diesem Fall wird die Liste der definierenden Eigenschaften eines Begriffs umso länger, je weiter man sich in der Hierarchie den untersten Stufen nähert.

(3) Man kombiniert die beiden Vorgehensweisen (1) und (2) derart, daß man in der Definition eines neuen Begriffs zwar auf den unmittelbar übergeordneten Oberbegriff zurückgreift (Strategie 1), gleichzeitig aber - im Vergleich zum allgemeinsten Oberbegriff der Hierarchie - eine vollständige Liste aller Eigenschaften angibt (Strategie 2). In diesem Fall ist die Definition redundant, weil eine Teilmenge der definierenden Eigenschaften schon durch den in der Definition verwendeten Oberbegriff festgelegt wird.

Für die Gestaltung computer-basierter Lehrsysteme sind diese Strategien insofern bedeutsam, als sie dann, wenn der Lernende die Reihenfolge der zu bearbeitenden Begriffe selbst bestimmen kann (vgl. den entsprechenden Vorschlag von Kluwe, 1979), unterschiedliche Anforderungen an die Adaptivität des Lehrsystems stellen. Zweifellos erfordert die Strategie (2) keine Adaptivität: Im Rahmen dieser Strategie wird mit einem einheitlichen Oberbegriff und vollständigen Eigenschaftslisten gearbeitet. Insofern kann die Definition eines jeden Begriffs unabhängig von der vom Lernenden gewählten Bearbeitungsreihenfolge festgelegt werden. Bei den Strategien (1) und (3) dagegen variiert die Definition eines jeden Begriffs in Abhängigkeit von der Bearbeitungsreihenfolge, da zur Definition eines neu zu bearbeitenden Begriffs ein übergeordneter Begriff gesucht werden muß, der (a) zuvor bearbeitet wurde und somit schon bekannt ist und (b) dessen Distanz, operationalisiert als Anzahl zwischenliegender Hierarchiestufen, minimal ist, um - zumindest bei der Strategie (1) - die Liste der erforderlichen definierenden Eigenschaften möglichst kurz halten zu können.

EXKURS ZUR VERWENDUNG DER BEGRIFFE "EIGENSCHAFT" VS. "MERKMAL"

Bei der Beschreibung der drei Lehrstrategien ist allgemein von *Eigenschaften* die Rede gewesen, nicht - wie anderenorts so häufig - von Merkmalen. Die Unterscheidung folgt Garner (1978), der beklagt, daß in der psychologischen Literatur diese und verwandte Begriffe wenig eindeutig verwendet werden. Im Extremfall werden Konzepte wie "Element", "Merkmal", "Attribut", "Hinweisreiz", "Dimension" oder "Komponente" synonym verwendet (z.B. Reed, 1973), wobei sich nach Garner noch "Variable", "Aspekt" und "Bestandteil" hinzufügen ließen. Demgegenüber schlägt Garner aus wahrnehmungspsychologischer Perspektive folgende Taxonomie vor: Jeder Reiz verfügt zunächst ganz allgemein über *Eigenschaften*. Diese zerfallen in zwei große Klassen: einerseits in *Bestandteileigenschaften* (component properties) oder *Attribute* und andererseits in *ganzheitliche Eigenschaften* (wholistic properties).

Unterkategorien der Attribute sind Dimensionen und Merkmale (features): Unter einer *Dimension* versteht Garner ein Attribut, welches einem Reiz einen von mehreren sich gegenseitig ausschließenden Werten zuordnet, sofern die Dimension überhaupt auf den jeweiligen Reiz anwendbar ist (z.B. Helligkeit, Farbe, Form etc.). Ein *Merkmal* dagegen ist ein Attribut, welches bei einem Reiz entweder vorhanden oder nicht vorhanden ist, und zwar in einer einzigen Ausprägung. In der Regel handelt es sich um einen Bestandteil des Reizes, der entfernt werden kann, ohne daß die verbleibenden Bestandteile des Reizes dadurch verändert werden (z.B. das Lenkrad eines Kraftfahrzeuges).

Unterkategorien der ganzheitlichen Reizeigenschaften sind in Garners Taxonomie sog. einfache Ganzheiten (simple wholes), Matrizen (templates) und Konfigurationen. *Einfache Ganzheiten* definieren solche Reize, die durch eine Auflistung ihrer Komponenten beschrieben werden können, ohne daß "the whole is in any way more than or different from the sum of its parts" (Garner, 1978, S. 122). *Matrizen* definieren in Anlehnung an Neisser (1967) solche Reize, die im Rahmen der Informationsverarbeitung die Funktion eines Prototyps (vgl. auch Rosch, 1978) oder einer sog. kanonischen Form haben. Das sind Reize, die hinsichtlich der relevanten Eigenschaften die zentrale Tendenz einer Kategorie repräsentieren und bei Klassifikationsaufgaben eine Art Standardreiz darstellen, mit dem die zu klassifizierenden Objekte verglichen werden. *Konfigurationen* schließlich sind Bündel von Attributen, die in einer bestimmten Relation zueinander stehen oder sich gegenseitig implizieren: Wenn ein einzelnes Attribut verändert wird, dann ändern sich andere Attribute mit. Insofern ist in diesem Fall das Ganze "indeed more than, at least other than, the sum of the parts" (Garner, 1978, S. 123). Als Beispiel nennt Garner Reizeigenschaften wie Symmetrie oder Wiederholung innerhalb von Serien: Beide beziehen sich auf Relationen zwischen Reizbestandteilen und beide können nicht geändert werden, ohne andere Reizbestandteile mit zu verändern. Derartige Konfigurationseigenschaften sind Manifestationen von Reizredundanz, und nach Garner ist davon auszugehen, daß sie dann, wenn sie vorhanden sind, die Wahrnehmung eines Reizes dominieren, d.h. die Wahrnehmung einzelner Attribute überlagern bzw. unterdrücken.

Soweit der Exkurs über Garners Klassifikationssystem für Reizeigenschaften. Im folgenden werden nun zwei Experimente vorgestellt, anhand derer untersucht wurde, inwieweit die zuvor entwickelten Möglichkeiten zum Aufbau hierarchisch organisierter Begriffsstrukturen (adaptive Definition anhand eines unmittelbar zuvor gelernten Oberbegriffs; nicht-adaptive Definition durch einen konstanten, sehr allgemeinen Oberbegriff; Kombination der beiden Vorgehensweisen) zu unterschiedlichen Lernerfolgen führen. Das erste Experiment wurde mit Schulkindern durchgeführt, das zweite mit Studenten. In beiden Experimenten wurde als Begriffshierarchie die Hierarchie der Vierecksbegriffe verwendet.

3.2.2 Experiment 3: Aufbau einer Hierarchie geometrischer Begriffe bei Schulkindern

FRAGESTELLUNG

Dieses Experiment zielte darauf ab zu prüfen, ob der Lernerfolg beim progressiv ausdifferenzierenden Lehren einer Begriffshierarchie variiert in Abhängigkeit von der Art und Weise, wie neue Begriffe definiert werden. Es wurden insgesamt 4 alternative Definitionsarten miteinander verglichen: (1) eine hierarchieorientierte Definition, (2) eine eigenschaftsorientierte Definition, (3) eine kombinierte (eigenschafts- und hierarchieorientierte) Definition und (4) eine Realdefinition. Die Definitionsarten (1) und (3) sind als adaptiv anzusehen, da die Definition in Abhängigkeit von der Lerngeschichte variiert. Die Definitionsarten (2) und (3) sind nicht-adaptiv, da die Definition nicht variiert.

THEORETISCHER HINTERGRUND

Hierarchieorientierte Definition: Bei diesem Definitionstyp wird jeder neu zu lehrende Begriff unter Bezug auf einen kurz zuvor gelehrten Oberbegriff definiert, sofern dies möglich ist. Dieses Vorgehen bewirkt, daß in den Definitionen kürzere Eigenschaftslisten verwenden werden können, was explizit den seit Ende der 60er Jahre vorgeschlagen hierarchisch organisierten Netzwerkmodellen des semantischen Gedächtnisses und dem Prinzip der kognitiven Ökonomie entspricht (Quillian, 1969; Collins & Quillian, 1969; Norman, 1973; Lindsay & Norman, 1973; Rummelhart & Norman, 1975; Collins & Loftus, 1975; Simon, 1976; Dörner, 1976). Beispiele für diese und die folgenden Definitionsarten werden weiter unten im Zusammenhang mit der Darstellung des Versuchsmaterials gegeben.

Eigenschaftsorientierte Definition: Bei diesem Definitionstyp wird jeder neue Begriff unter Bezug auf denselben sehr allgemeinen Oberbegriff definiert, was es erforderlich macht, in den Definitionen vollständige und damit umfangreiche Listen definierender Eigenschaften zu verwenden. Dies entspricht den in den 70er Jahren vorgeschlagenen Merkmalsmodellen des semantischen Gedächtnisses (Smith, Shoben & Rips, 1974).

Kombinierte eigenschafts- und hierarchieorientierte Definition: Bei diesem Definitionstyp wird jeder neu zu lehrende Begriff sowohl - sofern dies möglich ist - unter Bezug auf einen kurz zuvor gelehrten Oberbegriff definiert als auch unter Verwendung einer vollständigen Liste aller definierenden Eigenschaften in Relation zu einem konstanten und sehr allgemeinen Oberbegriff. Dieses Vorgehen entspricht einer von Conrad (1972) vorgeschlagenen Konzeption, die davon ausgeht, daß das semantische Gedächtnis zwar hierarchisch organisiert ist, daß aber - entgegen dem Prinzip der kognitiven Ökonomie - die Eigenschaften der Begriffe mehrfach gespeichert sind.

Realdefinition: Bei diesem Definitionstyp wird jeder neu zu lehrende Begriff ausschließlich durch Beispiele definiert. Dieses Vorgehen entspricht einer Strategie des induktiv orientierten entdeckenlassenden Lehrens (vgl. Nußbaum, 1984, Leutner, 1988b), bei dem die Lernenden die definierenden Eigenschaften der Begriffe selbständig aus den Beispielen zu extrahieren haben. Einerseits kann auf diese Weise beim Lernenden möglicherweise vorhandenes Vorwissen unbeeinträchtigt eingesetzt werden. Andererseits können besonders dominante Konfigurationen von Reizeigenschaften im Sinne von Garner (1978) - sofern sie vorhanden sind und vom Lernenden wahrgenommen werden - zum Tragen kommen.

Bezüglich der in Kap. 2.1 vorgestellten Facetten zur Beschreibung adaptiver Lehrsysteme läßt sich die hierarchieorientierte Definition (und damit auch die kombiniert hierarchie- und eigenschaftsorientierte Definition) als Mikro-Adaptation der Lehrmethode im Rahmen von Salomons Präferenzmodell (Salomon, 1975; vgl. Tab. 2.1-2, S. 14) bezeichnen, weil es darum geht, zuvor erworbenes Wissen möglichst effektiv beim Erwerb neuen Wissens zu nutzen. Insofern ist es beim hierarchieorientierten Vorgehen möglich und erforderlich, den Text der Definition ganz gezielt anzupassen - ein Problem, das sich in dieser Form bei den anderen Definitionstypen nicht stellt.

Hypothesen: Gemäß dem bisherigen Stand der Forschung ist es im Grunde genommen kaum möglich, gut begründete gerichtete Hypothesen zu formulieren. Insofern geht es zunächst im wesentlichen darum zu prüfen, ob die verschiedenen Definitionstypen überhaupt Unterschiede im Lernerfolg bewirken. Will man aber dennoch eine gerichtete Hypothese wagen, dann könnte man erwarten, daß im Sinne des alten didaktischen Prinzips Definitionen, in denen neu zu erwerbendes Wissen möglichst eng an vorhandenes und unmittelbar zuvor erworbenes Wissen angebunden wird, einen höheren Lernerfolg bewirken sollten:

(1) Die Definition ist sparsamer im Hinblick auf die Anzahl definierender Eigenschaften.

(2) Die Definition sollte leichter verständlich sein, weil der jeweils verwendete Oberbegriff erst vor kurzer Zeit gelehrt wurde und insofern noch gut erinnert werden dürfte. Gleichzeitig wird der Abruf des Oberbegriffs aus dem Gedächtnis mit geübt.

(3) Da mit Ausnahme der in der Hierarchie ganz unten und ganz oben angesiedelten Begriffe alle Begriffe als Unter- und als Oberbegriff Verwendung finden, ist davon auszugehen, daß vielfältige Assoziationen zwischen den Begriffen aufgebaut werden.

Dies gilt nicht nur für den Augenblick des Lesens der Definitionen, sondern ebenso für die Bearbeitung von Klassifikations-Übungsaufgaben: Bei jeder Aufgabe ist der in der Definition verwendete Oberbegriff jeweils aus dem Gedächtnis mit abzurufen, was zumindest für die anfänglichen Phasen des Begriffserwerbs gilt, bevor die Klassifikation neuer Beispiele weitgehend automatisiert oder prozeduralisiert erfolgen kann (vgl. Kap. 3.1).

Die andauernde Aktualisierung unterschiedlicher Oberbegriffe entspricht in hohem Ausmaß dem, was Norman (1973) als *vernetztes Lernen* bezeichnet und empfohlen hat. Dementsprechend kann erwartet werden, daß im Rahmen hierarchieorientierter Definitionen bessere Klassifikationsleistungen auftreten. Darüber hinaus kann erwartet werden, daß die Lernenden besser in der Lage sind, die hierarchischen Beziehungen der neu erworbenen Begriffe untereinander zu beschreiben, weil diese - im Gegensatz zu den anderen Definitionsarten - explizit thematisiert werden.

METHODE

Versuchspersonen und experimentelles Design: Am Experiment nahmen 80 Schülerinnen und Schüler aus vier sechsten Klassen einer Gesamtschule im Alter zwischen 11 und 13 Jahren teil. Die Vpn wurden zufällig auf vier experimentelle Bedingungen verteilt, so daß auf jede Bedingung 20 Personen entfielen. Die experimentellen Bedingungen entsprechen einem 2x2-faktoriellen Versuchsplan mit Vor- und mit Nachtest. Der erste Faktor wurde als "Hierarchieorientierte Definition (H+/H-)" bezeichnet, der zweite Faktor als "Eigenschaftsorientierte Definition (E+/E-)". Im Vortest wurden als potentiell nützliche Kovariablen lehrstoffbezogene Vorkenntnisse und Schulnoten erhoben sowie allgemeine kognitive Lernvoraussetzungen. Zur Erfassung des Lernerfolgs wurde ein lehrzielorientierter Test entwickelt, der die drei Teilbereiche Klassifikationswissen, Hierarchiewissen und Definitionswissen abdeckte.

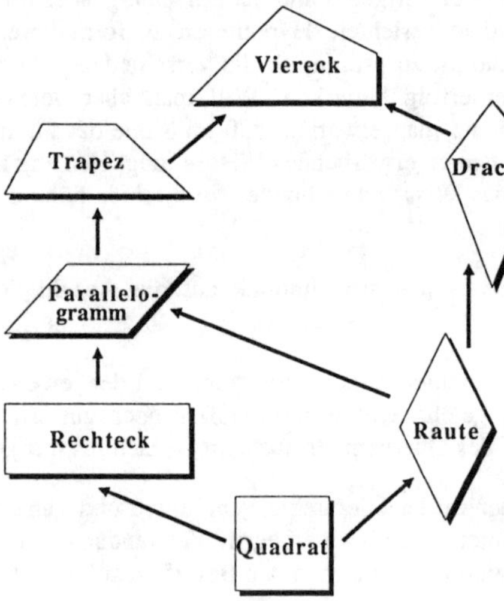

Abb. 3.2.2-1: Hierarchie der Vierecke, Lehrstoff in Experiment 3 (Die Pfeile repräsentieren die "ist-ein"-Relation.)

Lehrstoff und Lehrprogramm: Als Lehrstoff wurde aus der Geometrie die Hierarchie der Vierecke gewählt mit den Begriffen "Viereck", "Trapez", "Drachenviereck", "Parallelogramm", "Raute", "Rechteck" und "Quadrat" (vgl. Abb. 3.2.2-1, S. 106). Diese Hierarchie ist insofern interessant, als die Begriffe im Alltag gewöhnlich abweichend von ihrer mathematischen Bedeutung verwendet werden. Üblicherweise ist es z.B. so, daß lediglich die in Abb. 3.2.2-1 dargestellte prototypische Trapez-Figur als Trapez erkannt wird, nicht aber alle in der Hierarchie untergeordneten Figuren bis hin zum Quadrat, die ebenfalls - per definitionem - Trapeze sind.

Der Lehrstoff wurde als PC-Lehrprogramm (VIERECK) implementiert. Um für alle neu zu lehrenden Begriffe einen einheitlichen allgemeinen Oberbegriff benennen zu können, wird der Begriff "Viereck" im Lehrprogramm als bekannt vorausgesetzt. Der Begriff "Quadrat" wird für alle zu lehrenden Begriffe als Beispiel verwendet. Die verbleibenden fünf Begriffe werden jeweils in der oben angegebenen Reihenfolge unterrichtet. Die Abfolge ist für alle Vpn konstant.

Das Programm ist so aufgebaut, daß jeder Begriff zunächst anhand einer prototypischen Beispielfigur definiert wird, z.B.

> *"Merke Dir: Ein Trapez ist ein Viereck mit der zusätzlichen Eigenschaft: 1 Paar paralleler Seiten".*

Die Vp sieht links oben auf dem Bildschirm die prototypische Figur des neuen Begriffs, rechts oben die prototypische Figur des in der Definition verwendeten Oberbegriffs. Die definierenden Eigenschaften werden in der Figur des neuen Begriffs durch Blinken hervorgehoben. Nach der Definition erscheint anstelle des Oberbegriffs rechts oben auf dem Bildschirm die Figur eines prototypischen Quadrates mit einem Text wie z.B.

> *"Ein Quadrat ist ein Beispiel für ein Trapez, denn ein Quadrat ist ein Viereck mit der geforderten notwendigen Eigenschaft: 1 Paar paralleler Seiten".*

Nach der Definition des neuen Begriffs und nach dem Beispiel folgen Klassifikationsaufgaben. Für jede der Aufgaben wird einer der bisher schon gelehrten bzw. schon bekannten Begriffe und eine Vierecksfigur ausgewählt. Die Figur wird im oberen rechten Bildschirmfenster präsentiert, und die Vp hat zu entscheiden, ob die Figur in die jeweilige Kategorie fällt oder nicht, z.B.

> *"Ist die rechts dargestellte Figur ein Trapez? (Bitte j oder n eingeben)".*

Ist die Antwort richtig, folgt eine entsprechende Rückmeldung und im Anschluß daran die nächste Aufgabe. Ist die Antwort falsch, erscheint im oberen linken Bildschirmfenster die prototypische Figur des in der Aufgabe verwendeten Begriffs, um die definierenden Eigenschaften des Begriffs nacheinander zu wiederholen, z.B.

> *"Ein Trapez hat 1 Paar paralleler Seiten. Gilt dies auch für das rechts abgebildete Viereck?".*

Während dieser Frage wird die angesprochene Eigenschaft im Prototyp durch Blinken hervorgehoben.

Die Klassifikationsaufgaben beziehen sich nicht nur auf den im Augenblick neu zu lernenden Begriff, sondern auch auf alle schon zuvor gelehrten Begriffe. Innerhalb des Übungsblocks orientiert sich die Abfolge der Aufgaben an der in Kap. 3.1 beschriebenen Strategie zum Diskriminationstraining nach Tennyson. Beim Erreichen einer Zeitgrenze wird der Übungsblock beendet und der nächste zu lernende Begriff bekanntgegeben. Die Zeitgrenzen wurden so gewählt, daß proportional zur Anzahl zu unterscheidender Begriffe zunehmend mehr Übungszeit zur Verfügung steht, und zwar für jeden Begriff der von Übungsblock zu Übungsblock mächtiger werdenden Menge bekannter Begriffe 2 Minuten. Diese Regel ergibt für das Trapez - da das Trapez vom Quadrat zu unterscheiden ist - eine Klassifikations-Übungszeit von 2x2=4 Min., für das Drachenviereck 3x2=6 Min. etc. Die Gesamt-Bearbeitungszeit des Lehrprogramms beträgt in etwa 45 Min.

Implementation der experimentellen Bedingungen: Die experimentelle Manipulation der Begriffsdefinition wurde wie folgt realisiert:

(1) *Realdefinition (H-E-)*: Es wird eine prototypische Figur des neu zu lernenden Begriffs präsentiert und benannt. Als Beispiel wird ebenfalls nur eine prototypische Figur des Quadrats präsentiert und benannt, z.B.:

> *"Merke Dir: Dies ist ein Rechteck. - Ein Quadrat ist ein Beispiel für ein Rechteck."*

Da weder ein Oberbegriff, noch irgendwelche Eigenschaften präsentiert werden, ist bei den anschließenden Übungsaufgaben im Falle eines Klassifikationsfehlers keine Wiederholung der Definition vorgesehen.

(2) *Hierarchieorientierte Definition (H+E-)*: Jeder Begriff wird unter Bezug auf den in der Hierarchie am nächsten gelegenen und schon bekannten Oberbegriff definiert, wobei lediglich die zusätzlich erforderlichen Eigenschaften präsentiert werden, z.B.:

> *"Merke Dir: Ein Rechteck ist ein Parallelogramm mit der zusätzlichen Eigenschaft: 4 rechte Winkel. - Ein Quadrat ist ein Beispiel für ein Rechteck, denn ein Quadrat ist ein Parallelogramm und es hat die zusätzliche Eigenschaft: 4 rechte Winkel."*

(3) *Eigenschaftsorientierte Definition (H-E+)*: Jeder Begriff wird unter Bezug auf den an der Spitze der Hierarchie gelegenen allgemeinen Begriff des Vierecks definiert, wobei alle zusätzlich erforderlichen Eigenschaften präsentiert werden, z.B.:

> *"Merke Dir: Ein Rechteck ist ein Viereck mit den zusätzlichen Eigenschaften: 2 Paare paralleler Seiten, 2 halbierte Diagonalen, 4 rechte Winkel. - Ein Quadrat ist ein Beispiel für ein Rechteck, denn ein Quadrat hat die geforderten notwendigen Eigenschaften: 2 Paare paralleler Seiten, 2 halbierte Diagonalen, 4 rechte Winkel."*

(4) *Kombinierte Definition (H+E+)*: Jeder Begriff wird unter Bezug auf den in der Hierarchie am nächsten gelegenen und schon bekannten Oberbegriff definiert, wobei aber alle im Vergleich zum an der Spitze der Hierarchie gelegenen allgemeinen Begriff des Vierecks zusätzlich erforderlichen Eigenschaften präsentiert werden, z.B.:

> *"Merke Dir: Ein Rechteck ist ein Parallelogramm mit den Eigenschaften: 2 Paare paralleler Seiten, 2 halbierte Diagonalen, 4 rechte Winkel. - Ein Quadrat ist ein Beispiel für ein Rechteck, denn ein Quadrat hat die geforderten notwendigen Eigenschaften: 2 Paare paralleler Seiten, 2 halbierte Diagonalen, 4 rechte Winkel."*

Testmaterial: Als lehrziel-orientiertes Testmaterial wurde ein Klassifikationstest, ein Definitionstest und ein Hierarchietest entwickelt, alle drei als Papier-und-Bleistift-Material. Im *Klassifikationstest* hat die Vpn in einer Reihe von Figuren alle diejenigen anzukreuzen, auf die ein jeweils angegebener Begriff angewendet werden kann. Im *Definitionstest* hat die Vpn die Begriffe der Viereckshierarchie durch Angabe von Oberbegriffen und von Eigenschaften zu definieren. Im *Hierarchietest* erhält die Vpn (in Anlehnung an Scheele & Groeben, 1984) die auf Kärtchen geschriebenen Begriffe der Hierarchie mit der Aufforderung, diese so hinzulegen, daß die Über- und Unterordnung der

Begriffe anschließend durch Pfeile dargestellt werden kann. Das Ergebnis wird schließlich auf einem Blatt fixiert.

Der Klassifikationstest wurde sowohl als Vor- als auch als Nachtest eingesetzt. Zur Erfassung allgemeiner kognitiver Voraussetzungen zum Erwerb abstrakter Begriffe wurde der Test 4, Skala 2 des CFT 2 (Cattell & Weiß, 1972) herangezogen. Aufgrund der geringen Anzahl an Items wurden die Formen A und B so zusammengefaßt, daß sich ein Material mit aufsteigender Schwierigkeit ergab. Dieses Vorgehen ist insofern angemessen, als kein Interesse daran bestand, die individuellen Testrohwerte zu standardisieren.

Vorgehensweise: In einer ersten Phase bearbeiteten die Vpn im Klassenverband das Material aus dem CFT 2 (5 Min.). Im unmittelbaren Anschluß daran erfolgte eine Wiederholung derjenigen Geometriebegriffe, die im Lehrprogramm als bekannt vorausgesetzt werden (Viereck, parallele Seiten, gleichlange Seiten Diagonale, halbierte Diagonale, rechter Winkel; ca. 30 Min.). Danach bearbeiteten die Vpn den Klassifikationstest (5 Min.).

Für die zweite Phase (experimentelle Lehrphase) wurde die Klasse in Gruppen zu 6 Vpn eingeteilt, die im Laufe des Vormittags nacheinander die Klasse verließen und zunächst einzeln an jeweils einem PC das Lehrprogramm bearbeiteten (ca. 45 Min.). Nach Beendigung des Lehrprogramms hatten die Vpn schließlich noch einmal den Klassifikationstest zu bearbeiten sowie den Definitionstest und den Hierarchietest (Nachtest). Vor dem Hierarchietest wurde die Aufgabe anhand einer Hierarchie von Möbelstücken erläutert. Die Nachtests nahmen insgesamt ca. 20 Min. in Anspruch. Danach folgte die nächste Gruppe von 6 Vpn.

In einer dritten Phase schließlich, 2-3 Wochen später, hatten die Vpn ein weiteres Mal den Klassifikationstest zu bearbeiten (Behaltenstest).

ERGEBNISSE

Operationalisierung der abhängigen Variablen: Beim Klassifikationstest wurde die Anzahl der insgesamt richtig angekreuzten und richtig nicht angekreuzten Figuren ausgezählt. Beim Hierarchietest war festzustellen, daß die Schüler Schwierigkeiten hatten, die "ist-ein"-Relationen durch Pfeile darzustellen. Deshalb wurde darauf verzichtet, die eingetragenen Pfeile auszuwerten. Die Schüler waren aber unterschiedlich gut in der Lage, die auf Kärtchen vorgelegten Vierecksbegriffe so auf den vorgezeichneten Feldern zu plazieren, daß sich oben die allgemeinen und unten die spezifischen Begriffe befanden. Insofern konnte davon ausgegangen werden, daß sie durchaus eine Vorstellung der Begriffshierarchie entwickelt hatten. Die Güte dieser Vorstellung konnte dadurch bewertet werden, daß die sich aus der Kartenposition implizit ergebenden richtigen Hierarchierelationen ausgezählt wurden, und zwar sowohl das richtige Vorhandensein als auch das richtige Fehlen einer Relation. Der Definitionstest bestand aus zwei Teilen, einem Oberbegriffs- und einem Eigenschaftsteil. Bezüglich der Oberbegriffe hatten die Schüler für jeden der Vierecksbegriffe anzukreuzen, welcher der jeweils anderen Vierecksbegriffe als Oberbegriff in Frage kommt ("Jedes x ist ein [...]"). Es wurde die Anzahl der richtig angekreuzten und richtig nicht angekreuzten Oberbegriffe ausgezählt. Bezüglich der Eigenschaften hatten die Schüler für jeden der Vierecksbegriffe in einer Art Lückentext anzugeben, welche Eigenschaften zutreffen ("Es hat [...] Paare paralleler Seiten, [...] rechte Winkel, etc."). Es wurde die Anzahl der richtig ausgefüllten Eigenschaftsfelder ausgezählt.

Überprüfung auf Mittelwertsunterschiede: Da insgesamt fünf untereinander korrelierte abhängige Variablen vorliegen (Klassifikations-Nachtest, Klassifikations-Behaltenstest, Hierarchietest, Definitionstest-Oberbegriffe, Definitionstest-Eigenschaften, vgl. die Korrelationsmatrix in Anh. 3.2.2-1, S. 220), wurde zunächst anhand einer multivariaten Varianzanalyse (MANOVA) geprüft, ob die fünf Mittelwerte sich zwischen den experimentellen Bedingungen signifikant unterscheiden. Dies ist nur der Fall für den Haupteffekt "Hierarchieorientierte Definition H-/H+", Lambda=0.826, F=3.026, df=5,72, p=0.016, nicht aber für den Haupteffekt "Merkmalsorientierte Definition M-/M+", Lambda=0.943, F<1, und ebenso nicht für die Interaktion der beiden Effekte, Lambda=0.971, F<1.

Anhand univariater Varianzanalysen (ANOVA) zeigt sich, daß der signifikante multivariate Effekt auf signifikante univariate Effekte im Hierarchietest und im Definitionstest, Teil Eigenschaften, zurückgeführt werden kann, F=8.725, p=0.004, R^2=0.061 bzw. F=5.123, p=0.026, R^2=0.101. Bezüglich der übrigen drei Maße des Lernerfolgs zeigen sich keine univariaten Unterschiede, F<1. Die Mittelwerte sind in Anh. 3.2.2-2 (S. 220) wiedergegeben.

Die beiden univariaten Effekte weisen aus (vgl. Abb. 3.2.2-2, S. 111), daß unter der Bedingung hierarchieorientierter Definition neu zu erlernender Begriffe besseres Hierarchiewissen zu Lasten geringerer Kenntnisse bezüglich definierender Eigenschaften erworben wird. Die entsprechenden Effektstärken (vgl. Anh. 3.2.2-2, S. 220) sind g=(33.5-30.4)/4.7=0.660 und g=(11.4-12.7)/2.5=-0.520. Das bedeutet, daß die Position des Mittelwertes der hierarchieorientierten Definitionsbedingung im Hierarchietest um +0.660 und im Definitionstest, Teil Eigenschaften, um -0.520 Standardabweichungen in Relation zum Mittelwert der nicht-hierarchieorientierten Definitionsbedingung verschoben ist. Beide Werte sind in Anlehnung an Cohen (1988) als mittlere Effekte zu bezeichnen.

Es wurde übrigens geprüft, ob sich an dem berichteten Bild der Effekte etwas ändert, wenn die Mathematiknote sowie die Leistung im CFT 2 und im Klassifikations-Vortest als Kovariablen in das Lineare Modell aufgenommen werden. Dies ist nicht der Fall, so daß diese Variablen im Sinne einer Vereinfachung der Ergebnisdarstellung vernachlässigt werden konnten. Darüber hinaus wurde sichergestellt, daß der Haupteffekt der hierarchieorientierten Definition im Hierarchietest und im Definitionstest auch dann nachweisbar ist, wenn man ihn mit einem verteilungsfreien Testverfahren überprüft. Es wurde der Man-Whitney-Test verwendet mit den Ergebnissen U=538.5, p=0.011 bzw. U=1034.5, p=0.023. Insofern ist davon auszugehen, daß der Effekt auch dann kein Artefakt darstellt, wenn die Verteilungsannahmen von MANOVA und ANOVA nicht perfekt erfüllt sein sollten, was im übrigen bei empirischen Daten - wenn überhaupt - sowieso nur in seltenen Ausnahmefällen zu erwarten sein dürfte (vgl. Guttman, 1981b).

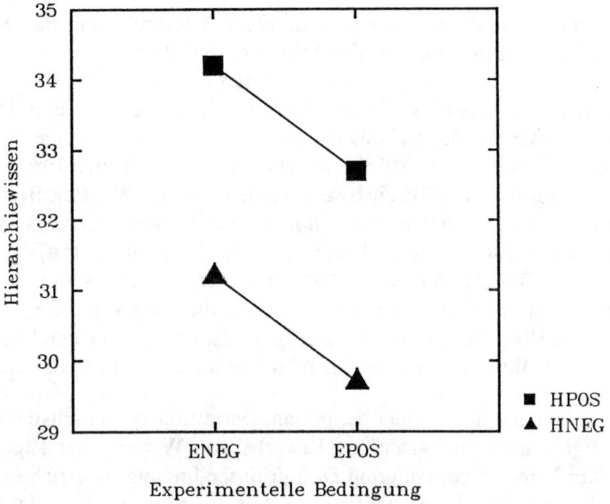

Abb. 3.2.2-2a: Mittlere Anzahl richtiger Antworten im Hierarchie-Nachtest, Experiment 3 (HPOS/HNEG: hierarchieorientierte/ nicht hierarchieorientierte Definition; EPOS/ENEG: eigenschaftsorientierte/ nicht eigenschaftsorientierte Definition)

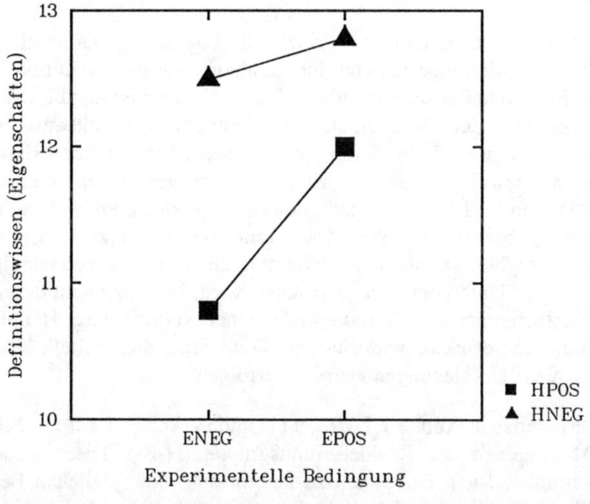

Abb. 3.2.2-2b: Mittlere Anzahl richtiger Antworten im Definitions-Nachtest, Experiment 3 (HPOS/HNEG: hierarchieorientierte/ nicht hierarchieorientierte Definition; EPOS/ENEG: eigenschaftsorientierte/ nicht eigenschaftsorientierte Definition)

DISKUSSION

Zusammenfassend ist bezüglich des Experimentes 3 festzuhalten, daß Schüler offensichtlich dann *mehr* Wissen über die hierarchischen Relationen zwischen Begriffen erwerben, wenn neu zu erlernende Begriffe unter Bezug auf einen passenden und unmittelbar zuvor gelernten Oberbegriff definiert werden (hierarchieorientierte Definition) als wenn die Definition unter Bezug auf einen konstanten und sehr allgemeinen Oberbegriff erfolgt (nicht-hierarchieorientierte Definition). Die Vpn im Alter zwischen 11 und 13 Jahren waren zwar überfordert, die "ist-ein"-Relationen zwischen den Begriffen durch Pfeile darzustellen (was man aus entwicklungspsychologischer Perspektive möglicherweise hätte erwarten können). Immerhin waren die Vpn aber in der Lage, die Begriffshierarchie durch die Positionierung der Begriffe auf einem Blatt mit vorbereiteten Feldern zu approximieren. Diese Leistung ist insofern bemerkenswert, als die Vpn - im Gegensatz zu einer sicherlich sinnvollen Vorgehensweise im normalen Unterricht - in der Instruktionsphase keine graphische Darstellung der vollständigen Hierarchie zu sehen bekommen hatten.

Der positive Effekt der hierarchieorientierten Definition bezüglich des Erwerbs von Hierarchiewissen geht aber zu Lasten des Erwerbs von Wissen über Eigenschaften der Begriffe: Die in der hierarchieorientierten Definitionsbedingung unterrichteten Vpn konnten in einem Lückentext über Eigenschaften der Begriffe signifikant weniger richtige Eintragungen vornehmen als die Vpn in der nicht-hierarchieorientierten Definitionsbedingung. Der Effekt ist in Abb. 3.2.2-2 (S. 111) deutlich sichtbar, wobei allerdings auch zu erkennen ist, daß er - zumindest tendenziell - vor allem dann auftritt, wenn in der hierarchieorientierten Definition eine minimale nicht-redundante Eigenschaftsliste (H+E-) im Gegensatz zu einer vollständigen und gleichzeitig redundanten Eigenschaftsliste (Kombinationsstrategie H+E+) verwendet wird.

Diese Beobachtung widerspricht dem Prinzip der kognitiven Ökonomie, nach dem zu erwarten gewesen wäre, daß innerhalb der hierarchieorientierten Definitionsbedingung die nicht-redundante Eigenschaftsliste zumindest nicht schlechter ist als die redundante Liste. Demgegenüber legt die in den Daten erkenntliche Tendenz eine Sichtweise nahe, nach der die Vpn *nicht* in der Lage sind, die durch den Oberbegriff implizierten Eigenschaften bei der Beschreibung des jeweiligen Unterbegriffs richtig zu verwenden. Vielmehr scheint es so zu sein, daß die Vpn im Lückentext lediglich das reproduzieren, was sie in den Definitionen zuvor vorgelegt bekommen haben. Das würde aber im Sinne von Conrad (1972) bedeuten, daß beides, sowohl die Oberbegriffsrelation als auch eine vollständige Merkmalsliste bei den jeweiligen Unterbegriffen gespeichert wird. In Anbetracht der Tatsache aber, daß die eigenschaftsorientierte Definition weder einen signifikanten Haupt-, noch einen signifikanten Interaktionseffekt bewirkt hat, erscheint es an dieser Stelle reichlich gewagt und damit müßig, diese Überlegungen weiterzuverfolgen.

Bemerkenswert ist das in Abb. 3.2.2-2 (S. 111) und in Anh. 3.2.2-1 (S. 220) ersichtliche überaus gute Abschneiden der Realdefinitionsgruppe (H-E-). Diese Gruppe hatte die Begriffe lediglich anhand von Beispielen zu lernen, d.h. ohne jeglichen Bezug zu Oberbegriffen und Eigenschaften. Die Leistung dieser Gruppe beim Benennen von Begriffseigenschaften unterscheidet sich nicht von der Gruppe, die mit eigenschaftsorientierten Definitionen gelernt hatte (H-E+). Dies könnte damit zusammenhängen, daß die Begriffseigenschaften Konfigurationen im Sinne von Garner (1978) darstellen, insofern, daß es sich - zumindest bei den Begriffen unterhalb von Trapez und Drachenviereck - um Bündel sich gegenseitig implizierender Eigenschaften handelt. So implizieren z.B. vier rechte Winkel, daß zwei Paare paralleler Seiten vorhanden sind und sich die Diagonalen gegenseitig halbieren. Entsprechend Garners Hypothese ist zu erwarten, daß Vpn beim Wahrnehmen derartigen Reizmaterials solche Konfigurationen leicht erkennen und zur Unterscheidung von Reizen bevorzugt verwenden. Dies scheint den Vpn gut gelungen zu sein, wobei es ihnen aber - entgegen Garners Erwartung - auch gelungen ist, die Eigenschaftskonfigurationen in ihre Einzelattribute zu zerlegen und im Lückentext entsprechend richtige Eintragungen vorzunehmen.

Die in Abb. 3.2.2-2 (S. 111) dargestellten Effekte stellen eine vergleichsweise magere Ausbeute des Experiments dar, insofern, daß lediglich zwei der fünf abhängigen Variablen differentielle Lerneffekte aufweisen. Vor allem ist festzuhalten, daß sich bezüglich der Leistung beim Klassifizieren vorgelegter geometrischer Figuren weder im Nachtest, noch im Behaltenstest Unterschiede nachweisen lassen. Vernetztes Lernen im Sinne von Ausubel (1968) oder Norman (1973) hat in diesem Experiment zwar bewirkt, daß die Vpn die Begriffshierarchie reproduzieren können. Es hat aber nicht zu einer Steigerung der Klassifikationsleistung geführt. Insofern ist zunächst davon auszugehen, daß die adaptive Definition neu zu erlernender Begriffe - in Abhängigkeit vom jeweiligen Lehrziel - nur bedingt nützlich ist.

3.2.3 Experiment 4: Aufbau einer Hierarchie geometrischer Begriffe bei Studenten

FRAGESTELLUNG

Dieses Experiment zielte darauf ab zu prüfen, ob sich die im vorangegangenen Experiment aufgetretenen Effekte replizieren lassen, und zwar mit Vpn, von denen anzunehmen ist, daß sie besser den Anforderungen des Lehrprogramms und des Testmaterials gewachsen sind.

METHODE

Versuchspersonen und experimentelles Design: An diesem Experiment nahmen Studenten aller Fachrichtungen der Fachhochschule Jülich und der RWTH Aachen teil. Das experimentelle Design wurde unverändert vom vorangegangenen Experiment übernommen.

Lehrstoff und Lehrprogramm: Lehrstoff und Lehrprogramm blieben im wesentlichen unverändert. Lediglich die für das Üben von Klassifikationsaufgaben zur Verfügung gestellte Zeit wurde differentiell reduziert, und zwar derartig, daß mit zunehmender Anzahl voneinander zu unterscheidender Begriffe überproportional mehr Übungszeit zugestanden wurde (2 Min. für das Trapez als neuen Begriff, 3 Min. für das Drachenviereck, 5 Min. für das Parallelogramm, 8 Min. für das Rechteck, 12 Min. für die Raute). Die Implementation der experimentellen Bedingungen wurde nicht verändert.

Testmaterial: Der Klassifikations- und der Hierarchietest wurden geringfügig verändert als PC-Programm implementiert, der Definitionstest wurde in leicht abgewandelter Form als Papier- und-Bleistift-Material beibehalten. Der Unterschied besteht darin, daß in diesem Fall nur Vierecksfiguren zu klassifizieren waren, während zuvor auch einige Dreiecke und Ellipsen vorgelegt wurden. Abweichend vom vorangegangenen Experiment wurden zur Erfassung allgemeiner kognitiver Lernvoraussetzungen die Skalen 1+2 (Wortschatz) und 3 (Zeichenreihen) des PSB (Horn, 1969) eingesetzt.

Vorgehensweise: Die Versuchsteilnehmer wurden in Gruppen von jeweils bis zu 6 Vpn zusammengefaßt. Vor der experimentellen Lehrphase hatten die Vpn das Papier-und-Bleistiftmaterial durchzuarbeiten. Danach wurde jede Vpn zufällig einer der vier experimentellen Bedingungen und einem PC zugewiesen. Am PC war zunächst der Klassifikationstest zu bearbeiten (Vortest VT), dann das Lehrprogramm. Nach Abschluß des Lehrprogramms wurde der Klassifikationstest wiederholt, dann folgte der Hierarchietest. Im Anschluß daran war schließlich der Definitionstest in seiner Papier-und-Bleistift-Form zu bearbeiten. (Der Klassifikationstest, der Hierarchietest und der Definitionstest nach Abschluß des Lehrprogramms werden im folgenden als Nachtest NT bezeichnet.) Bis auf die PSB-Skalen und das Lehrprogramm gab es keine zeitlichen Beschränkungen. Das gesamte Verfahren nahm etwa 90 Min. in Anspruch.

Ca. zwei Wochen nach der Bearbeitung des Lehrprogramms hatten die Vpn einen Termin für den Behaltenstest (BT). Abweichend vom vorangegangenen Experiment waren sowohl der Klassifikationstest als auch der Hierarchietest wiederholt zu bearbeiten.

ERGEBNISSE

Es lassen sich insgesamt fünf abhängige Variablen betrachten: Anzahl richtiger Antworten (1) im Klassifikations-Nachtest, (2) im Klassifikations-Behaltenstest, (3) im Hierarchie-Nachtest, (4) im Hierarchie-Behaltenstest und (5) im Definitionstest, der nur als Nachtest im unmittelbaren Anschluß an die Bearbeitung des Lehrprogramms zu bearbeiten war. Als Kovariablen dienen zum einen lehrstoffbezogene Vorkenntnisse, gemessen durch den Klassifikationstest als Vortest. Darüber hinaus wurden vor dem Experiment zwei Aspekte der Intelligenz erfaßt, und zwar Wortschatz und die Fähigkeit, Zeichenreihen richtig fortzusetzen. Der erste Aspekt läßt sich zusammen mit den Vorkenntnissen im Sinne von Cattell (1963) als kristallisierte Intelligenz auffassen, der zweite Aspekt als fluide Intelligenz.

Als Ergebnis des Experiments ist zunächst festzustellen (Anh. 3.2.3-1, S. 221), daß die experimentelle Manipulation des Lehrprogramms in keiner der abhängigen Variablen nennenswerte Unterschiede in den abhängigen Variablen bewirkt hat. Die Unterschiede sind so gering, daß sich ein Signifikanztest erübrigt.

Wie in Anh. 3.2.3-1 (S. 221) zu erkennen ist, sind die Mittelwerte der abhängigen Variablen insgesamt sehr hoch, so daß die Vermutung naheliegt, daß Deckeneffekte aufgetreten sind. Offensichtlich haben die meisten der Vpn im Rahmen der verfügbaren Lern- und Übungszeit die im Vortest ermittelten Wissensdefizite weitgehend kompensieren können. Eine Analyse der Verteilungen der abhängigen Variablen innerhalb der experimentellen Gruppen zeigt in der Tat diesen Deckeneffekt: Die Verteilungen sind alle ausgesprochen rechts-steil, wobei allerdings auch deutlich zu erkennen ist, daß es in jeder der vier

Gruppen Vpn gibt, die durch schlechte Leistungen auffallen. Insofern liegt es nahe, sich *nicht* damit zufriedenzugeben, daß bezüglich der Rohwerte keine Effekte aufgetreten sind, sondern stattdessen zu prüfen, ob und inwieweit Unterschiede im Lerngewinn auf die experimentelle Manipulation des Lehrprogramms zurückgeführt werden können, wenn die fünf abhängigen Variablen bezüglich der im Vortest erfaßten Vorkenntnisse adjustiert werden.

Analyse des residualen Lernerfolgs: Aufgrund der berichteten Deckeneffekte sind die Regressionen der im Nachtest und im Behaltenstest erhobenen abhängigen Variablen auf die im Vortest erhobenen Vorkenntnisse nicht linear. Die Regressionen sind zwar monoton steigend, aber negativ beschleunigt, wie man es von psychophysischen Funktionen oder von Lernkurven her kennt. Aus diesem Grund wurde zur Berechnung des residualen Lernerfolgs keine lineare Funktion, sondern eine Potenzfunktion verwendet. Die Regressionsparameter zur Vorhersage der Anzahl richtiger Antworten in den Nachtest- und Behaltenstestvariablen aus der Anzahl richtiger Antworten im Klassifikations-Vortest wurden mit Hilfe eines iterativen Verfahrens zur Bestimmung überbestimmter nichtlinearer Gleichungssysteme berechnet (Wilkinson, 1990b), wobei die vom Allgemeinen Linearen Modell bekannte quadratische Verlustfunktion verwendet wurde. Es ergaben sich folgende Regressionsgleichungen:

$\hat{}Klass._{NT} = 41.267*(Klass._{VT}-29.990)^{0.055}, R^2=0.285)$
$\hat{}Klass._{BT} = 38.255*(Klass._{VT}-29.973)^{0.086}, R^2=0.353)$
$\hat{}Hier._{NT} = 31.681*(Klass._{VT}-29.977)^{0.084}, R^2=0.142)$
$\hat{}Hier._{BT} = 32.222*(Klass._{VT}-30.000)^{0.086}, R^2=0.319)$
$\hat{}Def._{NT} = 03.083*(Klass._{VT}-30.000)^{0.211}, R^2=0.155)$

Die Residuen (z.B. $Klass._{NT}$-$\hat{}Klass._{NT}$ etc.) werden im folgenden als residualer Lernerfolg bezeichnet. Im Gegensatz zu den Rohwerten sind diese Residuen innerhalb der experimentellen Bedingungen annähernd normal verteilt, so daß die weitere Analyse anhand des Allgemeinen Linearen Modells erfolgen kann. Über weiterhin bestehende Abweichungen von der Normalverteilungsannahme kann wegen der für alle vier experimentellen Bedingungen identischen Stichprobengrößen hinweggesehen werden (vgl. z.B. Horton, 1978).

Die fünf residualen abhängigen Variablen sind - wie zu erwarten - untereinander positiv korreliert (Anh. 3.2.3-2, S. 221). Deswegen wurde zunächst anhand einer multivariaten Varianzanalyse überprüft, ob die fünf Mittelwerte (vgl. Anh. 3.2.3-3, S. 222) sich zwischen den experimentellen Bedingungen unterscheiden. Das ist nicht der Fall: Alle multivariaten F-Werte der beiden Haupteffekte und des Interaktionseffektes sind kleiner als eins.

Für sich allein betrachtet tritt also keine der experimentellen Bedingungen signifikant in Erscheinung. Es ergibt sich aber ein signifikanter Effekt, wenn die Kovariable "PSB-Wortschatz" in das multivariate lineare Modell aufgenommen wird: Es handelt sich um eine Interaktion zwischen der als intervallskaliert aufzufassenden Kovariable und dem experimentellen Faktor "Hierarchieorientierte Definition neuer Begriffe" und damit um einen ATI-Effekt, Lambda=0.845, $F(5,68)=2.490$, $p=0.039$. Die Kovariable "PSB-Zeichenreihen" dagegen hat keinen Einfluß, weder für sich allein betrachtet, noch in Interaktion mit einer der experimentellen Faktoren.

Nachfolgend berechnete univariate Varianzanalysen ergeben, daß der ATI-Effekt insbesondere beim Klassifikations-Nachtest auftritt, F(1,72)=8.266, p=0.004, R^2=0.095, sowie etwas schwächer beim Klassifikations-Behaltenstest, F(1,72)=3.885, p=0.058, R^2=0.046, und beim Hierarchie-Behaltenstest, F(1,72)=5.803, p=0.029, R^2=0.061. Die F-Statistiken der beiden übrigen Lernerfolgsvariablen sind zwar kleiner als eins, aber der Regressions- bzw. Korrelationsunterschied weist in dieselbe Richtung wie bei den ersten drei Variablen (vgl. Anh. 3.2.3-4, S. 222): Bei nicht-hierarchieorientierter Definition neuer Begriffe (H-) ist die Korrelation zwischen Wortschatz und residualem Lernerfolg null oder leicht negativ, während die Korrelation bei hierarchieorientierter Definition (H+) deutlich positiv ist. Dies gilt für alle fünf Lernerfolgsvariablen, nicht nur für diejenigen Variablen, bei denen der Unterschied signifikant in Erscheinung tritt (Spalte 3 und 4 in Anh. 3.2.3-4, S. 222). Der Effekt ist unabhängig vom zweiten experimentellen Faktor "Eigenschaftsorientierte Definition neuer Begriffe", was ebenfalls in der Tabelle deutlich zu erkennen ist: Bis auf zwei Ausnahmen, bei denen die Korrelation unter H+ praktisch null ist, ergibt ein Vergleich der Spalten 6 und 8 bzw. 7 und 9 denselben Trend, was durchaus im Sinne einer Replikation des Effektes durch unabhängige Vpn-Stichproben gewertet werden kann.

In Abb. 3.2.3-1 (S. 116) ist dieser ATI-Effekt exemplarisch für den Klassifikations-Nachtest dargestellt. Die eingetragenen 75%-Vertrauensintervalle der beiden Regressionsgeraden machen deutlich, daß dieser Effekt nur im unteren Bereich der Wortschatzskala praktisch bedeutsam ist.

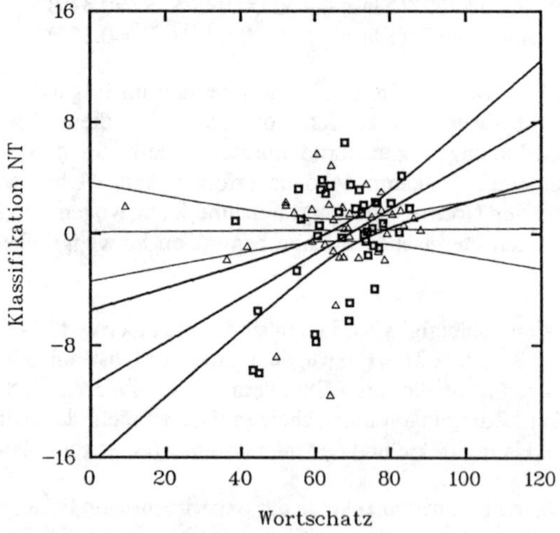

Abb. 3.2.3-1: ATI-Effekt von Wortschatz (aptitude) und Hierarchie-Orientierung der Definition (treatment) auf die Anzahl richtiger Antworten im Klassifikations-Nachtest, Experiment 4 (dünn ausgezogene Linien/Symbole: nicht hierarchie-orientierte Definition; fett ausgezogene Linien/Symbole: hierarchie-orientierte Definition)

DISKUSSION

Zusammenfassend ist bezüglich des Experimentes 4 festzuhalten, daß es für Studenten offenbar keinen Unterschied ausmacht, ob neu zu erlernende Begriffe hierarchie- oder eigenschaftsorientiert definiert werden. Dies gilt zumindest für die in diesem Experiment verwendeten geometrischen Begriffe, die sich dadurch auszeichnen, daß sie von der Mehrzahl der Vpn offensichtlich sehr leicht und sehr schnell erlernt werden konnten.

Es ergab sich allerdings ein ATI-Effekt in dem Sinne, daß die Regression des Lernerfolgs auf den verbalen Aspekt kristallisierter Intelligenz (in diesem Fall operationalisiert durch den PSB-Subtest 1+2, Wortschatz) unterschiedlich ausfällt in Abhängigkeit davon, ob neue Begriffe hierarchieorientiert definiert werden oder nicht: Bei nicht-hierarchieorientierter Definition hat die Regressionsgerade eine Steigung um null, während die Steigung bei hierarchieorientierter Definition deutlich positiv ist. Das Streuungsdiagramm in Abb. 3.2.3-1 (S. 116) macht erkenntlich, daß dieser Unterschied weniger im oberen Bereich der Intelligenzskala auftritt wird, sondern vor allem im unteren Bereich. Dementsprechend scheint es nicht so zu sein, daß Personen mit hohen verbalen Vorkenntnissen im Sinne des Präferenzmodells von Salomon (1975) von hierarchieorientierten Definitionen neuer Begriffe vermehrt profitieren. Es scheint vielmehr umgekehrt der Fall zu sein, daß Personen mit geringen verbalen Vorkenntnissen durch hierarchieorientierte Definitionen vermehrt behindert werden, während sie bei nicht hierarchieorientierten Definitionen gleich gut lernen können wie Personen mit hohen verbalen Vorkenntnissen. Ein zumindest mittleres Ausmaß verbaler Intelligenz scheint dementsprechend eine Voraussetzung darzustellen, hierarchieorientierte Definitionen überhaupt erst erfolgreich verarbeiten und anwenden zu können.

Bei dieser Schlußfolgerung ist zu berücksichtigen, daß sie sich auf den residualen Lernerfolg bezieht, d.h. einen Lernerfolg, der bezüglich lehrstoffbezogener Vorkenntnisse adjustiert wurde. Es geht also nicht um das absolute Wissen der Vpn im Nachtest und im Behaltenstest, sondern um die Abweichung des beobachteten Wissens von dem aufgrund des Vortests vorhergesagten Wissen nach Bearbeitung des Lehrprogramms. Insofern ist die zuvor formulierte Schlußfolgerung dahingehend zu präzisieren, daß hierarchieorientierte Definitionen neu zu erlernender Begriffe bei niedriger verbaler Intelligenz dazu führen können, daß weniger gut gelernt wird als aufgrund des lehrstoffbezogenen Vorwissens (i.S. eines residualen Zugewinns) erwartet werden kann.

Erstens könnte man nun einwenden, daß dieser ATI-Effekt durch die eine Person induziert wird, die in Abb. 3.2.3-1 (S. 116) deutlich als Ausreißer mit einem sehr niedrigen Intelligenzwert in Erscheinung tritt. Dem ist entgegenzuhalten, daß der Effekt bei einer probeweisen Eliminierung dieses Ausreißers nicht verschwindet, sondern nur geringfügig schwächer wird. Darüber hinaus ist daran zu erinnern, daß der ATI-Effekt unabhängig ist vom zweiten experimentellen Designfaktor (E+/E-) und dementsprechend unter beiden Stufen des zweiten Faktors nachweisbar ist (Anh. 3.2.3-4, S. 222), während die den Ausreißer darstellende Person nur einer der beiden Stufen zuzuordnen ist.

Zweitens könnte man einwenden, daß der ATI-Effekt möglicherweise abhängig ist von der spezifischen Art und Weise, wie zuvor der residuale Lernerfolg definiert worden ist: Aufgrund offensichtlicher Deckeneffekte der fünf Lernerfolgsvariablen und nicht-linearer monoton steigender Regressionen der Variablen auf lehrstoffbezogene Vorkenntnisse wurden die Parameter von Potenzfunktionen mit Hilfe eines iterativen Verfahrens bestimmt. Es ist bekannt, daß derartige Verfahren aufgrund z.B. lokaler Minima der Verlustfunktion zu suboptimalen Funktionsparametern führen können. Die Ergebnisse konnten jedoch einer Überprüfung anhand wiederholter Berechnungen mit systematisch variierten Startwerten und Iterations-Schrittweiten standhalten. Darüber hinaus ist festzuhalten, daß der ATI-Effekt auch bei den nicht-vortestadjustierten Lernerfolgsvariablen deutlich zutage tritt, und zwar dann, wenn man ein in dieser Situation unterschiedlich schiefer Randverteilungen angemessenes Korrelationsmaß berechnet (vgl. Kap. 2.3.1). Ein solches Maß ist Guttman's mu_2, ein Maß für die schwach-monotone Korrelation zweier intervallskalierter Variablen (vgl. Leutner, 1990a; Staufenbiel, 1987). Mu_2 kann die Werte +1 und -1 auch dann erreichen, wenn der Produktmoment-Korrelationskoeffizient r als Maß der linearen Korrelation zweier intervallskalierter Variablen aufgrund unterschiedlicher Randverteilungen niemals perfekten Zusammenhang anzeigen kann, obwohl er möglicherweise im Sinne einer *schwach*-monotonen Korrelation gegeben ist. Berechnet man nun mu_2 für die Korrelation zwischen PSB-Wortschatz und den fünf Lernerfolgsvariablen, dann ergeben sich in allen Fällen unter H+ deutlich höhere Korrelationen als unter H-: 0.78 vs. 0.38 beim Klassifikations-Nachtest, 0.69 vs. 0.26 beim Klassifikations-Behaltenstest, 0.42 vs. 0.18 beim Hierarchie-Nachtest, 0.64 vs. 0.32 beim Hierarchie-Behaltenstest und 0.55 vs. 0.23 beim Definitions-Nachtest. Insofern ist davon auszugehen, daß der beobachtete ATI-Effekt von der hier verwendeten spezifischen Definition des residualen Lernerfolgs unabhängig ist.

3.2.4 Zusammenfassende Diskussion

Im ersten Experiment zum hierarchieorientierten Lehren neuer Begriffe bei Schülern ergaben sich nur schwache Effekte zugunsten einer hierarchieorientierten Definition neuer Begriffe. Es zeigte sich, daß Schüler unter dieser Lernbedingung besser in der Lage sind, die hierarchischen Relationen zwischen den gelernten Begriffen graphisch darzustellen, als wenn sie die Begriffe anhand eigenschaftsorientierter Definition lernen. Bemerkenswert ist, daß die Schüler die Begriffshierarchie einigermaßen reproduzieren konnten, obwohl sie zuvor keine graphische Darstellung der Hierarchie zu sehen bekommen hatten.

Das grundlegende Problem dieses ersten Experimentes bestand jedoch darin, daß die Schüler des sechsten Schuljahres durch das Lehrprogramm sehr stark beansprucht waren mit einer Tendenz zur Überforderung. Aus diesem Grund wurde ein zweites Experiment durchgeführt, und zwar mit Studenten, von denen angenommen werden konnte, daß die kognitiven Anforderungen durch das Lehrprogramm eher den kognitiven Voraussetzungen der Lernenden entsprechen werden. Dies war in der Tat der Fall, wobei diese Stichprobe eher unterfordert gewesen zu sein scheint, was sich in deutlichen Deckeneffekten der betrachteten Lernerfolgsvariablen niederschlug. Offensichtlich machte es keinen bedeutsamen Unterschied, unter welcher der vier experimentellen Bedingungen die Studenten die Begriffe lernten und übten: Unabhängig von der Lernbedingung waren sie bis auf wenige Ausnahmen nach Abschluß der Übungsphase sehr gut in der Lage, Figuren zu klassifizieren, Begriffe zu definieren und die Begriffshierarchie graphisch darzustellen. Es ergab sich lediglich eine Aptitude-Treatment-Interaktion in dem Sinne, daß unter hierarchieorientierter Definition neuer Begriffe der Lernerfolg auf verbale Intelligenz als Lernvoraussetzungsvariable zurückgeführt werden kann, während dies bei nicht-hierarchieorientierter

Definition neuer Begriffe nicht möglich ist. Die Regressionsgeraden weisen allerdings nur im unteren Bereich der Intelligenzskala einen praktisch bedeutsamen Unterschied aus, so daß davon auszugehen ist, daß hierarchieorientierte Definitionen höhere Anforderungen an verbale Intelligenz zu stellen scheinen. Dementsprechend ist davon auszugehen, daß Vpn, deren verbale Intelligenz eine vergleichsweise geringe Ausprägung aufweist, in ihrem Lernerfolg behindert werden.

Insgesamt gesehen ergibt sich damit folgendes Bild: Für Schüler scheint es durchaus gerechtfertigt zu sein, neue Begriffe hierarchieorientiert zu unterrichten, weil sie damit Wissen über die hierarchischen Relationen zwischen den Begriffen erwerben, was nicht der Fall ist, wenn neue Begriffe lediglich eigenschaftsorientiert gelehrt werden. Bezüglich des zur Klassifikation von Beispielen erforderlichen prozeduralen Wissens ergeben sich weder Vor-weder, noch Nachteile hierarchieorientierten Unterrichtens. Das gilt in gleicher Weise für das zur eigenständigen Definition der Begriffe erforderliche konzeptuelle Wissen, dessen Aufbau ebenso weder unterstützt, noch behindert wird.

Für Studenten mit einem umfangreicheren Wissenshintergrund im jeweiligen Gegenstandsbereich scheint es dagegen gleichgültig zu sein, auf welche Art und Weise neue Begriffe unterrichtet werden. Dies gilt zumindest dann, wenn der Wissenserwerb vergleichsweise leicht erfolgen kann und die Probanden wie im hier berichteten Experiment die Gelegenheit haben, vergleichsweise viele Klassifikationsaufgaben als Übungsaufgaben zu bearbeiten. Es ist lediglich zu beachten, daß auf Seiten der Lernenden hinreichende Lernvoraussetzungen im Bereich verbaler Intelligenz vorhanden sind.

Vernetztes Lernen scheint aus dem Blickwinkel der beiden hier berichteten Experimente also insbesondere dann besonders lernförderlich zu sein, wenn der Lehrstoff schwierig ist. Wenn der Lehrstoff dagegen sehr leicht ist, dann scheint der Vorteil zu verschwinden, zumindest, was die Menge des erworbenen Wissens in konstanter Lernzeit betrifft. Es wäre aber durchaus denkbar, daß das Lehrziel in kürzerer Zeit erreicht wird, was an dieser Stelle allerdings nicht untersucht wurde und zum Gegenstand weiterer Experimente gemacht werden könnte.

Welche Empfehlungen können nun aufgrund dieser Ergebnisse für das Design dynamisch-adaptiver Lehrsysteme ausgesprochen werden? Lohnt sich der Programmieraufwand, hierarchieorientierte Definitionen in Abhängigkeit von den zuvor gelernten Begriffen anstelle konstanter und von der Lerngeschichte unabhängiger Definitionen zu implementieren? Zumindest kann aufgrund der experimentellen Ergebnisse gesagt werden, daß hierarchieorientierte Definitionen sich bei hinreichenden Lernvoraussetzungen im Bereich verbaler Intelligenz nicht nachteilig auf den Lernerfolg auswirken. Im Gegenteil, es ist davon auszugehen, daß Lernende mit geringen Vorkenntnissen im jeweiligen Gegenstandsbereich von hierarchieorientierten Definitionen profitieren, wenn es darum geht, Wissen über die hierarchischen Beziehungen zwischen Begriffen zu erwerben.

Durch weitere Untersuchungen könnte bzw. sollte allerdings noch abgeklärt werden, inwieweit hierarchiebezogenes Wissen allein schon dadurch erworben werden kann, daß neue Begriffe eigenschaftsorientiert definiert werden und gleichzeitig eine graphische Darstellung der Begriffshierarchie präsentiert wird. Ein derartiges Vorgehen würde aber dann, wenn man als Lehrer in irgendeiner Weise auf die Abbildung eingehen wollte, bedeuten, daß man explizit bestimmte Hierarchierelationen benennen müßte. Das wäre aber wiederum ein Vorgehen, welches in wesentlichen Punkten der in den beiden Experimenten verwendeten Kombinationsstrategie entspräche.

"Simulations by themselves are seldom an efficient instructional methodology. Most lack important events of instruction" (Wager & Gagné, 1988, S. 46).

3.3 Adaptive Problemlösungshilfen beim Explorieren computersimulierter dynamischer Systeme

3.3.1 Stand der Forschung

Lernen anhand manipulierbarer Modelle der Realität hat seit jeher seinen festen Platz in Unterricht und Ausbildung, angefangen z.B. beim Sandkasten im Geographieunterricht bis hin zum Flugsimulator in der Pilotenausbildung. Insbesondere dann, wenn es darum geht, komplexe in der Zeit ablaufende Prozesse zu simulieren, bietet es sich an, das entsprechende Modell auf einem Computer zu implementieren. Derartige Computersimulationen können sehr unterschiedliche Funktionen haben (vgl. Leutner, 1990c), angefangen beim einfachen Trainingsgerät für prozedurale Fertigkeiten über Hilfsmittel zur reinen Veranschaulichung bis hin zur Erschließung von solchen Sachverhalten, die aufgrund ihrer Komplexität oder Abstraktheit im Unterricht bisher überhaupt noch nicht behandelt werden konnten. Ein wesentlicher Aspekt ist darüber hinaus in der Möglichkeit zur Individualisierung zu sehen, und zwar in dem Sinne, daß mehrere Lernende parallel und unabhängig voneinander mit ihrer eigenen Simulation arbeiten können.

COMPUTERSIMULATIONEN
KOMPLEXER DYNAMISCHER SYSTEME

In den letzten Jahren erfreuen sich Computersimulationen komplexer dynamischer Systeme zunehmender Beliebtheit in Unterricht und Ausbildung. Dabei handelt es sich um Programme, die seit Dörner (1975) in der bundesdeutschen Denkpsychologie verwendet werden, um das Problemlöseverhalten von Probanden zu untersuchen (vgl. den Überblick bei Funke, 1985). Außerhalb denkpsychologischer Forschung lassen sich computersimulierte Systeme dieser Art für Lehr-Lernzwecke einsetzen, um bereichsspezifisches Wissen und Handlungskompetenz in komplexen Realitätsbereichen zu erwerben oder zu trainieren, und zwar vorwiegend im Rahmen induktiv-entdeckenlassender Lehrmethoden.

Aufgabe des Probanden ist es, ein simuliertes System durch Eingriffe so zu steuern oder zu regeln, daß ein mehr oder weniger präzise beschriebenes Ziel erreicht wird. Dabei handelt sich in der Regel um eine Spielsituation, die sich anhand der von Malone & Lepper (1987) formulierten Eigenschaften von Spielen folgendermaßen kennzeichnen läßt:

(1) Der Lernende hat keine realen Konsequenzen zu befürchten: Ein Mißlingen der Aufgabenbearbeitung hat - zumindest bezüglich der simulierten Realität - keine weitreichenden Auswirkungen.

(2) Die Systemeingriffe haben über mehrere Zeitpunkte hinweg zu erfolgen, wobei jeder einzelne Eingriff den Zustand des Systems verändert und auf diese Weise Konsequenzen für die später noch vorzunehmenden Eingriffe nach sich zieht. Insofern lassen sich die Systemeingriffe als Spielzüge und die einzelnen Zeitpunkte als Spielrunden auffassen.

(3) Die Systemeingriffe haben sich an vorgegebenen Regeln und Zielen zu orientieren, die als Spielregeln bzw. Spielziele angesehen werden können.

(4) Das Erreichen der Ziele ist zunächst nicht trivial. Es stellt für den Lernenden vielmehr eine Herausforderung dar, so daß er mit sich selbst oder mit anderen Lernenden in Wettbewerb treten kann.

Kennzeichnend ist, daß sich der Systemzustand von Spielrunde zu Spielrunde, vom simulierten Zeitpunkt t(i) zum Zeitpunkt t(i+1) verändert, und zwar

(1) auch ohne Systemeingriffe des Spielers (systemimmanente Dynamik),

(2) als Konsequenz der Systemeingriffe des Spielers, und - je nach Systemtyp (vgl. Thalmaier, 1979; Hübner, 1987, 1988, 1989) -

(3) als Folge von einzelnen Ereignissen, die im Modell des Systems vorgesehen sind und z.B. durch einen Zufallsgenerator erzeugt werden.

Computersimulationsspiele dieser Art lassen aufgrund ihres Spielcharakters ein hohes Maß an Lernmotivation erwarten (vgl. Malone & Lepper, 1987; Lepper & Malone, 1987; Csikszentmihalyi, 1985). Darüber hinaus lassen sich Lehrinhalte realisieren, die bisher im Unterricht nur unzureichend thematisiert werden (vgl. Tennyson, 1988). Dabei handelt es sich um den Erwerb sog. "kontextuellen" Wissens (Wissen, wann und warum), das neben deklarativem Wissen (Wissen, daß) und prozeduralem Wissen (Wissen, wie) einen wesentlichen Lehrinhalt eines jeden Faches darstellt (Tennyson & Rasch, 1988). Darüber hinaus wird von manchen Autoren erwartet (z.B. Breuer, 1985; Tennyson, Thurlow & Breuer, 1987), daß der Umgang mit computersimulierten dynamischen Systemen die Lernenden generell in die Lage versetzen kann, besser in komplexen und vernetzten Zusammenhängen zu denken und entsprechende Problemstellungen leichter lösen zu können.

UNZULÄNGLICHKEITEN FÜR LEHR-LERNZWECKE

Ob der Lernende die oben genannten Ziele erreicht, wird bei den bisher bekannten Programmen noch vorwiegend dem Lernenden selbst, dem Zufall oder dem Geschick der anwesenden Lehrkraft überlassen. Der Umgang mit der Computersimulation eines komplexen dynamischen Systems ist ein typisches Beispiel für eine Situation des entdeckenden Lernens: Der Schüler sieht sich mit einem Problem konfrontiert, dessen Lösung nur durch zielgerichtete Exploration des simulierten Systems erreicht werden kann. Dies erfordert im Gegensatz zu herkömmlichem Unterricht ein hohes Maß an Aktivität und Eigeninitiative. Darüber hinaus ist meta-kognitives Wissen darüber erforderlich, wie man unstrukturierte Lernsituationen dieser Art bewältigen kann ("learning-to-learn", vgl. Eigler, 1983; Lohman, 1986; Klauer, 1988b). Bei hinreichenden motivationalen und kognitiven Lernvoraussetzungen ist zu erwarten, daß der Lernende das Lehrziel erreicht (vgl. das nahezu klassische Experiment von Egan & Greeno, 1973, zum entdeckenlassenden Lehren). Mitunter wird sich der Lernerfolg auch dadurch einstellen, daß der Lernende zufällig die richtigen Systemeingriffe findet und auf diese Weise Systemwissen erwirbt. In allen anderen Fällen ist der Lernende aber auf Unterstützung durch andere Personen angewiesen, sei es einen Lehrer, Ausbilder, Tutor oder Mitschüler.

Wager & Gagné (1988) bringen die Kritik an den bisher verfügbaren Computersimulationen auf den Punkt. Sie stellen fest, daß CAI-Systeme dieser Art kaum effizienten Unterricht ermöglichen, da wesentliche Lehrfunktionen wie z.B. die Vermittlung oder Überprüfung erforderlicher Vorkenntnisse, Lernanleitung und korrigierende Rückmeldungen nicht implementiert sind (zu Lehrfunktionen vgl. auch Klauer, 1985). Eine Implementation von on-line verfügbaren Lehrfunktionen läuft aber darauf hinaus, die Computersimulation eines komplexen dynamischen Systems zumindest ansatzweise zu einem sog. "Intelligenten Tutoriellen System (ITS)" (vgl. Kap. 2.3.3 und Abb. 2.3.3-1, S. 61) auszubauen. Dies setzt zunächst voraus, daß Regeln bekannt sind, wie das simulierte System im Sinne der Aufgabenstellung gesteuert werden kann (Expertenmodul). Darüber hinaus muß das Verhalten des Lernenden im Sinne der Aufgabenstellung on-line beurteilbar sein (Diagnose- und Schülermodul). Schließlich müssen tutorielle Maßnahmen verfügbar sein, die in Abhängigkeit vom Verhalten des Lernenden zum Einsatz kommen (Tutormodul).

Im folgenden werden zwei Serien von jeweils drei Experimenten berichtet, bei denen es darum geht, zwei verschiedene Computersimulationsspiele mit einem Tutormodul zu überlagern. Der grundlegende Ansatz besteht darin, solche lehrzielrelevanten Informationen explizit zu machen, die in der Simulation zwar implizit vorhanden sind, die der Lernende aber aufgrund ungeeigneten Explorationsverhaltens nicht eigenständig zu entdecken vermag - eine Absicht, die ganz im Sinne von Klauers Lehrtheorie (Klauer, 1985) zu sehen ist.

Die Experimente des folgenden Kapitels beziehen sich auf die Form und den Inhalt einer adaptiven Explikation impliziter Informationen. Die Experimente des daran anschließenden Kapitels befassen sich mit dem Zeitpunkt und dem Detailliertheitsgrad adaptiver Handlungsanweisungen.

3.3.2 Experimente 5, 6 und 7: Adaptive Explikation impliziter Systeminformationen

In der denkpsychologischen Literatur der vergangenen 15 Jahre wird immer wieder berichtet, daß nur wenige Probanden in der Lage sind, Computersimulationen komplexer dynamischer Systeme erfolgreich zu steuern: Je komplexer, dynamischer und intransparenter das verwendete System ist, desto unwahrscheinlicher ist eine erfolgreiche Bewältigung der Aufgabe (vgl. z.B. Putz-Osterloh & Lüer, 1981; Hesse, 1982). Wenn auch der Begriff der Systemtransparenz sowie die in den verschiedenen Experimenten verwendeten Beurteilungsmaßstäbe der Lösungsgüte aufgrund unterschiedlicher und darüber hinaus wenig präziser Definitionen umstritten sind (vgl. Funke, 1985, 1986; Hörmann & Thomas, 1989), so ergibt sich doch ein vergleichsweise einheitliches Bild der empirischen Ergebnisse in dem Sinne, daß höhere Systemtransparenz mit höheren Korrelationen zwischen Intelligenz und Problemlöseerfolg einhergeht.

Hussey & Granzow (1987) führen diesen Effekt sowohl auf Probleme des Informations*überangebots* als auch auf Probleme des Informations*defizits* zurück: Aufgrund der Vielzahl an Systemvariablen und der vielfältigen Nebeneffekte von Systemeingriffen sind die Probanden einem Überangebot an Informationen ausgesetzt, welches die begrenzte Verarbeitungskapazität des Arbeitsgedächtnisses übersteigt. Zusätzliche Informationen wären erforderlich, um "Ordnung in diese Datenflut zu bringen" (Hussey & Granzow, 1987, s. 213). In einem Experiment mit einem vergleichsweise einfachen System konnten die Autoren zeigen, daß eine Erhöhung der Systemtransparenz durch ausführliche "problemstrukturrelevante" Informationen über den augenblicklichen Zustand aller wesentlichen Systemvariablen nach jedem Systemeingriff geeignet sind, den Problemlöseerfolg zu erhöhen. Dagegen wurde der Erfolg behindert, wenn Zwischenergebnisse, statt sie zu löschen, auf dem Bildschirm komplett erhalten blieben und somit auch bei den darauf folgenden Systemeingriffen noch einsehbar blieben. Die Autoren vermuten, daß dieser unerwartete Effekt auf eine Verwirrung der Probanden im Sinne eines Informationsüberangebotes zurückzuführen ist. Eine explizit präsentierte Bewertung des Problemlöseerfolgs nach jedem von insgesamt neun wiederholten Versuchen schließlich bewirkte keinen Unterschied, weil die Probanden - so die Autoren - offensichtlich über hinreichende Informationen verfügten, den Erfolg oder Mißerfolg ihrer Maßnahmen selbst aus den bereitgestellten Daten zu erschließen.

Wesentlich für das erfolgreiche Steuern eines unbekannten dynamischen Systems scheint also zu sein, daß problemlösungsrelevante Informationen in richtigem Ausmaß und zum richtigen Zeitpunkt, nämlich dann, wenn sie benötigt werden, verfügbar sind. Darüber hinaus kann erwartet werden, daß diese Verfügbarkeit expliziter Informationen, über reine Handlungskompetenz hinausgehend, auch den Erwerb verbalisierbaren kontextuellen Wissens über das System erleichtern sollte.

EXPERIMENT 5: FRAGESTELLUNG

Dieses Experiment zielte darauf ab zu prüfen, ob sich der Lernerfolg erhöhen läßt, wenn *vor* dem Explorieren eines computersimulierten dynamischen Systems Informationen über den simulierten Realitätsbereich und *während* des Explorierens adaptiv gestaltete Hinweise und Anregungen präsentiert werden. Die Fragestellung bezieht sich auf zwei Aspekte des Lernerfolgs, zum einen auf den Erwerb von "Handlungskompetenz zur Steuerung des Systems" und zum anderen auf den Erwerb von "verbalisierbarem Wissen über Begriffe, Sachverhalte und Prinzipien des simulierten Realitätsbereichs".

Es wurden vier alternative Lehrstrategien miteinander verglichen: (1) strikt entdeckenlassende Exploration ohne Vorabinformation und ohne adaptive Hilfen, (2) Exploration nach Vorabinformation, (3) Exploration mit adaptiven Hinweisen und (4) Exploration mit Vorabinformation und mit adaptiven Hinweisen.

THEORETISCHER HINTERGRUND

Strikt entdeckenlassende Exploration: Hierbei handelt es sich um die klassische Einsatzform für Computersimulationen komplexer dynamischer Systeme, wie sie in denkpsychologischen Experimenten verbreitet ist und mangels geeigneter Systeme auch in Unterricht und Ausbildung verwendet wird. Der Lernende ist völlig auf sich allein gestellt. Wissen kann nur dann erworben werden, wenn er geeignete Maßnahmen zur Steuerung des

Systems ergreift und wenn er gleichzeitig in der Lage ist, aus den Auswirkungen seiner Maßnahmen die richtigen Schlußfolgerungen zu ziehen. Da alle Lehrfunktionen vom Lernenden selbst ausgeübt werden müssen, ist damit zu rechnen, daß diese Lernbedingung dem Erwerb von Handlungskompetenz und von verbalisierbaren Wissen wenig förderlich ist. Lediglich dann, wenn der Lernende verwertbare Vorkenntnisse im simulierten Gegenstandsbereich und hinreichendes meta-kognitives Wissen mitbringt, ist mit einem angemessenen Lernerfolg zu rechnen.

Exploration nach Vorabinformation: Hierbei handelt es sich um eine nicht-adaptive Maßnahme, die gewährleisten soll, daß der Lernende mit verwertbaren Vorkenntnissen in die Simulation einsteigt. Darüber hinaus ist davon auszugehen, daß die Transparenz des simulierten Systems erhöht wird. Es geht darum, den Lernenden vor dem Einstieg in die Simulation über grundlegende Begriffe des simulierten Realitätsbereichs sowie Handlungsmöglichkeiten und deren Konsequenzen explizit zu informieren. Je nach Ausführlichkeit kann eine solche Vorabinformation als advance organizer im Sinne von Ausubel (1968) realisiert werden oder als eine in sich geschlossene Lehreinheit, die gewährleistet, daß hinreichend deklaratives, prozedurales und kontextuelles Wissen im Sinne von Tennyson & Rasch (1988) verfügbar ist und die Computersimulation zur Anwendung und zur Übung des zuvor erworbenen Wissens eingesetzt werden kann.

Exploration mit adaptiven Hinweisen: Hierbei handelt es sich um eine adaptive Maßnahme, die darin besteht, daß im Laufe der Systemexploration dann, wenn es erforderlich ist, geeignete Hinweise und Anregungen gegeben werden - und zwar im Prinzip so, wie man es von einem geschickten Lehrer erwarten würde. Derartige Hinweise haben zum einen den Zweck, die Aufmerksamkeit des Lernenden auf die in der jeweiligen Situation relevanten Aspekte des Problems zu lenken, damit in dem Fall, daß der Lernende mit dem Problem nicht zurecht kommt, eine Problemlösung überhaupt erst ermöglicht wird. Zum anderen soll durch die Hinweise erreicht werden, daß der Lernende die Problemsituation anhand der im jeweiligen Gegenstandsbereich verwendbaren Fachbegriffe reflektiert und kognitiv strukturiert. Eine derartige Explikation der in der Situation implizit vorhandenen Informationen kann als eine der wesentlichen Lehrfunktionen angesehen werden (vgl. Klauer, 1985), die in den bisher verfügbaren Computersimulationen komplexer dynamischer Systeme nicht implementiert ist.

Exploration mit Vorabinformation und mit adaptiven Hinweisen: Hierbei handelt es sich um eine Kombination der zuvor beschriebenen Maßnahmen. Es kann angenommen werden, daß beide Maßnahmen hinsichtlich des Lernerfolgs nützlich sind. Dabei ist aber unklar, inwiefern Interferenzen auftreten, wenn die Gesamtzeit für den Unterricht oder die Ausbildung konstant ist und eine zeitliche Verlängerung der Vorabinformation zu einer Verkürzung der für die Exploration verfügbaren Zeit führt.

Hypothese: Es kann erwartet werden, daß sowohl Vorabinformationen als auch adaptive Hinweise geeignet sind, den aus der Exploration eines komplexen dynamischen Systems resultierenden Lernerfolg hinsichtlich Handlungskompetenz und verbalisierbaren Wissens zu erhöhen. Bezüglich einer Interaktion der beiden Maßnahmen kann keine eindeutige Vorhersage gemacht werden. Im Hinblick auf die unterschiedlich ausgeprägte Transparenz der simulierten Systeme sind allerdings differentielle Korrelationen zwischen Lernerfolg und Intelligenz des Lernenden zu erwarten.

METHODE

Versuchspersonen und experimentelles Design: Am Experiment nahmen insgesamt 64 Schüler und Schülerinnen aus Hauptschulen und Gymnasien im Großraum Nürnberg teil (siebtes Schuljahr), die zufällig den experimentellen Bedingungen zugewiesen wurden. Auf jede Bedingung entfielen 16 Vpn. Die experimentellen Bedingungen entsprechen einem 2x2-faktoriellen Versuchsplan mit Vor- und Nachtest. Der erste Faktor wurde als "Vorabinformation (V-/V+)" bezeichnet, der zweite Faktor als "Adaptive Hinweise (A-/A+)". Als Kovariablen wurden im Vortest bereichsspezifische Vorkenntnisse sowie einige Aspekte der Persönlichkeit der Schüler (Intelligenz, Ängstlichkeit etc.) erhoben. Im Nachtest wurde die Kompetenz zum Steuern des simulierten Systems erhoben sowie bereichsspezifisches Wissen.

Lehrstoff und Lehrprogramm: Als Lehrstoff wurde die Situation bäuerlicher Kleinbetriebe in der Sahelzone und deren Möglichkeiten zur Vermeidung von Hungerkatastrophen gewählt. Der Lehrstoff ist in der Computersimulation "HUNGER IN NORDAFRIKA" (Schrettenbrunner, 1989) implementiert. Dieses Programm wurde für das Experiment herangezogen und im Sinne der experimentellen Bedingungen modifiziert. Die Benutzeroberfläche ist in Abb. 3.3.2-1 (S. 126) dargestellt.

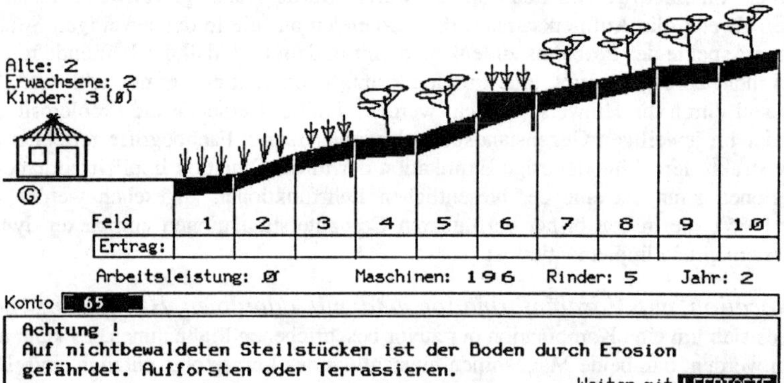

Abb. 3.3.2-1: Benutzeroberfläche von "Hunger in Nordafrika"

Die Arbeitsweise des Programms entspricht den aus der Denkpsychologie bekannten computersimulierten dynamischen Systemen (vgl. den Überblick bei Funke, 1985). Im Vergleich zur makro-ökonomischen Perspektive des Programms "MORO" (Putz-Osterloh, 1985) ist bei "Hunger in Nordafrika" die mikro-ökonomische Perspektive des Überlebens in einer Trockenregion thematisiert (vgl. die detaillierte Programmbeschreibung bei

Schrettenbrunner, 1989, und Leutner & Schrettenbrunner, 1989). Der Lernende übernimmt die Rolle eines Bauern, der einen landwirtschaftlichen Familienbetrieb führt. Neben allgemeinen Entscheidungen (Familienplanung, Schulausbildung, Mechanisierung des Betriebes, Viehwirtschaft) kann er solche über die Bewirtschaftung und Nutzung von 10 Feldern in unterschiedlich steiler Berghanglage treffen. Seine Entscheidungen sowie die nicht beeinflußbaren Klimaereignisse und ökologischen Faktoren bestimmen den landwirtschaftlichen Ertrag und damit die Überlebensmöglichkeiten der Familie unter den gegebenen Verhältnissen.

Dem Programm liegen drei Modelle zugrunde: das Modell eines landwirtschaftlichen Betriebes (Entscheidung hinsichtlich der Nutzung der Felder zum Anbau von Mais oder Hirse bzw. zur Nutzung als Weide oder zur Aufforstung; Ertragserwartung; Nettoertrag), gekoppelt mit einem Familienmodell (Anzahl von Personen; Geburten; Sterbefälle; Bildungsmaßnahmen; Arbeitskräfte) und ergänzt durch ein ökologisches Modell (Niederschläge; Temperaturwerte; Erosion am Hang; agrartechnische Maßnahmen wie Anlegen von Brunnen und Terrassen sowie Einsatz von Maschinen; Gesamteffekte auf Ertragserwartung).

Der Lernende übernimmt den Betrieb zu Beginn des ersten simulierten Jahres. Der Betrieb befindet sich in einem bestimmten Systemzustand, der durch die Entscheidungen des Lernenden verändert wird. Im Anschluß an die Entscheidungen simuliert das Programm den Ablauf des Jahres mit den im Modell erfaßten klimatischen, familiären und sonstigen Ereignissen und präsentiert den daraus resultierenden Systemzustand zu Beginn des zweiten Jahres. Der Lernende hat dann wieder Entscheidungen zu treffen, die dem veränderten Systemzustand angepaßt sein sollten, worauf der Jahresablauf wieder simuliert wird etc. Die Parameter des Modells sind so eingestellt, daß sehr schnell, d.h. schon nach wenigen simulierten Jahren, ein kritischer Zustand erreicht wird (Hungerkatastrophe). Durch die Wahl einer geeigneten Strategie (vgl. Leutner, 1989b; Leutner & Schrettenbrunner, 1989) kann man jedoch auch über beliebig viele Jahre hinweg erfolgreich wirtschaften.

Implementation der experimentellen Bedingungen: Die experimentelle Manipulation des Programms wurde wie folgt realisiert:

(1) *Strikt entdeckenlassende Exploration (V-/A-)*: In dieser Bedingung wird den Vpn überhaupt keine Unterstützung gegeben.

(2) *Exploration mit Vorabinformation (V+/A-)*: In dieser Bedingung haben die Vpn, bevor sie den landwirtschaftlichen Betrieb übernehmen, ein kurzes tutorielles Lehrprogramm durchzuarbeiten. Dieses Lehrprogramm besteht aus 6 Kapiteln, in denen die Vpn über grundlegende Begriffe, Regeln und Prinzipien im simulierten Realitätsbereich informiert werden. Insgesamt sind acht Bildschirmseiten zu bearbeiten.

(3) *Exploration mit adaptiven Hinweisen (V-/A+)*: In dieser Bedingung übernimmt die Vp unmittelbar den landwirtschaftlichen Betrieb. In Abhängigkeit vom Zustand des Betriebes und von den Entscheidungen werden der Vpn Hinweise, Warnungen und elaborierte Kommentare zu Ereignissen präsentiert (vgl. Tab. 3.3.2-1, S. 128). Darüber hinaus wurde eine Bildschirmseite mit detaillierten Hintergrundinformationen zu einzelnen

Systemvariablen implementiert, auf deren Nutzung die Vp bei Bedarf aufmerksam gemacht wird.

(4) *Exploration mit Vorabinformation und mit adaptiven Hinweisen (V+/A+)*: In dieser Bedingung hat die Vp zunächst das tutorielle Lehrprogramm zu bearbeiten. Im Anschluß daran übernimmt sie den simulierten Betrieb, wobei sie durch die zuvor beschriebenen adaptiven Hinweise unterstützt wird.

Tab. 3.3.2-1: Beispiele für adaptive Hinweise, Exp. 5

Bedingungsgebundene Hinweise und Warnungen	
Bedingung	Hinweis/ Warnung
Bis zum 2. Jahr noch kein Brunnen	Achtung! Wir leben in einer sehr trockenen Gegend. Ohne Bewässerung geht's auf die Dauer nicht.
Nach 3. Starkregen auf irgendeiner Parzelle weder Wald, noch Terrasse	Hast Du Dir überlegt, was mit dem Boden passiert, wenn wieder ein Starkregen kommt?
Nach der 1. Dürre noch kein Brunnen	Hast Du daran gedacht, daß eine Dürre kommen könnte? > Brunnen
Bis zum 5. Jahr Informationsseite noch nicht angewählt	Du solltest einmal die Taste (F9) drücken! Dort findest Du Informationen.
Kommentare	
einfacher Kommentar unter A-	ausführlicher Kommentar unter A+
Starkregen	Starkregen: Der Boden wird zerstört, d.h. Erosion.
Dürre	Dürre: Die Pflanzen vertrocknen, geringerer Ertrag
x Rinder verdurstet.	Zu wenig Brunnen auf der Weide. x Rinder verdurstet.
Alle Rinder verhungert.	Keine Weideflächen > Alle Rinder verhungert.

Testmaterial: Für die Erfassung bereichsspezifischen Wissens wurde ein lehrzielorientierter Test entwickelt. Dieser besteht aus 27 allgemein gehaltenen Items, ergänzt um 16 Items zu spezifischen Eigenschaften des Simulationsprogramms. Die allgemein formulierten Items wurden so angelegt, daß sie auch als Vortest vor der Exploration des computersimulierten Systems bearbeitet werden konnten.

Zur Erfassung der Handlungskompetenz wurde eine Testversion der Computersimulation vorbereitet, die im wesentlichen der Bedingung "Strikt entdeckenlassende Exploration V-/A-" entspricht. Sie unterscheidet sich allerdings durch einen modifizierten Anfangszustand des simulierten Betriebes, der so gestaltet ist, daß ohne Eingriffe der Vp schon nach 4 simulierten Jahren eine Hungerkatastrophe auftritt. Als Indikator für Handlungskompetenz läßt sich aus einer Protokolldatei die Anzahl der simulierten Jahre entnehmen, die die Vpn innerhalb eines vorgegebenen Zeitintervalls ohne Auftritt einer Hungerkatastrophe durchstehen konnte.

Darüber hinaus wurden Instrumente zur Messung potentiell relevanter Kovariablen ausgewählt (vgl. die Diskussion zum Problemlösen in komplexen computersimulierten Realitätsbereichen: z.B. Putz-Osterloh & Lüer, 1981; Hesse, 1982; Funke, 1985, 1986; Hörmann & Thomas, 1989). Zur Erfassung allgemeiner kognitiver Lernvoraussetzungen wurden die Subtests 1+2 (Wortschatz), 3 (Zeichenreihen) und 4 (Buchstaben- und Zahlenreihen) des Prüfsystems für Schul- und Bildungsberatung (PSB) von Horn (1969) eingesetzt. Dabei handelt es sich um eine Adaptation des Leistungsprüfsystems (LPS) von Horn (1962). Zur Erfassung nicht-kognitiver Lernvoraussetzungen wurden einige der bei Schwarzer (1986) dokumentierten Persönlichkeitsskalen verwendet (Selbstwirsamkeitserwartung, gelernte Hilflosigkeit, sowie der trait-Teil des "State-Trait Persönlichkeits-Inventar" mit den Subskalen Ängstlichkeit, emotionale Labilität und Neugier). Darüber hinaus wurde eine leicht modifizierte Fassung der Prüfungsangstskala aus dem "Allgemeinen Fragebogen für Schüler (AFS)" (Wieczerkowski, Nickel, Janowski, Fittkau & Rauer, 1974) eingesetzt.

Vorgehensweise: Ca. eine Woche vor Beginn des Experiments wurde in den Klassen der lehrzielorientierte Test zur Erhebung bereichsspezifischer Vorkenntnisse bearbeitet. Für das Experiment wurde jeweils eine Klasse per Bus zum Computerraum der Erziehungswissenschaftlichen Fakultät der Universität Erlangen-Nürnberg gefahren. Dort wurde die Klasse halbiert: Die erste Gruppe begann unmittelbar mit dem Lehrexperiment, während die zweite Gruppe in der Zwischenzeit den Intelligenztest und den Persönlichkeitsfragebogen bearbeitete. Zur Überbrückung der anschließenden Wartezeit wurden die Schüler der zweiten Gruppe gebeten, ihre Vorstellungen von der familiären Lebenssituation in Nordafrika zeichnerisch darzustellen. Sobald die erste Gruppe mit dem Experiment fertig war, wurden die Gruppen gewechselt. Beide Gruppen hatten für das Lehrexperiment gleich viel Zeit.

Im Computerraum waren die vier verschiedenen Programmversionen zufällig verteilt auf acht PC installiert. Die acht Schüler einer Gruppe wurden ebenfalls zufällig den acht PC zugeordnet. In dem Fall, daß mehr als acht Schüler vorhanden waren, wurden die restlichen Schüler auf zwei weitere PC verteilt. Da diese restlichen Schüler in Gruppen mit der Simulation arbeiteten, wurden deren Daten nicht weiter verwendet.

Nach kurzen einführenden Worten des Versuchsleiters wurde das Programm gestartet. Die Schüler arbeiteten zunächst mit einer der vier verschieden experimentellen Versionen (Explorationsphase), wobei sie die Möglichkeit hatten, das Spiel beliebig oft neu zu starten. Nach Ablauf von 45 Minuten wurden die Schüler aufgefordert, das laufende Spiel abzubrechen. Es wurde die Testversion des Planspiels gestartet, und die Schüler wurden gebeten, nun zu zeigen, inwieweit sie in der Lage sind, im simulierten Ernstfall durch geschickte Maßnahmen eine Hungerkatastrophe zu vermeiden. Diese Testphase dauerte insgesamt 30 Minuten. In dem Fall, daß in diesem Zeitraum eine oder mehrere Hungerkatastrophen auftraten, konnten die Schüler jeweils ein neues Spiel beginnen.

Abschließend wurde in den Klassen ca. eine Woche nach dem Lehrexperiment der lehrzielorientierte Test bearbeitet.

ERGEBNISSE

Operationalisierung des Lernerfolgs: Es wurden zwei Aspekte des Lernerfolgs unterschieden, einerseits "Handlungskompetenz bezüglich des Steuerns des simulierten Systems" und andererseits "verbalisierbares Wissen bezüglich zentraler Begriffe, Prinzipien und Handlungsmöglichkeiten im simulierten Realitätsbereich" (Wissen, Teil 1) sowie "Kenntnisse über Parameter und erfolgreiche Strategien im Zusammenhang mit dem Simulationsprogramm" (Wissen, Teil 2).

"Handlungskompetenz" sollte sich darin zeigen, daß die Schüler in der Testphase beim Arbeiten mit der Testversion des Planspiels möglichst viele Jahre ohne Auftreten einer Hungerkatastrophe überstehen können. Da in der Testphase das Spiel nach einer Hungerkatastrophe beendet wird, wurde die Anzahl der Jahre im ersten Spiel der Testphase als Operationalisierung der Handlungskompetenz verwendet (im folgenden *Handlungstest* genannt). Ohne jegliche Eingriffe in das System wäre nach dem Ablauf des vierten Jahres eine Hungerkatastrophe eingetreten.

"Verbalisierbares Wissen" wird durch den lehrzielorientierten Test überprüft, so daß die Anzahl richtiger Antworten in diesem Test die Operationalisierung des bereichsspezifischen Wissens darstellt (im folgenden *Wissenstest* genannt). Beispiele für Items sind "Was ist Erosion?" (Begriffs-Item), "Welche Bodennutzung verhindert Erosion?" (Prinzip-Item) und "Welche Maßnahme würdest Du nach einer Dürre und starker Erosion ergreifen, damit der Boden sich erholen kann?" (Handlungsmöglichkeits-Item). Die Reliabilität des Wissenstests, berechnet als interne Konsistenz, beträgt alpha=0.876, was als sehr gut anzusehen ist für einen Test, der (a) als lehrzielorientierter Test konzipiert ist und (b) aposteriori keinerlei statistischen Itemauswahlverfahren unterzogen worden ist. Da der Handlungstest nicht aus einzelnen Items besteht, läßt sich seine Reliabilität nicht in gleicher Weise angeben (vgl. die Diskussion in Kap. 3.3.4).

Wie zu erwarten, sind die beiden Teile des Wissensnachtests, der allgemeine und der simulations-spezifische Teil, mit dem Wissensvortest korreliert (Teil 1: r=0.53; Teil 2: r=0.38). Aus diesem Grund wurde vor allen weiteren Berechnungen die Leistung im Vortest aus beiden Teilen des Wissensnachtests unabhängig voneinander auspartialisiert. Für den Handlungstest war eine derartige Adjustierung nicht angebracht, da dieser mit dem Wissensvortest zu null korreliert (r=0.02).

Kovariablen: Insgesamt sind für die Datenanalyse neun potentiell relevante Kovariablen verfügbar, drei Subtests des PSB und sechs Persönlichkeitsskalen. Wie zu erwarten, korrelieren die beiden PSB-Skalen "Zeichenreihen" und "Zahlen- und Buchstabenreihen" recht hoch miteinander (r=0.68). Für die weitere Analyse wurden die Skalenwerte durch Addieren zusammengefaßt (vgl. die PSB-Handanweisung). Der Summenwert wird im folgenden als "induktives Denken" bezeichnet (vgl. Klauers Klassifikationssystem für Intelligenztestaufgaben; Klauer, 1988a).

Auch die sechs Persönlichkeitsskalen korrelieren teilweise recht hoch untereinander. Mit 61% gebundender Varianz läßt sich die Korrelationsstruktur anhand von zwei varimax-rotierten Hauptkomponenten reproduzieren. Auf der ersten Komponente laden die Skalen Prüfungsangst, gelernte Hilflosigkeit, allgemeine Ängstlichkeit und emotionale Labilität, auf der zweiten Komponente Selbstwirksamkeitseinschätzung und Neugierde

(Anh. 3.3.2-1, S. 223). Die beiden Komponenten werden im folgenden abkürzend als "Ängstlichkeit" und als "Selbstvertrauen" bezeichnet. Dabei ist zu beachten, daß die so definierte Ängstlichkeit einen hohen Anteil an emotionaler Labilität im Sinne einer Tendenz zu Ärger- und zu Wutreaktionen umfaßt, während das so definierte Selbstvertrauen einen hohen Anteil an Aufgeschlossenheit im Sinne einer Tendenz zu neugierigem Explorationsverhalten enthält. Als Kovariablen für die nachfolgenden Analysen wurden die unkorrelierten Faktorwerte der Vpn bezüglich dieser beiden Hauptkomponenten verwendet.

Überprüfung auf Mittelwertsunterschiede und ATI-Effekte: Angesichts der untereinander korrelierten Lernerfolgsvariablen (Anh. 3.3.2-2, S. 223) wurden die Effekte der Kovariablen und experimentellen Bedingungen im Rahmen des multivariaten Allgemeinen Linearen Modells überprüft. Dabei wurde wie folgt vorgegangen: Zunächst wurde ein Modell mit allen Kovariablen und den experimentellen Bedingungen spezifiziert. Im Anschluß daran wurde die Homogenität der Regressionen geprüft, indem entsprechende Effekte für die Interaktion zwischen Kovariablen und experimentellen Variablen in das Modell aufgenommen wurden. Es wurden schließlich diejenigen Effekte im Modell beibehalten, die eine Verletzung der Regressionshomogenität und damit einen ATI-Effekt anzeigten. Dies war für Induktives Denken und für Selbstvertrauen der Fall. Die Ergebnisse sind in Tab. 3.3.2-2 (S. 131) dargestellt.

Tab. 3.3.2-2: Multivariate Varianzanalyse (MANOVA), Exp. 5

Quelle		Lambda	F	df	p
Kovariablen					
Wortschatz	(W)	0.828	3.595	3, 52	0.019
Induktives Denken	(I)	0.820	3.813	3, 52	0.015
Ängstlichkeit	(Ä)	0.911	1.701	3, 52	0.178
Selbstvertrauen	(S)	0.877	2.430	3, 52	0.076
Experimentelle Bedingungen					
Adaptive Hinweise	(A)	0.916	1.590	3, 52	0.203
Vorabinformation	(V)	0.996	< 1		
Interaktion	(A x V)	0.713	6.965	3, 52	0.001
ATI-Effekte					
Induktives Denken x Vorabinformation	(I x V)	0.750	5.784	3, 52	0.002
Selbstvertrauen x Adaptive Hinweise	(S x A)	0.743	6.007	3, 52	0.001

Wie in Tab. 3.3.2-2 (S. 131) zu erkennen ist, gibt es entgegen den eingangs formulierten Hypothesen keine signifikanten Haupteffekte der experimentell variierten Explorationsbedingungen, wohl aber drei signifikante multivariate Interaktionen, an deren Zustandekommen die experimentellen Bedingungen beteiligt sind: (1) eine Interaktion von adaptiven Hinweisen und Vorabinformation, (2) ein ATI-Effekt von induktivem Denken und Vorabinformation sowie (3) ein weiterer ATI-Effekt von Selbstvertrauen und adaptiven Hinweisen.

Tab. 3.3.2-3: Univariate Varianzanalysen (ANOVA), Exp. 5[a)]

Quelle	Wissen 1 F	p	R^2	Wissen 2 F	p	R^2	Handlung F	p	R^2
Adaptive Hinweise x Vorabinformation	10.40	.002	.11	1.36	.248	--	4.86	.032	.06
Induktives Denken x Vorabinformation	< 1	--	--	1.86	.178	--	10.60	.002	.06
Selbstvertrauen x Adaptive Hinweise	8.04	.006	.09	< 1	--	--	5.34	.025	.13

a) Für alle F-Tests gilt df1=1, df2=54

Diese drei multivariaten Effekte wurden anhand univariater Varianzanalysen näher untersucht, wobei für jede der drei abhängigen Variablen das in der MANOVA verwendete lineare Modell getrennt (univariat) spezifiziert und berechnet wurde: Die Effekte zeigen sich ausschließlich im allgemeinen Teil des Wissenstests (Teil 1) und im Handlungstest, und zwar die Interaktion der beiden experimentellen Bedingungen und der ATI-Effekt "Selbstvertrauen x adaptive Hinweise" in beiden Variablen, der ATI-Effekt "Induktives Denken x Vorabinformation" nur im Handlungstest (Tab. 3.3.2-3, S. 132)

Wie die Unterschiede geartet sind, ist den Tabellen Anh. 3.3.2-3 (S. 224) und Anh. 3.3.2-4 (S. 225) zu entnehmen, in denen die Mittelwerte und Korrelationen für die einzelnen Teilgruppen des Versuchsplans angegeben sind. Es ergibt sich folgendes Bild:

(1) Die Interaktion der beiden experimentellen Bedingungen ist, bezogen auf die beiden abhängigen Variablen Wissenserwerb und Handlungskompetenz, gegenläufig (vgl. Abb. 3.3.2-2, S. 133). In der Handlungskompetenz schneidet die Kontrollgruppe (V-A-) am besten ab, die weder Vorabinformationen, noch Hinweise erhielt. Am schlechtesten schneidet die Gruppe ohne Vorinformationen, aber mit Hinweisen (V-A+) ab. Beim Wissenserwerb dagegen schneidet die Kontrollgruppe (V-A-) am schlechtesten ab, die Gruppe ohne Vorinformationen und mit adaptiven Hinweisen (V-A+) am besten. In der Terminologie von Cohen (1988) handelt es sich um zwei "große" Effekte: Unter der Bedingung ohne Vorabinformation (V-) hat das Vorhandensein der adaptiven Hilfen (V-A+) gegenüber der Kontrollgruppe (V-A-) im Handlungstest eine Effektstärke von $g=(4.8-6.8)/2.3=-0.87$, im Wissenstest eine Effektstärke von $g=(1.4+1.5)/3.3=0.88$.

(2) Der ATI-Effekt von Selbstvertrauen und adaptiven Hinweisen weist einen vergleichbaren gegenläufigen Trend auf: *Mit* adaptiven Hinweisen korreliert Selbstvertrauen positiv mit Handlungskompetenz (r=0.43, Abb. 3.3.2-3a, S. 134), aber leicht negativ bzw. zu null mit Wissenserwerb (Abb. 3.3.2-3b, S. 134). *Ohne* adaptive Hinweise korreliert Selbstvertrauen positiv mit Wissenserwerb (r=0.44), aber leicht negativ bzw. zu null mit Handlungskompetenz. Ganz im Sinne des Präferenzmodells von Salomon (1975) scheinen adaptive Hinweise bezüglich der Handlungskompetenz besonders dann wirksam zu sein, wenn sie auf Seiten des Schülers mit hohem Selbstvertrauen zusammentreffen. Bezüglich des Wissenserwerbs scheinen sie dagegen im Sinne des Kompensationsmodells geeignet zu sein, die positive Korrelation zwischen Lernerfolg und Selbstvertrauen aufzubrechen.

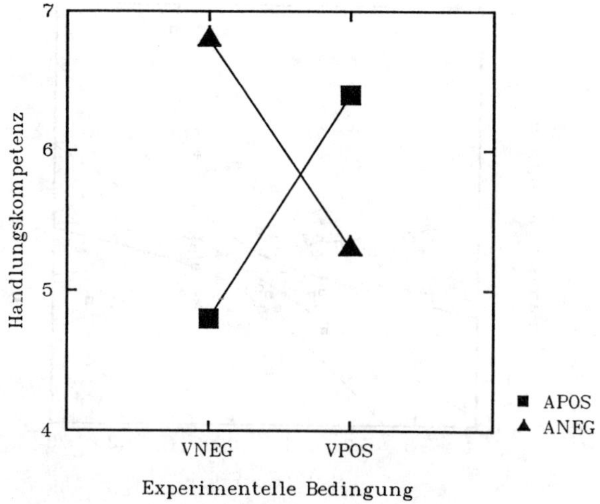

Abb. 3.3.2-2a: Mittlere Anzahl gespielter Systemjahre ohne Hungerkatastrophe in der Testphase, Experiment 5 (APOS/ANEG: mit/ohne adaptive Hilfen; VPOS/VNEG: mit/ohne Vorinformationen)

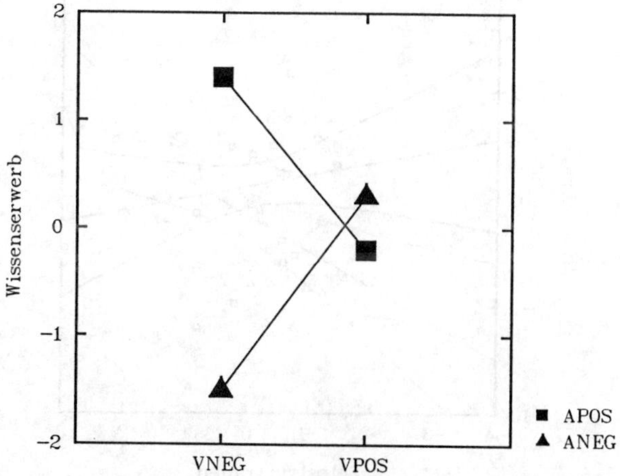

Abb. 3.3.2-2b: Mittlere Anzahl richtiger Antworten im allgemeinen Teil des Wissen-Nachtests, Experiment 5 (APOS/ANEG: mit/ohne adaptive Hilfen; VPOS/VNEG: mit/ohne Vorinformationen)

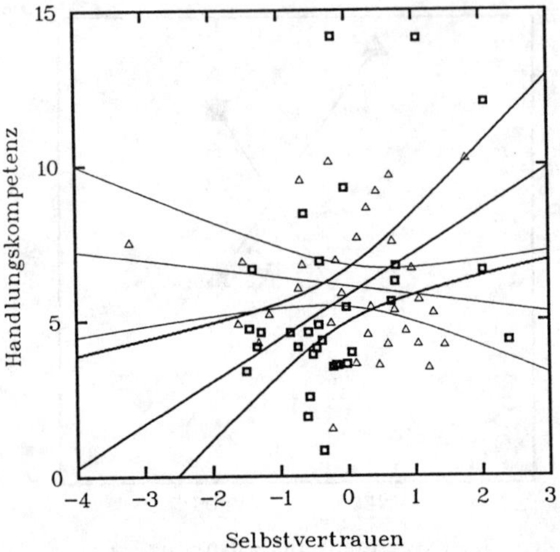

Abb. 3.3.2-3a: ATI-Effekt, Experiment 5 (dünn ausgezogene Linien/Symbole: ohne; fett ausgezogene Linien/Symbole: mit adaptiven Hinweisen)

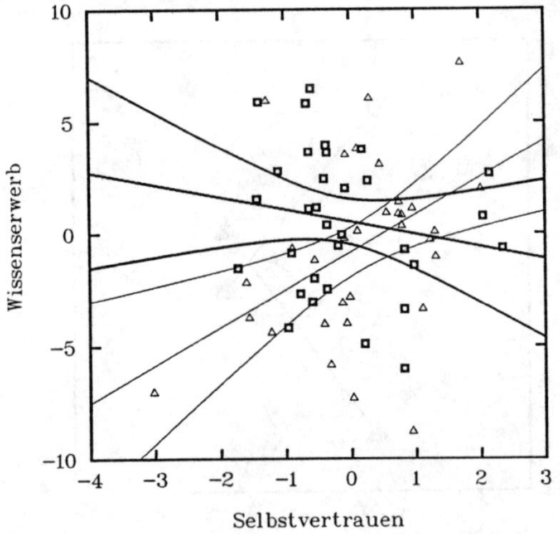

Abb. 3.3.2-3b: ATI-Effekt, Experiment 5 (dünn ausgezogene Linien/Symbole: ohne; fett ausgezogene Linien/Symbole: mit adaptiven Hinweisen)

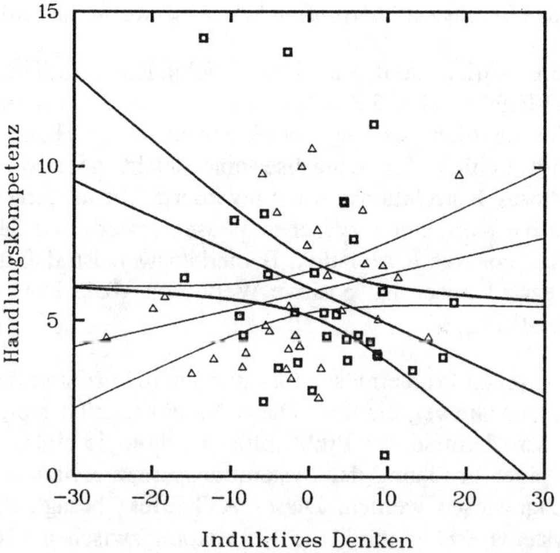

Abb. 3.3.2-4: ATI-Effekt, Experiment 5 (dünn ausgezogene Linien/Symbole: ohne Vorinformationen; fett ausgezogene Linien/Symbole: mit Vorinformationen)

(3) Der ATI Effekt von Vorabinformation und induktivem Denken ist im Handlungstest entgegen der eingangs formulierten Hypothese so geartet, daß die Korrelation *ohne* Vorabinformation leicht positiv (r=0.27) und *mit* Vorabinformation leicht negativ ist (r= -0.32, vgl. Abb. 3.3.2-4, S. 135). Der im Experiment realisierte tutorielle Vorspann scheint demzufolge wenig geeignet zu sein, die Transparenz des simulierten Systems so zu erhöhen, daß - entsprechend zahlreicher Befunde aus der Problemlösungspsychologie - eine ansonsten schwache Korrelation zwischen Intelligenz und Problemlöseerfolg ansteigt. Im Gegenteil: Die schwach positive Korrelation fällt unter dem Einfluß der hier realisierten Vorabinformationen in den negativen Bereich.

DISKUSSION

Zusammenfassend ist zunächst festzuhalten, daß entgegen den eingangs formulierten Hypothesen weder die hier realisierten Vorabinformationen, noch die adaptiven Hinweise allein geeignet sind, den Lernerfolg beim Explorieren der Computersimulation "Hunger in Nordafrika" zu erhöhen. Die Interaktionen dieser beiden Formen von Problemlösungshilfen ist jedoch signifikant und weist ein bemerkenswertes Muster auf (Abb. 3.3.2-2, S. 133): Wenn vor dem Beginn des Explorierens eine traditionelle CAI-Lehreinheit mit Hintergrundinformationen zum simulierten Realitätsbereich durchgearbeitet wird, dann macht es nur einen geringen Unterschied aus, ob während des Explorierens adaptive Hinweise gegeben werden oder nicht. Ohne diese Lehreinheit bewirkt das Fehlen bzw. Vorhandensein adaptiver Hinweise dagegen einen differentiellen Lernerfolg, der die Hinweise in Abhängigkeit vom jeweils betrachteten Lernerfolgsaspekt entweder als förderlich oder aber als hinderlich erscheinen läßt: Bezüglich der im Handlungstest erfaßten Kompetenz zur Steuerung des simulierten Systems erwiesen sich die adaptiven Hinweise als hinderlich, bezüglich des im Wissenstest überprüften Wissenserwerbs als förderlich.

Diese differentielle Wirksamkeit adaptiver Problemlösungshilfen zeigt sich darüber hinaus in einem ATI-Effekt (Abb. 3.3.2-3, S. 134): Beim Vorhandensein adaptiver Hinweise ergibt sich eine deutlich positive Korrelation zwischen Handlungskompetenz und Selbstvertrauen, beim Fehlen der Hinweise eine leicht negative Korrelation. Beim Wissenserwerb ist dieses Korrelationsmuster invertiert: Mit adaptiven Hinweisen ergibt sich eine leicht negative Korrelation zwischen Wissenserwerb und Selbstvertrauen, ohne Hinweise eine deutlich positive Korrelation. Bemerkenswert ist, daß die Höhe der Korrelationen jeweils nahezu identisch ist: positive Werte von +0.43 bzw. +0.44 und negative Werte von -0.13 bzw. -0.14.

Die Korrelation zwischen Problemlöseerfolg und Intelligenz erwies sich über alle experimentellen Bedingungen hinweg als null. Diese Nullkorrelation repliziert entsprechende Beobachtungen aus dem Umfeld der Problemlösepsychologie ein weiteres Mal. Der im Zusammenhang mit einer Erhöhung der Systemtransparenz erwartete ATI-Effekt konnte allerdings nicht nachgewiesen werden. Dieser ATI-Effekt besagt, daß dann, wenn die Transparenz des Systems erhöht wird, die Korrelation zwischen (Test-)Intelligenz und Problemlöseerfolg zunehmen sollte. Unter der Annahme, daß sowohl die adaptiven Hinweise als auch die vor dem Explorieren durchzuarbeitende Informationseinheit geeignet sind, das System leichter durchschaubar zu machen, wäre ein entsprechender Anstieg der Korrelationen zu erwarten gewesen. Die Daten weisen diesen Trend nicht aus: Bezüglich der adaptiven Hinweise zeigen sich keine differentiellen Effekte. Die Nullkorrelation bleibt erhalten, unabhängig davon, ob adaptive Hinweise gegeben werden oder nicht. Bezüglich der Vorabinformation ergab sich dagegen ein signifikanter ATI-Effekt - allerdings in nicht erwarteter Richtung: leicht positive Korrelation zwischen induktivem Denken und Problemlöseerfolg *ohne* und leicht negative Korrelation *mit* Bearbeitung der traditionellen Lehreinheit.

Insgesamt gesehen ergibt sich damit zunächst ein Bild z.T. recht widersprüchlicher experimenteller Ergebnisse, die sich aber zumindest ansatzweise integrieren lassen:

(1) Die Interaktion der experimentellen Bedingungen (adaptive Hinweise x CAI-Lehreinheit als Vorinformation) erscheint a posteriori theoretisch begründbar, wenn man berücksichtigt, daß die gesamte Lernzeit auf 45 Minuten begrenzt gewesen ist. Das bedeutet, daß Vpn, die die traditionelle Lehreinheit durcharbeiten mußten, anschließend weniger Zeit hatten, das simulierte System zu explorieren. Insofern ist es denkbar, daß die Interaktion auf einen kompensatorischen Effekt zurückgeführt werden kann, der zumindest bezüglich des Wissenserwerbs deutlich sichtbar wird (Abb. 3.3.2-2, S. 133): Wenn keine adaptiven Hilfen zur Verfügung stehen, wird der Wissenserwerb durch die Bearbeitung der Lehreinheit gefördert (V+A- > V-A-). Wenn aber adaptive Hilfen verfügbar sind, dann wird der Wissenserwerb durch die Bearbeitung der Lehreinheit behindert (V+A+ < V-A+). Diese Behinderung wird aller Wahrscheinlichkeit nach deswegen wirksam, weil die adaptiven Hinweise eine bestimmte minimale Explorationszeit erfordern, bevor sie überhaupt erst ihre volle Wirkung entfalten können: Wenn diese Zeit - wie durch die Bearbeitung der Lehreinheit geschehen - reduziert wird, dann sind die Hinweise weniger wirksam (V+A- = V+A+). Dieser kompensatorische Effekt ist offensichtlich auch bezüglich der Handlungs-

kompetenz wirksam, nur mit dem Unterschied, daß die adaptiven Hilfen nicht - wie beim Wissenserwerb - förderlich, sondern hinderlich sind.

(2) Warum die adaptiven Hilfen im einen Fall förderlich, im anderen Fall aber hinderlich sind, darüber lassen sich zum gegenwärtigen Zeitpunkt allerdings nur spekulative Überlegungen anstellen. Diese sollen anhand der Abb. 3.3.2-5 (S. 138f) erörtert werden.

In Abb. 3.3.2-5 ist für die beiden experimentellen Bedingungen ohne und mit adaptiven Hinweisen der Zusammenhang zwischen Selbstvertrauen, Handlungskompetenz und Wissenserwerb simultan dargestellt. Dabei sind sowohl die drei einzelnen *bivariaten* Regressionen wie auch die *multiple* Regression des Wissenserwerbs auf die beiden anderen Variablen in einer Graphik zusammengefaßt.

In den Abbildungen sind zunächst die Regressions-Oberflächen erkennbar, die sich dann ergeben, wenn man den Wissenserwerb durch eine nicht-lineare Regression mit den beiden Prädiktoren Selbstvertrauen und Handlungskompetenz vorherzusagen trachtet. Das bei McLain (1974) beschriebene und in SYGRAPH (Wilkinson, 1990a) implementierte Verfahren zur Konstruktion der drei-dimensionalen Regressions-Oberflächen wird als "distance weighted least squares - DWLS - smoothing" bezeichnet. Es eignet sich insbesondere dann zur Beschreibung korrelativer Beziehungen, wenn man apriori keinen Regressionstyp (linear, quadratisch, kubisch etc.) spezifizieren will oder kann (vgl. Guttmans Unterscheidung extrinsischer vs. intrinsischer Datenanalyseverfahren, diskutiert bei Leutner, 1988c). Die senkrechte Projektion der Regressionsoberfläche ergibt in der Handlungskompetenz/Selbstvertrauen-Ebene - analog zu den Höhenlinien einer topographischen Landkarte - Linien konstanten Wissenserwerbs. Um diese Linien in der nachfolgenden Diskussion möglichst einfach ansprechen zu können, sollen sie - analog zu den Isohypsen der Kartographie - als *Isosciren* bezeichnet werden (abgeleitet von griechisch "iso": gleich und von lateinisch "scire": Wissen). Zur Veranschaulichung der in Anh. 3.3.2-4 (S. 225) berichteten Korrelationen sind zusätzlich zu der dreidimensionalen Regressionsoberfläche und den Isosciren noch die drei zweidimensionalen oder bivariaten Streuungsdiagramme dargestellt, wobei dort lineare Regressionen zugrunde gelegt und die entsprechende Regressionsgeraden eingetragen sind. Die Punkte in den Streuungsdiagrammen repräsentieren Vpn und ergeben sich als Projektionen der entsprechenden Vpn-Punkte im dreidimensionalen Raum.

Bezüglich der bivariaten Beziehungen ist in Abb. 3.3.2-5 (S. 138f) zunächst der signifikante ATI-Effekt in der Selbstvertrauen/Handlungskompetenz-Ebene zu erkennen (deutlich positive Steigung der Regressionsgerade unter A+, leicht negative Steigung unter A-). Dasselbe gilt für den ebenfalls signifikanten ATI-Effekt in der Selbstvertrauen/Wissenserwerbs-Ebene (deutlich positive Regression unter A-, leicht negative Regression unter A+). In der Handlungskompetenz/Wissenserwerbs-Ebene hat die Regressionsgerade in beiden Fällen eine Steigung um null. Die Kombination dieser drei bivariaten Beziehungen schließlich ergibt eine multiple Vorhersage des Wissenserwerbs, die in der Regressionsoberfläche und den Isosciren erkenntlich ist. Der auffälligste Unterschied zwischen den beiden experimentellen Bedingungen ist im Bereich niedrigen Selbstvertrauens und zugleich niedriger Handlungskompetenz zu sehen: Ohne adaptive Hinweise (A-) ergibt sich hier die Vorhersage eines hohen Wissenserwerbs, mit adaptiven Hinweisen (A+) die Vorhersage eines geringen Wissenserwerbs.

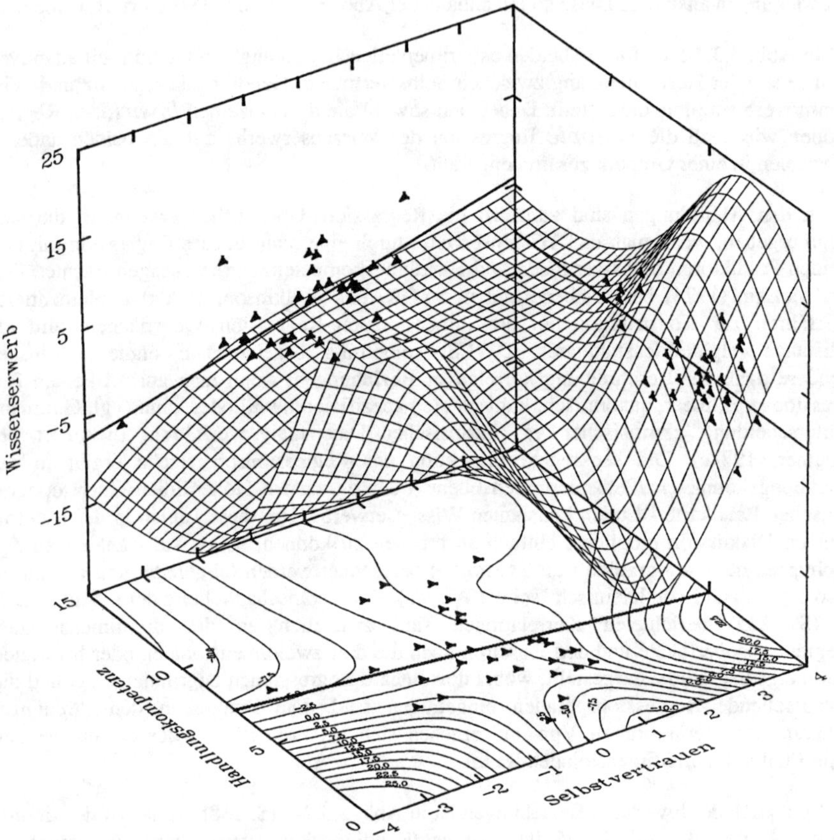

Abb. 3.3.2-5a: Regressionsoberfläche ohne adaptive Hinweise, Experiment 5

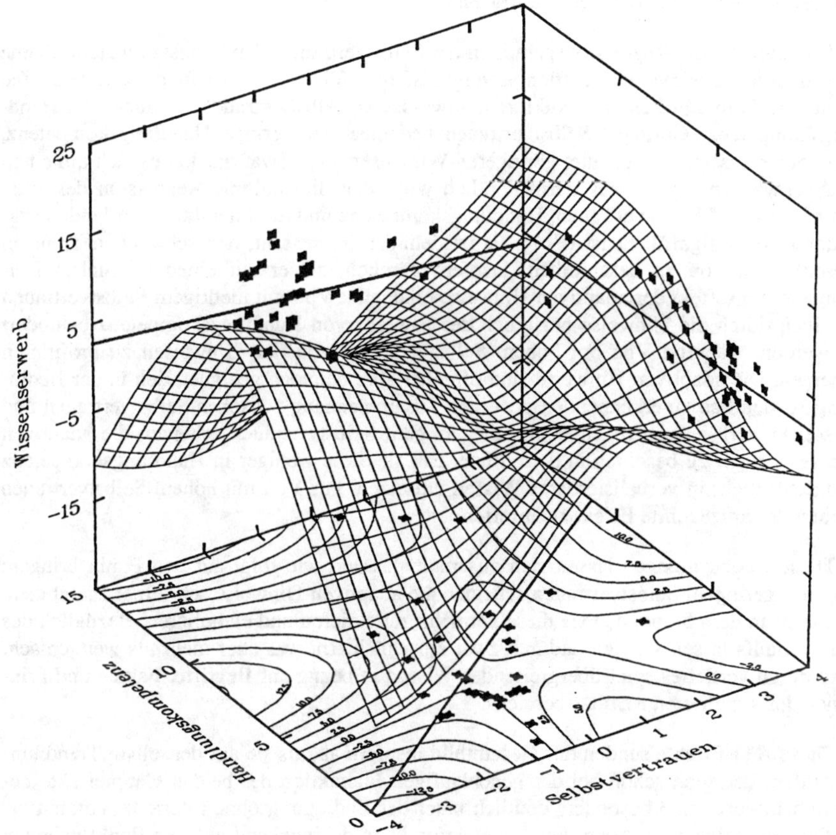

Abb. 3.3.2-5b: Regressionsoberfläche mit adaptiven Hinweisen, Experiment 5

In beiden experimentellen Gruppen steigt der Wissenserwerb entlang der Regressionsgeraden in der Selbstvertrauen/Handlungskompetenz-Ebene an, was leicht an den Schnittpunkten der beiden Regressionsgeraden mit den Isosciren ansteigenden Wissensniveaus zu erkennen ist. Da die Regressionsgerade unter A- nahezu parallel zur Selbstvertrauens-Achse verläuft, ist der Wissenserwerb in dieser Bedingung allein eine Funktion der Handlungskompetenz, nicht des Selbstvertrauens.

Da unter A+ die Regressionsgerade in der Selbstvertrauen/Handlungskompetenz-Ebene eine deutlich positive Korrelation anzeigt, ist der Wissenserwerb in diesem Fall eine monotone Funktion beider Prädiktoren, sowohl von Selbstvertrauen als auch von Handlungskompetenz. Geringes Selbstvertrauen bedeutet hier geringe Handlungskompetenz, und beides zusammen bedeutet geringeren Wissenserwerb. Zwar handelt es sich um einen sehr schwachen Trend, was darin deutlich wird, daß die multiple Regression des Wissenserwerbs auf Selbstvertrauen, Handlungskompetenz und die Interaktion der beiden Prädiktoren nicht signifikant ist ($F<1$). Es ist dennoch interessant, den schwachen Trend in dieser Diskussion zu beschreiben, insofern nämlich, als er auf einen möglichen Einschüchterungseffekt der adaptiven Hinweise hindeutet: Vpn mit niedrigem Selbstvertrauen scheinen durch die Hinweise bezüglich des Erwerbs von Handlungskompetenz behindert zu werden, während Vpn mit hohem Selbstvertrauen von den Hinweisen zu profitieren scheinen. Die adaptiven Hinweise sind offenbar aber dennoch geeignet, den in der Bedingung A- deutlich zu erkennenden positiven Zusammenhang zwischen Selbstvertrauen und Wissenserwerb aufzubrechen: Vpn mit geringem Selbstvertrauen scheinen die adaptiven Hinweise mehr zu beachten in dem Sinne, daß sie diese weniger in Handlungskompetenz und dafür mehr in verbalisierbares Wissen umsetzen. Für Vpn mit hohem Selbstvertrauen scheint der umgekehrte Effekt zuzutreffen.

Diese Beobachtungen lassen sich zusammenfassend wie folgt auf den Punkt bringen: Vpn mit geringem Selbstvertrauen scheinen die adaptiven Hinweise sehr ernst zu nehmen, und zwar in dem Sinne, daß sie diese vermehrt reflektieren und elaborieren. Bezüglich des Spielverlaufs lassen sie sich dadurch zwar einschüchtern, was aber mehr als wettgemacht wird durch vertieftes spiel-übergreifendes Wissen in bezug auf Begriffe, Fakten und Prinzipien des simulierten Realitätsbereichs.

Diese ATI-Effekte runden das Gesamtbild insofern ab, als sie auf denselben Trend hinauslaufen, der auch schon bei der gegenläufigen Interaktion der beiden Haupteffekte beschrieben wurde und besonders deutlich unter der Bedingung ohne tutorielle Vorabinformation erkennbar war. Auch diese Interaktion kann dahingehend auf den Punkt gebracht werden, daß Vpn ohne die adaptiven Hilfen einerseits zwar lernen, das Spiel zu beherrschen, daß sie andererseits aber kaum spielübergreifendes Wissen erwerben, d.h. Wissen, welches über das eigentliche Spiel hinaus bedeutsam ist. Im umgekehrten Fall bewirken die adaptiven Hilfen zwar eine reduzierte Handlungskompetenz im Spiel, dafür aber vermehrtes spielübergreifendes Wissen, was im Kontext schulischen Lernens gewiß als bedeutsamer anzusehen ist.

Die auf diese Weise konzeptualisierten Ergebnisse scheinen aus der Perspektive einer angewandten instruktionspsychologischen Forschung so wichtig zu sein, daß sie vor einer allzu eiligen Generalisierung einem Replikationsversuch unterworfen werden sollten.

EXPERIMENT 6: FRAGESTELLUNG

Dieses Experiment zielte darauf ab zu prüfen, ob die im vorangegangenen Experiment beobachteten gegenläufigen Effekte adaptiver Problemlösungshilfen replizierbar sind.

Im vorangegangenen Experiment hatte sich zwar gezeigt, daß die adaptiven Hinweise dann, wenn hinreichend viel Explorationszeit zur Verfügung steht, geeignet sind, den Erwerb verbalisierbaren Wissens zu fördern. Den Erwerb simulationsspezifischer Handlungskompetenz scheinen sie aber zu behindern.

Da der gegenläufige Effekt vor allem und besonders deutlich unter der Explorationsbedingung *ohne* vorgeschaltete traditionelle Lehreinheit aufgetreten ist, wurde im Folgeexperiment auf die Bearbeitung dieser Lehreinheit verzichtet. Insofern wurden nur zwei experimentelle Bedingungen realisiert: (1) Exploration ohne adaptive Hilfen (A-) und (2) Exploration mit adaptiven Hilfen (A+). Es wurde erwartet, daß die Vpn unter der Bedingung A- mehr Handlungskompetenz und weniger verbalisierbares Wissen, die Vpn unter der Bedingung A+ mehr Wissen und weniger Handlungskompetenz erwerben.

Der Replikationsversuch bezog sich ausschließlich auf den gegenläufigen Unterschied in der zentralen Tendenz der beiden abhängigen Variablen, nicht auf die beiden ATI-Effekte (vgl. die Diskussion in Kap. 3.3.4).

METHODE

Versuchspersonen und experimentelles Design: Am Experiment nahmen insgesamt 38 Pädagogikstudenten der Universität Köln und der RWTH Aachen teil, die zufällig den beiden experimentellen Bedingungen zugewiesen wurden. Auf jede Bedingung entfielen 19 Vpn. Es handelte sich um einen kovarianzanalytisch angelegten Zwei-Gruppen-Versuchsplan mit Vor- und Nachtest. Die Vor- und Nachtestvariablen entsprachen dem vorangegangenen Experiment.

Material und Vorgehensweise: Material und Vorgehensweise wurden ebenfalls nahezu unverändert übernommen. Unterschiede bestanden lediglich darin, daß auf den PSB-Subtest 2 (Zeichenreihen) als Kovariable verzichtet wurde und daß alle experimentellen Aktivitäten (Vortest, Exploration, Handlungstest, Wissensnachtest) am selben Tag zeitlich unmittelbar aufeinander folgten.

ERGEBNISSE

Kovariablen: Die faktorielle Struktur der Persönlichkeitsskalen entspricht den Ergebnissen des vorangegangenen Experimentes (Anh. 3.3.2-5, S. 226). Die beiden Faktoren binden in diesem Fall 67 % der Gesamtvarianz. Im Rahmen der weiteren Analysen wurden die Faktorwerte der beiden Persönlichkeitsfaktoren und die beiden Aspekte der Intelligenz (PSB-Wortschatz und PSB-Induktives Denken) als Kovariablen verwendet. Wie auch im vorangegangenen Experiment wurde aus der Leistung in den beiden Teilen des Wissensnachtests jeweils die Leistung im Wissensvortest auspartialisiert.

Multivariate Unterschiede in der zentralen Tendenz: Eine multivariate Varianzanalyse der drei korrelierten abhängigen Variablen "Leistung im Handlungstest", "Residuales allgemeines Wissen" und "Residuales spezifisches Wissen" (vgl. die Korrelationsmatrix Anh. 3.3.2-6, S. 226) weist den erwarteten Effekt der adaptiven Hilfen als signifikant aus (Tab. 3.3.2-4, S. 142). ATI-Effekte konnten nicht nachgewiesen werden.

Tab. 3.3.2-4: Varianzanalysen, Exp. 6

a) Multivariate Varianzanalyse (MANOVA)

Quelle		Lambda	F	df	p
Kovariablen					
Wortschatz	(WS)	0.739	3.534	3, 30	0.026
Induktives Denken	(ID)	0.960	< 1		
Ängstlichkeit	(ÄN)	0.915	< 1		
Selbstvertrauen	(SV)	0.949	< 1		
Experimentelle Bedingung					
Adaptive Hinweise	(AH)	0.691	4.467	3, 30	0.010

b) Univariate Varianzanalysen (ANOVA)[a]

	Wissen 1			Wissen 2			Handlung		
Quelle	F	p	R^2	F	p	R^2	F	p	R^2
Adaptive Hinweise	09.23	.005	.20	3.19	.084	.09	2.34	.136	.06

[a] Für alle univariaten F-Tests gilt df1=1, df2=32

Univariate Mittelwertsunterschiede: Der multivariate Effekt der adaptiven Lernhilfen kann primär auf unterschiedliche Leistungen der experimentellen Gruppen im allgemeinen Teil des Wissensnachtests zurückgeführt werden: Die F-Tests der entsprechenden univariaten Varianzanalysen (Tab. 3.3.2-4, S. 142) weisen nur bei dieser einen abhängigen Variable einen signifikanten Effekt aus. Bezüglich des spezifischen Teils des Wissensnachtests verfehlt die entsprechende F-Statistik mit p=0.084 das gesetzte Signifikanzniveau von p=0.05. Dabei ist aber zu berücksichtigen, daß eine gerichtete Hypothese vorliegt, während der p-Wert der F-Statistik sich auf eine ungerichtete Hypothese bezieht. Da sich nun in diesem Fall eines Zwei-Gruppen-Versuchsplans die F-Prüfstatistik in die t- bzw. z-Prüfstatistik mit identischem p-Wert überführen läßt, ergibt sich bei einseitiger Fragestellung

$$p(\text{einseitig}) = p(\text{zweiseitig})/2 = 0.084/2 = 0.042$$

und damit auch - entsprechend der gerichteten Hypothese - ein signifikanter Effekt der adaptiven Hinweise. Bezüglich der Leistung im Handlungstest ergibt sich mit p(einseitig)=0.136/2=0.068 kein signifikanter Effekt (vgl. die diesbezüglichen Ausführungen bei Diehl & Arbinger, 1990, S. 204ff).

Die Mittelwerte sind in Anh. 3.3.2-7 (S. 227) angegeben. Es zeigt sich, daß die Effekte in der erwarteten Richtung liegen und daß auch der nicht signifikante Unterschied im Handlungstest die erwartete Tendenz aufweist. Für den Wissenstest 1 ist die Effektstärke

$$g=(0.9+0.9)/1.9=0.95,$$

für den Wissenstest 2 ist

g=(0.6+0.6)/1.9=0.63

und für den Handlungstest beträgt die - allerdings nicht signifikante Differenz -

g=(4.8-5.8)/2.1=-0.48.

Korrelationsunterschiede: Es zeigt sich, daß innerhalb der Gruppen geringfügige Korrelationsunterschiede bestehen (Anh. 3.3.2-8, S. 227), die tendenziell dieselbe Struktur aufweisen wie im vorangegangenen Experiment und deswegen an dieser Stelle deskriptiv untersucht werden sollen. Die Tendenz gilt zumindest für Selbstvertrauen und allgemeines Wissen (Wissen 1): Dort ist die Korrelation ohne adaptive Hilfen positiv und mit adaptiven Hilfen negativ. Ein gegenläufiger Trend bezüglich der Handlungskompetenz ist allerdings mit r=-0.08 und r=+0.02 kaum zu rechtfertigen. Bemerkenswert ist aber die unter der Bedingung mit adaptiven Hilfen mit r=-0.46 substantiell negative Korrelation zwischen Handlungskompetenz und allgemeinem Wissen, wobei - sofern man an einer inferenzstatistischen Absicherung interessiert ist - sich diese Korrelation bei der kleinen Stichprobengröße gerade eben jenseits der zweiseitigen Signifikanzgrenze befindet.

DISKUSSION

Ziel des Experimentes war es, die maßgeblichen Ergebnisse des vorangegangenen Experimentes zu replizieren. Dieser Replikationsversuch kann als gelungen angesehen werden: Beim Explorieren eines komplexen computersimulierten dynamischen Systems scheinen adaptive Hilfen der hier verwendeten Art tatsächlich geeignet zu sein, den Erwerb simulations-spezifischer Handlungskompetenz zu behinderen und den Erwerb simulations-übergreifenden Wissens zu fördern. Dieser Effekt tritt nicht nur bei Schülern des siebten Schuljahres auf, sondern ebenfalls, wie die neuen Daten belegen, in gleicher Weise auch bei jungen Erwachsenen.

Eine Frage, die zu diesem Zeitpunkt allerdings noch als ungeklärt anzusehen ist, bezieht sich darauf, welche Komponente der adaptiven Programmversion letztendlich für die Effekte verantwortlich ist. Es ist daran zu erinnern, daß die adaptiven Hinweise ergänzt wurden durch eine auf Wunsch einsehbare Bildschirmseite mit Hintergrundinformationen zu einzelnen Systemvariablen. Die Seite selbst war zwar nicht adaptiv gestaltet, aber der Lernende wurde durch einen adaptiven Hinweis auf diese Seite aufmerksam gemacht, nämlich dann, wenn er sie nach einer jeweils bestimmten Anzahl simulierter Jahre noch nicht abgerufen hatte. Denkbar wäre es, daß die Effekte der adaptiven Programmversion weniger auf die adaptiven Hinweise, sondern vielmehr auf diese nicht-adaptiven Hintergrundinformationen zurückgeführt werden könnten. Zur Überprüfung dieser Frage wurde ein drittes Experiment durchgeführt.

EXPERIMENT 7: FRAGESTELLUNG

Dieses Experiment zielte darauf ab zu prüfen, ob die in den beiden zuvor berichteten Experimenten beobachteten lernfördernden Effekte der angeleiteten Exploration primär auf die adaptiv gestalteten Hinweise und Anregungen, auf die interaktiv abrufbare Bildschirmseite mit Hintergrundinformationen zu maßgeblichen Systemvariablen oder auf die Kombination der beiden Lernhilfen zurückzuführen sind.

Die Veränderungen gegenüber den früheren Experimenten sollten zum einen die bis dahin in Teilbereichen nicht klar auseinander zu haltenden Effekte adaptiver und nicht-adaptiver Lernhilfen trennen. Zum anderen sollten beide Arten von Lernhilfen so überarbeitet werden, daß dann, wenn Effekte auftreten, diese verstärkt wirksam sein sollten.

Es wurden wieder vier alternative Strategien miteinander verglichen: (1) strikt entdeckenlassende Exploration, (2) Exploration mit ständig verfügbaren Hintergrundinformationen, (3) Exploration mit adaptiv präsentierten Hinweisen und (4) Exploration mit ständig verfügbaren Hintergrundinformationen *und* adaptiv präsentierten Hinweisen.

METHODE

Versuchspersonen und experimentelles Design: Am Experiment nahmen insgesamt 80 Schüler und Schülerinnen eines Gymnasiums und einer Realschule im Raum Aachen teil (siebtes und achtes Schuljahr). Auf jede der vier experimentellen Bedingungen entfielen 20 Vpn, die den Bedingungen zufällig zugewiesen wurden. Es handelte sich um einen kovarianzanalytisch angelegten 2x2-faktoriellen-Versuchsplan mit Vortest und - als maßgebliche Erweiterung gegenüber den vorherigen Experimenten - mit zwei Nachtest-Zeitpunkten. Die beiden experimentellen Faktoren sind "Hintergrundinformation (nicht vorhanden H-/ vorhanden H+)" und "Adaptive Hinweise (nicht vorhanden A-/ vorhanden A+). Die Vor- und Nachtestvariablen entsprachen den vorangegangenen Experimenten.

Material: Während das Testmaterial des vorangegangen Experimentes beibehalten wurde, wurde das Lehrmaterial entsprechend den experimentellen Bedingungen grundlegend verändert. So wurden aus der früheren Programmversion mit adaptiven Hinweisen (A+ alt) die beiden Bildschirmseiten mit Spiel- und Hintergrundinformationen zu maßgeblichen Systemvariablen als auch alle adaptiv gestalteten Hinweise auf diese Seiten entfernt. Darüber hinaus wurden die adaptiven Hinweise überarbeitet und auf eine Anzahl von insgesamt 34 erweitert. Die bisher im Programm implementierten Bildschirmseiten mit Spiel- und mit Hintergrundinformationen wurden ebenfalls überarbeitet und erweitert. Im Gegensatz zu den vorherigen Experimenten wurden sie aber auf Papier geschrieben und als Begleitmaterial zum Simulationsprogramm bereitgehalten.

Die vier experimentellen Bedingungen wurden wie folgt realisiert:

(1) *Strikt entdeckenlassende Exploration (H-A-)*: Diese Bedingung entspricht den früheren Experimenten dieser Reihe mit der Ausnahme, daß die Bildschirmseite mit Spielinformationen (Aufwand, Kosten und Erträge von Maßnahmen) aus dem Programm entfernt und auf einem Blatt Papier neben dem Computer permanent verfügbar war. Dieses Blatt wurde in allen vier experimentellen Bedingungen eingesetzt.

(2) *Exploration mit permanent verfügbaren Hintergrundinformationen (H+A-)*: In dieser Bedingung hatten die Vpn neben dem Blatt mit Spielinformationen ein weiteres Blatt mit Hintergrundinformationen zu allen möglichen Maßnahmen und den davon betroffenen Systemvariablen permanent verfügbar, z.B. "Wald schützt vor Abtragung an Hängen (Erosion), dient auch als Weide für Rinder. Bei Aufforstung erholt sich der Boden wieder".

(3) *Exploration mit adaptiv präsentierten Hinweisen (H-A+)*: In dieser Bedingung wurden die Vpn beim Explorieren des Systems durch Hinweise und Kommentare

unterstützt, die in Abhängigkeit vom jeweiligen Systemzustand und von den bisher getroffenen Entscheidungen der Vpn präsentiert werden. Wenn z.B. noch keine Terrasse gebaut ist und gleichzeitig nicht bewaldete Steilstücke des Berghangs vorhanden sind, dann erschient der Hinweis: "Achtung! Auf nicht bewaldeten Steilstücken ist der Boden durch Erosion gefährdet. Aufforsten oder Terrassieren!".

(4) *Exploration mit permanent verfügbaren Hintergrundinformationen und adaptiv präsentierten Hinweisen (H+A+)*: In dieser Bedingung wurden die Vpn durch beide zuvor beschriebenen Lernhilfen unterstützt.

Vorgehensweise: Ca. eine Woche vor Beginn des Experiments wurden im Klassenverband die bereichsspezifischen Vorkenntnisse und die übrigen Kovariablen erhoben. Das Experiment selbst bestand - wie auch die vorherigen Experimente - aus den drei Phasen (1) Exploration entsprechend den vier experimentellen Bedingungen (45 Minuten), (2) Testphase zur Erfassung der Handlungskompetenz (30 Minuten) und (3) Wissenstest, d.h. Bearbeitung des lehrzielorientierten Tests. Dieser Test war in einem Abstand von zwei bis drei Wochen wiederholt als Behaltenstest zu bearbeiten.

ERGEBNISSE

Kovariablen: Die faktorielle Struktur der Persönlichkeitsskalen entspricht den Ergebnissen der beiden vorangegangenen Experimente (Anh. 3.3.2-9, S. 228). Die beiden Faktoren binden in diesem Fall 62 % der Gesamtvarianz. Die weitere Analyse der Daten folgte dem erprobten und bisher bewährten Schema: Verwendung der beiden Persönlichkeitsfaktoren und der beiden Intelligenzskalen als Kovariablen; Auspartialisierung des Vortestwissens aus dem Nachtestwissen und aus dem Behaltenstest; Berechnung einer multivariaten Varianzanalyse unter Einschluß derjenigen ATI-Effekte, die aufgrund inhomogener Regressionen in das lineare Modell aufzunehmen sind.

Multivariate Varianzanalyse: Die multivariate Varianzanalyse der fünf untereinander korrelierten abhängigen Variablen Handlungskompetenz, allgemeines und spezifisches Wissen im unmittelbaren Nachtest (Wissen Teil 1 und 2) sowie mittelfristiges Behalten allgemeinen und spezifischen Wissens (Behalten Teil 1 und 2) weist drei Effekte aus, die auf die experimentelle Manipulation der Explorationsphase zurückzuführen sind (vgl. die Korrelationsmatrix im Anh. 3.3.2-10 (S. 228) sowie Tab. 3.3.2-5, S. 148): (1) einen deutlichen und signifikanten Haupteffekt der Hintergrundinformationen, (2) einen tendenziellen nicht signifikanten ATI-Effekt von induktivem Denken und der Interaktion der beiden experimentellen Bedingungen sowie (3) schließlich einen deutlichen und signifikanten ATI-Effekt von Ängstlichkeit und Hintergrundinformation.

Damit ist davon auszugehen, daß vor allem das Vorhandensein bzw. Nicht-Vorhandensein der Hintergrundinformation für differentielle Lerneffekte verantwortlich ist, weniger die adaptiven Hinweise. Letztere sind lediglich am Zustandekommen eines tendenziellen ATI-Effektes beteiligt.

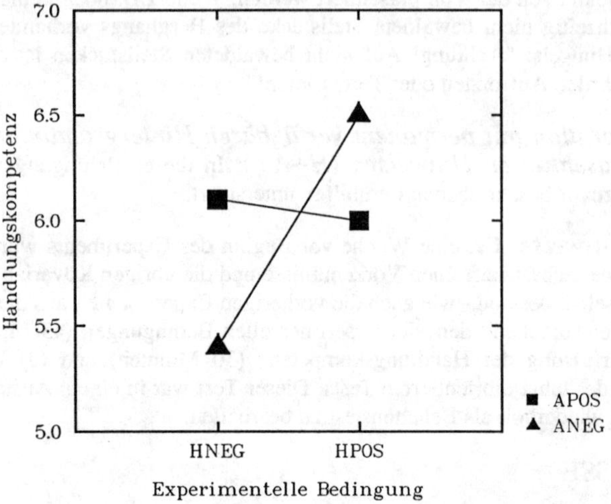

Abb. 3.3.2-6a: Mittlere Anzahl gespielter Systemjahre ohne Hungerkatastrophe in der Testphase, Experiment 7 (APOS/ANEG: mit/ohne adaptive Hilfen; HPOS/HNEG: mit/ohne Hintergrundinformation)

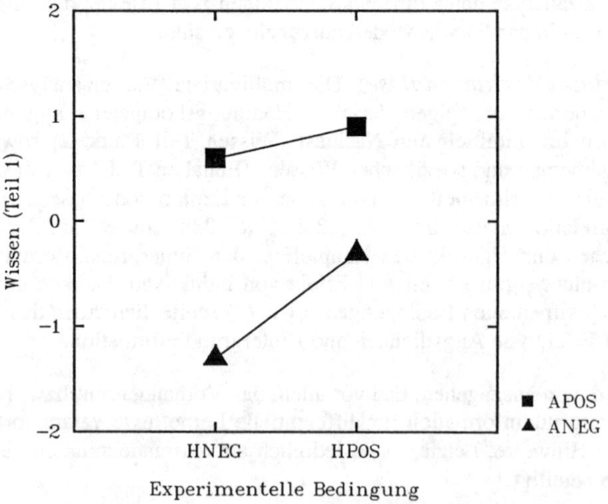

Abb. 3.3.2-6b: Mittlere Anzahl richtiger Antworten im allgemeinen Teil des Wissen-Nachtests, Experiment 7 (APOS/ANEG: mit/ohne adaptive Hilfen; HPOS/HNEG: mit/ohne Hintergrundinformation)

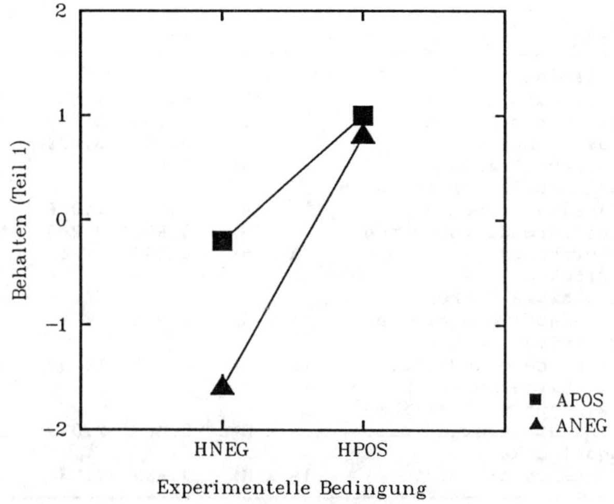

Abb. 3.3.2-6c: Mittlere Anzahl richtiger Antworten im allgemeinen Teil des Behalten-Nachtests, Experiment 7 (APOS/ANEG: mit/ohne adaptive Hilfen; HPOS/HNEG: mit/ohne Hintergrundinformation)

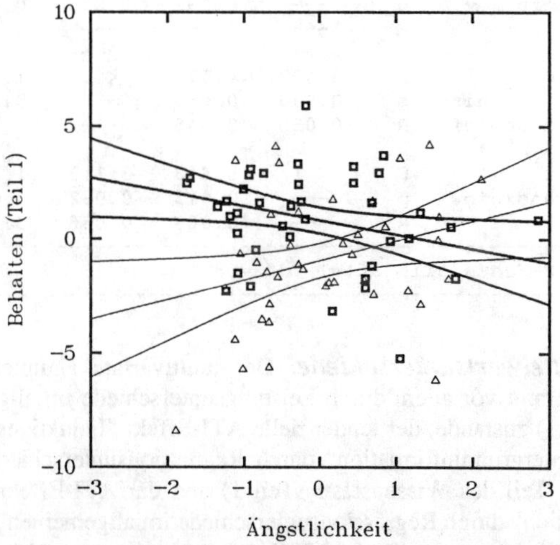

Abb. 3.3.2-7: ATI-Effekt von Ängstlichkeit (aptitude) und Hintergrundinformation (treatment) auf die Anzahl richtiger Antworten im allgemeinen Teil des Behalten-Nachtests, Experiment 7 (dünn ausgezogene Linien/Symbole: ohne Hintergrundinformation; fett ausgezogene Linien/Symbole: mit Hintergrundinformation)

Tab. 3.3.2-5: Multivariate Varianzanalyse (MANOVA), Exp. 7

Quelle		Lambda	F	df	p
Kovariablen					
Wortschatz	(W)	0.867	1.964	5, 64	0.096
Induktives Denken	(I)	0.866	1.977	5, 64	0.094
Ängstlichkeit	(Ä)	0.786	3.489	5, 64	0.008
Selbstvertrauen	(S)	0.952	< 1		
Experimentelle Bedingungen					
Adaptive Hinweise	(A)	0.926	1.026	5, 64	0.410
Hintergrundinformation	(H)	0.800	3.200	5, 64	0.012
Interaktion	(A x H)	0.949	< 1		
ATI-Effekte					
Induktives Denken x Adaptive Hinweise	(I x A)	0.964	< 1		
Induktives Denken x Hintergrundinfo.	(I x H)	0.898	1.457	5, 64	0.216
Induktives Denken x Adaptive Hinweise x Hintergrundinfo.	(I x A x H)	0.860	2.079	5, 64	0.079
Ängstlichkeit x Hintergrundinfo.	(Ä x H)	0.639	7.238	5, 64	0.000

Tab. 3.3.2-6: Univariate Varianzanalysen (ANOVA), Exp. 7[a)]

Quelle		Handlg.	Wiss.1	Wiss.2	Beh.1	Beh.2
Hintergrundinfo.	F	< 1	1.744	1.321	11.588	3.858
	p	---	0.191	0.255	0.001	0.054
	R^2	---	---	---	0.110	0.035
Induktives Denken x Adaptive Hinweise x Hintergrundinfo.	F	4.407	4.179	< 1	1.017	1.443
	p	0.040	0.045	---	0.317	0.234
	R^2	0.055	0.045	---	---	-- -
Ängstlichkeit x Hintergrundinfo.	F	< 1	6.443	3.115	11.790	20.701
	p	---	0.013	0.082	0.001	0.000
	R^2	---	0.069	0.036	0.112	0.191

a) Für alle F-Tests gilt df1=1, df2=68

Univariate Mittelwertsunterschiede: Der multivariate Haupteffekt der Hintergrundinformation kommt vor allem durch Leistungsunterschiede im allgemeinen Teil des Behaltenstests (Teil 1) zustande, der tendenzielle ATI-Effekt "Induktives Denken x Adaptive Hinweise x Hintergrundinformation" durch Regressionsunterschiede im Handlungs- und im allgemeinen Teil des Wissenstests (Teil 1) und der ATI-Effekt "Ängstlichkeit x Hintergrundinformation" durch Regressionsunterschiede im allgemeinen Teil des Wissens- und Behaltenstests sowie im spezifischen Teil des Behaltenstests (Tab. 3.3.2-6, S. 148). Bemerkenswert ist, daß insgesamt 22% bzw. 23% der Varianz in den beiden Teilen des Behaltenstests durch den Haupteffekt der Hintergrundinformation und den ATI-Effekt "Ängstlichkeit x Hintergrundinformation" gebunden werden.

Wie die signifikanten Effekte im Einzelnen gelagert sind, ist den Tabellen Anh. 3.3.2-11 (S. 229) und Anh. 3.3.2-12 (S. 230) zu entnehmen sowie den Abb. 3.3.2-6 (S. 146f) und Abb. 3.3.2-7 (S. 147).

Bezüglich des Haupteffektes der Hintergrundinformation (Abb. 3.3.2-6, S. 146f) zeigt sich erwartungsgemäß, daß die permanente Verfügbarkeit von Hintergrundinformationen geeignet ist, das Ausmaß des Wissenserwerbs mittelfristig (in diesem Fall 2-3 Wochen) zu erhöhen. In den Mittelwerten des Behaltenstests, Teil 1, zeigt sich zwar auch ein leichter förderlicher Effekt der adaptiven Hinweise, aber der ist so schwach, daß er zufallskritisch nicht abgesichert werden konnte. Bemerkenswert ist, daß auch die Unterschiede im unmittelbar nach der Explorations- und Testphase bearbeiteten Wissenstest in der erwarteten Richtung liegen. Aber auch diese Unterschiede sind so gering, daß sie nicht signifikant sind. Der Vollständigkeit halber sind in Abb. 3.3.2-6a (S. 146) die Mittelwerte im Handlungstest dargestellt, deren Unterschiede ebenfalls nicht signifikant sind und aus diesem Grund nicht weiter diskutiert werden.

Bezüglich des ATI-Effektes "Ängstlichkeit x Hintergrundinformation" zeigt sich, daß die Regression des Wissens und Behaltens auf Ängstlichkeit *ohne* Hintergrundinformationen deutlich positiv bis null und *mit* Hintergrundinformationen deutlich negativ ist. Dieser Effekt ist für den Behaltenstest in Abb. 3.3.2-7 (S. 147) dargestellt. Es ist zu erkennen, daß die Konfidenzintervalle der beiden Regressionsgeraden sich im unteren Bereich der Ängstlichkeitsskala nicht überlappen, so daß dem Regressionsunterschied praktische Bedeutsamkeit beizumessen ist: Je weniger ängstlich eine Vpn ist, desto förderlicher wirkt sich das Vorhandensein der Hintergrundinformationen aus.

Bezüglich des tendenziellen ATI-Effektes "Induktives Denken x Adaptive Hinweise x Hintergrundinformation" zeigt sich, daß sowohl die Regression der Handlungskompetenz als auch die Regression des Wissenserwerbs, Teil 1, auf induktives Denken genau dann deutlich positiv ist, wenn nur eine der beiden Lernhilfen realisiert ist. Wenn keine oder beide Lernhilfen realisiert sind, ist die Korrelation null bzw. leicht bis deutlich negativ. Die Konfidenzintervalle der Regressionsgeraden überlappen sich allerdings über den gesamten Wertebereich des induktiven Denkens, so daß dieser Effekt nicht überinterpretiert werden sollte und aus diesem Grund auch nicht graphisch dargestellt ist.

DISKUSSION

Zusammenfassend ist festzuhalten, daß es im vorliegenden Experiment primär die nicht-adaptiven Hintergrundinformationen und weniger die adaptiven Hinweise sind, die den Erwerb verbalisierbaren Wissens beim Explorieren des computersimulierten dynamischen Systems steigerten. Dieser Effekt trat erst im Behaltenstest signifikant zutage, der zwei bis drei Wochen nach der Exploration bearbeitet wurde. Darüber hinaus gilt er insbesondere für Pbn mit gering ausgeprägter Ängstlichkeit, wie der ATI-Effekt von Ängstlichkeit und Hintergrundinformation (Abb. 3.3.2-7, S. 147) ausweist.

Im sofort nach der Exploration bearbeiteten Wissenstest sind die Mittelwertsunterschiede zwar nicht signifikant, aber rein deskriptiv deutet sich dort eine Interaktion in dem Sinne an, daß die permanent verfügbaren Hintergrundinformationen vor allem dann wirksam sind, wenn *keine* adaptiven Hinweise verfügbar sind (vgl. Abb. 3.3.2-6b, S. 146). Wenn jedoch adaptive Hinweise gegeben werden, dann sind die Mittelwerte im Wissenstest mit und ohne Hintergrundinformationen nahezu identisch. Der beim Behaltenstest beobachtete ATI-Effekt von Ängstlichkeit und Hintergrundinformation ist allerdings auch schon im Wissenstest signifikant.

Bezüglich der vor Bearbeitung des Wissenstests erfaßten Handlungskompetenz ergaben sich keine signifikanten Mittelwertsunterschiede. Betrachtet man aber auch hier die Verhältnisse in der Stichprobe, dann ist auffällig, daß der in den vorhergehenden beiden Experimenten beobachtete gegenläufige Effekt der adaptiven Hilfen nur unter der Bedingung mit Hintergrundinformationen (H+), nicht aber unter der Bedingung ohne Hintergrundinformationen (H-) auftritt. Darüber hinaus gilt deskriptiv, daß die beim Wissenstest unter der Bedingung mit adaptiven Hinweisen (A+) beobachtete Übereinstimmung der Mittelwerte mit und ohne Hintergrundinformationen ebenfalls im Handlungstest gegeben ist (Abb. 3.3.2-6a, S. 146).

Weniger relevant war die Beobachtung eines ATI-Effektes von Induktivem Denken, Hintergrundinformation und Adaptiven Hinweisen. Dieser Effekt erwies sich zwar im Handlungs- und im Wissenstest als signifikant. Er kann aber unter praktischen Gesichtspunkten vernachlässigt werden, da sich die Konfidenzintervalle der Regressionsgeraden im gesamten Wertebereich des Induktiven Denkens überlappen.

Diese Ergebnisse lassen sich wie folgt diskutieren:

(1) Beim Explorieren eines komplexen computersimulierten dynamischen Systems scheint es im Sinne einer Förderung des Wissenserwerbs völlig auszureichen, permanent einsehbare Hintergrundinformationen zur Verfügung zu stellen. Demgegenüber scheinen situationsangepaßte Hinweise keinen zusätzlichen Vorteil zu bringen. (Andererseits, so ist anzumerken, hat die Verfügbarkeit derartiger adaptiver Lernhilfen aber auch keinen nachteiligen Einfluß.)

Der Grund für das im Vergleich zu den Hintergrundinformationen schlechtere Abschneiden der adaptiven Hinweise könnte darin liegen, daß letztere dem Lernenden situationsgebunden verabreicht werden. Das bedeutet aber, daß die einzelnen Hinweise - wenn überhaupt - nur recht selten zum Einsatz kommen, nämlich nur dann, wenn das System bzw. die Systemeingriffe des Lernenden die im Bedingungsteil des einzelnen Hinweises definierten Eigenschaften aufweisen. Demgegenüber sind die Hintergrundinformationen ständig präsent, und es ist anzunehmen, daß der Lernende sie recht häufig studiert, um einzelne Entscheidungen über Systemeingriffe vorzubereiten. Dies bedeutet zum einen, daß die Hintergrundinformationen aller Wahrscheinlichkeit nach stark überlernt wurden. Zum anderen ist davon auszugehen, daß sie im Sinne des "leveles of processing"-Ansatzes (Craik & Lockhart, 1972) vergleichsweise tief verarbeitet wurden. Beide Effekte lassen aber erwarten, daß die Hintergrundinformationen langfristig gut behalten werden sollten, was in der Tat mit den Beobachtungen übereinstimmt: Ihr überragender Vorteil zeigt sich noch nicht im unmittelbar im Anschluß an die Exploration bearbeiteten Wissenstest, sondern erst im zwei bis drei Wochen später bearbeiteten Behaltenstest.

(2) Durch die Hintergrundinformationen scheinen insbesondere wenig ängstliche Personen zu profitieren, während es für hoch ängstliche Personen keinen Unterschied ausmacht, ob sie das System ohne oder mit Hintergrundinformationen explorieren. Diese Beobachtung widerspricht den Erwartungen, die man aufgrund der bisherigen Ergebnisse der ATI-

Forschung haben könnte, insofern, daß hoch ängstliche Personen in hoch strukturierten Lernsituationen besser lernen als in gering strukturierten Situationen, während das Ausmaß der Strukturierung für wenig ängstliche Personen relativ unbedeutend sein sollte (vgl. den Überblick bei Cronbach & Snow, 1977). Der im vorliegenden Experiment beobachtete ATI-Effekt scheint diesen gut replizierten Ergebnissen zu widersprechen. Insofern muß angenommen werden, daß die Hintergrundinformationen keine höhere Strukturierung der Lehr-Lernsituation gewährleisten.

Der hier beobachtete ATI-Effekt könnte allerdings damit zusammenhängen, daß das Experiment in Schulen stattfand, und zwar als Bestandteil des laufenden Geographieunterrichts. Es ist denkbar, daß hoch ängstliche Schüler in diesem Umfeld des institutionalisierten Lehrens und Lernens grundsätzlich hinter allen in der Schule stattfindenden Aktivitäten eine Lehrabsicht vermuten und sich entsprechend bemühen zu lernen. Bezüglich wenig ängstlicher Schüler ist dagegen denkbar, daß diese die Exploration des computersimulierten Systems als reines Spiel ohne jegliche Lehrabsicht auffassen. Diese Auffassung könnte sich ändern, wenn sie - wie so oft im übrigen Unterricht - ein Papier als Arbeitsmaterial in die Hand bekommen, was von diesen Schülern als expliziter Lernauftrag interpretiert werden könnte.

(3) Der schwache ATI-Effekt von Intelligenz, Hintergrundinformationen und adaptiven Informationen entspricht teilweise den Erwartungen, die man aufgrund der in der Problemlösepsychologie untersuchten Transparenzhypothese haben sollte, teilweise widerspricht der Effekt diesen Erwartungen aber auch. Ohne jegliche Informationen über die Computersimulation sollte die Korrelation zwischen Problemlöseerfolg und Intelligenz nahe bei null sein, wobei sie mit zunehmender Transparenz des Systems steigen sollte. Dies trifft im vorliegenden Experiment tatsächlich zu, aber nur so weit, wie keine oder lediglich nur eine der beiden Lernhilfen (Hintergrundinformation bzw. adaptive Hinweise) vorhanden ist. die Korrelationen zwischen induktivem Denken und Handlungskompetenz beträgt 0.01 ohne Lernhilfen, 0.45 mit adaptiven Hinweisen und 0.39 mit Hintergrundinformationen. Die Korrelation fällt aber zurück auf -0.07, wenn beide Lernhilfen zugleich realisiert sind, wobei im allgemeinen Teil des Wissenstests derselbe Trend zu beobachten ist. Dies könnte auf einen Interferenzeffekt hinweisen, und zwar in dem Sinne, daß intelligente Schüler durch die adaptiven Hinweise möglicherweise behindert werden, ihre eigenen, aus den Hintergrundinformationen abgeleiteten Hypothesen erfolgreich zu überprüfen, während die Kombination dieser beiden Lernhilfen für weniger intelligente Schüler ein angemessenes Ausmaß an Lernanleitung darstellt (vgl. Salomons heuristisches Modell für ATI-Hypothesen, Tab. 2.1-2, S. 14, Salomon, 1975; Clarks Arbeit mit dem Titel "When teaching kills learning", Clark, 1990b).

ZUSAMMENFASSENDE DISKUSSION

Ausgehend von einer Kritik am entdeckenlassenden Lehren mit Computersimulationen wurde in einer Serie von drei Experimenten am Beispiel der Computersimulation "Hunger in Nordafrika" untersucht, inwiefern sich eine maßgebliche Lehrfunktion implementieren und in welchem Ausmaß sich dadurch der Lernerfolg steigern läßt. Bei der Lehrfunktion handelt es sich darum, implizit gegebene Informationen explizit zu machen. Variiert wurden unterschiedliche Formen und Inhalte dieser Lernhilfe.

Das besondere Interesse lag darin, die Nützlichkeit adaptiv präsentierter Informationen mit der Nützlichkeit nicht-adaptiv zur Verfügung gestellter Informationen zu vergleichen. *Adaptive Informationen* bestanden in allen drei Experimenten zum einen aus problemlösungsbezogenen Hinweisen, die dann gegeben wurden, wenn aus dem Zustand des simulierten Systems oder aus dem Steuerungsverhalten des Lernenden abzusehen war, daß wesentliche bereichspezifische Sachverhalte bisher noch nicht durchschaut waren. Darüber hinaus wurden im System simulierte Ereignisse ausführlich und unter Erläuterung der bereichsspezifischen Fachtermini, Sachverhalte, Regeln und Prinzipien kommentiert. *Nicht-adaptive Informationen* wurden entweder in Form eines vorgeschalteten herkömmlichen CAI-Lehrprogramms implementiert (erstes Experiment der Serie, Experiment 5) oder als permanent verfügbares Arbeitsblatt mit Hintergrundinformationen zu allen manipulierbaren Systemvariablen (drittes Experiment der Serie, Experiment 7) realisiert.

Niveauunterschiede im Lernerfolg: Die experimentellen Ergebnisse werfen ein relativ klares Licht auf die Wirksamkeit der realisierten Lernhilfen, zumindest, was Niveauunterschiede im Lernerfolg betrifft. Im ersten Experiment der Serie war festzustellen, daß Schüler *ohne* jegliche Hilfen zwar lernen, das Spiel zu beherrschen, daß sie aber in nur geringem Ausmaß verbalisierbares Wissen über bereichsspezifische Begriffe, Sachverhalte, Regeln und Prinzipien erwerben (hohe Handlungskompetenz, geringer Wissenserwerb). Für Schüler, die *mit* Unterstützung adaptiver Hinweise und Kommentare das simulierte System explorieren, gilt der umgekehrte Effekt: Sie erwerben zwar in hohem Ausmaß bereichsspezifisches Wissen; sie lernen aber nur bedingt, das Spiel zu beherrschen (hoher Wissenserwerb, geringe Handlungskompetenz). Dies trifft zumindest unter der Bedingung zu, daß die gesamte Lernzeit dafür verwendet wird, das simulierte System zu explorieren. Wird die Zeit reduziert, indem zuvor ein vergleichsweise kurzes herkömmliches Lehrprogramm durchzuarbeiten ist, dann verschwindet der Unterschied im Lernerfolg mit und ohne adaptive Lernhilfen.

Der im ersten Experiment der Serie (Experiment 5) bei Schülern des siebten Schuljahres beobachtete gegenläufige Effekt in der Bedingung ohne vorgeschaltetes Lehrprogramm konnte im zweiten Experiment (Experiment 6) mit einer Studentenstichprobe repliziert werden. Insofern ist davon auszugehen, daß der Effekt nicht nur stabil ist, sondern darüber hinaus auch auf unterschiedliche Altersgruppen und Bildungsniveaus generalisiert werden kann.

Im dritten Experiment der Serie (Experiment 7) wurde schließlich untersucht, inwieweit sich der Lernerfolg steigern läßt, wenn die adaptiven Hinweise und Kommentare ergänzt und erweitert werden und darüber hinaus dem Lernenden eine nicht-adaptive Lernhilfe in Form eines Arbeitsblattes mit Hintergrundinformationen zur Verfügung gestellt wird. Ein Teil dieser Hintergrundinformationen war auch schon in den beiden anderen Experimenten verwendet worden, und zwar als Informationsseite, die vom Lernenden abgerufen werden konnte und auf die er ggf. durch einen adaptiven Hinweis aufmerksam gemacht wurde. In den Ergebnissen zeigte sich, daß diese Hintergrundinformationen dann, wenn sie permanent einsehbar sind, den Wissenserwerb mittelfristig deutlich erhöhen, während die adaptiven Hinweise und Kommentare darüber hinaus keinen signifikanten zusätzlichen Vorteil bringen. Betrachtet man allerdings - ohne Generalisierungsabsicht - die Mittelwertsunterschiede in der Stichprobe, dann ist zu erkennen, daß die Gruppen mit adaptiven Hilfen sowohl im Wissens- wie auch im Behaltenstest besser abschneiden als die Gruppen ohne adaptive Hilfen. Offensichtlich ist der Effekt aber so klein, daß er die Signifikanzgrenze von alpha=0.05 nicht erreichte.

Das Ausbleiben eines signifikanten Effektes der adaptiven Hinweise und Kommentare bedeutet aber auch, daß der im ersten Experiment der Serie beobachtete und im zweiten Experiment replizierte gegenläufige Effekt der adaptiven Hinweise im Handlungs- und im Wissenstest in diesem dritten Experiment der Serie nicht nachgewiesen werden konnte. Ein möglicher Grund ist darin zu sehen, daß die Lernhilfen (Hinweise, Kommentare und Hintergrundinformationen) für das dritte Experiment so gründlich überarbeitet wurden, daß sie nicht nur den Wissenserwerb unterstützten, sondern ebenso auch die für den Erfolg im Spiel erforderliche Handlungskompetenz. Da die Überarbeitung im wesentlichen darin bestand, die Anzahl und den Detailliertheitsgrad der Lernhilfen zu erhöhen, ergibt sich hieraus eine wichtige Fragestellung für weitere Experimente (vgl. Kap. 3.3).

Betrachtet man in jedem der drei Experimente jeweils die experimentelle Bedingung ohne jegliche Lernhilfen als Kontrollgruppe und berechnet man zusammenfassend die Effektstärken für die übrigen Gruppen (Tab. 3.3.2-7, S. 153), so zeigt sich, daß die Implementation von Lernhilfen z.T. mit g>.80 Lerneffekte bewirkt, die in Cohens Terminologie (Cohen, 1988) als groß zu bezeichnen sind. Dies gilt zumindest für die ersten beiden Experimente der Serie und die Bedingung V-A+ (Experiment 5) bzw. A+ (Experiment 6), d.h. die Lernbedingungen, in der die gesamte Zeit zur Exploration mit adaptiven Hinweisen und Kommentaren zur Verfügung stand. Im dritten Experiment wird diese Effektstärke erst im Behaltenstest erreicht, und zwar unter der Lernbedingung mit Hintergrundinformation unabhängig davon, ob adaptive Hinweise vorhanden sind oder nicht. Im übrigen ist festzustellen, daß es nur diese großen Effekte sind, die die Signifikanzgrenze erreicht haben.

Tab. 3.3.2-7: Effektstärken g in den Experimenten 5-7[a)]

	Exp. 5				Exp. 6		Exp. 7			
	V-		V+		(V-)		H-		H+	
	A-	A+	A-	A+	A-	A+	A-	A+	A-	A+
Handlungskompetenz	KG	-87	-65	-17	KG	-48	KG	33	52	53
allg. Wissen[b)], sofort	--	--	--	--	KG	95	KG	53	30	64
- nach 1 Woche	KG	88	55	52	--	--	--	--	--	--
- nach 2-3 Wo.	--	--	--	--	--	--	KG	48	83	90

a) Berechnet aus den Tabellen Anh. 3.3.2-3, -7, -11 (S. 224, S. 227, S. 229), $g=(x_{EG}-x_{KG})/sd_{KG}$, KG=jeweils Gruppe ohne Lernhilfen, zwei Dezimalstellen, Dezimalpunkte fortgelassen.
b) Vorwissen auspartialisiert

Bemerkenswert ist ein Vergleich zwischen den beiden nicht-adaptiven Lernhilfen, dem vor Beginn der Exploration durchzuarbeitenden Informationsblock im ersten Experiment und der während der Exploration permanent einsehbaren Hintergrundinformation im dritten Experiment: Die Vorabinformationen fördern den Wissenserwerb nur mit einer mittelgroßen Effektstärke nach einer Woche in einer Größenordnung um g=0.50, die sich im ersten Experiment nicht als signifikant erwiesen hat. Dies gilt ebenso für die Hintergrundinformationen, allerdings nur im unmittelbar im Anschluß an die Exploration bearbeiteten Wissenstest. Im 2-3 Wochen später wiederholten Behaltenstest hat dieser Effekt aber eine Größenordnung von $0.83<g<0.90$ erreicht. Das bedeutet, daß die während der Exploration verwendeten Hintergrundinformationen im Gegensatz zu den Vorabinformationen und ebenso im Gegensatz zu den adaptiven Hinweisen einen sehr nachhaltigen Erwerb verbalisierbaren Wissens zu bewirken scheinen.

Dieser Unterschied zwischen Vorabinformation, adaptiven Hinweisen und permanent verfügbarer Hintergrundinformation läßt sich möglicherweise im Hinblick auf instruktions- und kognitionspsychologische Theorien erklären, die der zielgerichteten, selbstinitiierten und eigenständigen (handlungsorientierten) Aktivität des Lernenden, der "Tiefe" der Informationsverarbeitung und der Wiederholung große Bedeutung beimessen (z.B. Aebli, 1963; Kluwe & Haider, 1990; Craik & Lockhart, 1972; Furukawa, 1970; Jacoby, 1978; vgl. auch Nußbaum & Leutner, 1986a, b; Leutner & Kretzschmar, 1988; Nußbaum, 1989): Die Liste mit Hintergrundinformationen zu den manipulierbaren Variablen des simulierten Systems wird dadurch sinnvoll genutzt, daß der Lernende nach erstmaligem Lesen immer wieder auf diese Liste zurückgreift, sich die für die Bewältigung einer bestimmten Problemsituation geeigneten Informationen heraussucht und diese anwendet. Im Gegensatz dazu erfordern und ermöglichen sowohl die Vorabinformationen als auch die adaptiven Hinweise weniger Eigeninitiative, weil sie vom Lehrsystem automatisch präsentiert werden und die Informationen nicht genau *dann* eingesehen werden können, wenn der Lernende sie zur Bewältigung einer selbst erkannten Problemsituation benötigt.

Tab. 3.3.2-8: Korrelationen zwischen Lernvoraussetzungen und Lernerfolg in den Experimenten 5-7[a)]

	Exp. 5				Exp. 6		Exp. 7			
	V-		V+		(V-)		H-		H+	
	A-	A+	A-	A+	A-	A+	A-	A+	A-	A+
a) *Selbstvertrauen* und										
Handlungskompetenz	-03	10	-31	51	-08	02	41	15	-43	12
Wissen, allg. Teil 1	49	-21	47	-03	25	-35	-05	22	28	05
Behalten, allg. T. 1	--	--	--	--	--	--	-17	22	30	00
b) *Ängstlichkeit* und										
Wissen, allg. Teil 1	21	-38	-40	-49	-25	-18	24	-32	-27	-38
Behalten, allg. T. 1	--	--	--	--	--	--	44	17	-17	-37
c) *Induktives Denken* und										
Handlungskompetenz	26	37	-32	-41	22	-20	01	45	39	-07
Wissen, allg. Teil 1	-11	70	48	59	-06	26	-24	13	27	06
Behalten, allg. T. 1	--	--	--	--	--	--	-11	-15	27	06

a) Auszug aus den Tabellen Anh. 3.3.2-4, -8, -11 (S. 225, S. 227, S. 229), Dezimalpunkte fortgelassen.

ATI-Effekte: Im Gegensatz zu den in den drei Experimenten beobachteten Niveauunterschieden ergeben die ATI-Effekte ein etwas weniger einheitliches Bild. Im ersten Experiment der Serie waren es die Lernvoraussetzungsvariablen "induktives Denken" und "Selbstvertrauen", bezüglich derer wegen inhomogener Regressionen ATI-Effekte in das lineare Modell aufzunehmen waren. Im zweiten Experiment mit einer vergleichsweise kleinen Personenstichprobe konnten diese ATI-Effekte lediglich als Tendenz, jedoch nicht als signifikante Effekte nachgewiesen werden. Im dritten Experiment schließlich war zwar - wenn auch nur tendenziell und unter Anwendungsgesichtspunkten unbedeutend - ebenfalls ein ATI-Effekt des induktiven Denkens zu beobachten, aber kein ATI-Effekt des Selbstvertrauens. Stattdessen gab es einen deutlichen ATI-Effekt der Lernvoraussetzungsvariable "Ängstlichkeit".

Diese Beobachtung inkonsistenter ATI-Effekte entspricht voll und ganz der schon in den 60er Jahren geäußerten ambivalenten bis negativen Einstellung vieler Autoren gegenüber der ATI-Forschung ganz allgemein (vgl. z.B. Kallós, 1975). Eine nähere Betrachtung der Korrelationsmuster in den drei Experimenten zeigt aber, daß der Vorwurf der Nicht-Replizierbarkeit zumindest im vorliegenden Fall nicht ganz zutrifft. Dics sci zunächst bezüglich des gegenläufigen ATI-Effektes von Selbstvertrauen und adaptiven Hinweisen demonstriert. Wenn auch die Größenordnung der gegenläufigen Effekte nur im ersten Experiment der Serie die Signifikanzgrenze erreicht, so ist doch in Tab. 3.3.2-8a (S. 154) deutlich zu erkennen, daß nur im dritten Experiment die Bedingung H- aus dem Rahmen fällt. In allen anderen Experimenten bzw. Teilgruppen steigt die Korrelation im Handlungstest - mitunter nur geringfügig, aber doch übereinstimmend - von A- nach A+ an, während sie im Wissens- und im Behaltenstest von A- nach A+ abfällt.

Warum unter H- im dritten Experiment der umgekehrte Trend auftritt, bleibt allerdings weitgehend unklar. Eine Durchsicht der Streuungsdiagramme zeigt an, daß die auffällig hohe Korrelation von r=0.41 zwischen Handlungskompetenz und Selbstvertrauen unter H-A- zumindest nicht durch Ausreißer bewirkt wird. Insofern ist diese hohe Korrelation in der Bedingung ohne jegliche Lernhilfen nicht als Artefakt anzusehen. Möglicherweise hängt der Effekt damit zusammen, daß die spielbezogenen Informationen über die Kosten einzelner Maßnahmen im dritten Experiment auf Papier permanent einsehbar waren, während diese Informationen in den ersten beiden Experimenten genau wie die Hintergrundinformationen jeweils als Bildschirmseite angefordert werden mußten. Dies erklärt aber nicht, wieso die Korrelation unter H+A- mit r=-0.43 deutlich negativ wird, wenn zusätzlich Hintergrundinformationen permanent verfügbar sind. Insofern bleibt dieser Sachverhalt nach wie vor ungeklärt.

Replizierbarkeit zeigt sich auch beim ATI-Effekt von Ängstlichkeit und den experimentellen Bedingungen in bezug auf den Wissenserwerb, der erst beim dritten Experiment signifikant in Erscheinung getreten ist. Wie Tab. 3.3.2-8b (S. 154) aber zeigt, ist derselbe Trend zumindest auch im ersten Experiment zu beobachten: Auch dort ist die Korrelation in der Bedingung ohne jegliche Lernhilfen positiv, während sie in den Bedingungen mit Lernhilfen negativ ist mit der am stärksten negativen Korrelation unter V+A+ bzw. H+A+, also dann, wenn beide Arten von Lernhilfen kombiniert sind.

Lediglich der im ersten und im dritten Experiment signifikante ATI-Effekt von induktivem Denken und den experimentellen Bedingungen erscheint nicht ganz so eindeutig replizierbar. Was allerdings replizierbar ist (vgl. Tab. 3.3.2-8c, S. 154), das ist die geringfügig negative Korrelation zwischen induktivem Denken und Wissenserwerb unter der Bedingung ohne jegliche Lernhilfen. Unter den Bedingungen mit Lernhilfen ist diese Korrelation positiv bis - in einem Fall - leicht negativ, wobei die Höhe der Korrelation über die drei Experimente hinweg deutlich von $0.48<r<0.70$ im ersten Experiment über r=0.26 im zweiten Experiment bis $-0.11<r<0.27$ im dritten Experiment abfällt. Die Korrelationen zwischen induktivem Denken und Handlungskompetenz erweisen sich als uneinheitlich und ohne einen erkennbaren Trend über die Experimente hinweg.

Die uneinheitlichen Korrelationsunterschiede könnten z.T. durch die unterschiedlichen Vpn-Stichproben bedingt sein, weswegen zumindest das zweite Experiment mit der Studentenstichprobe aus dem Rahmen fällt. Aber auch zwischen dem ersten und dritten Experiment besteht ein Unterschied, und zwar insofern, daß im ersten Experiment durch Hauptschüler und Gymnasiasten ein großer Wertebereich auf der Intelligenzskala abgedeckt werden konnte, während im dritten Experiment lediglich Realschüler und Gymnasiasten zur Verfügung standen. Prüft man dies, dann ist jedoch festzustellen, daß zwar die Studenten eine geringere Variation $100\ sd/\bar{x} = 400/30.4 = 13$ aufweisen, daß aber der Variationskoeffizient mit 18 für die beiden anderen Stichproben gleichermaßen größer ist. Insofern ist diese post hoc aufgestellte Hypothese zumindest bezüglich des Vergleichs der beiden Schülerstichproben zu verwerfen.

Es ist allerdings festzustellen, daß die eingangs erörterte Transparenzhypothese zunehmender Korrelation zwischen Problemlöseerfolg und Testintelligenz mit zunehmender Transparenz des zu steuernden Systems nicht geeignet ist, die in den drei Experimenten beobachteten Korrelationsunterschiede zu erklären. Es bleibt aber offen, ob daraus geschlußfolgert werden kann, daß die hier untersuchten Lernhilfen nicht geeignet sind, die Transparenz des Systems zu erhöhen, oder ob möglicherweise komplexere Wechselwirkungen mit anderen Variablen dafür verantwortlich sind, daß dieser Effekt in den vorliegenden Experimenten nicht aufgetreten ist.

Abschließend ist bezüglich dieser Serie von Experimenten folgendes festzuhalten:

(1) Wenn das Ziel beim entdeckenlassenden Lehren mit Computersimulationsspielen der hier verwendeten Art darin besteht, den Erwerb spielübergreifenden verbalisierbaren Wissens bezüglich zentraler Begriffe, Sachverhalte, Regeln und Prinzipien des simulierten Realitätsbereichs zu fördern, dann ist es ausgesprochen nützlich, in der Simulation implizit vorhandene Informationen durch geeignete Lernhilfen *während* der Systemexploration explizit zu machen. Durch derartige Lehrmaßnahmen läßt sich die mittlere Nachtestleistung im Vergleich zur Kontrollgruppe um $0.48<g<0.95$ Standardabweichungen erhöhen. Das Lesen von Informationseinheiten *vor* der Systemexploration scheint dann wenig nützlich zu sein, wenn diese Einheiten (a) vergleichsweise kurz sind und (b) die für das Lesen erforderliche Zeit von der Explorationszeit abgezweigt wird.

(2) Wenn das Ziel lediglich darin besteht, den Erwerb von Handlungskompetenz beim Steuern des simulierten Systems (hier: Spielstärke) zu fördern, dann scheint die Art und der Detailliertheitsgrad der Offenlegung von Informationen von entscheidender Bedeutung zu sein. Sind - wie in den ersten beiden Experimenten der Serie - die adaptiv gestalteten Hinweise wenig elaboriert und die nicht adaptiv gestalteten Hintergrundinformationen nicht permanent einsehbar, dann verschlechtert sich die Handlungskompetenz im Vergleich zur Kontrollgruppe mit $-.17<g<-.87$. Bei elaborierten adaptiven Hinweisen und/oder permanent einsehbaren Hintergrundinformationen erhöht sich dagegen die Handlungskompetenz mit $.33<g<.53$. Wie die letztgenannten Effektstärken anzeigen, handelt es sich allerdings nur um kleine bis mittelgroße Effekte.

(3) Es ist mit ATI-Effekten zu rechnen:

(a) Mit der Implementation adaptiver Hinweise sinkt die Korrelation zwischen Selbstvertrauen und Wissenserwerb, während die Korrelation zwischen Selbstvertrauen und Handlungskompetenz ansteigt. Dies gilt allerdings nur dann, wenn die Hintergrundinformationen zugegen sind (entweder separat oder als Bestandteil der adaptiven Hilfen).

(b) Zumindest bei Schülern ist im Fachunterricht zu erwarten, daß die Korrelation zwischen Ängstlichkeit und Wissenserwerb ohne jegliche Lernhilfen leicht positiv ist, während sie mit der Implementation von Lernhilfen der hier untersuchten Art in den negativen Bereich abwandert. Werden mehrere Lernhilfen kombiniert, dann scheinen sich die einzelnen Effekte zu addieren oder zumindest nur ordinal zu interagieren.

(c) Die Korrelation zwischen induktivem Denken und Wissenserwerb ist ohne jegliche Lernhilfen praktisch null. Wenn Lernhilfen implementiert werden, dann steigt die Korrelation an. Ohne Lernhilfen ist die Korrelation zwischen induktivem Denken und Handlungskompetenz ebenfalls praktisch null. Je nach Art und Kombination der eingesetzten Lernhilfen steigt oder fällt diese Korrelation dann, wobei die Größenordnung dieser Veränderungen allerdings nur im letzten der drei Experimente die Signifikanzgrenze gerade eben erreicht.

3.3.3 Experimente 8, 9 und 10: Detailliertheit und Zeitpunkt adaptiver Hinweise

In den Experimenten 5-7 wurde untersucht, inwieweit sich der Wissenserwerb beim Explorieren eines computersimulierten dynamischen Systems durch die Explikation implizit gegebener Informationen steigern läßt. Die Ergebnisse legen den Schluß nahe, daß diese Art von Lernhilfe vor allem dann besonders wirksam ist, wenn die zusätzlich gegebenen Informationen detailliert sind und dann genutzt werden können, wenn sie tatsächlich auch benötigt werden. Die folgenden drei Experimente thematisieren diese Frage nach dem optimalen Detailliertheitsgrad und darüber hinaus auch die Frage nach dem optimalen Zeitpunkt explikativer Informationen.

"FIRMA2" - EIN WISSENSBASIERTES COMPUTERSIMULIERTES DYNAMISCHES SYSTEM

Der wesentliche Unterschied zwischen den vorangegangenen und den nachfolgend berichteten drei Experimenten besteht in der hier eingesetzten Simulations-Software "FIRMA2". Bei "Hunger in Nordafrika" war es lediglich möglich, den Lernenden auf allgemeine Regeln wie z.B. "Ohne Bewässerung geht's auf die Dauer nicht!" hinzuweisen (vgl. Tab. 3.3.2-1, S. 128). Es war aber nicht möglich, dem Lernenden präzise mitzuteilen, wie das System gesteuert werden kann. Demgegenüber wurde das hier eingesetzte computersimulierte dynamische System mit einem einfachen Expertenmodul ausgestattet, welches in der Lage ist, das simulierte System eigenständig zu steuern. Dies ermöglicht es, dem Lernenden in nahezu allen Situationen eine detaillierte Musterlösung präsentieren zu können bzw. die Entscheidungen des Lernenden mit der Musterlösung zu vergleichen. Insofern kommt "Firma2" dem recht nahe, was in den ersten Kapiteln als "Intelligentes

Tutorielles Systems" bezeichnet wurde. Dies gilt zumindest für die "kommunizierbare Lehrstoffexpertise" des Systems (vgl. Kap. 2.3.3). In welchem Ausmaß das System auch über Diagnostik- und Lehrexpertise verfügt, ist im Zusammenhang mit den folgenden Experimenten noch zu diskutieren.

"Firma2" simuliert einen Produktionsbetrieb zur Herstellung beschichteter Spanplatten, die als Küchenfronten bezeichnet werden (vgl. Abb. 3.3.3-1, S. 158). Das Programm basiert auf dem "KÜCHENFRONTENWERK" (Breuer, 1985; Breuer & Leutner, 1988a), das inzwischen in einer überarbeiteten Fassung unter der Bezeichnung "Firma" (Breuer & Günterberg, 1990) als Unterrichtsmaterial veröffentlicht ist (allerdings ohne das in Firma2 implementierte Expertenmodul). Bei allen diesen Programmen handelt es sich um Derivate der Computersimulation "TAILERSHOP" (Putz-Osterloh, 1981; vgl. auch die kritische Darstellung bei Funke, 1986), wobei der wesentliche Unterschied in einer abweichenden semantischen Einkleidung und einer z.T. umfangreichen Modifikation des zugrundeliegenden Simulationsmodells besteht.

```
         Zustand des Küchenfronten-Werkes nach dem  0. Planungs-Monat
=========================================================================
Produktion:              541 qm /  Gesamteinnahmen:              135250 DM
                                /    ( 541 qm verkaufte Fronten
Nachfrage:               688 qm /     zum Preis von je 250 DM)
-------------------------------------------------------------------------
Restbestand im Lager:           /  Ausgaben für  400 qm Rohmaterial:  48000 DM
  Fertige Fronten:        0 qm  /    (neuer Preis  100 DM je qm)
  Rohmaterial für      59 qm    /
                                /  Löhne für  12 Arbeiter:            26400 DM
12 Arbeiter/14 Typ 50-Masch.    /    (Lohn je Arbeiter 2200 DM)
 0 Arbeiter/ 0 Typ100-Masch.    /  Weitere Abgaben:                   14400 DM
                                /    (Abgaben je Arbeiter 1200 DM)
mittl. Kapazität:               /
   Typ 50-Maschinen  90.00%     /  Reparaturausgaben:                 16000 DM
   Typ100-Maschinen             /  Kauf/Verkauf von Maschinen:            0 DM
                                /  Lagerkosten:                          59 DM
                                /  Sonstige Kosten:                   20000 DM
-------------------------------------------------------------------------
                                /  Gewinn im  0. Monat:               10391 DM
              Also beträgt das Kapital (mit Zinsen)                   75000 DM
              und das Betriebsvermögen                               607750 DM
=========================================================================
          Weiter mit irgendeiner Taste (a=Abbruch/neues Spiel)...
```

Abb. 3.3.3-1: Benutzeroberfläche von "Firma2"

"Firma2" unterscheidet sich vom "Küchenfrontenwerk" bzw. von "Firma" zum einen durch die Reduktion der Anzahl manipulierbarer Variablen von 11 auf 4 und zum anderen durch die Hinzufügung des Expertenmoduls, welches in der Lage ist, diese vier Variablen so zu manipulieren, daß der simulierte Betrieb langfristig Gewinne macht. Bei den manipulierbaren Variablen handelt es sich (1) um die Anzahl zweier unterschiedlich effizienter Maschinentypen, (2) die Anzahl der an den beiden Maschinentypen beschäftigten Arbeitskräfte, (3) die Menge an einzukaufendem Rohmaterial (qm) und (4) den Verkaufspreis der fertigen Küchenfronten (DM/qm). Diese Variablen wurden in Firma2 beibehalten, weil diesbezüglich - zumindest nach einigen notwendigen Modellkorrekturen - keine "merkwürdigen" Effekte auftreten (vgl. die Kritik am Original-"Tailorshop" bei Funke,

1986, S. 53ff). Die Zufallsvariation der nicht manipulierbaren Variable "Rohmaterialpreis" wurde beibehalten, wobei das Programm aber so gestaltet ist, daß die Reihenfolge der Zufallszahlen bei jedem Programmstart und damit auch bei jeder Vp identisch ist.

Die Expertenstrategie umfaßt - grob skizziert - folgende Maßnahmen:

(1) Maschinen:

(a) Rationalisierung: Von Beginn an den Maschinenpark auf den effizienteren Maschinentyp umstellen, d.h. Verkauf aller kleineren und Ankauf einer minimal erforderlichen Anzahl größerer Maschinen.

(b) Produktionsziel so festlegen, daß Angebot gleich Nachfrage am Markt. Dabei den Lagerbestand an fertigen Produkten beachten.

(b) Wenn das Produktionsziel nicht erreicht werden kann: Hinzukauf weiterer Maschinen - aber nur dann, wenn hinreichend Barkapital vorhanden ist.

(c) Wenn die alten Maschinen ein bestimmtes Alter erreicht haben: Austausch aller alten Maschinen gegen die erforderliche Zahl neuer Maschinen.

(2) Arbeiter:

(a) Wenn volle Produktion erforderlich: An jeder Maschine jeweils einen Arbeiter einsetzen.

(b) Wenn eine Drosselung der Produktion bei reduziertem Produktionsziel erforderlich: Anzahl der Arbeiter reduzieren.

(3) Einkauf von Rohmaterial:

(a) So viel Rohmaterial einkaufen, wie zur Produktion erforderlich ist. Dabei den Lagerbestand an Rohmaterial beachten.

(b) Wenn Rohmaterialpreis niedrig: Vorrat an Rohmaterial anlegen.

(4) Verkaufspreis:

(a) Wenn Angebot kleiner als Nachfrage: Verkaufspreis um einen bestimmten Prozentsatz erhöhen.

(b) Wenn Angebot größer als Nachfrage: Verkaufspreis herabsetzen.

Anhand von Simulationsläufen wurden die Parameter der Regeln so eingestellt, daß der in "Firma2" simulierte Produktionsbetrieb durch eine automatische Anwendung dieser wenigen Regeln in eine Zone geführt wird, in der die Gewinne über alle Grenzen steigen. Dies ist sogar dann möglich, wenn der Betrieb zuvor "herabgewirtschaftet" wurde. Kritisch ist in einem solchen Fall lediglich, daß der Betrieb bei der Anwendung der Rationalisierungsregel 1a nicht in Konkurs geht.

EXPERIMENT 8: FRAGESTELLUNG

Als Pilot-Experiment zielte dieses Experiment darauf ab zu prüfen, ob die Verwendung des Expertenmoduls überhaupt geeignet ist, den Lernerfolg beim Explorieren der

Computersimulation "Firma2" zu erhöhen. Es wurden zwei alternative Strategien miteinander verglichen: (1) strikt entdeckenlassende Exploration ohne jegliche Unterstützung und (2) Exploration mit adaptiver Unterstützung durch das Expertenmodul.

THEORETISCHER HINTERGRUND UND HYPOTHESE

Das Expertenmodul ist in der Lage, den in "Firma2" simulierten Produktionsbetrieb aus nahezu allen Situationen heraus erfolgreich zu steuern. Insofern ist es möglich, den Lernenden sowohl bei der Analyse der Entscheidungssituation als auch bei der Auswahl geeigneter Maßnahmen durch in hohem Ausmaß situationsangepaßte Informationen zu unterstützen, womit insbesondere die Lehrfunktionen "Steuerung der Aufmerksamkeit" und "Explikation impliziter gegebener Informationen" angesprochen sind.

Durch die adaptiven Hilfen wird insbesondere die Schwierigkeit der Aufgabenstellung drastisch reduziert. Wie sich schon in eigenen früheren Experimenten zum entdeckenden Lernen gezeigt hatte, wird bei niedriger Aufgabenschwierigkeit wesentlich besser gelernt als bei mittlerer oder hoher Aufgabenschwierigkeit (Nußbaum & Leutner, 1986a, 1986b). Es ist anzunehmen, daß mit Unterstützung des Expertenmoduls vergleichsweise schnell gelernt wird, die relevanten Aspekte der Entscheidungssituation zu erkennen und mit angemessenen Entscheidungen zu reagieren. Das bedeutet aber gleichzeitig, daß Fehler vermieden (Brown & VanLehn, 1980) und richtige Entscheidungen vermehrt trainiert werden können (Anderson, 1983).

METHODE

Versuchspersonen und experimentelles Design: Am Experiment nahmen insgesamt 26 Personen im Alter über 18 Jahren teil, bis auf wenige Ausnahmen Studenten und Schüler einer Höheren Handelsschule in Aachen. Die Vpn wurden den beiden experimentellen Bedingungen des einfachen Zwei-Gruppen-Versuchsplans zufällig zugewiesen. Auf jede Bedingung entfielen 13 Vpn. In einem Vortest wurden bereichsspezifische Vorkenntnisse zur Verwendung als Kovariable erhoben. Im Nachtest wurde - wie auch bei den Experimenten 5-7 - die Kompetenz zum Steueren des simulierten Systems erhoben sowie bereichsspezifisches Wissen.

Lehrstoff und Lehrprogramm: Der Lehrstoff besteht aus betriebswirtschaftlichen Begriffen, Sachverhalten, Regeln und Prinzipien im Umfeld von Produktion, Angebot und Nachfrage. Der Stoff ist in der oben beschriebenen Computersimulation "Firma2" implementiert, die ansonsten vergleichbar ist mit "Hunger in Nordafrika": Der Lernende übernimmt den Betrieb im Monat 1, trifft Entscheidungen bezüglich des Maschinenparks, der Arbeiter, des Einkaufs von Rohmaterial und des Verkaufspreises. Nach Abschluß der Entscheidungen simuliert das Programm den Verlauf eines Monats und berichtet über den Erfolg der Maßnahmen in Form einer Art von Bilanz, die dem Lernenden auf dem Bildschirm präsentiert wird. Anhand einer Analyse dieser Bilanz hat der Lernende dann wiederholt seine Entscheidungen zu treffen etc. Werden keine oder ungeeignete Entscheidungen getroffen, dann geht der Betrieb nach kurzer Zeit in Konkurs. Werden gute Entscheidungen getroffen, dann kann das Betriebsvermögen über alle Grenzen hinweg gesteigert werden.

Implementation der experimentellen Bedingungen: Die experimentelle Manipulation des Programms wurde im Einzelnen wie folgt realisiert:

(1) *Strikt entdeckenlassende Exploration (A-)*: Der Lernende erhält überhaupt keine Lernhilfen.

(2) *Exploration mit adaptiver Unterstützung durch das Expertenmodul (A+)*: Das Menü zur Auswahl derjenigen Variablen, die manipuliert werden sollen, enthält eine zusätzliche Option "Hilfestellungen". Wenn diese Option angewählt wird, dann präsentiert das System nacheinander diejenige Auswahl von maximal 13 Hinweisen, die in der jeweiligen Situation zutreffend sind, z.B. "Du kannst den Bedarf nach Deinem Produkt nicht decken. Senke die Nachfrage, indem Du den Verkaufspreis anhebst" oder "Kaufe nur so viel Rohmaterial, daß Du die Nachfrage decken kannst. Prüfe vor dem Kauf, ob und wieviel Restbestand noch am Lager ist". Zu beachten ist, daß in dieser Pilotfassung des Programms die oben beschriebene Rationalisierungsregel 1a noch in abgewandelter Form implementiert ist. Die hier verwendete Regel fordert keine radikale, sondern eine schrittweise Umstellung des Maschinenparks auf größere Maschinen: Wenn hinreichend Kapital verfügbar ist, sollen jeweils zwei kleine Maschinen gegen eine große Maschine mit doppelter Produktionskapazität ausgetauscht werden.

Testmaterial: Für die Erfassung bereichsspezifischen Wissens wurde ein lehrzielorientierter Test entwickelt. Dieser besteht aus 40 Items, die so allgemein gehalten wurden, daß der Test sowohl als Vor- als auch als Nachtest verwendet werden konnte. Zur Erfassung der Handlungskompetenz wurde die Programmversion A- mit einem veränderten Ausgangszustand des Betriebes verwendet.

Vorgehensweise: Das Experiment wurde mit den Vpn einzeln durchgeführt. Vor Beginn der Exploration bearbeitete die Vp den Vortest. Nach einer kurzen Einführung in das Programm und seine Benutzung hatte die Vp 45 Min. Zeit, das System unter der jeweiligen experimentellen Bedingung zu explorieren, wobei das Programm - wie bei den Experimenten 5-7 - nach Belieben neu gestartet werden kann (Explorationsphase). Danach folgte die Testphase: Die Vp erhielt den Auftrag, den Betrieb über einen Zeitraum von sieben simulierten Monaten hinweg zu führen und in diesem Zeitraum das Betriebsvermögen zu maximieren. Abschließend hatte die Vp den Wissenstest als Nachtest zu bearbeiten.

ERGEBNISSE

Zunächst einmal ist festzustellen, daß es im Wissens-Vortest praktisch keinen Unterschied zwischen den beiden experimentellen Bedingungen gab, so daß darauf verzichtet wurde, die Vortestleistung aus der Nachtestleistung auszupartialisieren. Darüber hinaus ist festzuhalten, daß die Vpn-Stichprobe vergleichsweise klein ist und es aus diesem Grund angebracht erscheint, die Unterschiede zwischen den beiden experimentellen Gruppen inferenzstatistisch anhand nicht-parametrischer Testverfahren zu beurteilen.

Als erstes Ergebnis ist zu berichten, daß die Leistung im Wissens-Nachtest einen deutlich lernfördernden Effekt der adaptiven Lernhilfen ausweist: Ohne Lernhilfen beträgt der Median 34.0, mit dagegen 36.0 (vgl. Anh. 3.3.3-1, S. 231). Der Unterschied liegt in der erwarteten Richtung und ist signifikant, Man-Whitney $U=137$, $p(\text{einseitig})=0.003$. Mit g=(35.5-33.7)/1.8=1.0 handelt es sich in Cohens Begriffen (Cohen, 1988) um einen großen Effekt.

Als zweites Ergebnis ist zu berichten, daß das am Ende des siebten Planungsmonats verhandene Betriebsvermögen ohne adaptive Hilfen im Median 717693, mit Hilfen 688966 beträgt. Der Unterschied ist gering. Er liegt nicht in der erwarteten Richtung und erreicht auch bei zweiseitiger Fragestellung nicht die Signifikanzgrenze, U=75, p(zweiseitig)=0.626.

DISKUSSION

Bezüglich des Erwerbs bereichsspezifischen Wissens weisen die Ergebnisse des Experimentes das "Firma2"-Expertenmodul als ausgesprochen nützliches Instrument aus. Mit Hilfe dieses Moduls lassen sich in der Explorationsphase Steuerungsshilfen erzeugen und präsentieren, die geeignet sind, den Erwerb von Wissen zu fördern. Offensichtlich sind diese Hilfen aber nicht geeignet, die Handlungskompetenz in der Testphase zu erhöhen - in diesem Experiment operationalisiert als Betriebsvermögen im siebten Planungsmonat.

Daß eine Förderung der Handlungskompetenz ausgeblieben ist, erstaunt zunächst einmal nicht, da dies auch bei den Experimenten 5 und 6 mit der Computersimulation "Hunger in Nordafrika" der Fall gewesen ist. Allerdings hatte sich im Experiment 7, bei dem im Vergleich zu den Experimenten 5 und 6 detailliertere adaptive Hinweise und permanent einsehbare Hintergrundinformationen eingesetzt wurden, zumindest tendenziell in der Stichprobe eine leichte Förderung der Handlungskompetenz gezeigt (vgl. Abb. 3.3.2-6a, S. 146).

Eine nachträgliche Analyse des Entscheidungsverhaltens der Vpn im letzten Planungsmonat legt den Schluß nahe, daß die Operationalisierung der Handlungskompetenz als das nach dem siebten Monat erreichte Betriebsvermögen ungeeignet ist. Eine maßgebliche Ursache dafür ist die Rationalisierungsregel, welche keinen radikalen, sondern einen schrittweisen Austausch der kleinen gegen effizientere Maschinen fordert: Es dauert einige simulierte Monate, bis sich die Investition amortisiert hat, so daß Vpn, die dieser Regel folgen, mit großer Wahrscheinlichkeit über ein geringeres Betriebsvermögen verfügen als Vpn, die dieser Regel nicht folgen. Entsprechend zeigt sich in der Gruppe mit adaptiven Hilfen eine nahezu perfekt negative schwach monotone Korrelation zwischen Betriebsvermögen und Anzahl effizienter Maschinen von mu_2=-0.96.

Analysiert man das Entscheidungsverhalten der Vpn im kritischen siebten Planungsmonat der Testphase, dann ist - rein deskriptiv - für die Vpn mit adaptiver Unterstützung in der Explorationsphase folgendes festzustellen:

(1) 10 Vpn (gegenüber drei Vpn der Kontrollgruppe) setzen große Maschinen ein (Regel 1a).

(2) Nur eine Vp (gegenüber acht Vpn der Kontrollgruppe) beschäftigt mehr Arbeiter als Maschinen vorhanden sind (Regel 2a).

(3) Nur drei Vpn (gegenüber fünf Vpn der Kontrollgruppe) haben mehr Rohmaterial eingekauft als für die Produktion erforderlich ist (Regel 3a).

(4) Bezüglich der Differenz von Angebot und Nachfrage (Über- vs. Unterproduktion, Regel 1b, 4a-b) zeigt sich, daß zwar die Lage der Verteilung in beiden Gruppen übereinstimmt, daß aber zumindest die Streubreite in der Gruppe mit adaptiven Hilfen geringer ist. Dies wird deutlich bei einem Vergleich der Verteilungsquartile:

-047, -024, -010, +026, +062

in der Gruppe mit adaptiven Hilfen gegenüber

-084, -032, -001, +037, +121

in der Kontrollgruppe, wobei die fünf Werte sich auf das Minimum, das erste bis dritte Quartil und auf das Maximum der Verteilungen beziehen.

Ohne die Absicht einer Generalisierung über den Rahmen der beiden Vpn-Stichproben hinaus legen diese Beobachtungen den Schluß nahe, daß die Unterstützung der Vpn durch adaptive Hilfen während der Exploration des simulierten Systems durchaus geeignet ist, ein Entscheidungsverhalten hervorzurufen, das den Regeln des Expertenmoduls recht nahe kommt und sich somit zumindest langfristig auch in höherem Betriebsvermögen niederschlagen würde. Daß dies hier nicht der Fall ist, liegt mit aller Wahrscheinlichkeit daran, daß die sieben simulierten Planungsmonate einen zu kurzen Zeitraum dargestellt haben. Insofern kann angenommen werden, daß die adaptiven Hilfen nicht nur den Erwerb von Wissen, sondern durchaus auch den Erwerb von Handlungskompetenz zu fördern in der Lage sind.

EXPERIMENT 9: FRAGESTELLUNG

In den Ergebnissen des Pilotexperiments mit der Computersimulation "Firma2" stellte sich heraus, daß der Einsatz des Expertenmoduls es ermöglicht, den Lernenden während der Exploration des simulierten Produktionsbetriebes so mit situationsangepaßten adaptiven Hilfen zu versorgen, daß sowohl der Erwerb von Wissen als auch - zumindest tendenziell - der Erwerb von Handlungskompetenz im Vergleich zu einer Kontrollgruppe ohne derartige Hilfen erhöht ist.

Das im Anschluß an das Pilotexperiment durchgeführte und im folgenden zu berichtende Experiment 9 zielte darauf ab zu prüfen, ob der Lernerfolg durch den Detailliertheitsgrad und den Zeitpunkt der adaptiven Lernhilfen beeinflußt werden kann. Es wurden drei Abstufungen des Detailliertheitsgrades miteinander verglichen, die entweder vor den Entscheidungen (Advice oder Feedforward) oder nach den Entscheidungen (Feedback) des Lernenden präsentiert werden. Die drei Stufen des Detailliertheitsfaktors sind: (1) Grundregel + Hinweis auf Handlungsbedarf, (2) Grundregel + Hinweis auf Handlungsrichtung, (3) Grundregel + Angabe des Handlungsumfangs. Insgesamt wurden damit 2x3=6 verschiedene Strategien miteinander verglichen (vgl. Leutner, 1989a).

THEORETISCHER HINTERGRUND

Die beiden Fragen nach dem Detailliertheitsgrad und dem Zeitpunkt adaptiver Hilfen wurden schon im Zusammenhang mit den Experimenten 5-7 und der Simulation "Hunger in Nordafrika" diskutiert und sind in der bisherigen Forschung zum Einsatz von Computersimulationen und "intelligenten" CAI-Systemen zu kurz gekommen.

Bei der ersten Frage handelt es sich darum, inwieweit der Detailliertheitsgrad einer Hilfestellung differentielle Effekte bezüglich des Erwerbs von Wissen und von Handlungskompetenz bewirkt. Es ist anzunehmen, daß die Problemlösungsaufgabe umso leichter wird, je detaillierter und situationsangepaßter die Hilfen sind. Dementsprechend ist zu erwarten, daß mehr und besser gelernt wird: Es werden weniger Fehler gemacht (Brown & VanLehn, 1980) und das richtige Entscheidungsverhalten kann vermehrt trainiert werden (Anderson, 1983; Nußbaum & Leutner, 1986a, 1986b). Andererseits besteht aber auch die Gefahr, daß das Problem mit zu detaillierten Hilfen zu einfach wird. Es stellt keine Herausforderung mehr dar, und die Computersimulation kann infolge dessen ihren lernmotivierenden Spielcharakter verlieren (vgl. Pask, 1960a, b, 1964a, b; Malone, 1981; Malone & Lepper, 1987; Lepper & Malone, 1987). Weniger detaillierte Hilfen hätten auch den Vorteil, daß der Lernende sich vermehrt um eine Umsetzung der einzelnen Hilfen in konkrete Entscheidungen bemühen muß, was im Sinne einer erhöhten Verarbeitungstiefe der jeweiligen Information besseres Behalten bewirken sollte.

Bei der zweiten Frage geht es darum, zu welchem Zeitpunkt innerhalb einer Entscheidungsrunde die adaptiven Hilfen die größte Wirksamkeit entfalten. Grundsätzlich bieten sich zwei Varianten an: entweder *vor* oder *nach* den Entscheidungen der Vp. Bei Hilfen im Anschluß an Entscheidungen handelt es sich um Rückmeldungen oder Feedback, bei Hilfen vor Entscheidungen um Handlungsanweisungen oder Advice bzw. Feedforward. Typisch für ICAI-Systeme ist es, in Form von Feedback im Anschluß an das Verhalten des Lernenden tutoriell aktiv zu werden, und zwar in der Regel erst dann, wenn der Lernende bereits einen Fehler gemacht hat oder sich in anderer Weise vom Sollverhalten entfernt (vgl. Kap. 2.3.3). Wenn das Lehrsystem aber in Form von Feedforward tutoriell aktiv wird, dann sollten sich Fehler vermeiden und richtige Verhaltensweisen vermehrt einüben lassen. Als Konsequenz sollte insgesamt besser gelernt werden. Diese Argumentation entspricht den Überlegungen zum optimalen Detailliertheitsgrad von Hilfestellungen, wobei auch hier mit der Möglichkeit gerechnet werden muß, daß zu massives Feedforward motivationshemmend wirkt.

Hypothesen: Offensichtlich sind die beiden Fragen nach dem geeigneten Detailliertheitsgrad und dem geeigneten Zeitpunkt adaptiver Hilfen beim Explorieren computersimulierter dynamischer Systeme kontrovers diskutierbar. Insofern ergibt sich für das Experiment zunächst nur die ungerichtete Fragestellung, ober der Lernerfolg in Abhängigkeit vom Detailliertheitsgrad und dem Zeitpunkt von Hilfen variiert. Da grundsätzlich auch mit dem Vorhandensein von ATI-Effekten gerechnet werden muß, erschien es angebracht, die in den Experimenten 5-7 verwendeten kognitiven und nicht-kognitiven Variablen auch hier zur berücksichtigen.

METHODE

Versuchspersonen und experimentelles Design: Am Experiment nahmen insgesamt 132 Schüler und Schülerinnen einer berufsbildenden Schule sowie der Mittel- und Oberstufen dreier Gymnasien teil, die den experimentellen Bedingungen zufällig zugewiesen wurden. Es handelt sich um einen 2x3-faktoriellen Versuchsplan mit dem zweistufigen Faktor "Zeitpunkt der Hinweise" (AD: Advice vor den Entscheidungen vs. FB: Feedback nach den Entscheidungen) und dem dreistufigen Faktor "Detailliertheitsgrad der Hinweise" (D1=Handlungsbedarf vs. D2=Handlungsrichtung vs. D3=Handlungsumfang). Es gab einen Vor- und einen Nachtest, wobei die im Vortest erhobenen Variablen (bereichsspezifische Vorkenntnisse, Intelligenz und die sechs Persönlichkeitsskalen der vorherigen Experimente) als Kovariablen verwendet wurden.

Implementation der experimentellen Bedingungen: Die experimentellen Bedingungen wurden in der eingangs beschriebenen Computersimulation "Firma2" implementiert.

Die beiden Stufen des Faktors "Zeitpunkt der Hinweise" wurden wie folgt hergestellt:

(1) *Advice* wurde realisiert, indem die Vpn jeweils *vor* den eigenen Entscheidungen für jede der vier manipulierbaren Variablen eine Informationsseite präsentiert bekamen, und zwar in der Reihenfolge Maschinen, Arbeiter, Rohmaterial, Verkaufspreis. Die Angaben auf jeder Seite bezogen sich auf den augenblicklichen Ist-Zustand und auf den im Sinne der Expertenstrategie wünschenswerten Soll-Zustand der jeweiligen Variable. Die Differenz zwischen Ist- und Soll-Zustand ermöglichte eine Aussage darüber, ob und in welchem Ausmaß Handlungsbedarf besteht.

(2) *Feedback* wurde realisiert, indem die Vpn *nach* den eigenen Entscheidungen ebenfalls vier Informationsseiten präsentiert bekamen. Die Angaben bezogen sich ebenfalls auf den Ist- und den Soll-Zustand der jeweiligen Variable. Im Gegensatz zur Advice-Bedingung war der Ist-Zustand das Ergebnis der unmittelbar zuvor erfolgten Entscheidungen der Vp. Dementsprechend ermöglichte die Differenz zwischen Ist- und Soll-Zustand eine Aussage darüber, ob die Vp solche Entscheidungen getroffen hatte, die im Sinne der Expertenstrategie als optimal anzusehen waren, oder ob zusätzlicher Handlungsbedarf bestand.

Das Expertenmodul mußte in dieser Bedingung sukzessive so auf die Ist-Zustände der vier Variablen angesetzt werden, daß die Urteile und Empfehlungen konditional zu den Vp-Entscheidungen bezüglich derjenigen Variablen erfolgten, die im Rahmen der Expertenstrategie jeweils zuvor einzustellen sind: Zuerst wird der Maschinenpark beurteilt, wobei die Entscheidung der Vp unkonditional mit der Entscheidung des simulierten Experten verglichen werden kann. Unkonditional würde sich aus dem idealen Maschinenpark eine ideale Arbeiterbelegschaft ergeben, daraus wiederum eine ideale Menge einzukaufenden Rohmaterials und schließlich ein idealer Verkaufspreis. Wenn die Vp jedoch in ihrem Maschinenpark vom idealen Zustand abweicht, dann ist es aber immerhin noch möglich, daß sie konditional zu ihrem eigenen (suboptimalen) Maschinenpark die übrigen Entscheidungen im Sinne der Expertenstrategie getroffen hat. Insofern haben die Beurteilungen der übrigen Variablen konditional zu erfolgen: Gegeben die Entscheidungen der Vp bezüglich des Maschinenparks, was folgt daraus für die Zusammensetzung der Arbeiterbelegschaft? Gegeben die Entscheidungen der Vp für Maschinenpark und Arbeiter, was folgt daraus für den Einkauf von Rohmaterial? Gegeben die Entscheidungen der Vp für den Maschinenpark, die Arbeiter und den Einkauf von Rohmaterial, was folgt daraus für die Gestaltung des Verkaufspreises?

Die Bildschirmseiten mit den Hinweisen enthielten (a) die Angabe einer Grundregel, an der sich die Entscheidung zur jeweiligen Variable orientieren sollte, (b) eine Bewertung des augenblicklichen Zustandes der Variable und (c) Informationen zu erforderlichen Entscheidungen. Die drei Abstufungen des Detailliertheitsgrades von Advice und Feedback bezogen sich auf eine Variation des Informationsgehaltes aller drei Komponenten (vgl. Tab. 3.3.3-1, S. 166):

(1) Hinweis auf *Handlungsbedarf* wurde realisiert, indem die Grundregel relativ allgemein formuliert wurde (z.B. "Den Verkaufspreis an Angebot und Nachfrage anpassen"). Dann wurde der Vp mitgeteilt, ob der Ist-Zustand der jeweiligen Variable optimal ist oder nicht. Die Information zu erforderlichen Entscheidungen bestand im Kommentar "Ein Experte würde hier nichts (oder: etwas) tun" (Advice) bzw. "Ein Experte hätte wie Sie (oder: anders als Sie) entschieden" (Feedback).

(2) Angabe der *Handlungsrichtung* wurde realisiert, indem der Vp - wie in der zuvor beschriebenen Bedingung - die allgemein gehaltene Grundregel mitgeteilt wurde, ob der Ist-Zustand der jeweiligen Variable optimal ist oder nicht und ob Handlungsbedarf bzw. zusätzlicher Handlungsbedarf besteht oder nicht. Im Fall von Handlungsbedarf wurde darüber hinaus der Zustand der jeweiligen Variable kommentiert und angegeben, in welcher Richtung eine Manipulation erfolgen sollte (z.B. "Das Angebot ist wesentlich kleiner als die Nachfrage: Verkaufspreis des letzten Monats etwas erhöhen!").

(3) Angabe des *Handlungsumfangs* wurde realisiert, indem der Vp eine detailliertere Grundregel mitgeteilt wurde (z.B. "Verkaufspreis senken, wenn Angebot größer als Nachfrage. Verkaufspreis erhöhen, wenn Angebot kleiner als Nachfrage"). Darauf folgt eine detailliertere Beurteilung der jeweiligen Variable (z.B. "Ihr Verkaufspreis ist nicht optimal. Der Preis ist zu gering"), gefolgt von einer detaillierten Begründung (z.B. "[Produktionsrest+Gesamtproduktion] kleiner als [Nachfrage-20%]") und einer detaillierten Handlungsanweisung (z.B. "Verkaufspreis des letzten Monats um 5% erhöhen").

Tab. 3.3.3-1: Variation des Detailliertheitsgrades adaptiver Hiweise, Experiment 8

Hinweis-komponente	Experimentelle Bedingung: Handlungs-		
	Bedarf	Richtung	Umfang
Grundregel	allgemein	wie zuvor	spezifisch
Beurteilung des Ist-Zustandes	allgemein: optimal vs. nicht optimal	wie zuvor	wie zuvor + Richtung der Abweichung
Entscheidung	allgemein: etwas vs. nichts tun	wie zuvor + Richtung: z.B. erhöhen bzw. senken	wie zuvor + Umfang: z.B. + 5% bzw. - 5%
Begründung f. Entsch.	entfällt	allgemein	Formel

Wie der Tab. 3.3.3-1 (S. 166) zu entnehmen ist, handelt es sich um eine kumulative Ordnung des Informationsgehaltes der Hinweise: Die rechts stehenden Bedingungen präsentieren jeweils alle Informationen, die auch die Bedingungen weiter links präsentieren, plus etwas mehr.

Testmaterial: Wie bei den Experimenten mit der Computersimulation "Hunger in Nordafrika" wurde für die Erfassung bereichsspezifischen Wissens ein lehrzielorientierter Test entwickelt. Dieser besteht aus 31 allgemein gehaltenen Items, ergänzt um 30 Items zu spezifischen Eigenschaften des Simulationsprogramms. Die insgesamt 61 Items wurden als Nachtest verwendet. 25 der Items des allgemeinen Teils wurden zur Messung von Vorkenntnissen auch im Vortest eingesetzt.

Zur Erfassung der Handlungskompetenz im Umgang mit dem simulierten Betrieb wurde eine Testversion des Programms "Firma2" ohne jegliche Hinweise und mit verändertem Anfangszustand vorbereitet. Diese Version ist ohne Eingriffe schon nach fünf simulierten Monaten bankrott. Als Indikator für Handlungskompetenz läßt sich aus einer Protokolldatei die Anzahl der sumulierten Monate insgesamt und die Anzahl derjenigen Monate entnehmen, während derer die Vp bis zum Auftreten eines Konkurses oder bis zum Ablauf der vorgegebenen Zeit das Betriebsvermögen erhöhen konnte.

Die Erfassung der Kovariablen erfolgte mit Ausnahme des bereichsspezifischen Wissens mit denselben Skalen, die auch schon in Experiment 5 verwendet wurden.

Vorgehensweise: Ca. eine Woche vor Beginn des Experiments wurde in den beteiligten Schulklassen der Vortest durchgeführt. Die Arbeit mit der Computersimulation fand in den Computerräumen der jeweiligen Schulen statt, wobei zwischen 12 und 16 PC zur Verfügung standen. Die sechs verschiedenen Programmversionen wurden zufällig auf die PC verteilt. Nach einer kurzen Einführung in die Benutzung des Programms hatten die Vpn insgesamt 40 Minuten Zeit, das System zu explorieren (Explorationsphase). In dieser Zeit konnte das Spiel beliebig abgebrochen und wieder neu begonnen werden. Bei Erreichen der Zeitgrenze wurde automatisch die Testversion des Programms gestartet. Die Vpn wurden aufgefordert, nun 20 Minuten lang zu zeigen, wie gut sie den Betrieb "im Griff" haben (Testphase). Als Ziel wurde vorgegeben, in diesem Zeitraum möglichst viele Monate möglichst erfolgreich zu wirtschaften. In dieser Phase war es nicht möglich, das Spiel nach Belieben abzubrechen. Lediglich nach einem Bankrott wurde das Spiel erneut gestartet. Sowohl in der Test- wie auch in der Explorationsphase arbeitete jede Vp einzeln an einem eigenen PC. In einem zeitlichen Abstand von ca. einer Woche war abschließend im Klassenverband der Nachtest zu bearbeiten.

ERGEBNISSE

Operationalisierung des Lernerfolgs: Wie auch bei den vorangegangenen drei Experimenten mit der Computersimulation "Hunger in Nordafrika" wurden zwei Aspekte des Lernerfolgs unterschieden: der Erwerb von Handlungskompetenz im Umgang mit dem simulierten System und der Erwerb verbalisierbaren Wissens über Begriffe, Sachverhalte, Regeln und Prinzipien im simulierten Realitätsbereich.

Handlungskompetenz wurde in zweifacher Weise operationalisiert: als Anzahl der im ersten Spiel der Testphase überstandenen simulierten Systemmonate insgesamt und als Anzahl der im ersten Spiel erzielten simulierten Monate mit einem Anstieg im Betriebsvermögen, wobei der Begriff "erstes Spiel" sich auf die ersten Simulationszyklen bis zum Eintreten eines Konkurses oder - wenn kein Konkurs eintritt - bis zum Ablauf der verfügbaren Zeit von 20 Minuten bezieht. Aus beiden Variablen wurde das Vorwissen auspartialisiert. Zur Operationalisierung des Erwerbs von Wissen wurde aus den beiden Teilen des

Wissenstests (allgemeines Wissen, Teil 1, und spezielles Wissen, Teil 2) ebenfalls das Vorwissen auspartialisiert.

Kovariablen: Wie auch bei den vorangegangenen Experimenten ließ sich die Korrelationsmatrix der sechs Persönlichkeitsskalen mit zwei Faktoren reproduzieren, die zusammen 64.6% der Gesamtvarianz der Skalenwerte binden. Das Ladungsmuster repliziert wiederholt die beiden Faktoren "Ängstlichkeit" und "Selbstvertrauen", deren Faktorwerte als Kovariablen verwendet wurden (Anh. 3.3.3-2, S. 232). Als weitere Kovariablen dienten die beiden PSB-Skalen 1+2 (Wortschatz) und 3 (induktives Denken).

Mittelwertsunterschiede und ATI-Effekte: Die Überprüfung auf Mittelwertsunterschiede und ATI-Effekte folgt der bewährten Vorgehensweise der vorangegangenen Analysen: Zunächst wurde ein Multivariates Lineares Modell mit allen vier Kovariablen und den experimentellen Bedingungen spezifiziert und berechnet. Die Korrelationsmatrix der vier abhängigen Variablen ist in Anh. 3.3.3-3 (S. 232) wiedergegeben. In einem zweiten Schritt wurde die Homogenität der Regressionen geprüft, indem entsprechende ATI-Effekte im Modell spezifiziert und überprüft wurden. Bei dieser Überprüfung wurden auch die Vorkenntnisse mit hinzugezogen. Es wurden schließlich diejenigen ATI-Effekte im Modell beibehalten, für die F(multivariat)>1 war. Die Ergebnisse sind in Tab. 3.3.3-2 (S. 169) dargestellt.

Die MANOVA weist insgesamt drei Effekte als signifikant aus: (1) den Detailliertheitsgrad der Hinweise, (2) die Interaktion zwischen Zeitpunkt und Detailliertheitsgrad der Hinweise und (3) den ATI-Effekt von Ängstlichkeit, Zeitpunkt und Detailliertheitsgrad der Hinweise.

Anschließende univariate Varianzanalysen mit dem vollständigen linearen Modell für jede der vier abhängigen Variablen (vgl. Tab. 3.3.3-3, S. 169) weisen aus, daß der Haupteffekt des Detailliertheitsgrads der Hinweise lediglich bei den beiden Handlungskompetenzvariablen signifikant ist (7.4% bzw. 9.5% gebundene Varianz). Die Interaktion von Detailliertheitsgrad und Zeitpunkt ist lediglich beim allgemeinen Teil des Wissenstests signifikant (12.5% gebundene Varianz), und der ATI-Effekt ist bei allen Variablen außer dem allgemeinen Teil des Wissenstests signifikant (5.3% bzw. 6.0% bzw. 5.9% gebundene Varianz).

Die Mittelwerte der vier abhängigen Variablen und die Korrelationen zwischen Kovariablen und abhängigen Variablen sind Anh. 3.3.3-4 (S. 233) und Anh. 3.3.3-5 (S. 234) zu entnehmen. In Abb. 3.3.3-2 (S. 170) sind die Mittelwerte der beiden Handlungskompetenzvariablen dargestellt. Der signifikante Haupteffekt des Detailliertheitsgrades der Hinweise äußert sich in einem monotonen Trend: je höher der Detailliertheitsgrad der Hinweise desto besser die Handlungskompetenz.

Tab. 3.3.3-2: Multivariate Varianzanalyse (MANOVA), Exp. 9

Quelle		Lambda	F	df	p
Kovariablen					
Vorkenntnisse	(V)	0.951	1.415	4, 109	0.234
Wortschatz	(W)	0.932	1.980	4, 109	0.103
Induktives Denken	(I)	0.955	1.298	4, 109	0.275
Ängstlichkeit	(Ä)	0.957	1.238	4, 109	0.299
Selbstvertrauen	(S)	0.936	1.873	4, 109	0.120
Experimentelle Bedingungen					
Zeitpunkt der Hinweise	(T)	0.987	< 1		
Detailliertheitsgrad	(D)	0.858	2.162	8, 218	0.031
Interaktion	(T x D)	0.808	3.058	8, 218	0.003
ATI-Effekte					
Vorkenntnisse x Detailliertheitsgrad	(V x D)	0.912	1.290	8, 218	0.250
Ängstlichkeit x Zeitpunkt d. Hinweise	(Ä x T)	0.922	2.301	4, 109	0.063
Ängstlichkeit x Detailliertheitsgrad	(Ä x D)	0.912	1.287	8, 218	0.251
Ängstlichkeit x Zeitpunkt x Detailliertheit	(Ä x T x D)	0.958	2.170	8, 218	0.031
Selbstvertrauen x Detailliertheitsgrad	(S x D)	0.914	1.256	8, 218	0.268

Tab. 3.3.3-3: Univariate Varianzanalysen (ANOVA), Exp. 9[a)]

Quelle		Hdlg.1	Hdlg.2	Wiss.1	Wiss.2
Detailliertheitsgrad	F	5.619	7.409	< 1	< 1
	p	0.005	0.001	---	---
	R^2	0.074	0.095	---	-- -
Detailliertheitsgrad x Zeitpunkt	F	< 1	< 1	7.052	< 1
	p	---	---	0.001	---
	R^2	---	---	0.125	-- -
Ängstlichkeit x Detaillierth. x Zeitpunkt	F	4.023	4.687	< 1	4.156
	p	0.021	0.011	---	0.018
	R^2	0.053	0.060	---	0.059

a) Für alle F-Tests gilt df1=2, df2=112

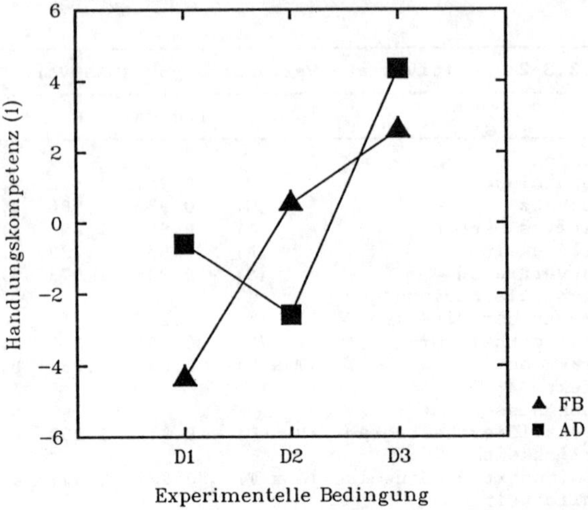

Abb. 3.3.3-2a: Mittlere Anzahl gespielter Systemmonate ohne Bankrott in der Testphase, Experiment 9 (FB: Feedback; AD: Advice; D1-D2: niedriger-hoher Detailliertheitsgrad)

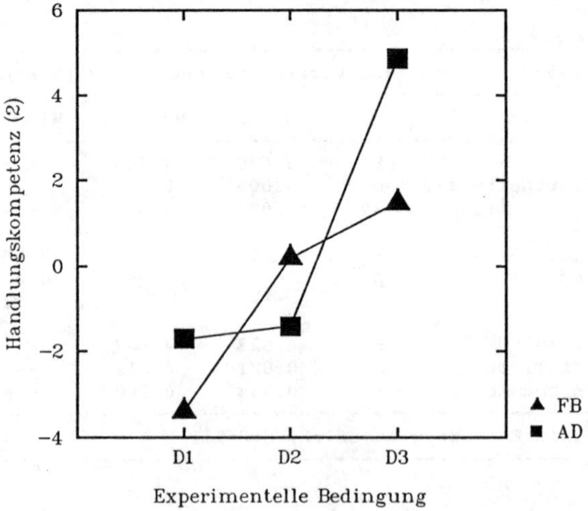

Abb. 3.3.3-2b: Mittlere Anzahl gespielter Systemmonate mit Aufwärtstrend in der Testphase, Experiment 9 (FB: Feedback; AD: Advice; D1-D2: niedriger-hoher Detailliertheitsgrad)

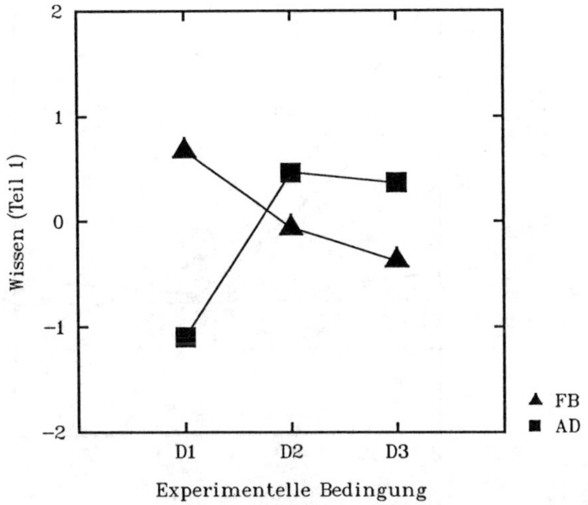

Abb. 3.3.3-3a: Mittlere Anzahl richtiger Antworten im allgemeinen Teil des Wissen-Nachtests, Experiment 9 (FB: Feedback; AD: Advice; D1-D2: niedriger-hoher Detailliertheitsgrad)

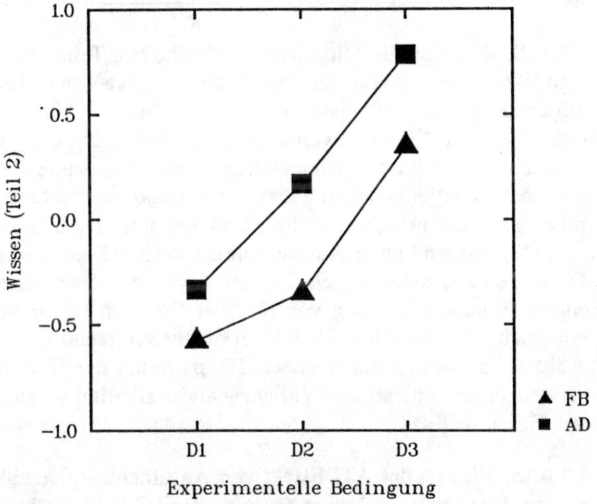

Abb. 3.3.3-3b: Mittlere Anzahl richtiger Antworten im speziellen Teil des Wissen-Nachtests, Experiment 9 (FB: Feedback; AD: Advice; D1-D2: niedriger-hoher Detailliertheitsgrad)

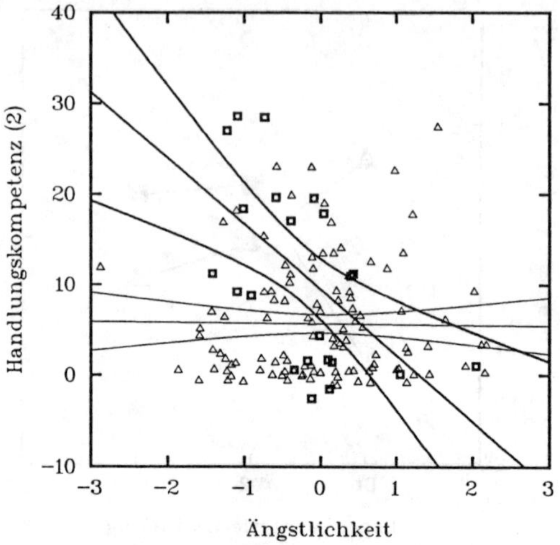

Abb. 3.3.3-4: ATI-Effekt von Ängstlichkeit (aptitude) und Advice/Feedback/D1-D3 (treatment) auf die Anzahl gespielter Systemmonate mit Aufwärtstrend in der Testphase, Experiment 9 (fett ausgezogene Linien/Symbole: hoch detaillierter Advice; dünn ausgezogene Linien/Symbole: alle übrigen experimentellen Bedingungen)

In Abb. 3.3.3-3 (S. 171) sind die Mittelwerte in den beiden Teilen des Wissenstests dargestellt. Die signifikante Interaktion des Detailliertheitsgrades und des Zeitpunktes der Hinweise im allgemeinen Teil des Wissenstests (Teil 1, Abb. 3.3.3-3a) äußert sich darin, daß Advice hinsichtlich des Wissenserwerbs unter der Bedingung D1 (Hinweis auf Handlungsbedarf) deutlich *schlechter* abschneidet als Feedback, während Advice unter D1 und D3 (Angabe der Handlungsrichtung bzw. des Handlungsumfangs) *besser* ist als Feedback. Darüber hinaus zeigt sich unter Feedback ein abfallender monotoner Trend von D1 über D2 nach D3, während unter Advice von D1 nach D2 ein deutlicher Anstieg und von D2 nach D3 - wie bei Feedback - ein leichter Abfall zu verzeichnen ist. Der in Abb. 3.3.3-3b erkennbare monotone Anstieg von D1 über D2 nach D3 im speziellen Teil des Wissenstests entspricht dem in Abb. 3.3.3-2b erkennbaren Trend der Handlungskompetenz. Die in Abb. 3.3.3-3b sich andeutenden Haupteffekte der beiden experimentellen Variablen erreichten in der univariaten Varianzanalyse allerdings nicht die Signifikanzgrenze: In beiden Fällen ist F<1.

In Abb. 3.3.3-4 (S. 172) ist der ATI-Effekt von Ängstlichkeit, Detailliertheit und Zeitpunkt der Hinweise dargestellt, und zwar für eine der beiden Handlungskompetenzvariablen (Anzahl Monate mit Zugewinn). Der Unterschied in der Korrelation liegt vor allem zwischen der experimentellen Bedingung Advice/D3 und allen übrigen Bedingungen (vgl. Anh. 3.3.3-5, S. 234). In Abb. 3.3.3-4 (S. 172) tritt dies deutlich zutage: Zu erkennen ist die stark negative Regression unter Advice mit detaillierter Angabe des Handlungsumfangs und Korrelationen um null unter den übrigen Bedingungen. Der Unterschied ist allerdings nur im unteren Bereich der Ängstlichkeitsskala praktisch bedeutsam: Das bedeutet, daß weniger ängstliche Vpn in hohem Ausmaß von sehr detaillierten Hinweisen vor den eigenen Entscheidungen profitieren, während die Ausprägung von Ängstlichkeit unter den übrigen experimentellen Bedingungen irrelevant ist.

Beim Erwerb speziellen Wissens liegen die einzelnen Korrelationskoeffizienten zwar unterhalb der Signifikanzgrenze, es zeigt sich aber ein Muster, das zumindest partiell mit dem Korrelationsmuster im Handlungstest in Deckung gebracht werden kann: Wie beim Handlungstest sind die Korrelationen unter Advice/D3 und Feedback/D1 leicht negativ, und die Korrelation unter Feedback/D3 ist in beiden Fällen leicht positiv (vgl. Anh. 3.3.3-5, S. 234). Für den Wissenserwerb läßt sich das Korrelationsmuster wie folgt zusammenfassen: Unter D1 negative Korrelation bei Feedback, positive Korrelation bei Advice; unter D2 und D3 negative Korrelation bei Advice, positive Korrelation bei Feedback.

DISKUSSION

Zusammenfassend ist an Ergebnissen festzuhalten, daß adaptive Problemlösungshilfen, die *vor* den Systemeingriffen der Vpn in Form von Advice gegeben werden, entgegen den eingangs formulierten Überlegungen nicht grundsätzlich geeignet sind, den Erwerb von Handlungskompetenz und Wissen mehr zu fördern, als vergleichbare Hilfen, die *nach* den Systemeingriffen der Vpn in Form von Feedback gegeben werden. Zumindest beim Erwerb simulationsübergreifenden Wissens interagiert der Zeitpunkt der Hilfen mit dem Detailliertheitsgrad: Bei geringer Detailliertheit ist Feedback besser als Advice, bei höherer Detailliertheit ist Advice besser als Feedback. Oder anders dargestellt: Wenn die Problemlösungshilfen einen bestimmten Detailliertheitsgrad erreichen, dann scheint es günstiger zu sein, sie vor den Systemeingriffen des Lernenden zu präsentieren. Sind die Hilfen dagegen sehr wenig detailliert, dann erscheint es günstiger, sie in Form von Feedback zu präsentieren. Demgegenüber sieht es beim Erwerb von Handlungskompetenz so aus, daß mit zunehmendem Detailliertheitsgrad mehr Kompetenz erworben wird, und zwar unabhängig davon, ob die Problemlösungshilfe als Advice oder als Feedback gegeben wird.

Der Grund für die Interaktion beim Erwerb simulationsübergreifenden Wissens (Feedback besser bei wenig detaillierten Hinweisen, Advice besser bei mittel bis hoch detaillierten Hinweisen) könnte sein, daß wenig detaillierter Advice, wie er hier realisiert war (sinngemäß: "es muß etwas getan werden"), nur sehr global über den Zustand des Systems, nicht aber explizit und unmittelbar über den Erfolg oder Mißerfolg von Systemeingriffen informiert. Demgegenüber meldet entsprechendes Feedback (sinngemäß: "was getan wurde, war ausreichend"), den Erfolg oder den Mißerfolg eigener Maßnahmen der Vp zurück und macht insofern Informationen explizit, die unter Advice eigenständig aus dem Verhalten des Systems extrahiert werden müssen. Bei detaillierteren Hinweisen scheint dieser Unterschied zu verschwinden bzw. sich in sein Gegenteil zu verwandeln, möglicherweise weil unter Advice die für die Handlungsplanung relevanten Produktionen unmittelbar explizit gemacht werden (sinngemäß: "Mehr Angebot als Nachfrage --> Verkaufspreis senken"), während sie unter Feedback nicht ganz so explizit benannt werden (sinngemäß: "Mehr Angebot als Nachfrage --> Der Verkaufspreis hätte mehr erhöht werden sollen").

Neben diesen Unterschieden im Niveau des erworbenen Wissens und der Handlungskompetenz ist ein ATI-Effekt festzuhalten: Die Korrelation zwischen Lernerfolg und Ängstlichkeit variiert in Abhängigkeit von der Kombination des jeweiligen Detailliertheitsgrades und des jeweiligen Zeitpunktes der Problemlösungshilfe. Beim Erwerb von Handlungskompetenz ist bei sehr detailliertem Advice mit einer deutlich negativen Regression zu rechnen, während die Steigung der Regressionsgerade unter den übrigen Bedingungen um null variiert. Dieser Unterschied ist allerdings nur im unteren Bereich der Ängstlichkeitsskala von praktischer Bedeutsamkeit: Es ist keinesfalls so, daß hoch Ängstliche durch hoch detaillierten Advice im Erwerb von Handlungskompetenz behindert werden. Vielmehr werden niedrig Ängstliche durch hoch detaillierten Advice im Erwerb von Handlungskompetenz in besonderem Ausmaß unterstützt (vgl. Salomons Präferenzmodell, Tab. 2.1-2, S. 14).

Bezüglich des Erwerbs verbalisierbaren Wissens über spezielle Eigenschaften der Computersimulation ist der ATI-Effekt von Ängstlichkeit, Detailliertheit und Zeitpunkt der Problemlösungshilfen zwar auch signifikant. Die Korrelationsunterschiede sind jedoch gering. Erstaunlicherweise folgt das Korrelationsmuster des ATI-Effekts beim speziellen Teil des Wissenstests dem in Abb. 3.3.3-3a (S. 171) dargestellten Muster der Mittelwerte des Wissenstests im allgemeinen Teil. Auch dort kehrt sich die Rangordnung von Feedback und Advice von den wenig detaillierten Hilfen (D1) nach den detaillierteren Hilfen (D2/D3) um: Unter D1 ist Feedback (negative Korrelation) besser als Advice (positive Korrelation), unter D2/D3 ist Advice (negative Korrelation) besser als Feedback (positive Korrelation). Wie es scheint, ist das bessere Abschneiden im allgemeinen Teil des Wissenstests verbunden mit einer negativen Korrelation zwischen Ängstlichkeit und der Leistung im speziellen Teil des Wissenstests. Dabei handelt es sich allerdings um eine Beobachtung, die weder erwartet wurde, noch nachträglich in angemessener Weise theoretisch begründbar erscheint.

Bezüglich des methodischen Vorgehens ist festzuhalten, daß die Operationalisierung der Handlungskompetenz geringfügig von den vorangegangenen Experimenten abweicht. Bei den Experimenten 5-7 mit der Computersimulation "Hunger in Nordafrika" wurde ausschließlich die Anzahl der simulierten Zeittakte (Jahre) berücksichtigt, und zwar unabhängig von einer Bewertung des Systems. Eine Bewertung war in jenem Fall allerdings auch kaum möglich, weil es darum ging, Personen überleben zu lassen, deren Wert wenig sinnvoll zu verrechnen gewesen wäre. Im Experiment 9 war es jedoch möglich, den Gesamtwert des simulierten Betriebes sinnvoll zu berechnen (vgl. die Diskussion bei Funke, 1986). Handlungskompetenz sollte sich insofern darin äußern, daß der Lernende sowohl schnell als auch richtig entscheidet und insofern insgesamt - wie bei den Experimenten 5-7 - möglichst viele Zeittakte ohne Konkurs übersteht und darüber hinaus auch innerhalb dieser Zeittakte den Betriebswert möglichst oft erhöht. Die im Experiment beobachtete hohe Korrelation zwischen den beiden Variablen und die Gleichartigkeit bezüglich der experimentellen Effekte lassen die gemeinsame Berücksichtigung auch im Nachhinein als gerechtfertigt erscheinen.

EXPERIMENT 10: FRAGESTELLUNG UND HYPOTHESE

Dieses Experiment zielte darauf ab zu prüfen, ob der im vorangegangenen Experiment 9 beim Erwerb simulationsübergreifenden Wissens beobachtete geringe Vorteil von Advice gegenüber Feedback bei mittlerem Detailliertheitsgrad der Problemlösungshilfen replizierbar ist (vgl. Abb. 3.3.3-3a, S. 171). Es wurde der mittlere Detailliertheitsgrad für den Replikationsversuch gewählt, weil dieser einen Informationsgehalt betrifft, der für typische "intelligente" tutorielle Systeme als minimal und insofern als praktisch bedeutsam anzusehen ist.

Es wurden zwei alternative Strategien miteinander verglichen: adaptive Problemlösungshilfen *vor* den Systemeingriffen des Lernenden (Advice) und Problemlösungshilfen *nach* erfolgten Systemeingriffen des Lernenden (Feedback). Sowohl bei Advice wie auch bei Feedback waren die Hinweise auf einem mittleren Detailliertheitsgrad formuliert (Angabe der Richtung der Abweichung von Ist- und Sollzustand der manipulierbaren Systemvariablen und der anzustrebenden Richtung der Manipulation).

Es wurde erwartet, daß beim Erwerb von Handlungskompetenz Feedback, während beim Erwerb allgemeinen und speziellen Wissens Advice vorteilhafter sein sollte. Bezüglich des in Experiment 9 beobachteten ATI-Effektes wurde auf die Formulierung einer entsprechenden Hypothese verzichtet (vgl. die Diskussion in Kap. 3.3.4).

METHODE

Versuchspersonen und experimentelles Design: Am Experiment nahmen insgesamt 40 Vpn teil, bis auf eine Ausnahme alles Studenten der RWTH Aachen. Die Vpn wurden zufällig den experimentellen Bedingungen zugewiesen, so daß auf jede der beiden Bedingungen 20 Vpn entfielen. Es handelte sich um einen 2-Gruppen-Versuchsplan mit der unabhängigen Variable Zeitpunkt der Hinweise (Advice: vor den Entscheidungen und Feedback: nach den Entscheidungen der Vp). Abhängige Variablen und Kovariablen sind dieselben wie im vorangegangenen Experiment 9.

Material und Vorgehensweise: Es wurde dasselbe Material wie im vorangegangenen Experiment eingesetzt. Bezüglich der Vorgehensweise gab es jedoch zwei Abweichungen: (1) Die zeitliche Dauer der Explorationsphase wurde auf 30 Minuten reduziert, die Dauer der Testphase auf 15 Minuten. (2) Der Wissens-Nachtest wurde unmittelbar im Anschluß an die Testphase bearbeitet.

ERGEBNISSE

Die Auswertung des Datenmaterials folgt der Vorgehensweise des vorangegangenen Experimentes. Die beiden Faktoren der Persönlichkeitsvariablen (Anh. 3.3.3-6, S. 235) erfassen in diesem Fall nur 55.0% der Gesamtvarianz und unterscheiden sich geringfügig von den vorherigen Ergebnissen: Gelernte Hilflosigkeit lädt nur schwach auf dem Faktor Ängstlichkeit, dafür ausgeprägter negativ auf dem Faktor Selbstvertrauen; Neugierde lädt schwächer auf dem Faktor Selbstvertrauen, dafür höher auf dem Faktor Ängstlichkeit. Insofern hat in diesem Experiment der Faktor Ängstlichkeit eine stärkere Neugierkomponente und der Faktor Selbstvertrauen eine stärker negative Hilflosigkeitskomponente. In die weiteren Analysen gingen die beiden Faktorwerte als Kovariablen ein.

In Anh. 3.3.3-7 (S. 235) ist die Korrelationsmatrix der vier abhängigen Variablen wiedergegeben, die Ergebnisse der multivariaten Varianzanalyse sind der Tab. 3.3.3-4 (S. 176) zu entnehmen. Es zeigt sich ein signifikanter multivariater Effekt des Zeitpunktes der Hinweise. Alle übrigen Effekte sind nicht signifikant, wobei der ATI-Effekt Vorkenntnisse x Zeitpunkt der Hinweise eine Größenordnung annimmt, die ihn bei einseitiger Fragestellung als signifikant ausweisen würde.

Tab. 3.3.3-4: Multivariate Varianzanalyse (MANOVA), Exp. 10

Quelle		Lambda	F	df	p
Kovariablen					
Vorkenntnisse	(V)	0.826	1.476	4, 28	0.236
Wortschatz	(W)	0.981	< 1		
Induktives Denken	(I)	0.901	< 1		
Ängstlichkeit	(Ä)	0.858	1.162	4, 28	0.349
Selbstvertrauen	(S)	0.782	1.952	4, 28	0.130
Experimentelle Bedingung					
Zeitpunkt der Hinweise	(T)	0.710	2.857	4, 28	0.042
ATI-Effekte					
Vorkenntnisse x Zeitpunkt d. Hinweise	(V x T)	0.761	2.204	4, 28	0.094
Induktives Denken x Zeitpunkt d. Hinweise	(I x T)	0.835	1.388	4, 28	0.263

Tab. 3.3.3-5: Univariate Varianzanalysen (ANOVA), Exp. 9[a)]

Quelle		Hdlg.1	Hdlg.2	Wiss.1	Wiss.2
Zeitpunkt der Hinweise	F	2.232	< 1	7.804	1.441
	p	0.145	---	0.009	0.239
	R^2	---	---	0.153	---
Vorkenntnisse x Zeitpunkt d. Hinw.	F	1.727	< 1	6.389	2.485
	p	0.198	---	0.017	0.125
	R^2	---	---	0.125	---

a) Für alle F-Tests gilt df1=1, df2=31

Anschließende univariate Varianzanalysen mit dem vollständigen linearen Modell für jede der vier abhängigen Variablen (vgl. Tab. 3.3.3-5, S. 176) weisen aus, daß lediglich im allgemeinen Teil des Wissenstests signifikante Effekte auftreten: Der Zeitpunkt der Hinweise bindet beachtliche 15.3% der Varianz. Darüber hinaus ist der multivariat nicht signifikante ATI-Effekt von Vorkenntnissen und dem Zeitpunkt der Hinweise bei dieser Variablen signifikant und bindet immerhin 12.5% der Varianz.

In Anh. 3.3.3-8 (S. 236) und Anh. 3.3.3-9 (S. 236) sind die Mittelwerte und Korrelationen angegeben. Der signifikante Unterschied zwischen Advice und Feedback im - bezüglich des Vorwissens adjustierten - allgemeinen Teil des Wissenstests repliziert das Ergebnis des vorangegangenen Experimentes: Advice ($\bar{x}$=1.4) fördert den Erwerb von Wissen mehr als Feedback ($\bar{x}$=-1.4). Da es bei diesem Design nicht möglich ist, einer der beiden Gruppen eindeutig die Rolle der Kontrollgruppe zuzuweisen, wurde - abweichend von den Experimenten 1-8 - bei der Berechnung der Effektstärke die zusammengefaßte Standardabweichung der beiden Gruppen zugrundegelegt: Mit d=(1.4+1.4)/3.1=0.90 ergibt sich eine Effektstärke, die als groß zu bezeichnen ist.

In Abb. 3.3.3-5 (S. 177) ist der im allgemeinen Teil des Wissenstests univariat - aber nicht multivariat - signifikante ATI-Effekt von Vorwissen und Zeitpunkt der Hinweise dargestellt: Unter Advice zeigt sich eine Regression mit deutlich negativer Steigung, unter Feedback eine Regression mit deutlich positiver Steigung, wobei der Unterschied allerdings nur im unteren Bereich der Vorwissensskala praktisch bedeutsam ist.

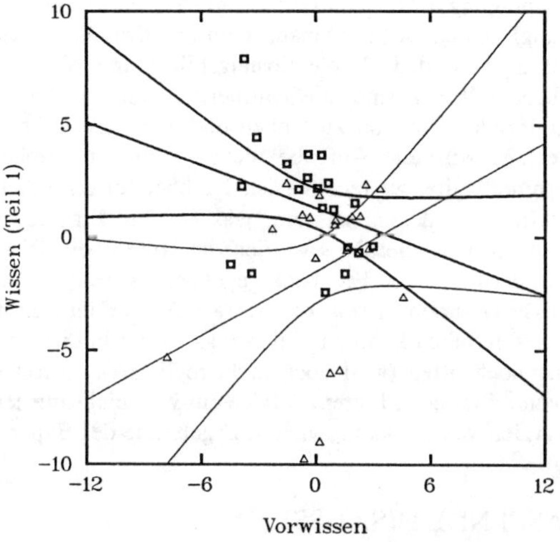

Abb. 3.3.3-5: ATI-Effekt von Vorwissen (aptitude) und Advice/Feedback (treatment) auf die Anzahl richtiger Antworten im allgemeinen Teil des Wissen-Nachtests, Experiment 10 (dünn ausgezogene Linien/Symbole: Feedback; fett ausgezogene Linien/Symbole: Advice)

DISKUSSION

Zusammenfassend ist festzuhalten, daß die im Experiment 9 beobachteten geringfügigen Mittelwertsunterschiede zumindest partiell repliziert werden konnten: adaptive Problemlösungshilfen in der Form von Advice *vor* den Systemeingriffen des Lernenden fördern den Erwerb simulationsübergreifenden Wissens mehr als vergleichbare Hilfen in der Form von Feedback *nach* den Systemeingriffen des Lernenden. Dabei scheint es so zu sein, daß der Vorteil von Advice insbesondere auf das besonders gute Abschneiden der Vpn mit geringem Vorwissen zurückzuführen ist (vgl. den in Abb. 3.3.3-5, S. 177, dargestellten ATI-Effekt). Der dies anzeigende Korrelationsunterschied (positive Korrelation zwischen Wissenserwerb und Vorwissen unter Feedback, negative Korrelation unter Advice) ist übrigens tendenziell auch schon in Experiment 9 zu beobachten gewesen (vgl. Anh. 3.3.3-5, S. 234, Spalte D2): Dort ist die Korrelation zwischen Wissenserwerb (Wissen, Teil 1) und Vorwissen unter Advice mit r=-.60 deutlich negativer als unter Feedback mit r=-.39. Damit kann zwar nicht das Vorzeichen der beiden Korrelationen, aber zumindest doch die Richtung des Korrelationsunterschiedes als repliziert angesehen werden.

Zu ergänzen ist, daß die Mittelwertsunterschiede im Erwerb simulationsspezifischen Wissens (Advice besser als Feedback) und im Erwerb von Handlungskompetenz (bei beiden Variablen Feedback besser als Advice) zwar in der erwarteten Richtung liegen, daß aber in allen drei Fällen die Signifikanzgrenze nicht erreicht wird.

Die Struktur der Ergebnisse in Experiment 10 repliziert damit die Ergebnisse in Experiment 9. Dies ist insofern bemerkenswert, als gerade die in beiden Experimenten realisierte *mittlere* Ausprägung des Detailliertheitsgrades der Problemlösungshilfen theoretisch eher unverfänglich und darüber hinaus auch praktisch bedeutsam erscheint. Einerseits ist davon auszugehen, daß Problemlösungshilfen mit einem mittleren Informationsgehalt hinreichend hilfreich sind, die Aufmerksamkeit des Lernenden auf die relevanten Aspekte der Problemsituation zu lenken und allzu große Entscheidungsfehler zu verhindern. Andererseits wird die Aufgabe nicht so einfach gemacht, daß mit einem Nachlassen der Lernmotivation zu rechnen ist. Darüber hinaus scheint dieser Grad der Detailliertheit das Minimum dessen zu sein, was bei "intelligenten" computerbasierten Lehrsystemen z.Z. üblich ist. Allerdings werden die Hilfen bei ITS und ICAI-Systemen bisher vorwiegend in der Form von Feedback gegeben, während die hier erhaltenen experimentellen Ergebnisse erwarten lassen, daß sie als Advice ihre lernfördernde Wirkung möglicherweise besser entfalten könnten. Allerdings, so ist in diesem Zusammenhang zu ergänzen, ist bislang noch offen (weil noch nicht repliziert), ob mit wenig detailliertem Feedback anstelle von mittel detailliertem Advice ein vergleichbarer lernfördernder Effekt im Wissenserwerb erzielt werden kann, wie die Ergebnisse des Experimentes 9 nahezulegen scheinen.

ZUSAMMENFASSENDE DISKUSSION

Ausgehend von den Beobachtungen in den Experimenten 5-7 wurde in einer Serie von weiteren drei Experimenten am Beispiel von "Firma2" untersucht, inwiefern der Zeitpunkt und der Detailliertheitsgrad von Problemlösungshilfen als lernerfolgsrelevante Facetten beim Explorieren eines computersimulierten dynamischen Systems anzusehen sind. Der Detailliertheitsgrad der Hilfen ließ sich deswegen von gering bis sehr detailliert variieren, weil die Computersimulation mit einem Expertenmodul ausgestattet wurde. Dieses ist in der Lage, den simulierten Produktionbetrieb anhand weniger Regeln erfolgreich so zu führen, daß das Betriebsvermögen über alle Grenzen ansteigt.

Im ersten, als Pilotstudie angelegten Experiment der Serie (Experiment 8), konnte zunächst gezeigt werden, daß die Implementation des Expertenmoduls grundsätzlich geeignet ist, lernerfolgssteigernde Problemlösungshilfen zu generieren. Es zeigte sich, daß die Gruppe mit abrufbaren Expertenhinweisen um eine Standardabweichung bessere Leistungen im Wissenstest erzielte als die Kontrollgruppe ohne derartige Hinweise. Im Handlungstest erzielte die Experimentalgruppe dagegen keine besseren Leistungen als die Kontrollgruppe, was aber aller Wahrscheinlichkeit nach darauf zurückzuführen ist, daß die Anzahl der Entscheidungszyklen während der Testphase begrenzt war, so daß keine differentiellen Effekte durchschlagen konnten. Eine nachträgliche Analyse des Entscheidungsverhaltens im kritischen siebten Planungsmonat der Testphase konnte belegen, daß die Vpn der Experimentalgruppe ihre Systemeingriffe weitgehend an den Regeln der Expertenstrategie orientiert hatten, so daß angenommen werden kann, daß auf längere Sicht auch bessere Werte im Betriebsvermögen aufgetreten wären.

Im zweiten Experiment der Serie (Experiment 9) wurde der Detailliertheitsgrad der Expertenhinweise dreifach von sehr allgemein bis sehr detailliert variiert. Darüber hinaus wurde es nicht den Vpn selbst überlassen, die Hinweise bei Bedarf abzurufen. Vielmehr wurden die Hinweise systematisch entweder vor oder nach den Systemeingriffen der Vpn präsentiert, um feststellen zu können, ob der Zeitpunkt der Hinweise bedeutsam ist. Wesentliches Ergebnis ist, daß bezüglich des Erwerbs simulationsübergreifenden Wissens zwar keine Haupteffekte zu verzeichnen sind, daß die beiden Facetten aber interagieren: Bei Hinweisen geringer Detailliertheit fördert Feedback den Lernerfolg mehr als Advice, bei Hinweisen mittlerer und hoher Detailliertheit fördert Advice den Lernerfolg mehr als Feedback. Bezüglich des Erwerbs von Handlungskompetenz zur Steuerung des simulierten Systems ist es ohne Belang, ob die Hinweise als Feedback oder als Advice gegeben werden. Dagegen steigt die in der Explorationsphase erworbene Handlungskompetenz mit zunehmender Detailliertheit der Hinweise monoton an.

Der Wissenserwerbs-Vorteil von Advice gegenüber Feedback bei Problemlösungshilfen mittlerer Detailliertheit konnte im dritten Experiment der Serie (Experiment 10) mit einer Effektstärke von d=1.0 repliziert werden, so daß die bisher bei ITS- und ICAI-Systemen verbreitete Praxis, Hilfen vorwiegend in Form von Feedback zu geben, überdenkenswert erscheint.

3.3.4 Zusammenfassende Diskussion

EINORDNUNG DER EXPERIMENTELLEN ERGEBNISSE (EXP. 5-10)

Bei den Experimenten 5-10 ging es darum, Bedingungen herzustellen und zu untersuchen, die potentiell geeignet sind, den Lernerfolg beim Explorieren eines computersimulierten dynamischen Systems zu erhöhen. Systeme dieser Art werden seit eineinhalb Decaden in der bundesdeutschen Psychologie als Instrument zur Erforschung des Problemlöseverhaltens verwendet (vgl. die Übersicht bei Funke, 1985). Es liegt gewissermaßen aber auch auf der Hand, sie ganz gezielt als Lehrinstrument einzusetzen, wobei diese Art der Nutzung vergleichbar ist mit dem Einsatz von Planspielen, die als Instrumente der Eignungsdiagnostik sowie der Aus- und Weiterbildung eine lange Tradition haben (vgl. Leutner, 1989a, 1990c).

Die Exploration eines computersimulierten dynamischen Systems läßt aufgrund des in der Regel gegebenen Spielcharakters der Lernsituation ein hohes Ausmaß an Lernmotivation erwarten (z.B. Malone & Lepper, 1987). Darüber hinaus lassen sich Lehrinhalte realisieren, die bisher sowohl im Unterricht als auch in der betrieblichen Aus- und Weiterbildung entweder zu kurz gekommen sind (z.B. "kontextuelles" Wissen; Tennyson, 1988) oder überhaupt nicht bzw. nur unzureichend behandelt werden konnten ("vernetztes" Denken).

Ob allerdings die Lernenden die jeweils gesteckten Lehrziele erreichen, ist bei den bisher bekannten Computersimulationen unklar und mehr oder weniger dem Zufall bzw. dem Geschick des Lernenden oder anderer Personen (Tutor, Lehrer) überlassen. Ursache dieser Unzulänglichkeit ist das Fehlen von Lehrfunktionen, die bei Computersimulationen in der Regel zu vermissen sind (Wager & Gagné, 1988). Die Implementation von Lehrfunktionen setzt aber voraus, daß die in Frage stehende Computersimulation zumindest ansatzweise in Richtung eines ITS oder ICAI-Systems ausgebaut wird. In den vorliegenden Experimenten ist dies anhand zweier unterschiedlicher Systeme realisiert worden, wobei es insbesondere darum ging, die Lehrfunktionen "Lenkung der Aufmerksamkeit" und "Explikation implizit gegebener Informationen" zu implementieren (vgl. Klauer, 1985).

Bei den Experimenten 5-7 mit der Computersimulation "Hunger in Nordafrika" ging es darum, die Form und den Inhalt von Problemlösungshilfen zu untersuchen. Es zeigte sich, daß allgemeine Hintergrundinformationen zum simulierten System vor allem dann lernfördernd wirken, wenn sie während der Exploration des Systems permanent einsehbar sind oder bei Bedarf abgerufen werden können. Wenn sie dagegen vor der Exploration durchzuarbeiten sind und infolge dessen für die Exploration weniger Zeit zur Verfügung steht, dann bringen sie keinen Vorteil. Die permanent einsehbaren Hintergrundinformationen entfalten ihre lernfördernde Wirkung insbesondere dann, wenn mittelfristiges Behalten geprüft wird: Dort schneiden sie wesentlich besser ab als aufwendig zu implementierende situations-adaptive Hinweise, die während der Exploration dargebotenen werden.

Bemerkenswert ist die Nullkorrelation zwischen Handlungskompetenz beim Steuern des simulierten Systems (Spielstärke) und Wissenserwerb: Wer im Spiel gut ist, hat längst nicht viel spielübergreifendes Wissen erworben und umgekehrt, was sich in allen drei Experimenten zeigt. In den Mittelwerten der Experimente 5 und 6 wird darüber hinaus deutlich, daß diejenigen, die ohne jegliche Unterstützung explorieren, durchaus lernen, das Spiel zu beherrschen. Sie erwerben aber nur sehr wenig spielübergreifendes Wissen. Dagegen erwerben diejenigen, die mit Unterstützung adaptiver Hinweise und Kommentare explorieren, sehr viel spielübergreifendes Wissen. Sie lernen aber nur mäßig, das Spiel zu beherrschen. Dieser gegenläufige Effekt konnte in den beiden Experimenten 5 und 6 unabhängig voneinander nachgewiesen werden. Er verschwindet erst dann, wenn die adaptiven Hinweise und Hintergrundinformationen umfangreicher und detaillierter gestaltet werden, wie es in Experiment 7 geschehen ist.

Bei den Experimenten 8-10 mit der Computersimulation "Firma2" ging es darum, den Zeitpunkt und den Detailliertheitsgrad von Problemlösungshilfen zu untersuchen. Es zeigte sich ein monotoner Trend über drei kumulativ gestaltete Detailliertheitsstufen: je detaillierter die Hinweise, desto höher die Spielstärke, und zwar unabhängig davon, ob die Hinweise als Advice vor oder als Feedback nach den VP-Entscheidungen präsentiert werden. Bezüglich des Erwerbs simulationsübergreifenden Wissens interagieren die beiden Facetten: Bei wenig detaillierten Hinweisen ist Feedback günstiger, bei mittel bis hoch detaillierten Hinweisen Advice.

Diese Beobachtungen stimmen mit kürzlich veröffentlichten Überlegungen von Kluwe & Haider (1990) überein. In ihrem "Modell der flexiblen Repräsentation komplexer Systeme" unterscheiden Kluwe & Haider verschiedene Formen des Wissens im Umgang mit komplexen Systemen, die - so die zentrale Annahme - von Beginn der Auseinandersetzung mit dem System an die interne Repräsentation des Systems gleichermaßen bestimmen, wobei auch von Beginn an Prozesse der Wissensgenerierung und -transformation wirksam sind. Die Autoren unterscheiden zunächst Systemwissen von Kontroll- und Steuerungswissen. Unter *Systemwissen* verstehen sie "mitteilbares Wissen über die Beschaffenheit, die strukturelle Organisation sowie über das Verhalten eines spezifischen Systems" (S. 183). Die zentrale Komponente des Systemwissens wird als *Funktionswissen* (Wissen über systeminterne Ursache-Wirkungszusammenhänge, "knowing why") bezeichnet. Unter *Kontroll- und Steuerungswissen* verstehen die Autoren "Wissen in

Form von Regeln über Eingriffe in das System und deren Effekte" (S. 183), das durch Wenn-dann-Regeln dargestellt werden kann (Input-Output-Wissen, "knowing how"). Diejenigen Prozesse, die den Aufbau von System- sowie Kontroll- und Steuerungswissen beim lernenden Umgang mit dem System steuern, werden von Kluwe & Haider als wissensgenerierende und als wissenstransformierende Prozesse bezeichnet, die zusammen *prozedurales Wissen* ausmachen.

Kluwe & Haider gehen davon aus, daß das Ziel des individuellen Lernprozesses darin besteht, eine Handlungsbasis aufzubauen, die ausreicht, die jeweiligen (kognitiven) Kontroll- und Steuerungsanforderungen zu erfüllen. Dabei geht es zunächst darum, eine vorläufige Handlungsbasis zu entwickeln. Diese hat u.a. die Funktion, erste Interaktionen mit dem System anhand weniger einfacher Regeln zu ermöglichen, die dann überhaupt erst die Voraussetzung für weiterführendes selbständiges Lernen schaffen. Entsprechend dieser Annahme sollten während der Exploration eines Systems gegebene zusätzliche Informationen dann besonders gut behalten werden, wenn sie geeignet sind, den Aufbau der vorläufigen Handlungsbasis voranzutreiben. Die in den hier berichteten Experimenten beobachteten Effekte der Problemlösungshilfen scheinen recht gut in dieses Bild zu passen.

Die Annahme, daß die Pbn beim Explorieren lediglich dasjenige Wissen erwerben, welches unmittelbar handlungsrelevant ist, könnte eine Begründung für die erstaunlich niedrige Korrelation zwischen Handlungskompetenz und verbalisierbarem Wissen liefern, die vor allem in Experiment 5 zu beobachten war: Wie es scheint, sind die Informationen, die im allgemeinen Teil des Wissenstests abgefragt werden und als spielübergreifendes Wissen bezeichnet wurden, tatsächlich wenig relevant für eine erfolgreiche Steuerung des simulierten Systems. Das bedeutet aber, daß dieses allgemeine Wissen über Begriffe, Sachverhalte, Regeln und Prinzipien des simulierten Gegenstandsbereiches aus der reinen Exploration des Systems *ohne* entsprechende Hinweise oder Hintergrundinformationen aller Wahrscheinlichkeit nach tatsächlich nicht gelernt wird. Will man also erreichen, daß die Pbn nicht nur lernen, das Spiel zu beherrschen, dann wird man nicht umhin kommen, derartige Hinweise und Hilfen zu geben, wobei sie idealerweise so gegeben werden sollten, daß sie einen möglichst engen Bezug zur Bewältigung der Aufgabenstellung haben.

ANMERKUNGEN ZUM ZUSAMMENHANG VON INTELLIGENZ UND PROBLEMLÖSEERFOLG

In den sechs Experimenten zeigte sich eine Reihe von ATI-Effekten, die je nach Untersuchung und Vpn-Stichprobe mehr oder weniger deutlich in Erscheinung traten. Die Effekte zeigen zwar kein zufälliges Muster, wie z.B. in der Diskussion der Experimente 5-7 ausgeführt wurde. Aber sie sind in einzelnen Experimenten so schwach, daß sie die Signifikanzgrenze nicht erreicht haben. Bezüglich der in der bundesdeutschen Problemlöseliteratur so häufig thematisierten Korrelation zwischen psychometrisch erfaßter Intelligenz und Problemlöseerfolg seien dennoch, basierend auf den Ergebnissen der Experimente 5-10, einige Bemerkungen ergänzt (vgl. Tab. 3.3.4-1, S. 183):

(1) Wenn die Vpn sehr wenig Zeit haben, das System zu explorieren, dann ist die Korrelation zwischen Handlungskompetenz und Wortschatz bzw. induktivem Denken leicht bis deutlich negativ (Experiment 5, Bedingung V+).

(2) Wenn die Vpn während der Exploration durch keinerlei bzw. allgemein gehaltene Problemlösungshilfen oder Hintergrundinformationen unterstützt werden, dann variiert die Korrelation um null mit einer leichten Tendenz in den positiven Bereich (Experiment 5 und 6: V-A-; Exp. 7: H-A-; Exp. 9: FB-D1-2, AD-D1-2). Mit zunehmenden Problemlösungshilfen steigt die Korrelation in einigen Untersuchungen, was ganz im Sinne der Transparenzhypothese (Putz-Osterloh & Lüer, 1981; Hesse, 1982) zu erwarten gewesen wäre. In anderen Untersuchungen fällt sie jedoch mit zunehmenden Hilfen (Exp. 6 und 10), oder sie erreicht zunächst ein Maximum und fällt dann schließlich doch noch ab (Exp. 7 bei Wortschatz und induktivem Denken; Exp. 9 nur bei Wortschatz unter Advice). Die Korrelationen zwischen Wissenserwerb und den beiden Intelligenzskalen folgen in etwa diesem Muster.

Diese sich scheinbar widersprechenden Beobachtungen lassen sich aber dann auf einen gemeinsamen Nenner bringen, wenn man annimmt, daß Problemlösungshilfen in Abhängigkeit vom Intelligenzniveau der Vp unterschiedliche Effekte haben können. Das sähe dann wie folgt aus:

(a) Wenn die Problemsituation aufgrund zu geringer Informationen kaum durchschaubar ist, dann ist erfolgreiches Agieren eher dem Zufall überlassen, was sich unter anderem in einer Nullkorrelation zwischen Problemlöseerfolg, Wissenserwerb und Intelligenz äußert. Die Regressionsgerade verläuft waagerecht mit der Steigung $b_1=0$ und einer additiven Konstante a_1.

(b) Wenn geringfügige Hilfen gegeben werden, dann sprechen zunächst intelligente Vpn darauf an, indem sie erfolgreicher agieren können, während weniger intelligente Pbn weiterhin zufällig agieren. Dies sollte sich in einem Anstieg der Korrelationen äußern und darüber hinaus auch in einem Anstieg der Mittelwerte, die von den intelligenteren Pbn gewissermaßen nach oben gezogen werden. Die Regressionsgerade behält ihre additive Konstante a_1 in etwa bei, lediglich die Steigung erhöht sich auf $b_2>0$.

(c) Bei massiven Hilfen schließlich sprechen auch die weniger intelligenten Pbn an. Für die hochintelligenten Pbn jedoch sind die Hilfen so massiv, daß sie in ihrem Agieren behindert werden (vgl. z.B. Clark, 1990b). Die Korrelation sinkt. Die additive Konstante der Regressionsgerade steigt auf $a_2>a_1$, während die Steigung auf $b_3<b_2$ zurückfällt. Dabei kann die Steigung durchaus auch Werte von null oder kleiner null annehmen.

Das unterschiedliche Ansprechen auf Lernhilfen in Abhängigkeit vom Intelligenzniveau wäre zwar in der Lage, die scheinbar widersprüchlichen Forschungsergebnisse zu integrieren. Es muß aber nachdrücklich betont werden, daß die entsprechenden ATI-Effekte sich in den Korrelationsmustern der berichteten Experimente zwar erahnen lassen, daß aber keiner der ATI-Effekte statistisch signifikant in Erscheinung getreten ist. Ein möglicher Grund dafür könnte sein, daß sie durch die teilweise starken Effekte der übrigen Kovariablen (Vorwissen, Ängstlichkeit, Selbstvertrauen) überlagert worden sind.

Ein anderer Grund könnte sein, daß ATI-Effekte im Entwurf der berichteten Experimente eine untergeordnete Rolle gespielt haben, so daß die Stichprobengrößen schlichtweg nicht ausreichend gewesen sind, reproduzierbar signifikante ATI-Effekte auszuweisen. Dies soll kurz geprüft werden: Angenommen, ein ATI-Effekt habe eine kleine bis mittlere Effektstärke von $R^2=0.10$, d.h. eine Größenordnung, wie sie in den hier berichteten Experimenten häufig anzutreffen gewesen ist. Prüft man diesen Effekt im Allgemeinen Linearen Modell, so hat ein F-Test mit $df_1=1$ und $df_2=60$ bei alpha=0.05 eine Power von 1-beta=0.72 (vgl. Cohen, 1988, dort Tab. 9.3.2). Erhöht man df_2 auf 120, dann steigt die Power auf 1-beta=0.95. Geht man nun davon aus, daß im jeweiligen Modell noch 8 weitere Effekte spezifiziert sind, dann ergeben sich Stichprobengrößen von $N=df_1+8+df_2+1=70$ bzw. N=130, also Stichprobengrößen, wie sie in den hier berichteten Experimenten durchaus gegeben sind. Angesichts der hohen Power können damit also nicht unbedingt die Stichprobengrößen dafür verantwortlich gemacht werden, daß es nicht gelungen ist, die ATI-Effekte durchgängig als signifikante Effekte zu replizieren.

Tab. 3.3.4-1: Korrelationen zwischen psychometrisch erfaßter Intelligenz und Lernerfolg, Exp. 5-10[a].

	Exp.5				Exp.6		Exp.7				Exp.9						Exp.10	
	V-		V+		V-		H-		H+		FB			AD			FB	AD
	A-	A+	A-	A+	A-	A+	A-	A+	A-	A+	D1	D2	D3	D1	D2	D3	D2	D2
r(Wortschatz, ...)																		
Handlungsk.	00	54	-02	-32	-10	-55	10	32	15	-06	-09	09	30	27	41	20	49	-11
All.Wissen	29	47	54	54	23	46	18	16	03	19	38	31	35	44	11	17	22	16
Spz.Wissen	12	46	43	70	25	21	-14	-25	46	64	06	36	26	-03	10	15	17	06
r(Induktives Denken, ...)																		
Handlungsk.	26	37	-32	-41	22	-20	01	45	39	-07	12	08	34	02	-02	45	33	18
All.Wissen	-11	70	48	59	-06	26	-24	13	27	06	21	12	40	39	20	32	07	30
Spz.Wissen	-06	56	45	74	-04	19	-09	-04	-15	09	08	03	25	23	02	42	-09	04
r(Handlungskompetenz, ...)																		
Allg.Wissen	22	33	02	-12	03	-46	37	31	-02	03	44	21	00	35	28	35	21	-28
Spz.Wissen	32	39	20	-12	20	16	31	04	-38	-13	32	27	02	-24	39	31	-02	-07
Vpn N	16	16	16	16	19	19	20	20	20	20	22	22	22	22	22	22	20	20

a) Auszüge aus den Tabellen Anh. 3.3.2-4, -8, -12, 3.3.3-5, -8 (S. 225, S. 227, S. 230, S. 234, S. 236); Produktmomentkorrelationen, zwei Dezimalstellen, Dezimalpunkt fortgelassen.

Wollte man ATI-Effekte gezielt untersuchen und reproduzieren, dann wäre es unabdingbar, in der Anlage der Untersuchung nicht nur die experimentellen Faktoren möglichst präzise zu beschreiben, sondern wegen der Abhängigkeit der Effekte von der jeweils verwendeten Vpn-Stichprobe dieselbe Sorgfalt auch bei den Facetten für die Selektion der Vpn walten zu lassen (vgl. Runkel & McGrath, 1972). Diesem Anspruch wird am ehesten noch das Experiment 5 gerecht, wo durch die Auswahl von Haupt- und Gymnasialschülern dafür gesorgt wurde, daß eine hinreichende Variationsbreite der Intelligenz gegeben war. Insofern verwundert es nicht, daß im Experiment 5 tatsächlich eine hohe Korrelation zwischen induktivem Denken und Wissenserwerb beobachtbar war, die z.B. in der Replikation mit der Studentenstichprobe (Experiment 6) längst nicht mehr so deutlich hervortrat.

Das Problem uneinheitlicher Korrelationen zwischen Intelligenz und Problemlöseerfolg scheint sich im übrigen auch nicht aufzulösen, wenn man Intelligenz nicht nur - wie in den vorliegenden Experimenten geschehen - unter den Aspekten Wortschatz und induktives Denken betrachtet, sondern eine noch weitergehende Facettierung vornimmt, wie z.B. nach dem "Berliner Intelligenzstrukturmodell (BIS)" von Jäger (1982). So verwendete Hussey (1989) das BIS im Zusammenhang mit dem Zielannäherungsparadigma und Hörman & Thomas (1989) setzten das BIS im Zusammenhang mit dem Tailorshop ein. Die beiden Untersuchungen kommen zu stark differierenden Aussagen über die Relevanz einzelner Intelligenzaspekte unter z.T. vergleichbaren experimentellen Bedingungen (z.B. mit und ohne Transparenz). Hörmann & Thomas berichten mit sehr kleinen Stichproben (N=19 bzw. N=21) teilweise signifikante Korrelationen (r>.43) zwischen einzelnen BIS-Skalen und der Problemlösegüte im 12. Monat des Tailorshops unter der Transparenzbedingung, dagegen nicht signifikante Korrelationen unter der Intransparenzbedingung. Hussey berichtet mit großen Stichproben (N=75 bzw. N=79) mäßige, z.T. signifikante Korrelationen unter beiden experimentellen Transparenzbedingungen, wobei er - offensichtlich durch Auszählen von Signifikanzhäufungen - zu dem Schluß kommt, daß die beiden Bedingungen unterschiedliche Anforderungen an unterschiedliche Intelligenzaspekte stellen. Bei näherer Betrachtung seiner Tab. 4 (Hussey, 1989, S. 10) erscheint diese Schlußfolgerung allerdings als fragwürdig: Unter den 12 berichteten Korrelationspaaren gibt es zwar einige Paare (vier an der Zahl), von denen nur eine der beiden Korrelationen signifikant *von null verschieden* ist. Aber in keinem der Paare ist der *Unterschied zwischen* den beiden Koeffizienten signifikant. Insofern lassen die von Hussey berichteten Korrelationsmuster ebensoviel Klarheit vermissen, wie die Korrelationsmuster der hier berichteten Experimente 5-10.

ANMERKUNGEN ZUR FORSCHUNGSMETHODIK

Bezüglich der Forschungsmethodik sind an dieser Stelle einige Anmerkungen zu der Art und Weise angebracht, wie die beiden computersimulierten dynamischen Systeme in den vorliegenden Experimenten eingesetzt wurden. Dabei geht es vor allem um eine Abgrenzung zum Einsatz derartiger Systeme in der Problemlösepsychologie. Ein maßgeblicher Kritikpunkt an den frühen Untersuchungen zum Zusammenhang zwischen "Testintelligenz" und Problemlöseerfolg bestand darin, daß die Vpn die Computersimulation sehr leicht und unbeabsichtigt in solch einen ungünstigen Zustand hineinsteuern können, daß es prinzipiell nicht mehr möglich ist, das simulierte System noch zu retten. Wenn die Vpn nur *einen* Versuch haben, der direkt protokolliert und im Hinblick auf den Problemlöseerfolg ausgewertet wird, dann brauchen die niedrigen Korrelationen nicht zu verwundern. Aus diesem Grund wurde den Vpn wie schon bei Leutner (1988a) auch in den hier berichteten Experimenten die Gelegenheit gegeben, das System gründlich zu explorieren. Insbesondere konnten sie das Spiel nach Belieben neu starten, wodurch sie auch die Möglichkeit hatten, das System ganz gezielt herabzuwirtschaften, um die Grenzen der Steuerbarkeit ausloten zu können. Erst nach Ablauf dieser Explorationsphase, die je nach Experiment 30-45 Minuten dauerte, folgte die Testphase, in der die Vpn zeigen sollten, wie gut sie das System steuern können.

Inzwischen findet man mitunter auch bei manchen Problemlöseexperimenten eine Art Vorlauf vor der eigentlichen Datenerhebung. Dieser Vorlauf ist in der Regel aber zeitlich so kurz, daß er nur die Funktion eines "warming up" hat (z.B. Funke, 1983, sowie Hörmann & Thomas, 1989: zwei simulierte Monate bei Einsatz des Tailorshops). Bei Dörner & Preußler (1990) dagegen ist überhaupt keine derartige Phase vorgesehen. Lediglich bei Hussey (1989) scheint sich eine ausgedehnte Explorationsphase zu finden (7 von 9 Durchgängen beim Einsatz des Zielannäherungsparadigmas), wobei allerdings bei Hussey & Granzows Analysen vermutlich desselben Datenmaterials unter einer anderen Perspektive (Hussey & Granzow, 1987) die Durchgänge als Stufen eines Meßwiederholungsfaktors betrachtet werden. Insofern kann dort von einer Explorationsphase keine Rede sein, vor allem auch deswegen, weil jede Vp instruiert wurde, "daß sie insgesamt neun Durchgänge (...) zur Verfügung hat und bestrebt sein soll, sich von Versuch zu Versuch - ganz im Sinne eines Manövriertrainings - zu verbessern" (Hussey & Granzow, 1987, S. 216).

Ein weiterer Kritikpunkt bezüglich des Einsatzes computersimulierter dynamischer Systeme bezieht sich auf die Frage der Reliabilität des jeweils verwendeten Maßes zur Erfassung des Problemlöseerfolges. Die Frage der Reliabilität ist aber genauso bezüglich der übrigen Variablen zu stellen. Insbesondere auch im Zusammenhang mit ATI-Effekten ist die geringe Reliabilität der verwendeten Variablen als eine der maßgeblichen Ursachen für Replizierbarkeitsprobleme diskutiert worden. Cronbach & Snow (1977) empfehlen aus diesem Grund, bei ATI-Untersuchungen möglichst mit meßfehlerbereinigten wahren Werten zu arbeiten. Diese Vorgehensweise wurde hier nicht gewählt, weil mit Ausnahme des PSB keine standardisierten Meßinstrumente zum Einsatz gekommen sind. Soweit allerdings interne Konsistenzen (alpha) als Reliabilitätskoeffizienten berechnet wurden, bewegen sie sich in einem für Fragebogenverfahren akzeptablen Rahmen (z.B. Persönlichkeitsskalen: 0.64<alpha<0.85; Wissenstest: alpha=0.85; alle Werte aus Exp. 5). Bezüglich der Reliabilität von Maßen für den Problemlöseerfolg sei auf eine Arbeit von Funke (1983) verwiesen, in der für den Tailorshop und das auch in den Experimenten 8-10 verwendete Erfolgsmaß eine Test-Retest-Rangkorrelation von rho=0.80 berichtet wird. Im übrigen korrelierte der Problemlöseerfolg in den hier berichteten Experimenten teilweise recht hoch mit Persönlichkeitsvariablen, die selbst eine vergleichsweise niedrige Reliabilität aufweisen, so daß für den Problemlöseerfolg als untere Schranke der Reliabilität durchaus ein akzeptabler Wert von 0.70-0.80 angenommen werden kann.

Im Rahmen experimenteller Untersuchungen ergibt sich allerdings ein gewisses Problem: Wenn man davon ausgeht, daß die experimentelle Manipulation die Fähigkeit zum Steuern des simulierten Systems tatsächlich beeinflußt, dann sollten sich in Abhängigkeit von der experimentellen Bedingung auch Unterschiede in der Reliabilität des Leistungsmaßes zeigen. Der Grund ist, daß der Problemlöseerfolg für diejenigen Pbn, die unter einer wenig lernförderlichen Explorationsbedingung gearbeitet haben, sowohl in der Testphase als auch in einer Retestphase stark vom Zufall abhängen wird. Wenn die Vpn dagegen in der Explorationsphase als Folge der experimentellen Manipulation der Explorationsbedingung eine erfolgreiche Strategie erlernt haben, dann ist davon auszugehen, daß der Problemlöseerfolg bei Test und Retest wesentlich weniger vom Zufall bedingt wird und insofern die Reliabilität höher ist. Dies zeigt sich sehr deutlich, wenn man die interne Konsistenz der Items eines lehrzielorientierten Tests vor und nach der Lernphase vergleicht. So ergibt sich z.B. im Experiment 5 für den Wissensvortest eine interne Konsistenz von alpha=0.70, die sich im Nachtest für dieselben 27 Items auf alpha=0.85 erhöht. Die Konsequenz dieser Überlegungen ist, daß man dann, wenn man wirklich präzise Aussagen über die Reliabilität des Problemerfolgsmaßes machen wollte, im Grunde genommen separate Reliabilitätsstudien für jede Zelle des experimentellen Designs vornehmen müßte. Ob es dann - um Cronbach & Snows Vorschlag zu folgen - sinnvoll ist, beim Übergang von beobachteten zu wahren Werten innerhalb der Design-Zellen unterschiedliche Reliabilitäten zugrunde zu legen, ist allerdings fraglich.

ABSCHLIEßENDE BEMERKUNGEN

Die Diskussion der Experimente 5-10 zum angeleitet-entdeckenlassenden Lehren mit computersimulierten dynamischen Systemen soll abgeschlossen werden mit einem Blick in Richtung ITS und ICAI-Systeme. In der Einleitung (Kap. 3.3.1) wurde geäußert, daß - um maßgebliche Unzulänglichkeiten herkömmlicher Computersimulationen zu beseitigen - die Implementation von Lehrfunktionen darauf hinausläuft, die jeweilige Simulation zu einem ITS oder ICAI-System auszubauen. Dies setzt voraus (vgl. auch Kap. 2.3.3), (1) daß Regeln bekannt sind, anhand derer das System im Sinne der Aufgabenstellung gesteuert werden kann *(Expertenmodul)*, (2) daß das Verhalten des Lernenden on-line im Sinne der Aufgabenstellung beurteilbar ist *(Schülermodul)* und (3) daß tutorielle Maßnahmen verfügbar sind, die in Abhängigkeit vom Verhalten des Lernenden zum Einsatz kommen *(Tutormodul)*.

Entsprechen die in den hier berichteten Experimenten eingesetzten Computersimulationen diesen Kriterien? Handelt es sich um ITS oder ICAI-Systeme? Dies ist offensichtlich nicht der Fall, weil keines der beiden hier eingesetzten Systeme bisher in der Lage ist, on-line über den Einsatz differentieller tutorieller Maßnahmen zu entscheiden. Lediglich die beiden anderen Funktionen sind in "Hunger in Nordafrika" und "Firma2" realisiert, wenn auch in unterschiedlichem Ausmaß. So verfügt "Hunger in Nordafrika" nur über rudimentäre Regeln zur Steuerung des Systems, wobei das Schülermodul nur zu festgelegten Zeitpunkten prüft, ob diese Regeln (z.B. "Wenn kein Brunnen vorhanden, dann Brunnen anlegen!") durch den Lernenden beachtet werden oder nicht, worauf gegebenenfalls ein zuvor festgelegter diesbezüglicher Hinweis gegeben wird. Das ist bei "Firma2" im Prinzip in gleicher Weise realisiert. Der maßgebliche Unterschied besteht allerdings darin, daß das "Firma2"-Expertenmodul über einen derart vollständigen Satz von Regeln verfügt, daß es in der Lage ist, das System selbständig zu steuern. Insofern kann das Schülermodul in jeder beliebigen Situation sehr präzise feststellen, wie weit der Lernende mit seinen Entscheidungen von der vom Expertenmodul generierten Musterlösung abweicht. Dementsprechend präzise können dann auch die Hinweise formuliert werden, bis hin zur Präsentation der Musterlösung.

Es muß aber nachdrücklich betont werden, daß das Expertenmodul von "Firma2" bisher noch nicht lernfähig ist. Wenn der Lernende im Rahmen der Exploration des Systems eine Entscheidungsstrategie entdecken sollte, die im Sinne der Aufgabenstellung besser ist als die Expertenstrategie, dann wird dies vom System nicht erkannt und demzufolge in den Hinweisen auch nicht berücksichtigt. Der Effekt ist, daß der Lernende mit suboptimalen Hinweisen konfrontiert wird, die aller Wahrscheinlichkeit nach als ausgesprochen lästig oder zumindest als hinderlich erlebt werden. In dieser Hinsicht besteht bei "Firma2" gewiß ein erheblicher Weiterentwicklungsbedarf. In diesem Zusammenhang sei nochmals auf die Arbeiten von Schmalhofer verwiesen (z.B. Schmalhofer, Kühn, Messamer & Charron, 1990; vgl. Kap. 2.3.3), der Möglichkeiten aufzeigt, wie man on-line zwischen verschiedenen "Lernformen" (induktiv/deduktiv und rezeptiv/explorativ) hin und her schalten kann. Obwohl Schmalhofer dies im Kontext des Erlernens der Programmiersprache LISP untersucht, so kann doch angenommen werden, daß die dort entwickelten Strategien auch auf das entdeckende Lernen anhand computersimulierter dynamischer Systeme übertragen werden können.

3.4 Zusammenfassung und Bewertung der experimentellen Ergebnisse aus angewandter Perspektive

ZUSAMMENFASSUNG

Die Ergebnisse der 10 Experimente lassen sich unter dem Aspekt der Verwertbarkeit für die Gestaltung adaptiver Lehrsysteme im besonderen und für die Gestaltung von Lehr-Lernsituation im allgemeinen wie folgt zusammenfassen:

(1) *Vermeiden von Fehlern* - Adaptive Antwortzeitbegrenzung beim Bearbeiten von Übungsaufgaben (Lehrprogramm "KOMMA"):

(a) Experiment 01: Wenn das Lehrsystem die dem Lernenden zur Verfügung gestellte Bearbeitungs- oder Antwortzeit adaptiv begrenzt (Systemkontrolle: Verkürzung der Zeit nach Fehlern und Verlängerung nach richtigen Antworten), dann wird schneller gelernt, als wenn der Lernende beliebig viel Zeit für eine Antwort hat (Lernerkontrolle). Es handelt sich um einen differentiellen Effekt, der bei ohnehin schnell arbeitenden Personen nicht wirksam ist.

(b) Experiment 02: Wenn die gesamte Übungszeit konstant gehalten wird, dann erreicht der Lernende unter adaptiv gesteuerter Antwortzeitbegrenzung ein höheres Leistungsniveau als unter lernerkontrollierter Antwortzeit. Dabei besteht die Gefahr eines "Bumerang-Effektes": Wenn das Lehrsystem durch die Zeitbegrenzung nicht nur fehlerhafte, sondern vermehrt auch richtige Antworten unterdrückt, dann wird ein niedrigeres Leistungsniveau erreicht.

(2) *Anknüpfen von Neuem an Bekanntes* - Adaptive Definition beim Begriffslernen (Lehrprogramm "VIERECK"):

(a) Experiment 03: Wenn das Lehrsystem neu zu lernende Geometriebegriffe adaptiv mit Bezug auf einen unmittelbar zuvor erworbenen Oberbegriff definiert (hierarchieorientierte Definition), dann lernen Schulkinder die hierarchischen Relationen zwischen den Begriffen besser, als wenn die neuen Begriffe nicht-adaptiv mit Bezug auf einen konstanten allgemeinen Oberbegriff definiert werden. Der Vorteil der adaptiven Definition geht zu Lasten des Erwerbs von Wissen über Eigenschaften der Begriffe. Leistungsunterschiede beim Klassifizieren von Beispielen sind nicht zu verzeichnen.

(b) Experiment 04: Wenn Studenten mit einem - im Vergleich zu den Schulkindern in Experiment 3 - umfangreicheren Wissenshintergrund im gelehrten Gegenstandsbereich unterrichtet werden, dann bedeutet es generell keinen Unterschied, ob Geometriebegriffe adaptiv (hierarchiebezogen) oder nicht-adaptiv definiert werden. Es ist jedoch ein ATI-Effekt zu beobachten: Verbal schwache Personen werden durch hierarchieorientierte Definitionen im Lernerfolg behindert.

(3) *Situationsgerechtes Anleiten beim entdeckenden Lernen* - Adaptive Problemlösungshilfen beim Explorieren komplexer Systeme (Lehrprogramme "HUNGER IN NORDAFRIKA" und "FIRMA2"):

(a) Experiment 05: Wenn das Lehrsystem bei hinreichend zur Verfügung gestellter Explorationszeit situations-angepaßte Problemlösungshilfen gibt, dann wird der Erwerb spielübergreifenden Wissens gefördert und der Erfolg im Spiel (Handlungskompetenz bzw. Spielstärke) behindert. Der Effekt ist besonders deutlich bei Personen mit geringem Selbstvertrauen.

(b) Experiment 06: Der in Experiment 5 mit einer Schülerstichprobe beobachtete gegenläufige Effekt adaptiver Hinweise bei hinreichender Explorationszeit konnte mit einer Studentenstichprobe repliziert werden.

(c) Experiment 07: Wenn das Lehrsystem neben umfangreichen adaptiven Hinweisen auch umfangreiche nicht-adaptive, ständig einsehbare Hintergrundinformationen bereitstellt, dann verschwindet der wissensfördernde Effekt der adaptiven Hinweise zugunsten eines noch stärkeren Effektes der nicht-adaptiven Hintergrundinformationen. Von den Hintergrundinformationen profitieren insbesondere wenig ängstliche Personen. Die im Vergleich zu den Experimenten 5 und 6 umfangreicheren und detaillierteren adaptiven Hinweise behindern den Erwerb von Handlungskompetenz in diesem Fall nicht.

(d) Experiment 08: Wenn das Lehrsystem dem Lernenden die Möglichkeit gibt, situations-angepaßte, von einem Expertenmodul erzeugte Informationen über die Differenz zwischen Ist- und Sollzustand manipulierbarer Systemvariablen einzusehen, dann erhöht sich der Erwerb spielübergreifenden Wissens.

(e) Experiment 09: Wenn das Lehrsystem situations-angepaßte Problemlösungshilfen unterschiedlicher Detailliertheit zu unterschiedlichen Zeitpunkten präsentiert, dann ergibt sich eine Wechselwirkung beim Erwerb spielübergreifenden Wissens: Wenig detaillierte Hinweise sind als Korrektur (feedback) *nach* erfolgtem Steuerungseingriff in das System wirksamer, mittel bis hoch detaillierte Hinweise als Empfehlung (advice oder feedforward) *vor* dem Steuerungseingriff. Wenig ängstliche Personen profitieren besonders stark von hoch detaillierten Empfehlungen. Die Handlungskompetenz variiert zwar nicht in Abhängigkeit vom Zeitpunkt der Problemlösungshilfen, sie steigt aber mit zunehmendem Detailliertheitsgrad der Hinweise.

(f) Experiment 10: Der in Experiment 9 beim Wissenserwerb beobachtete Vorteil von mittelgradig detaillierten Empfehlungen *vor* dem Systemeingriff konnte repliziert werden. Es handelt sich in diesem Fall um einen großen Effekt, wobei Personen mit geringen Vorkenntnissen besonders stark profitieren.

Angesichts der Tatsache, daß die Implementation dynamisch-adaptiver Lehrstrategien bei der Entwicklung eines Lehrsystems einen erheblichen Aufwand darstellt, erhebt sich die Frage, ob dieser Aufwand sich lohnt. Zwar ist hier gewiß nicht der Ort, betriebswirtschaftliche Kosten-Nutzenkalkulationen anzustellen (diesbezüglich vgl. z.B. Sommer, 1985, oder Bodendorf, 1990). Es erscheint an dieser Stelle aber angebracht, die Nützlichkeit zumindest grob abzuschätzen.

METAANALYSE

Aus den Ergebnissen der Experimente 1-8 sind in Tab. 3.4-1 (S. 190) jeweils die Mittelwerte der adaptiven und der nicht-adaptiven Lernbedingungen zusammenfassend wiedergegeben. Zur Beurteilung der Effektstärke sollen die Unterschiede nun metaanalytisch integriert werden, und zwar hinsichtlich der jeweils zentralen und in allen Experimenten betrachteten abhängigen Variable "Wissenserwerb": In Experiment 1 ist es die Übungszeit bis zum Erreichen des Lehrziels, in Experiment 2 ist es die Leistung im Nachtest, in Experiment 3 und 4 sind es die im Nachtest nachgewiesenen Hierarchiekenntnisse (die anderen Variablen blieben unberücksichtigt), in den Experimenten 5-8 ist es der im spielübergreifenden Teil des Wissen-Nachtests erfaßte Wissenszuwachs. Die Ergebnisse der Experimente 9 und 10 können hier nicht berücksichtigt werden, weil dort sowohl die Empfehlungen als auch die korrigierenden Rückmeldungen in allen Detailliertheitsgraden adaptiv gestaltet wurden.

Da in den Experimenten 1-8 die Standardabweichungen in der adaptiven und der nicht-adaptiven Lehr-Lernbedingung z.T. sehr unterschiedlich sind und unter der adaptiven Bedingung in der überwiegenden Zahl der Fälle geringer ist, wurden für jeden der 12 Effekte zwei Effektstärken g berechnet: In g_1 wurde der Mittelwertsunterschied auf die Standardabweichung der Experimentalgruppe relativiert, in g_2 auf die Standardabweichung der Kontrollgruppe (das übliche Verfahren).

Die insgesamt 12 Effektstärken entstammen sehr unterschiedlichen Lehr-Lernsituationen, die durch verschiedene Lehrstoffe, verschiedene Operationalisierungen der abhängigen Variablen und verschiedene Vpn-Stichproben gekennzeichnet sind. Darüber hinaus wurden in den meisten Experimenten mehrfaktorielle Versuchspläne verwendet, wobei die Adaptationsbedingung z.T. mit sehr unterschiedlichen anderen Faktoren kombiniert wurde. Diese unterschiedlichen Begleitumstände, unter denen die Wirksamkeit der adaptiven Lehr-Lernbedingung untersucht wurde, sind - zumindest im Kontext dieser Metaanalyse - mehr oder weniger zufällig zustande gekommen. Um über sie generalisieren zu können, wurden zwei Maßnahmen ergriffen:

(1) Die Effektstärken wurden als "einfache" Haupteffekte berechnet, d.h. innerhalb eines mehrfaktoriellen Designs wird jede adaptive Bedingung mit jeweils derjenigen Bedingung verglichen, die mit Ausnahme der Adaptationsmaßnahme identisch gestaltet ist. Dies ergibt bei einem vollständig gekreuzten Versuchsplan notwendigerweise mehrere Effektstärken (z.B. bei einem 2x2-Design mit den Faktoren A und H die zwei "einfachen" Haupteffekte A+H- vs. A-H- und A+H+ vs. A-H+).

(2) Bei der Integration der einzelnen Effektstärken wurde ein Modell mit zufälligen Effekten zugrunde gelegt, weil nicht davon auszugehen ist, daß die Effektstärke unter allen Randbedingungen identisch ist und die Unterschiede ausschließlich durch den Stichprobenfehler der jeweiligen Personenstichproben zustande gekommen sind (vgl. Hedges & Olkin, 1985). Die Berechnungen erfolgten mit dem Software-System von Schwarzer (1989).

Tab. 3.4-1: Mittelwertsunterschiede beim Wissenserwerb, Effektstärken in den Experimente 1-8

Experiment/ Variable/Bedingung		adaptiv (A+) AM	SD	N	nicht-adaptiv (A-) AM	SD	N[b)]	Effekt[a)] g_1	g_2
1/ Übungszeit		25.7	(13.2)	22	30.8	(20.9)	22	0.39	0.24
2/ NT-Wissen		44.0	(02.1)	10[c)]	41.9	(03.0)	20	1.00	0.70
3/ NT-Hierarchie/	E-	34.2	(04.9)	20	31.2	(04.7)	20	0.61	0.64
	E+	32.7	(03.9)	20	29.7	(04.7)	20	0.77	0.64
4/ NT-Hierarchie/	E-	0.67	(05.1)	20	0.06	(04.8)	20	0.12	0.13
	E+	0.75	(03.9)	20	-1.46	(08.4)	20	0.57	0.26
5/ NT-Wissen/	V-	1.40	(03.3)	16	-1.50	(03.3)	16	0.88	0.88
	V+	-0.20	(03.2)	16	0.30	(04.4)	16	-0.17	-0.11
6/ NT-Wissen/	V-	0.90	(01.8)	19	-0.90	(01.9)	19	1.00	0.95
7/ NT-Wissen/	H-	0.60	(01.6)	20	-1.30	(03.3)	20	1.19	0.58
	H+	0.90	(02.4)	20	-0.30	(02.9)	20	0.50	0.41
8/ NT-Wissen		35.5	(01.8)	13	33.7	(01.8)	13	1.00	1.00

Effekt[a)]	AM (DELTA)	95% Konfidenzintervall
g_1	0.61	0.39 < DELTA < 0.83
g_2	0.48	0.29 < DELTA < 0.67

a) g_1: $(\bar{x}_{A+}-\bar{x}_{A-})/sd_{A+}$ (Effekt relativiert auf Experimentalgrp.-sd)
g_2: $(\bar{x}_{A+}-\bar{x}_{A-})/sd_{A-}$ (Effekt relativiert auf Kontrollgruppen-sd)
b) AM: Arithmetisches Mittel; SD: Standardabweichung;
N: Stichprobengröße
c) Unter A+ wurden nur N=10 Vpn mit hohem Adaptivitätsindex berücksichtigt (vgl. Anh. 3.1.3-1, S. 219)

Die Ergebnisse sind dem unteren Teil der Tab. 3.4-1 (S. 190) zu entnehmen: Relativiert man die beobachteten Effekte auf die Standardabweichungen der jeweiligen adaptiven Lehr-Lernbedingungen (g_1), dann ergibt sich mit DELTA=0.61 die Schätzung einer Populationseffektstärke, die nach Cohen (1988) als mittelgroß zu bezeichnen ist. Relativiert man jedoch auf die in fast allen Fällen größere Standardabweichung der Kontrollgruppe (g_2), dann ergibt sich mit DELTA=0.48 nur die Schätzung einer kleinen Populationseffektstärke.

Die Frage der Nützlichkeit läßt sich damit nun in aller Vorsicht beantworten: *Entfernt* man aus einer Lehr-Lernsituation die adaptive Komponente, dann ist damit zu rechnen, daß der Wissenserwerb im Gruppenmittel um 0.61 Standardabweichungen zurückgeht. *Ergänzt* man eine Lehr-Lernsituation um eine adaptive Komponente, dann ist damit zu rechnen, daß der Wissenserwerb im Gruppenmittel um 0.48 Standardabweichungen zunimmt. Die offensichtliche Asymmetrie liegt darin begründet, daß in der adaptiven Bedingung eine geringere Leistungsvarianz besteht. Das bedeutet aber, daß nicht nur besser, sondern vereinheitlichend besser gelernt wird.

Obwohl bei der Integration der Effektstärken ein Modell mit zufälligen Effekten zugrunde gelegt wurde, ist die Beurteilung mit Vorsicht zu genießen, weil die hier realisierte Auswahl an Adaptationsmaßnahmen selbstverständlich keine echte Zufallsstichprobe aller möglichen Maßnahmen darstellt. Es muß weiteren Experimenten überlassen bleiben zu untersuchen, inwieweit die Ergebnisse auf weitere Adaptations- und Kontrollbedingungen, weitere Lehrstoffe und andere Personengruppen generalisiert werden können.

[illegible]

4 Resümee

Gegenstand der vorliegenden Arbeit war - wie in der Einleitung formuliert wurde - die Grauzone zwischen CAI- und ICAI-Systemen. Im Zentrum der Erörterungen stand weniger die Frage, *wie*, sondern vielmehr die Frage, *in welcher Hinsicht* und *mit welchem Effekt* computer-basierte oder -unterstützte Instruktion "intelligent" gestaltet werden kann, wobei mit "intelligent" - dies sei ausdrücklich betont - der Intelligenzbegriff der Künstlichen Intelligenz gemeint ist.

Die Beantwortung der untergeordneten Frage nach dem "wie" kann getrost Informatikern überlassen werden, wenn die beiden anderen wesentlichen Fragen beantwortet sind. Hierzu ist die Psychologie gefordert, speziell die Pädagogische Psychologie und noch spezieller, die Instruktionspsychologie. Und in der Tat: Die frühen Lehrmaschinen und die ersten CAI-Systeme traditioneller Art wurden von Psychologen entwickelt und empirisch, in der Regel sogar experimentell, erprobt. Im Umfeld von ITS/ICAI jedoch ist der Einfluß der Psychologie wesentlich geringer, was in solch extremen Äußerungen deutlich wird wie "... [die Psychologen haben] die ITS-Bühne durch eine interessante Seitentür [betreten]" (Wenger, 1987, s. 289, Übers. v. Verf.). Nach dieser Auffassung ist ICAI in erster Linie ein Erprobungs- und Anwendungsfeld für "Künstliche Intelligenz", so daß mitunter der Eindruck nicht zu verwehren ist, daß ICAI-Systementwickler sich bezüglich der Implementation von Lehrfunktionen und Lehrstrategien nach besten Kräften bemühen, gewissermaßen das Rad neu zu erfinden. Inzwischen ist zwar zu erkennen, daß die Psychologie - begünstigt durch z.T. recht massive Forschungsförderung - wieder etwas mehr an Einfluß gewinnt (in der Bundesrepublik z.B. durch das DFG-Schwerpunktprogramm "Wissenspsychologie"; vgl. z.B. Mandl & Möbus, 1986). Als grundlegendes Problem ist aber nach wie vor zu benennen, daß die Ergebnisse der psychologischen Lehr-Lernforschung in ICAI-Kreisen kaum rezipiert werden.

Dies ist genau der Punkt, an dem die vorliegende Arbeit angesetzt hat: Im ersten Teil ging es darum, die Kluft zwischen CAI und ICAI zumindest ansatzweise zu überbrücken. Dabei wurde vom zentralen Konzept einer "Adaptiven Steuerung von Lernprozessen" ausgegangen, womit die dynamische (on-line-) Anpassung von Lehrmaßnahmen an die sich laufend verändernden Erfordernisse der Lehr-Lernsituation gemeint ist. Anhand einer Übersicht über die einschlägige experimentelle psychologische Forschung von den Lehrmaschinen der 50er Jahre über herkömmliche CAI-Systeme bis hin zu jüngsten ICAI-Projekten konnten einige erfolgversprechende Ansätze zur Implementation adaptiver Lehrstrategien aufgezeigt werden, deren Berücksichtigung bei der Entwicklung von ICAI-Systemen dringend zu empfehlen ist.

Im zweiten Teil der vorliegenden Arbeit wurden insgesamt 10 eigene experimentelle Arbeiten zur instruktionspsychologisch begründeten Implementation einiger ausgewählter adaptiver Lehrstrategien vorgestellt. Sowohl die Adaptationsvariablen wie auch die Lehrstoffe waren in einem realisierbaren Rahmen gezielt heterogen zusammengestellt worden, um eine generalisierende Aussage über die Wirksamkeit von Adaptationsmaßnahmen in verschiedenen Kontexten machen zu können: Es handelte es sich um die adaptive Begrenzung der maximal zulässigen Antwortzeit beim Bearbeiten von Übungsaufgaben, um die adaptive Definition neuer Begriffe beim Erwerb von Wissen über hierarchisch geordnete Begriffssysteme und schließlich um die Gestaltung adaptiver Problemlösungshilfen beim Explorieren computersimulierter dynamischer Systeme. Als Ergebnis ist zusammenfassend festzuhalten, daß die Adaptationsmaßnahmen durchaus geeignet sind, den Erwerb von Wissen zu fördern: Faßt man die Effekte der sehr unterschiedlichen Maßnahmen meta-analytisch zusammen, so ergibt sich eine mittlere Effektstärke, deren Konfidenzintervall allerdings sowohl schwache als auch starke Effekte einschließt.

Die Bandbreite der Effektstärken zeigt dabei sehr deutlich, daß der Erfolg einer adaptiven Steuerung von Lernprozessen im hohen Ausmaß von internen und externen Größen abhängt. Interne Größen wären z.B. die zahllosen Parameter, die im Rahmen einer Implementation der jeweiligen Adaptationsstrategie festzulegen sind, wobei sich die jeweilige Festlegung im Nachhinein erst als problematisch herausstellen kann. Externe Größen wären z.B. der jeweilige Lehrstoff, die jeweilige Personenstichprobe und zahllose weitere Störgrößen, die während des Lehr-Lernprozesses einwirken und auf die die Adaptationsstrategie nicht angemessen reagiert.

Es gibt grundsätzlich drei Möglichkeiten, mit dieser Unsicherheit umzugehen: Entweder man akzeptiert die Unsicherheit und hofft, daß zumindest keine negativen Effekte entstehen; oder man verzichtet gänzlich auf Adaptationsmaßnahmen und akzeptiert eine vorlesungsartige Instruktion; oder man bemüht sich schließlich, die Adaptationsstrategie zu optimieren. Den Weg der Optimierung würde man in der Regel so beschreiten, daß man einzelne Parameter der Strategie ändert, neue Daten erhebt, wieder ändert etc. Ideal wäre es jedoch, wenn man in der Lage wäre, einen im regelungstechnischen Sinne wirklich adaptiven Regler zu entwickeln (vgl. Kap. 2.2), der seine Parameter selbständig ändert und die jeweils optimale Konfiguration der Strategieparameter zu finden vermag.

Wie steht es nun aber um die in der vorliegenden Arbeit untersuchten Adaptationsstrategien? Gewiß kann keines der Kapitel 3.1 bis 3.3 als abgeschlossen gelten. In vielen der Fälle sind - wie so häufig - durch die Experimente mehr neue Fragen aufgeworfen als anfängliche Fragen beantwortet worden. Wie es so ist: "The goal of the search for knowledge is to say a great deal about everything, but at any point in time the state of the art makes it possible to say more only about less" (Coombs, 1984, S. 27, anläßlich der Hamburger Tagung experimentell arbeitender Psychologen).

Literaturverzeichnis

Aebli, H. (1963). *Psychologische Didaktik*. Stuttgart: Klett.

Alessi, S.M. & Trollip, S.R. (1985). *Computer-based instruction*. Englewood Cliffs, N.J.: Prentice-Hall.

Anderson, J.R. (1983). *The architecture of cognition*. Cambridge: Harvard University Press.

Anderson, J.R. (1987a). Production systems, learning, and tutoring. In D. Klahr, P. Langley & R. Neches (Hrsg.), *Production system models of learning and development* (S. 437-458). Cambridge: MIT Press.

Anderson, J.R. (1987b). Skill acquisition: Compilation of weak-method problem solutions. *Psychological Review, 94*, 192-210.

Anderson, J.R., Boyle, F., Farrell, R. & Reiser, B. . (1984). *Cognitive principles in the design of computer tutors* (Proceedings of the Sixth Cognitive Science Society Conference, Boulder, Colorado, pp. 2-8).

Anschütz, H. (1965). Die Verteilung der Begriffe in Lehrprogrammtexten. In H. Frank (Hrsg.), *Lehrmaschinen in kybernetischer und pädagogischer Sicht* (S. 104-113). Stuttgart: Klett.

Anzai, Y. (1987). Doing, understanding, and learning in problem solving. In D. Klahr, P. Landley & R. Neches (Hrsg.), *Production system models of learning and development* (S. 55-97). Cambridge: MIT Press.

Anzai, Y. & Simon, H.A. (1979). The theory of learning by doing. *Psychological Review, 86*, 124-140.

Aström, K.J. (1980a). Design principles for self-tuning regulators. In H. Unbehauen (Hrsg.), *Methods and applicatios in adaptive control* (S. 1-20). Heidelberg: Springer-Verlag.

Aström, K.J. (1980b). Self-tuning regulators - design principles and applications. In K.S. Narendra & R.V. Monopoli (Hrsg.), *Applications of adaptive control* (S. 1-68). New York: Academic Press.

Atkinson, R.C. (1972). Ingredients for a theory of instruction. *American Psychologist, 27*, 921-931.

Atkinson, R.C. (1972). Optimizing the learning of second-language vocabulary. *Journal of Experimental Psychology, 96*, 124-129.

Atkinson, R.C. (1974). Teaching children to read using a computer. *American Psychologist, 29*,169-178.

Atkinson, R.C. (1976). Adaptive instructional systems: Some attempts to optimize the learning process. In D. Klahr (Hrsg.), *Cognition and instruction* (S. 81-108). New York: John Wiley and Sons.

Atkinson, R.C. & Crothers, E.J. (1964). A comparison of paired-associate learning models having different acquisition and retention axioms. *Journal of Mathematical Psychology, 2*, 285-315.

Atkinson, R.C. & Paulson, J.A. (1972). An approach to the psychology of instruction. *Psychological Bulletin, 78*, 49-61.

Ausubel, D.P. (1968). *Educational psychology*. New York: Holt.

Ausubel, D.P. (1978). In defense of advance organizers: A reply to critics. *Review of Educational Research, 48*, 251-257.

Ausubel, D.P. & Robinson, F. (1969). *School learning*. New York: Holt.

Berger, M. (1963). Universal-Rechenautomaten als Lehrmaschinen. In H. Frank (Hrsg.), *Lehrmaschinen in kybernetischer und pädagogischer Sicht, Bd. 1* (S. 27-35). Stuttgart: Klett.

Bitzer, D.L. (1976). The wide world of computer-based education. In M. Rubinoff & M. Yovits (Hrsg.), *Advances in computers* (Bd. 15). New York: Academic Press.

Bitzer, D.L. (1977). The million terminal systems of 1985. In R.J. Seidel & M.L. Rubin (Hrsg.), *Computers and communications: Implications for education* (Bd. y15). New York: Academic Press.

Bodendorf, F. (1990). *Computer in der fachlichen und universitären Ausbildung*. München: Oldenbourg.

Breuer, K. (1985). *Küchenfronten-Werk. Simulationssoftware für den Einsatz im Unterricht* (Unveröffentlichtes didaktisches Material). Paderborn: Universität-GH.

Breuer, K. & Günterberg, A. (1990). *Fabrik - die Simulation einer Industrieproduktion*. Duisburg: Comet.

Breuer, K. & Leutner, D. (1988). *Firma. Simulationssoftware*. (Unveröffentlichtes Didaktisches Material für den IBM-PC). Paderborn & Aachen: Universität-GH & RWTH.

Briggs, L.J. (1949). The development and appraisal of special precedures for superior students and an analysis of the effects of 'knowledge of results'. *Abstracts of Doctor's Dissertations*. Ohio State University Press, *58*, 41-49.

Brown, J.S. & Burton, R.R. (1975). Multiple representation of knowledge for tutorial reasoning. In D. Bobrow & A. Collins (Hrsg.), *Representation and understanding: Studies in cognitive science*. New York: Academic Press.

Brown, J.S. & Burton, R.R. (1978). Diagnostic models for procedural bugs in basic mathematical skills. *Cognitive Science*, *2*, 155-192.

Brown, J.S., Burton, R.R. & DeKleer, J. (1982). Pedagogical natural language and knowledge engineering techniques in SOPHIE I, II and III. In D. Sleeman & J.S. Brown (Hrsg.), *Intelligent tutoring systems* (S. 227-282). New York: Academic Press, Inc.

Brown, J.S., Rubinstein, R. & Burton, R.R. (1976). *Reactive learning environment for computer-assisted electronics instruction* (BBN Report 3314). Cambridge, Massachusetts: Bolt, Beranek and Newman Inc.

Brown, J.S. & VanLehn, K. (1980). Repair Theory: A generative theory of bugs in procedural skills. *Cognitive Science*, *4*, 379-426.

Bunderson, C.V. (1974). The design and production of learner-controlled courseware for the TICCIT systems: A progress report. *International Journal of Man-Machine Studies*, *6*, 479-492.

Bunderson, C.V. (1981). Courseware. In H.F O'Neill Jr. (Hrsg.), *Computer-based instruction: A state-of-the-art assessment*. New York: Academic Press.

Burton, R.R. (1982). Diagnosing bugs in a simple procedural skill. In D. Sleeman & J.S. Brown (Hrsg.), *Intelligent tutoring systems* (S. 157-184). New York: Academic Press, Inc.

Burton, R.R. & Brown, J.S. (1976). A tutoring and student modeling paradigm for gaming environments. In R. Colman & P. Lorton, Jr. (Hrsg.), *Computer Science and Education* (Bd. 8, S. 236-246) ACM SIGCSE Bulletin.

Burton, R.R. & Brown, J.S. (1982). An investigation of computer coaching for informal learning activities. In D. Sleeman & J.S. Brown (Hrsg.), *Intelligent tutoring systems* (S. 79-98). New York: Academic Press, Inc.

Carbonell, J.R. (1970). AI in CAI: An artificial intelligence approach to computer-assisted instruction. *IEEE Transactions on Man-Machine Systems, 11*, 190-202.

Carbonell, J.R. & Collins, A. (1973). *Natural semantics in artificial intelligence* (Proceedings of the Third National Joint Conference on Artificial Intelligence, Stanford, California, 344-351).

Carr, B. & Goldstein, I.P. (1977). *Overlays: A theory of modeling for computer-aided instruction* (AI Lab Memo 406, Logo Memo 40). Cambridge, Massachusetts: Massachusetts Institute of Technology.

Carrier, C.A. & Jonassen, D.H. (1988). Adapting courseware to accomodate individual differences. In D.H. Jonassen (Hrsg.), *Instructional designs for microcomputer courseware* (S. 203-226). Hillsdale, New Jersey: Lawrence Erlbaum Associates.

Cattell, R.B. (1963). Theory of fluid and crystallised intelligence: A critical experiment. *Journal of Educational Psychology, 54*, 1-22.

Cattell, R.B. & Weiß, R. (1972). *Grundintelligenztest CFT 2*. Braunschweig: Westermann.

Clark, R.E. (1975a). Adapting aptitude-treatment interaction methodology to instructional media research: Introduction to this issue. *AV Communication Review, 23*, 133-138.

Clark, R.E. (1975b). Constructing a taxonomy of media attributes for research purposes. *AV Communication Review, 23*, 197-216.

Clark, R.E. (Ed.). (1975c). Special issue on aptitude-treatment interaction. *AV Communication Review , 23*, 133-242.

Clark, R.E. (1983). Reconsidering research on learning from media. *Review of Educational Research, 53*, 445-459.

Clark, R.E. (1990a). *A cognitive theory of instructional method* (Paper presented at the annual meeting of the American Educational Research Association). Boston: University of Southern California.

Clark, R.E. (1990b). When teaching kills learning: Research on mathemathantics. In H. Mandl, E. DeCorte, N. Bennett & H.F. Friedrich (Hrsg.), *Learning and instruction* (S. 1-22). Oxford, New York: Pergamon Press.

Clarke, D.W. (1985). Introduction to self-tuning controllers. In C.J. Harris & S.A. Billings (Hrsg.), *Self-tuning and adaptive control* (S. 36-71). London: Periginus.

Cohen, J. (1988). *Statistical power analysis for the behavioral sciences*. Hillsdale, NJ: Erlbaum.

Collins, A.M. (1977). Processes in acquiring knowledge. In R.C. Anderson, R.J. Spiro & W.E. Montague (Hrsg.), *Schooling and the acquisition of knowledge*. Hillsdale, New Jersey: Lawrence Erlbaum Associates.

Collins, A.M. & Loftus, E.F. (1975). A spreading activation theory of semantic processing. *Psychological Review, 82*, 407-428.

Collins, A.M. & Quillian, M.R. (1969). Retrieval time from semantic memory. *Journal of Verbal Learning and Behavior, 8*, 240-247.

Collins, A.M. & Stevens, A. L. (1982). Goals and strategies of inquiry teachers. In R.G. Glaser (Hrsg.), *Advances in instructional psychology* (Bd. 2). Hillsdale, NJ: Erlbaum.

Conrad, C. (1972). Cognitive economy in semantic memory. *Journal of Experimental Psychology, 92*, 149-154.

Coombs, C.H. (1984). Theory and experiment in psychology. In K. Pawlik (Hrsg.), *Fortschritte der Experimentalpsychologie. Hamburger Mittagsvorlesungen* (S. 20-30). Berlin: Springer.

Corno, L. (1979). A hierarchical analysis of selected naturally occuring aptitude-treatment interactions in the third grade. *American Educational Research Journal, 16*, 391-409.

Corno, L., Mitman, A. & Hedges, L. (1981). The influence of direct instruction on student self-appraisal: A hierarchical analysis of treatment and aptitude-treatment interaction effects. *American Educational Research Journal, 18*, 39-61.

Corno, L. & Snow, R.E. (1986). Adapting teaching to individual differences among learners. In M.C. Wittrock (Hrsg.), *Handbook of research on teaching* (S. 605-629). London: Macmillan.

Coulson, J.E. (Ed.). (1962). *Programmed learning and computer-based instruction.* New York: Wiley.

Craik, FM. & Lockhart, R.S. (1972). Levels of processing: A framework for memory research. *Journal of Verbal Learning and Verbal Behavior, 11*, 671-684.

Cronbach, L.J. (1957). The two disciplines of scientific psychology. *American Psychologist, 12*, 671-684.

Cronbach, L.J. (1967). How can instruction be adapted to individual differences? In R.M. Gagné (Hrsg.), *Learning and individual differences*. Columbus, Ohio: Reprinted in R. Schwarzer & K. Steinhagen (1975). Adaptiver Unterricht (p.42-58). München: Kösel.

Cronbach, L.J. (1975). Wie kann Unterricht an individuelle Unterschiede angepaßt werden? In R. Schwarzer & K. Steinhagen (Hrsg.), *Adaptiver Unterricht* (S. 42-58). München: Kösel.

Cronbach, L.J. & Snow, R.E. (1969). *Individual differences in learning ability as a function of instructional variables* (Final report, USOE Contract No. OEC4-6-061269-1217, Stanford University).

Cronbach, L.J. & Snow, R.E. (1977). *Aptitudes and instructional methods*. New York: Irvington.

Crowder, N.A. (1959). Automating tutoring by means of intrinsic programming. In E. Galanter (Hrsg.), *Automatic teaching: The state of the art* (S. 109-116). New York: John Wiley and Sons, Inc.

Crowder, N.A. (1961). Characteristics of branching programs. In O.M. Haugh (Hrsg.), *The university of Kansas conference on programmed learning* (Bd. 2, S. 22-27). Lawrence: University of Kansas Publications.

Crowder, N.A. (1962). Intrinsic and extrinsic programming. In J.E. Coulson (Hrsg.), *Programmed learning and computer-based instruction* (S. 58-66). New York: John Wiley and Sons, Inc.

Csikszentmihalyi, M. (1985). *Das Flow-Erlebnis*. Stuttgart: Klett-Cotta.

Dede, C. (1986). A review and synthesis of research in intelligent computer-assisted instruction. *International Journal of Man-Machine Studies, 24*, 329-353.

Dempsey, J.C. (1986). Using the rational set generator with computer-based instruction for creating concept examples: A template instruction. *Educational Technology, 26*, 43-46.

Detambel, M.H. & Stolurow, L.M. (1956). Stimulus sequence and concept learning. *Journal of Experimental Psychology, 51*, 34-40.

Dewey, J. (1902a). *The child and the curriculum.* Chicago: University of Chicago Press.

Dewey, J. (1902b). The child and the curriculum. In (reprinted) R.D. Archambault (1964), *John Dewey on education: Selected writings* (S. N.N.). New York: The Modern Library.

Diehl, J.M. & Arbinger, R. (1990). *Einführung in die Inferenzstatistik*. Eschborn: Klotz.

DiVesta, F. J. (1975). Trait-treatment interactions, cognitive processes, and research on communication media. *AV Communication Review, 23*, 185-196.

Dörner, D. (1975). Kognitionstheoretische Aspekte der Darbietung von Lehrinhalten. In K. Frey (Hrsg.), *Curriculum Handbuch* (S. 84-93). München: Piper & Co.

Dörner, D. (1976). *Problemlösen als Informationsverarbeitung*. Stuttgart: Kohlhammer.

Dörner, D. & Preußler, W. (1990). Die Kontrolle eines einfachen ökologischen Systems. *Sprache & Kognition, 9*, 205-217.

Draper, C.S. & Li, Y.T. (1951). *Principles of optimalizing control systems and an application to the internal combustion engine*. New York: American Society of Mechanical Engineers.

Driscoll, M.P. & Tessmer, M. (1985). The rational set generator: A method for creating concept examples for teaching and testing. *Educational Technology, 25*, 29-32.

Duchastel, P. (1989a). ICAI-systems: Issues in computer tutoring. *Computers and Education, 13*, 95-100.

Duchastel, P. (1989b). Knowledge-based instructional gaming: Geo. *Journal of Educational Technology Systems, 17*, 189-203.

Egan, D.E. & Greeno, J.G. (1973). Acquiring cognitive structure by discovery and rule learning. *Journal of Educational Psychology, 64*, 85-97.

Eigler, G. (1983). Lernen lehren - erziehungswissenschaftlich betrachtet. *Unterrichtswissenschaft, 4*, 335-349.

Eveleigh, V.W. (1967). *Adaptive control and optimization techniques*. New York: McGraw-Hill Book Company.

Ferguson, R.L. (1969). *The development, implementation and evaluation of a computer-assisted branching test for a program of individually prescribed instruction* (Unpublished Doctoral Dissertation). Pittsburgh: University of Pittsburgh.

Ferguson, R.L. (1970). A model for computer-assisted criterion-referenced measurement. *Education, 91*, 25-31.

Fischer, G. (1988). Enhancing incremental learning processes with knowledge-based systems. In H. Mandl & A. Lesgold (Hrsg.), *Learning issues for intelligent tutoring systems* (S. 138-163). New York: Springer Verlag.

Fischer, P.M. & Mandl, H. (1985). Computerunterstützte Lehr-Lernsysteme als Herausforderung an Kognitionspsychologie, Informatik und Pädagogik. In H. Mandl & P.M. Fischer (Hrsg.), *Lernen im Dialog mit dem Computer* (S. 3-12). München: Urban & Schwarzenberg.

Fischer, P.M. & Mandl, H. (1988a). Improvement of the acquisition of knowledge by informing feedback. In H. Mandl & A. Lesgold (Hrsg.), *Learning issues for intelligent tutoring systems* (S. 187-241). New York: Springer.

Fischer, P.M. & Mandl, H. (1988b). Knowledge acquisition by computerized audiovisual feedback. *European Journal of Psychology of Education, 3*, 217-233.

Fitts, P.M. (1964). Perceptual-motor skill learning. In A.W. Melton (Hrsg.), *Categories of human learning* (S. 243-285). New York: Academic Press.

Fitts, P.M. & Posner, M. (1967). *Human performance*. Belmont, CA: Brooks Cole.

Frank, H. (1963). Kybernetik und Lehrmaschinen. In H. Frank (Hrsg.), *Lehrmaschinen in kybernetischer und pädagogischer Sicht* (S. 13-26). Stuttgart: Klett.

Frank, H. (1964a). Anregungen zur Terminologie auf dem Gebiet der Lehrobjektivierung. In H. Frank (Hrsg.), *Lehrmaschinen in kybernetischer und pädagogischer Sicht* (S. 81-87). Stuttgart: Klett.

Frank, H. (1964b). Die Kybernetik und die Theorie des Lehrens und Lernens. In A. Biancheri, E.R. Hilgard, H.M.B. Hurwitz, P.K. Komoski, G.A. Randell, H.H. Schaefer & W. Schulze (Hrsg.), *Programmierter Unterricht und Lehrmaschinen* (S. 328-341). Berlin: Pädagogische Arbeitsstelle - Sekretariat Pädagogisches Zentrum.

Frank, H. (1964c). Kybernetik und kybernetische Technik. In H. Frank (Hrsg.), *Kybernetische Maschinen* (S. 3-11). Frankfurt: Fischer Verlag.

Frank, H. (1965). Lehrautomaten für Einzel- und Gruppenschulung. In H. Frank (Hrsg.), *Lehrmaschinen in kybernetischer und pädagogischer Sicht* (S. 17-35). Stuttgart: Klett.

Frank, H. (1966). Ansätze zum algorithmischen Lehralgorithmieren. In H. Frank (Hrsg.), *Lehrmaschinen in kybernetischer und pädagogischer Sicht* (S. 70-112). Stuttgart: Klett.

Fricke, R. & Treinies, G. (1985). *Einführung in die Metaanalyse*. Bern: Huber.

Friede, C.K., Ommerborn, R., Rade, K. & Stracke, P. (1974). Antwortmodus und Bestätigung als Programmierungsvariablen. *Zeitschrift für Pädagogik*, *8*, 193-229.

Funke, J. (1983). Einige Bemerkungen zu Problemen der Problemlöseforschung oder: Ist Testintelligenz doch ein Prädiktor? *Diagnostica*, *29*, 283-294.

Funke, J. (1985). Problemlösen in komplexen computersimulierten Realitätsbereichen. *Sprache & Kognition*, *3*, 113-129.

Funke, J. (1986). *Komplexes Problemlösen*. Berlin: Springer.

Furukawa, J.M. (1970). Chunking method of determining size of step in programmed instruction. *Journal of Educational Psychology*, *61*, 247-254.

Gagné, R.M. & Briggs, L.J. (1979). *Principals of instructional design*. New York: Holt, Rinehart & Winston.

Gagné, R.M. & Dick, W. (1983). Instructional psychology. *Annual Review of Psychology*, *34*, 261-295.

Galanter, E. (1959). The ideal teacher. In E. Galanter (Hrsg.), *Automatic teaching: The state of the art* (S. 1-11). New York: John Wiley and Sons, Inc.

Garner, W.L. (1966). *Programed instruction*. New York: The Center of Applied Research in Education, Inc.

Garner, W.R. (1978). Aspects of a stimulus: Features, dimensions, and configurations. In E. Rosch & B.B. Lloyed (Hrsg.), *Cognition and categorization* (S. 99-133). Hillsdale, NJ: Erlbaum.

Gaudig, H. (1909). *Didaktische Ketzereien*. Leipzig: Teubner.

Glaser, R. (1965). Toward a behavioral science base for instructional design. In R. Glaser (Hrsg.), *Teaching machines and programed learning II* (S. 771-809). Washington D.C.: National Education Association of the United States.

Glaser, R. (1972). Individuals and learning: The new aptitudes. *Educational Researcher*, *1*, 5-13.

Glaser, R. (1977). *Adaptive Education: Individual deversity and learning*. Ney York: Holt, Rinehart and Winston.

Glowalla, U. & Schoop, E. (1992). *Hypertext und Multimedia: Neue Wege in der computerunterstützten Aus- und Weiterbildung*. Heidelberg: Springer (im Druck).

Goldsmith, M. (Ed.). (1963). *Mechanisation in the classroom*. London: Souvenir Press.

Goldstein, H. (1980). Dimensionality, bias, independence and measurement scale problems in latent trait test score models. *British Journal of Mathematical and Statistical Psychology*, *33*, 234-246.

Goldstein, I.P. (1982). The genetic graph: A representation for the evolution of procedural knowledge. In D. Sleeman & J.S. Brown (Hrsg.), *Intelligent tutoring systems* (S. 51-78). New York: Academic Press, Inc.

Groen, G.J. & Atkinson, R.C. (1966). Models for optimizing the learning process. *Psychological Bulletin*, *66*, 309-320.

Gustafsson, J.E. (1987). Individual differences and instruction: Micro- and macro-adaptations. In E. DeCorte, H. Lodewijks, R. Parmentier & P. Span (Hrsg.), *Learning and instruction* (S. 123-132). Oxford, New York: Leuven University Press and Pergamon Press.

Guttman, L. (1981a). What is not what in theory construction. In I. Borg (Hrsg.), *Multidimensional data representations: When and why* (S. 47-64). Ann Arbor, Mich.: Mathesis Press.

Guttman, L. (1981b). What is not what in statistics. In I. Borg (Hrsg.), *Multidimensional data representations: When and why* (S. 20-46). Ann Arbor, Mich.: Mathesis Press.

Hansen, D.N., Ross, S.M. & Rakow, E. (1977). *Adaptive models for computer-based training systems* (Annual Report to Naval Personnel Research and Development Center). Memphis, TN: Memphis State University.

Heckhausen, H. (1968). Förderung der Lernmotivierung und der intellektuellen Tüchtigkeiten. In H. Roth (Hrsg.), *Begabung und Lernen* (Bd. 8, S. 193-228). Stuttgart: Klett.

Hedges, L.V. & Olkin, I. (1985). *Statistical methods for meta-analysis*. New York: Academic Press.

Hesse, F.W. (1982). Effekte des semantischen Kontexts auf die Bearbeitung komplexer Probleme. *Zeitschrift für Experimentelle und Angewandte Psychologie, 29*, 62-91.

Hilgard, E.R. (1964). Issues within learning theory and programmed learning. In A. Biancheri, E.R. Hilgard, H.M.B. Hurwitz, P.K. Komoski, G.A. Randell, H.H. Schaefer & W. Schulze (Hrsg.), *Programmierter Unterricht und Lehrmaschinen* (S. 228-246). Berlin: Pädagogische Arbeitsstelle - Sekretariat Pädagogisches Zentrum.

Hörmann, H.J. & Thomas, M. (1989). Zum Zusammenhang zwischen Intelligenz und komplexem Problemlösen. *Sprache & Kognition, 8*, 23-31.

Hollan, J.D. (1975). Features and semantic memory: Set-theoretic or network model? *Psychological Review, 82*, 154-155.

Hollan, J.D., Hutchins, E.L. & Weitzman, L. (1984). STEAMER: An interactive inspectable simulation-based training system. *AI Magazine, 5/2*, 15-27.

Homme, L.E. & Glaser, R. (1959). Relationships between the programmed textbook and teaching machines. In E. Galanter (Hrsg.), *Automatic teaching: The state of the art* (S. 103-107). New York: John Wiley and Sons, Inc.

Horn, W. (1962). *Leistungsprüfsystem LPS*. Göttingen: Hogrefe.

Horn, W. (1969). *Prüfsystem für Schul- und Bildungsberatung (PSB)*. Göttingen: Hogrefe.

Horton, R.L. (1978). *The general linear model*. New York: McGraw-Hill.

Hübner, R. (1987). Eine naheliegende Fehleinschätzung des Zielabstandes bei der zeitoptimalen Regelung dynamischer Systeme. *Zeitschrift für experimentelle und angewandte Psychologie, 34*, 38-53.

Hübner, R. (1988). Die kognitive Regelung dynamischer Systeme und der Einfluß analoger versus digitaler Informationsdarbietung. *Zeitschrift für Psychologie, 196*, 161-170.

Hübner, R. (1989). Methoden zur Analyse und Konstruktion von Aufgaben zur kognitiven Steuerung dynamischer Systeme. *Zeitschrift für experimentelle und angewandte Psychologie, 36*, 221-238.

Hunter, J.E., Schmidt, F.L. & Jackson, G.B. (1982). *Meta-analysis. Cumulating research findings across studies*. Beverly Hills, CA: Sage.

Huskey, H.D. (1962). Automatic computers and teaching machines. In J.E. Coulson (Hrsg.), *Programmed learning and computer-based instruction* (S. 257-272). New York: Wiley.

Hussey, W. (1989). Intelligenz und komplexes Problemlösen. *Diagnostica, 35*, 1-16.

Hussey, W. & Granzow, S. (1987). Komplexes Problemlösen, Gedächtnis und Verarbeitungsstil. *Zeitschrift für experimentelle und angewandte Psychologie, 34*, 212-227.

Issing, L.J. & Tober, K. (1988). *Autorensysteme für die Entwicklung computerunterstützter Lernprogramme*. Berlin: Freie Universität, Arbeitsbereich Medienforschung.

Jacoby, L.L. (1978). On interpreting the effects of repetition: Solving a problem versus remembering a solution. *Journal of Verbal Learning and Verbal Behavior, 17*, 649-667.

Jäger, A.O. (1982). Mehrmodale Klassifikation von Intelligenzleistungen: Experimentell kontrollierte Weiterentwicklung eines deskriptiven Intelligenzstrukturmodells. *Diagnostica, 28*, 195-225.

Janicki, T.C. & Peterson, P.L. (1981). Aptitude-treatment interaction effects of variations in direct instruction. *American Educational Research Journal, 18*, 63-82.

Jensen, B.T. (1949). An independent study laboratory using self-scoring tests. *Journal of Educational Psychology, 43*, 134-137.

Johansen, K.J. & Tennyson, R.D. (1984). Effect of adaptive advisement on perception in learner-controlled, computer-based instruction using a rule-learning task. *Educational Communications Technology Journal, 31*, 226-236.

Jonassen, D.H. (1985a). Interactive lesson designs: A taxonomy. *Educational Technology, 25*, 7-17.

Jonassen, D.H. (1985b). Learning strategies: A new educational technolgy. *Programmed Learning and Educational Technology*, 22, 526-534.

Jonassen, D.H. (1988a). Adaptive designs for courseware. In D.H. Jonassen (Hrsg.), *Instructional designs for microcomputer courseware* (S. 197-202). Hillsdale, New Jersey: Lawrence Erlbaum Associates.

Jonassen, D.H. (Ed.). (1988b). *Instructional designs for microcomputer courseware*. Hillsdale, N.J.: Erlbaum.

Jonassen, D.H. (1988c). Integrating learning strategies into courseware to faciliate deeper processing. In D.H. Jonassen (Hrsg.), *Instructional designs for microcomputer courseware* (S. 151-182). Hillsdale, New Jersey: Lawrence Erlbaum Associates.

Jonassen, D.H. & Hannum, W.H. (1987). Research-based principles for designing computer-software. *Educational Technology, 27*, 7-14.

Jonckheere, A.R. (1954). A distribution-free k-sample test against ordered alternatives. *Biometrika, 41*, 133-145.

Kallós, D. (1975). Zur Bedeutung der ATI-Forschung für die Pädagogik und für die Theorie und Praxis des Unterrichts. In R. Schwarzer & K. Steinhagen (Hrsg.), *Adaptiver Unterricht* (S. 174-186). München: Kösel.

Kay, H. (1964a). General introduction to teaching machine procedures. In K. Austwick (Hrsg.), *Teaching machines and programming* (S. 1-42). Oxford: Pergamon Press.

Kay, H. (1964b). Some research paradoxes of programmed instruction. In A. Biancheri, E.R. Hilgard, H.M.B. Hurwitz, P.K. Komoski, G.A. Randell, H.H. Schaefer & W. Schulze (Hrsg.), *Programmierter Unterricht und Lehrmaschinen* (S. 440-446). Berlin: Pädagogische Arbeitsstelle - Sekretariat Pädagogisches Zentrum.

Kearsley, G. (1988). Authoring systems for intelligent tutoring systems on personal computers. In D.H. Jonassen (Hrsg.), *Instructional designs for microcomputer courseware* (S. 381-396). Hillsdale, New Jersey: Lawrence Erlbaum Associates.

Keislar, E.R. (1959a). The development of understanding in arithmetic by a teaching machine. *Journal of Educational Psychology, 50*, 247-258.

Keislar, E.R. (1959b). *Theoretical aspects of automated teaching* (Unpublished paper - read at meeting of Western Psychological Association, San Diego).

Kerschensteiner, G. (1912). *Der Begriff der Arbeitsschule*. Leipzig: Teubner.

Kimball, R. (1982). A self-improving tutor for symbolic integration. In D. Sleeman & J.S. Brown (Hrsg.), *Intelligent tutoring systems* (S. 283-308). New York: Academic Press, Inc.

Kirsch, W., Blume, R. & Gabele, E. (1980). Computerunterstützter Unterricht (CUU) als Instrument der betrieblichen Bildung. *Zeitschrift für Betriebswirtschaft*, *50*, 186-204.

Klatzky, R.L. (1975). *Human memory: Structures and processes*. San Francisco: Freeman.

Klauer, K.J. (1985). Framework for a theory of teaching. *Teacher and Teacher Education*, *1*, 5-17.

Klauer, K.J. (1987). *Kriteriumsorientierte Tests*. Göttingen: Hogrefe.

Klauer, K.J. (1988a). Paradigmatic teaching of inductive thinking. In H. Mandl, E. DeCorte, & N. Bennett (Hrsg.), *Learning and Instruction* (Bd. 2). Oxford: Pergamon Press.

Klauer, K.J. (1988b). Teaching for learning-to-learn: A critical appraisal with some proposals. *Instructional Science*, *17*, 351-367.

Klauer, K.J. (1990). Über Signifikanztests oder Weniger ist manchmal mehr. *Psychologie in Erziehung und Unterricht*, *37*, 131-136.

Klauer, K.J. & Leutner, D. (1991). *Lernfortschrittsdiagnostik beim computerunterstützten Lehren* (DFG-Projektbericht KL 591/3-1). Aachen: Institut für Erziehungswissenschaft der RWTH.

Klaus, D.J. (1965). An analysis of programing techniques. In R. Glaser (Hrsg.), *Teaching machines and programed learning II* (S. 118-161). Washington D.C.: National Education Association of the United States.

Klausmeier, H.J. (1976). Instructional design and the teaching of concepts. In J.R. Levin & V.L. Allen (Hrsg.), *Cognitive Learning in children theories and strategies* (S. 191-215). New York: Academic Press.

Klix, F. (1980). *Information und Verhalten*. Berlin: VEB Deutscher Verlag der Wissenschaften.

Klotz, G. (1970). Lehrprozeß-Anpassung beim Einsatz von Computer-Lehrsystemen. In B. Rollett (Hrsg.), *Praxis und Theorie des programmierten Unterrichtes* (S. 120-125). Oldenbourg: Klett.

Kluwe, R. (1979). *Wissen und Denken*. Stuttgart: Kohlhammer.

Kluwe, R. & Haider, H. (1990). Modelle zur internen Repräsentation komplexer technischer Systeme. *Sprache & Kognition*, *9*, 173-192.

Kötter, L., Auffenfeld, A., Jüngst, K.L. & Struchholz, H. (1990). Optimization of teaching and learning of concepts. *Computers in Human Behavior*, *6*, 3-15.

Küffner, H. & Seidel, C. (1989). *Computerlernen und Autorensysteme*. Stuttgart: Verlag für Angewandte Psychologie.

Kühn, O. & Schmalhofer, F. (1987). Erlernen der Computerbenutzung durch gezielt sequenzierte Instruktion oder durch Explorieren. In W. Schönpflug (Hrsg.), *Software Ergonomie 87* (S. 387-397). Stuttgart: Teubner.

Kuhn, T.S. (1962). *The structure of scientific revolutions*. Chicago: University of Chicago Press.

Kunz, G.C. & Schott, F. (1987). *Intelligente tutorielle Systeme*. Göttingen: Hogrefe.

Lane, N.E. (1987). *Skill acquisition rates and patterns*. New York: Springer.

Lawson, D.R. (1969). Who thought of it first? A review of historical references to programmed instruction. *Educational Technology*, *9*, 93-96.

Lepper, M.R. & Malone, T.W. (1987). Intrinsic motivation and instructional effectiveness in computer-based education. In R.E. Snow & M.J. Farr (Hrsg.), *Aptitude, learning, and instruction* (Bd. 3, S. 255-286). Hillsdale, N.J.: Erlbaum.

Lesgold, A. (1988). Toward a theory of curriculum for use in designing intelligent instructional systems. In H. Mandl & A. Lesgold (Hrsg.), *Learning issues for intelligent tutoring systems* (S. 114-137). New York: Springer Verlag.

Leutner, D. (1988a). Computersimulierte dynamische Systeme: Wissenserwerb unter verschiedenen Lehrmethoden und Sozialformen des Unterrichts. *Zeitschrift für Entwicklungspsychologie und Pädagogische Psychologie*, *20*, 338-355.

Leutner, D. (1988b). Entdeckenlassendes Lehren: Beitrag zu einer facettentheoretisch begründeten empirischen Lehrforschung. In H. Schrettenbrunner & J. VanWestrhenen (Hrsg.), *Empirische Forschung und Computer im Geographieunterricht. Niederländisch-deutsches Symposium* (S. 24-43). Lüneburg: Hochschulverband für Geographie und ihre Didaktik.

Leutner, D. (1988c). Multidimensionale Item-Response-Modelle. *Diagnostica*, *34*, 99-118.

Leutner, D. (1989a). Angeleitetes Lernen mit Planspielen: Lernerfolg in Abhängigkeit von Persönlichkeitseigenschaften sowie Ausmaß und Zeitpunkt der Anleitung. *Unterrichtswissenschaft*, *17*, 342-358.

Leutner, D. (1989b). Implementation und experimentelle Evaluation von Lernhilfen im computersimulierten Planspiel "Hunger in Nordafrika". In H. Schrettenbrunner (Hrsg.), *Software für den Geographieunterricht. (Geographiedidaktische Forschungen, Bd. 18)* (S. 81-109). Lüneburg: Hochschulverband für Geographie und ihre Didaktik.

Leutner, D. (1990a). Faktoranalytische Artefakte aufgrund nicht-monotoner Itemcharakteristik aufgezeigt am Beispiel religiöser Einstellungen. In H. Feger (Hrsg.), *Wissenschaft und Verantwortung* (S. 187-213). Göttingen: Hogrefe.

Leutner, D. (Ed.). (1990b). German experimental research in learning and instruction with computers. *Computers in Human Behavior (Special Issue)*, *6*, 1-132.

Leutner, D. (1990c). Simulation und Modellbildung. In Deutsches Institut für Fernstudien (Hrsg.), *Lehren und Lernen mit dem Computer, Bd. 1: Computereinsatz im Fachunterricht* (S. 22-52). Tübingen: Deutsches Institut für Fernstudien (DIFF).

Leutner, D. (1992). Das Testlängendilemma in der lernprozeßbegleitenden Wissensdiagnostik. *Zeitschrift für Pädagogische Psychologie*, *5*, (im Druck).

Leutner, D. & Kretzschmar, R. (1988). Veranschaulichung und Aktivierung: Überraschende Effekte zweier didaktischer Prinzipien. *Zeitschrift für Entwicklungspsychologie und Pädagogische Psychologie*, *20*, 263-278.

Leutner, D. & Schrettenbrunner, H. (1989). Entdeckendes Lernen in komplexen Realitätsbereichen: Evaluation des Computer-Simulationsspiels "Hunger in Nordafrika". *Unterrichtswissenschaft*, *17*, 327-341.

Leutner, D. & Schumacher, G. (1990). The effects of different on-line adaptive response time limits on speed and amount of learning in computer-assisted instruction and intelligent tutoring. *Computers in Human Behavior*, *6*, 17-29.

Lewis, B.N. (1963). Automated group instruction. In M. Goldsmith (Hrsg.), *Mechanisation in the classroom* (S. 123-129). London: Souvenir Press.

Lewis, B.N. & Pask, G. (1965). The theory and practice of adaptive teaching systems. In R. Glaser (Hrsg.), *Teaching machines and programed learning II* (S. 213-266). Washington D.C.: National Education Association of the United States.

Lienert, G.A. (1973). *Verteilungsfreie Methoden in der Biostatistik, Bd. 1*. Meisenheim: Hain.

Lindsay, P. & Norman, D. (1973). *Human information processing*. New York: Academic Press.

Litchfield, B.C., Driscoll, M.P. & Dempsey, J.V. (1990). Presentation sequence and example difficulty: Their effect on concept and rule learning in computer-based instruction. *Journal of Computer-Based Instruction, 17*, 35-40.

Lohman, D.F. (1986). Predicting mathemathanic effects in the teaching of higher-order thinking skills. *Educational Psychologist, 21*, 191-208.

Lumsdaine, A.A. (1960). Teaching machines: An introductory overview. In A.A. Lumsdaine & R. Glaser (Hrsg.), *Teaching machines and programmed learning* (S. 5-22). Washington D.C.: National Education Association of the United States.

Lumsdaine, A.A. & Glaser, R. (Eds.). (1960). *Teaching machines and programmed learning*. Washington, DC: Department of Audio-Visual Instruction, National Education Association of the US.

Lysaught, J.P. & Williams, C.M. (1963). *A guide to programmed instruction*. New York: Wiley.

Mackay, W.E. (1988). Tutoring, information databases, and iterative design. In D.H. Jonassen (Hrsg.), *Instructional designs for microcomputer courseware* (S. 327-346). Hillsdale, New Jersey: Lawrence Erlbaum Associates.

Malone, T.W. (1981). Toward a theory of intrinsically motivating instruction. *Cognitive Science, 4*, 333-369.

Malone, T.W. & Lepper, M.R. (1987). Making learning fun: a taxonomy of intrinsic motivations for learning. In R.E. Snow & M.J. Farr (Hrsg.), *Aptitude, learning, and instruction* (Bd. 3, S. 223-254). Hillsdale, N.J.: Erlbaum.

Mandl, H. & Fischer, P.M. (Hrsg.). (1985). *Lernen im Dialog mit dem Computer*. München: Urban & Schwarzenberg.

Mandl, H. & Hron, A. (1985). *Förderung kognitiver Fähigkeiten und des Wissenserwerbs durch computerunterstütztes Lernen (Forschungsbericht)*. Tübingen: Deutsches Institut für Fernstudien (DIFF).

Mandl, H. & Hron, A. (1989). Psychologische Aspekte des Lernens mit dem Computer. *Zeitschrift für Pädagogik, 35*, 657-678.

Mandl, H. & Lesgold, A. (Eds.). (1988). *Learning issues for intelligent tutoring systems*. New York: Springer.

Mandl, H. & Möbus, C. (1986). Modellierung und Diagnose von Wissen. In M. Amelang (Hrsg.), *Bericht über den 35. Kongreß der Deutschen Gesellschaft für Psychologie in Heidelberg 1986* (S. 192-193). Göttingen: Hogrefe.

McKeachie, W.J. (1974). Instructional psychology. *Annual Review of Psychology, 25*, 161-193.

McLain, D.H. (1974). Drawing contours from arbitrary data points. *The Computer Journal, 17*, 318-324.

Mellan, I. (1936). Teaching and educational inventions. *Journal of Experimental Education, 4*, 291-300.

Merrill, M.D. (1975). Learner control: Beyond aptitude-treatment interactions. *AV Communication Review, 23*, 217-226.

Merrill, M.D. (1988a). Applying component display theory to the design of courseware. In D.H. Jonassen (Hrsg.), *Instructional designs for microcomputer courseware* (S. 61-96). Hillsdale, N.J.: Erlbaum.

Merrill, M.D. (1988b). Don't bother me with instructional design - I'm busy programming!. *Computers in Human Behavior, 4*, 37-52.

Merrill, M.D. (1988c). The role of tutorial and experimental models in intelligent tutoring systems. *Educational Technology, 28*, 7-13.

Merrill, M.D., Schneider, E.W. & Fletcher, K.A. (1980). TICCIT. *Instructional Design Library*. Englewood Cliffs, NJ: Educational Technology Publications, *40*.

Meyer, S.R. (1959). Report on the first run of a junior high school vocabulary presented in programed textbook. Unpublished paper, cited in L.M. Stolurow (1961), *Teaching by machine* (S. 122-123). Washington, DC.: U.S. Department of Health, Education, and Welfare.

Miller, M.L. (1982). A structured planning and debugging environment for elementary programming. In D. Sleeman & J.S. Brown (Hrsg.), *Intelligent tutoring systems* (S. 119-136). New York: Academic Press, Inc.

Müller-Schwarz. (1969). *Einführung in die Regelungstechnik*. München: Siemens AG.

Müller-Schwarz. (1970). *Regeleinrichtungen*. München: Siemens AG.

Murray, W.R. (1989). Control for intelligent tutoring systems: A blackboard-based dynamic instructional planner. *AI Communication*, *2*, 41-57.

Narendra, K.S. & Lin, Y.H. (1980). Design of stable model reference adaptive controllers. In K.S. Narendra & R.V. Monopoli (Hrsg.), *Applications of adaptive control* (S. 69-130). New York: Academic Press.

Narendra, K.S. & Peterson, B.B. (1980). Recent developments in adaptive control. In H. Unbehauen (Hrsg.), *Methods and applicatios in adaptive control* (S. 84-101). Heidelberg: Springer-Verlag.

Neisser, U. (1967). *Cognitive psychology*. New York: Appleton Century Crofts.

Neuwirth, C.M. (1989). Intelligent tutoring systems: Exploring issues in learning and teaching writing. *Computers and the Humanities*, *23*, 45-57.

Norman, D. (1973). Memory, knowledge and the answering of questions. In R.L. Solso (Hrsg.), *Contemporary issues in cognitive psychology* (S. 135-165). New York: Wiley.

Novick, M.R. & Lewis, C. (1974). Prescribing test length for criterion-referenced measurement. In C.W. Harris, M.C. Alkin & W.J. Popham (Hrsg.), *Problems in criterion-referenced measurement* (S. 139-158). Los Angeles: Center for the Study of Evaluation.

Nußbaum, A. (1984). Entdeckendes Lernen: Probleme der Forschung und mögliche Lösungen. *Zeitschrift für Entwicklungspsychologie und Pädagogische Psychologie*, *16*, 57-76.

Nußbaum, A. (1989). *Anforderung und Leistung beim Lernen* (Braunschweiger Studien zur Erziehungs- und Sozialarbeitswissenschaft, Bd. 23). Braunschweig: Rössner.

Nußbaum, A. & Leutner, D. (1986a). Die Auswirkung der Schwierigkeit textbegleitender Fragen auf die Lernleistung. *Zeitschrift für Entwicklungspsychologie und Pädagogische Psychologie*, *18*, 230-244.

Nußbaum, A. & Leutner, D. (1986b). Entdeckendes Lernen von Aufgabenlösungsregeln unter verschiedenen Anforderungsbedingungen . *Zeitschrift für Entwicklungspsychologie und Pädagogische Psychologie*, *18*, 153-164.

O'Shea, T. (1979a). A self-improving quadratic tutor. *International Journal of Man-Machine Studies*, *11*, 97-124.

O'Shea, T. (1979b). *Self-improving teaching systems: An application of artificial intelligence to computer-aided instruction*. Basel: Birkhauser Verlag.

O'Shea, T. (1982). A self-improving quadratic tutor. In D. Sleeman & J.S. Brown (Hrsg.), *Intelligent tutoring systems* (S. 309-336). New York: Academic Press, Inc.

O'Shea, T. & Self, J.A. (Eds.). (1984). *Learning and teaching with computers. Artificial intelligence in Education*. Brighton: Harvester Press.

Ohlsson, S. (1986). Some principles of intelligent tutoring. *Instructional Science*, *14*, 293-326.

Orey, M.A. & Burton, J.K. (1989). POSIT: Process oriented subtraction-interface for tutoring. *Journal of Artificial Intelligence in Education*, *1*, 77-104.

Park, D.C. & Tennyson, R.D. (1983). Computer-based instructional systems for adaptive education: A review. *Contemporary Education Review*, *2*, 121-135.

Park, D.C. & Tennyson, R.D. (1986). Computer-based response-sensitive design strategies for selecting presentation form and sequence of examples in learning of coordinate concepts. *Journal of Educational Psychology*, *78*, 153-158.

Park, O.C. & Tennyson, R.D. (1980). Adaptive design strategies for selecting number and presentation order of examples in coordinate concept acquisition. *Journal of Educational Psychology*, *72*, 362-370.

Park, O.C. & Tennyson, R.D. (1980). Adaptive design strategies for selecting number and presentation order of examples in coordinate concept acquisition. *Journal of Educational Psychology*, *72*, 362-370.

Park, O. & Tennyson, R.D. (1980). Adaptive design strategies for selecting number and presentation order of examples in coordinate concept acquisition. *Journal of Educational Psychology*, *72*, 499-505.

Park, O. & Tennyson, R.D. (1986). Response-sensitive design strategies for sequence order of concepts and presentation form of examples using computer-based instruction. *Journal of Educational Psychology*, *78*, 153-158.

Parks, P.C., Schaufelberger, W., Schmid, C. & Unbehauen, H. (1980). Applications of adaptive control systems. In H. Unbehauen (Hrsg.), *Methods and applications in adaptive control* (S. 161-198). Heidelberg: Springer-Verlag.

Pask, G. (1958). Electronic keyboard teaching machines. In (reprint) A.A. Lumsdaine & R. Glaser (1960), *Teaching machines and programmed learning* (S. 336-348). Washington D.C.: National Education Association of the United States.

Pask, G. (1960a). Adaptive teaching with adaptive machines. In A.A. Lumsdaine & R. Glaser (Hrsg.), *Teaching machines and programmed learning* (S. 349-366). Washington, D.C.: National Education Association of the United States.

Pask, G. (1960b). Problems in simulation and programming in the design of complex trainers. In A.A. Lumsdaine & R. Glaser (Hrsg.), *Teaching machines and programmed learning* (S. 329-335). Washington D.C.: National Education Association of the United States.

Pask, G. (1963). A look at the future. In M. Goldsmith (Hrsg.), *Mechanisation in the classroom* (S. 185-207). London: Souvenir Press.

Pask, G. (1964a). Anpassungsfähige Lehrmaschinen zur Gruppenschulung. In H. Frank (Hrsg.), *Kybernetische Maschinen* (S. 340-350). Frankfurt: Fischer Verlag.

Pask, G. (1964b). The adaptive teaching system. In K. Austwick (Hrsg.), *Teaching machines and programming* (S. 79-112). Oxford, London: Pergamon Press.

Pask, G. (1972). Die Automatisierung des Unterrichts und die Natur des Lernens. In B. Rollett & K. Weltner (Hrsg.), *Fortschritte und Ergebnisse der Bildungstechnologie 2* (S. 86-101). München: Ehrenwirth.

Pask, G. (1975). *Conversation, cognition and learning*. Amsterdam: Elsevier.

Peterson, P.L. (1977). Interactive effects of student anxiety, achievement orientation, and teacher behavior on student achievement and attitude. *Journal of Educational Psychology*, *69*, 779-792.

Peterson, P.L. & Janicki, T.C. (1979). Individual characteristics and children's learning in large -group and small-group approaches. *Journal of Educational Psychology*, *71*, 677-687.

Porter, D. (1959). Some effects of year long teaching machine instruction. In E. Galanter (Hrsg.), *Automatic teaching: The state of the art* (S. 85-90). New York: Wiley.

Pressey, S.L. (1926). A simple apparatus which gives tests and scores and teaches. In (reprint) A.A. Lumsdaine & R. Glaser (1960), *Teaching machines and programmed learning* (S. 35-41). Washington D.C.: National Education Association of the United States.

Pressey, S.L. (1927). A machine for automatic teaching of drill material. In (reprint) A.A. Lumsdaine & R. Glaser (1960), *Teaching machines and programmed learning* (S. 42-46). Washington D.C.: National Education Association of the United States.

Pressey, S.L. (1965a). Ein einfaches Gerät, das Tests darbietet, sie auswertet und zugleich lehrt. In W. Correll (Hrsg.), *Programmiertes Lernen und Lehrmaschinen* (S. 25-31). Braunschweig: Georg Westermann.

Pressey, S.L. (1965b). Eine Maschine zum automatischen Lehren von Übungsstoffen. In W. Correll (Hrsg.), *Programmiertes Lernen und Lehrmaschinen* (S. 32-36). Braunschweig: Georg Westermann.

Putz-Osterloh, W. (1981). Über die Beziehung zwischen Testintelligenz und Problemlöseerfolg. *Zeitschrift für Psychologie, 189*, 79-100.

Putz-Osterloh, W. (1985). Die Veränderbarkeit des Verhaltens im Umgang mit komplexen Problemen. In D. Albert (Hrsg.), *Bericht über den 34. Kongreß der DGfPs in Wien 1984* (S. 270-272). Göttingen: Hogrefe.

Putz-Osterloh, W. & Lüer, G. (1981). Über die Vorhersagbarkeit komplexer Problemlöseleistungen durch Ergebnisse in einem Intelligenztest. *Zeitschrift für Experimentelle und Angewandte Psychologie, 28*, 309-334.

Quillian, M.R. (1969). The teachable language comprehender. *Communications of the ACM, 12*, 459-476.

Rath, G.J., Anderson, N.S. & Brainerd, R.C. (1959). The IBM research center teaching machine project. In E. Galanter (Hrsg.), *Automatic teaching: The state of the art* (S. 117-130). New York: John Wiley and Sons, Inc.

Reed, A.V. (1973). Speed accuracy trade-off in recognition memory. *Science, 181*, 574-576.

Reuter, M. (1975). *Regelungstechnik für Ingenieure*. Braunschweig: Vieweg.

Rigney, J.W. (1962). Potential uses of computers as teaching machines. In J.E. Coulson (Hrsg.), *Programmed learning and computer-based instruction* (S. 155-170). New York: Wiley.

Rosch, E. (1973). Natural categories. *Cognitive Psychology, 4*, 328-350.

Rosch, E. (1975a). Cognitive reference points. *Cognitive Psychology, 7*, 532-547.

Rosch, E. (1975b). Cognitive representations of semantic categories. *Journal of Experimental Psychology, 104*, 192-233.

Rosch, E. (1977a). Classification of real-world-objects: Origins and representations in cognition. In P.N. Johnson-Laird & P.C. Wason (Hrsg.), *Thinking, readings in cognitive science* (S. 212-222) Cambridge.

Rosch, E. (1977b). Human categorization. In N. Warren (Hrsg.), *Studies in cross-cultural psychology* (Bd. 1, S. 3-49). London: Academic Press.

Rosch, E. (1978). Principles of categorization. In E. Rosch & B. Lloyd (Hrsg.), *Cognition and categorization* (S. 27-48). Hillsdale, NJ: Erlbaum.

Rosenberg, R. (1987). A critical analysis of research on intelligent tutoring systems. *Educational Technology, 27*, 7-13.

Rosenshine, B. & Stevens, R. (1986). Teaching functions. In M.C. Wittrock (Hrsg.), *Handbook of research in teaching, 3rd edition* (S. 376-391). New York: Macmillan.

Ross, S.M. (1983). Increasing the meaningfulness of quantitative material by adapting context to student background. *Journal of Educational Psychology, 75*, 519-529.

Ross, S.M. (1984). Matching the lesson to the student: Alternative adaptive designs for individualized learning systems. *Journal of Computer-Based Instruction, 11*, 42-48.

Ross, S.M. & Anand, P. (1986). *Using computer-assisted instruction to personalize math learning materials for elementary school children* (Paper presented at the Annual Meeting of the American Educational Research Association, San Francisco).

Ross, S.M., Anand, P. & Morrison, G.R. (1988). Personalizing math problems: A modern technology approach to an old idea. *Educational Technology, 28*, 20-25.

Ross, S.M. & Morrison, G.R. (1988). Adapting instruction to learner performance and background variables. In D.H. Jonassen (Hrsg.), *Instructional designs for microcomputer courseware* (S. 227-246). Hillsdale, New Jersey: Lawrence Erlbaum Associates.

Ross, S.M. & Rakow, E.A. (1982). Adaptive instructional strategies for teaching rules in mathematics. *Educational Communication and Technology, 30*, 67-74.

Rothen, W. & Tennyson, R.D. (1978). Application of Bayes theory in designing computer-based adaptive instructional strategies. *Educational Psychologist, 12*, 317-323.

Rothkopf, E.Z. (1957). Heuristic discussions of psychological bases for the conduct of training by automatic devices: A functional diagram and an approach to research. In (reprint) A.A. Lumsdaine & R. Glaser (1960), *Teaching machines and programmed learning* (S. 305-310). Washington D.C.: National Education Association of the United States.

Rumelhart, D. & Norman, D. (1975). The active structural network. In D. Norman & D. Rumelhart (Hrsg.), *Explorations in cognition* (S. 35-64). Reading: Freeman.

Runkel, P.J. & McGrath, J.E. (1972). *Research on human behavior*. New York: Holt, Rinehart and Winston.

Salisbury, D.F. (1988). Effective drill and practice strategies. In D.H. Jonassen (Hrsg.), *Instructional designs for microcomputer courseware* (S. 103-124). Hillsdale, New Jersey: Lawrence Erlbaum Associates.

Salisbury, D.F. (1990). Cognitive psychology and its implications for designing drill and practice programs for computers. *Journal of Computer-Based Instruction, 17*, 23-30.

Salomon, G. (1972). Heuristic models for the generation of aptitude-treatment interaction hypotheses. *Review of Educational Research, 42*, 237-343.

Salomon, G. (1974). What is learned and how it is taught. The interaction between media, message, task, and learner. In D. Olson (Hrsg.), *NSSE yearbook: Media and symbols, the forms of expression, communication and education*. Chicago: The University of Chicago Press.

Salomon, G. (1975). Heuristische Modelle für die Gewinnung von Interaktionshypothesen. In R. Schwarzer & K. Steinhagen (Hrsg.), *Adaptiver Unterricht* (S. 127-145). München: Kösel.

Salomon, G. (1979). *Interaction of media, cognition and learning*. San Francisco: Jossey-Bass.

Scandura, J.M. & Scandura, A.B. (1988). A structured approach to intelligent tutoring. In D.H. Jonassen (Hrsg.), *Instructional designs for microcomputer courseware* (S. 347-380). Hillsdale, N.J.: Erlbaum.

Schäfer, O. (1970). Regelungstechnik. In F. Sass, C. Bouché & A. Leitner (Hrsg.), *Dubbel. Taschenbuch für den Maschinenbau, Bd. 2* (S. 876-889). Berlin: Springer.

Scheele, B. & Groeben, N. (1984). *Die Heidelberger Struktur-Lege-Technik*. Weinheim: Beltz.

Schmalhofer, F., Kühn, O., Messamer, P. & Charron, R. (1990). An experimental evaluation of different amounts of receptive and exploratory learning in a tutoring system. *Computers in Human Behavior, 6*, 51-68.

Schramm, W. (1964). The research on programmed instruction. In A. Biancheri, E.R. Hilgard, H.M.B. Hurwitz, P.K. Komoski, G.A. Randell, H.H. Schaefer & W. Schulze (Hrsg.), *Programmierter Unterricht und Lehrmaschinen* (S. 462-483). Berlin: Pädagogische Arbeitsstelle - Sekretariat Pädagogisches Zentrum.

Schrettenbrunner, H. (Hrsg.). (1989). *Software für den Geographieunterricht* (Geographiedidaktische Forschungen, Bd. 18). Lüneburg: Hochschulverband für Geographie und ihre Didaktik.

Schumacher, G. (1988). Der SJ-Test von Jonckheere - ein Verfahren zur Überprüfung von Lokationshypothesen. *Empirische Pädgogik*, *2*, 67-79.

Schumacher, G. & Leutner, D. (1990). Lernerkontrolle und programmgesteuerte Adaptation der Antwortzeitbegrenzung beim computerunterstützten Lehren. *Zeitschrift für Pädagogische Psychologie*, *3*, 187-198.

Schwarzer, R. (Hrsg.). (1986). *Skalen zur Befindlichkeit und Persönlichkeit* (Forschungsbericht 5). Berlin: Institut für Psychologie der Freien Universität Berlin.

Schwarzer, R. (1989). *Meta-analysis programs*. Berlin: Institut für Psychologie der Freien Universität.

Seidel, C. & Lipsmeier, A. (1989). *Computerunterstütztes Lernen*. Stuttgart: Verlag für Angewandte Psychologie.

Self, J.A. (1974). Student models in computer-aided instruction. *International Journal for Man-Machine Studies*, *6*, 261-276.

Shute, V. & Bonar, J.G. (1986a). *An intelligent tutoring system for scientific inquiry skills* (Proceedings of the Eighth Cognitive Science Society Conference, Amherst, Massachusetts, 353-370).

Shute, V. & Glaser, R. (1986b). *An intelligent tutoring system for exploring principles of economics* (Technical Report). Pittsburgh, Pennsylvania: Learning Research and Development Center, University of Pittsburgh.

Siegel, M.A. & Misselt, A.L. (1984). Adaptive feedback and review paradigm for computer-based drills. *Journal of Educational Psychology*, *76*, 310-317.

Sime, M. (1964). The elements of a teaching system. In K. Austwick (Hrsg.), *Teaching machines and programming* (S. 113-135). Oxford, London: Pergamon Press.

Simon, H. (1976). Identifying basic abilities underlying intelligent performance of complex tasks. In L. Resnick (Hrsg.), *The nature of intelligence* (S. 65-98). New York: Wiley.

Skinner, B.F. (1954). The science of learning and the art of teaching. In (reprint) A.A. Lumsdaine & R. Glaser (1960), *Teaching machines and programmed learning* (S. 99-113). Washington D.C.: National Education Association of the United States.

Skinner, B.F. (1958a). Teaching machines. In (reprint) A.A. Lumsdaine & R. Glaser (1960), *Teaching machines and programmed learning* (S. 137-158). Washington D.C.: National Education Association of the United States.

Skinner, B.F. (1958b). Teaching machines. *Science*, *128*, 969-977.

Skinner, B.F. (1965a). Die Wissenschaft vom Lernen und die Kunst des Lehrens. In W. Correll (Hrsg.), *Programmiertes Lernen und Lehrmaschinen* (S. 66-84). Braunschweig: Georg Westermann.

Skinner, B.F. (1965b). Lehrmaschinen. In W. Correll (Hrsg.), *Programmiertes Lernen und Lehrmaschinen* (S. 37-65). Braunschweig: Georg Westermann.

Skinner, B.F. (1965c). Reflections on a decade of teaching machines. In R. Glaser (Hrsg.), *Teaching machines and programed learning II* (S. 5-20). Washington D.C.: National Education Association of the United States.

Sleeman, D. & Brown, J.S. (Eds.). (1982a). *Intelligent tutoring systems*. New York: Academic Press.

Sleeman, D. & Brown, J.S. (1982b). Intelligent tutoring systems. In D. Sleeman & J.S. Brown (Hrsg.), *Intelligent tutoring systems* (S. 1-12). New York: Academic Press, Inc.

Smith, E.E., Shoben, E.J. & Rips, L.J. (1974). Structure and process in semantic memory. *Psychological Review, 81*, 214-241.

Snow, R.E. (1977a). Learning and individual differences. In L.S. Shulman (Hrsg.), *Review of research in education*. Hasca, Ill.: Peacock.

Snow, R.E. (1977b). Research on aptitudes: A process report. In L.S. Shulman (Hrsg.), *Review of research in education* (Bd. 4, S. 50-105). Itasca, Il.: Peacock.

Snow, R.E. (1982). The training of intellectual aptitude. In D.K. Detterman & R.J. Sternberg (Hrsg.), *How and how much can intelligence be increased?* (S. N.N.). Norwood, N.J.: Ablex.

Snow, R.E. (1987). Aptitude complexes. In R.E. Snow & M.J. Farr (Hrsg.), *Aptitude, learning, and instruction* (Bd. 2, S. 11-34). Hillsdale, N.J.: Erlbaum.

Sommer, H. (Hrsg.). (1985). *Aus- und Fortbildung: Zeit und Geld. Handbuch für die Berufsbildung in Betrieb und Verwaltung*. Sindelfingen: Expert.

Stachowiak, H. (1964). Ein kybernetisches Motivationsmodell. In H. Frank (Hrsg.), *Lehrmaschinen in kybernetischer und pädagogischer Sicht* (Bd. 2, S. 119-134). München: Oldenburg.

Staufenbiel, T. (1987). Critical values and properties of "mue2". *Methodika, 1*, 60-67.

Steinberg, E.R. (1977). Review of student control in computer-assisted instruction. *Journal of Computer-Based Instruction, 3*, 84-90.

Stetter, C. (1986). *Richtige Zeichensetzung durch neue, vereinfachte Regeln: Erläuterung der Zweifelsfragen anhand vieler Beispiele*. Niederhausen/Ts.: Falken-Verlag.

Stevens, A.L. & Collins, A. (1977). *The goal structure of a Socratic tutor* (Proceedings of the National ACM Conference). Seattle, Washington: Association for Computing Machinery, New York, 256-263.

Stevens, A.L. & Roberts, B. (1983). Quantitative and qualitative simulation in computer-based training. *Journal of Computer-Based Instruction, 10*, 16-19.

Stolurow, L.M. (1961). *Teaching by machine*. Washington D.C.: United States Government Printing Office.

Stolurow, L.M. & Davis, D. (1965). Teaching machines and computer-based systems. In R. Glaser (Hrsg.), *Teaching machines and programed learning II* (S. 162-212). Washington D.C.: National Education Association of the United States.

Stolurow, L.M. & Fauser, C. (1966). Das rechnergesteuerte Lehrsystem "Socrates" in Theorie und Erfahrung. In H. Frank (Hrsg.), *Lehrmaschinen in kybernetischer und pädagogischer Sicht* (S. 113-132). Stuttgart: Klett.

Suppes, P. (1966). The uses of computers in education. *Scientific American, 215*, 206-221.

Tennyson, C.L., Tennyson, R.D. & Rothen, W. (1980). Content structure and instructional control strategies as design variables in concept acquisition. *Journal of Educational Psychology, 72*, 499-505.

Tennyson, R.D. (1980). Advisement and management strategies as design variables in computer-assisted instruction. *Educational Communication and Technology Journal, 28*, 169-176.

Tennyson, R.D. (1980). Instructional control strategies and content structure as design variables in concept acquisition using computer-based instruction. *Journal of Educational Psychology, 72*, 525-532.

Tennyson, R.D. (1981). Improvement in college teaching using historical objectives and contemporary instructional science. *Journal of Educational Technology Systems, ?*, 339-347.

Tennyson, R.D. (1981). Interactive effect of cognitive learning theory with computer attributes in the design of computer-assisted instruction. *Journal of Educational Technology Systems, 10*, 175-186.

Tennyson, R.D. (1981). Underactive effect of cognitive learning theory with computer attributes in the design of computer-assisted instruction. *Journal of Educational Technology Systems, 10*, 175-186.

Tennyson, R.D. (1981). Use of adaptive information for advisement in learning concepts and rules using computer-assisted instruction. *American Educational Research Journal, 18*, 425-438.

Tennyson, R.D. (1988). An instructional strategy planning model to improve learning and cognition. *Computers in Human Behavior, 4*, 13-22.

Tennyson, R.D. & Breuer, K. (1990). *Complex-dynamic simulations to improve higher-order thinking strategies* (Paper presented in the symposium "Higher order knowledge", American Educational Research Association, Boston, April).

Tennyson, R.D. & Buttrey, T. (1980). Advisement and management strategies as design variables in computer-assisted instruction. *Educational Communication and Technology Journal, 28*, 169-176.

Tennyson, R.D. & Christensen, D.L. (1988). MAIS: An intelligent learning system. In D.H. Jonassen (Hrsg.), *Instructional designs for microcomputer courseware* (S. 247-274). Hillsdale, N.J.: Erlbaum.

Tennyson, R.D., Christensen, D.L. & Park, S (1984). The Minnesota adaptive instructional system: An intelligent CAI system. *Journal of Computer-Based Instruction, 11*, 2-13.

Tennyson, R. D. & Park, O. C. (1980). The teaching of concepts: A review of instructional design research literature. *Review of Educational Research, 50*, 55-70.

Tennyson, R.D., Park, O.C. & Christensen, D.L. (1985). Adaptive control of learning time and content sequence in concept learning using computer-based instruction. *Journal of Educational Psychology, 77*, 481-491.

Tennyson, R.D. & Park, S. (1984). Process learning time as an adaptive design variable in concept learning using computer-based instruction. *Journal of Educational Psychology, 76*, 452-465.

Tennyson, R.D. & Park, S. (1985a). Adaptive control of learning time and content sequence in concept-learning using computer-based instruction. *Journal of Educational Psychology, 77*, 481-491.

Tennyson, R.D. & Park, S. (1985b). Interactive effect of process learning time and ability in concept learning using computer-based instruction. *Journal of Structural Learning, 8*, 241-260.

Tennyson, R.D. & Rasch, M. (1988). Linking cognitive learning theory to instructional prescriptions. *Instructional Science, 17*, 369-385.

Tennyson, R.D. & Rothen, W. (1977). Pre-task and on-task adaptive design strategies for selecting number of instances in concept acquisition. *Journal of Educational Psychology, 69*, 586-592.

Tennyson, R.D., Thurlow, R. & Breuer, K. (1987). Problem-oriented simulations to develop and improve higher-order thinking strategies. *Computers in Human Behavior, 3*, 151-165.

Tennyson, R.D., Welsh, J.C., Christensen, D.L. & Hajovy, H. (1985). Interactive effect of information structure, sequence of information and process learning time on rule learning using computer-based instruction. *Educational Communication and Technology Journal, 33*, 213-233.

Thalmaier, A. (1979). Zur kognitiven Bewältigung der optimalen Steuerung eines dynamischen Systems. *Zeitschrift für experimentelle und angewandte Psychologe, 26*, 388-421.

Thorndike, E.L. (1911). *Individuality*. Boston: Houghton Mifflin.

Thorndike, E.L. (1912). *Education*. New York: Macmillan.

Thorndike, E.L. (1932). *Fundamentals of Learning*. New York: Columbia University.

Tolman, E.C. (1932). *Purposive behavior in animals and men*. New York: Century.

Unbehauen, H. & Schmid, C. (1980). Application of adaptive systems in process control. In K.S. Narendra & R.V. Monopoli (Hrsg.), *Applications of adaptive control* (S. 509-554). New York: Academic Press.

VanLehn, K. (1982). Bugs are not enough: Empirical studies of bugs, impasses and repairs in procedural skills. *Journal of Mathematical Behavior*, *3*, 3-72.

VanLehn, K. (1983). *Human procedural skill acquisition: Theory, model, and psychological validation* (Proceedings of the National conference on arificial intelligence). Washington, D.C.:, 420-423.

VanLehn, K. (1987). Learning one subprocedure per lesson. *Artificial Intelligence*, *31*, 1-40.

VanMerrienboer, J.J.G., VanDenBerg, K.G. & Maaswinkel, D.M. (1989). Some experiences with two intelligent tutoring systems for teaching computer programming: PROUST and the LISP-tutor. In J. Pieters (Hrsg.), *Intelligent tutorial systems and instruction* (in press).

Vukobratovic, M., Stokic, D. & Kircanski, N. (1985). Communications and control engineering series. In A. Fettweis, J.L. Massey & M. Thoma (Hrsg.), *Non-adaptive and adaptive control of manipulation robots*. Heidelberg: Springer-Verlag.

Wager, W. & Gagné, R.M. (1988). Designing computer-aided instruction. In D.H. Jonassen (Hrsg.), *Instructional designs for microcomputer courseware* (S. 35-60). Hillsdale, N.J.: Erlbaum.

Wallach, B. (1987). Development strategies for ICAI on small computers. In G. Kearsley (Hrsg.), *Artificial intelligence and instruction* (S. 305-322). Reading, MA: Addison-Wesley.

Wedman, J.F. (1987). Citation patterns in the computer-based instruction literature. *Journal of Computer-Based Instruction*, *14*, 91-95.

Wenger, E. (1987). *Artificial intelligence and tutoring systems*. Los Altos, Cal.: Morgan Kaufmann.

Wescourt, K., Beard, M. & Gould, L. (1977). *Knowledge-based adaptive curriculum sequencing for CAI: Application of a network representation* (Proceedings of the National ACM Conference, Seattle, Washington). New York: Association for Computing Machinery, 234-240.

Wexler, J.D. (1970). Information networks in generative computer-assisted instruction. *IEEE Transactions on Man-Machine Systems*, *11*, 181-190.

Whitaker, H.P., Yamron, J. & Keezer, A. (1958). *Design of model reference adaptive control systems for aircraft* (Report R-164). Cambridge, Mass.: Instrumentation Laboratory, MIT.

White, B.Y. & Frederiksen, J.R. (1984). *Modeling expertise in troubleshooting and reasoning about simple electric circuits* (Proceedings of the Sixth Cognitive Science Society Conference, Boulder, Colorado, 337-343).

White, B.Y. & Frederiksen, J.R. (1985). QUEST: Qualitative understanding of electrical system troubleshooting. *ACM SIGART Newsletter (Proceedings of the Sixth Cognitive Science Society Conference, 34-37)*.

White, B.Y. & Frederiksen, J.R. (1986). *Intelligent tutoring systems based upon qualitative model evolution* (Proceedings of the National Conference on Artificial Intelligence, Philadelphia, 313-319).

Wieczerkowski, W., Nickel, H., Janowski, A. Fittkau, B. & Rauer, W. (1974). *Angstfragebogen für Schüler*. Braunschweig: Westermann.

Wiener, N. (1948). *Cybernetics*. New York: John Wiley and Sons.

Wilkinson, L. (1990a). *SYGRAPH: The system for graphics*. Evanston, IL: SYSTAT, Inc.

Wilkinson, L. (1990b). *SYSTAT: The system for statistics*. Evanston, IL: SYSTAT, Inc.

Winn, W. (1987). Instructional design and intelligent systems: Shifts in the designer's decision-making role. *Instructional Science*, *16*, 59-77.

Woodworth, R.S. (1938). *Experimental Psychology*. New York: Henry Holt.

Tabellenanhang

Anh. 3.1.1-1: Metaanalyse zu den Effekten von Lernerkontrolle (LK) und adaptiver Systemkontrolle (SK) der Antwortzeitbegrenzung in vier Experimenten der Tennyson-Arbeitsgruppe (Mittelwerte und Standardabweichungen bzw. varianzanalytische F-Werte, Effektstärken, mittlere Effektstärken sowie 95% Vertrauensintervalle)

	Tennyson & Park, 1984	Tennyson & Park, 1985b — Lernvoraussetzung: hoch	Tennyson & Park, 1985b — Lernvoraussetzung: niedrig	Tennyson, Park & Christensen, 1985 — Instruktionssequenz: General. Diskrim. Gen./Dis.	Tennyson, Welsh, Christensen & Hajovy, 1985	Mittlere Effektstärke und 95% Vertrauensintervall
Übungsphase, Aufgaben bearbeitet						
Systemkontrolle (SK)	22.2(4.9)	24.0(3.1)	28.4(8.2)	25.6 [F(1,65)=3.27][a)]		d+ = -0.58
Lernerkontrolle (LK)	26.6(5.9)	26.3(4.1)	32.9(6.3)	31.4 (SK vs. LK)	-	-0.85 < d+
Effektstärke g	-0.68	-0.56	-0.71	-0.45		< -0.30
Übungsphase, Zeit						
Systemkontrolle (SK)	7.0(0.5)	7.8(0.7)	10.8(1.7)	9.1 [F(1,65)=5.82][a)]		d+ = -0.84
Lernerkontrolle (LK)	9.5(2.0)	10.1(2.3)	13.2(3.2)	14.9 (SK vs. LK)	-	-1.13 < d+
Effektstärke g	-1.25	-1.00	-0.75	-.59		< -0.56
Nachtest, Zeit						
Systemkontrolle (SK)	4.0(1.1)	4.5(1.4)	4.9(1.5)			d+ = -1.14
Lernerkontrolle (LK)	5.7(1.6)	6.2(1.4)	6.6(1.4)	-	-	-1.49 < d+
Effektstärke g	-1.06	-1.21	-1.21			< -0.79
Behaltenstest, Zeit						
Systemkontrolle (SK)	3.9(1.0)	4.4(1.1)	4.6(1.5)			DELTA = -1.28
Lernerkontrolle (LK)	5.4(1.7)	6.0(1.2)	6.7(1.2)	-	-	-1.76 < DELTA
Effektstärke g	-0.88	-1.33	-1.75			< -0.79

Anh. 3.1.1-1: (fortgesetzt)

	Tennyson & Park, 1984	Tennyson & Park, 1985b		Tennyson, Park & Christensen, 1985			Tennyson, Welsh, Christensen & Hajovy, 1985	Mittlere Effektstärke und 95% Vertrauens-intervall
		Lernvoraussetzung		Instruktionssequenz				
		hoch	niedrig	General.	Diskrim.	Gen./Dis.		
Nachtest, Aufgaben richtig								
Systemkontrolle (SK)	16.4(2.1)	15.9(1.2)	12.4(1.9)	15.6(3.3)	14.2(2.6)	18.5(3.9)		d+ = +0.68
Lernerkontrolle (LK)	15.1(2.2)	13.5(2.0)	11.3(2.6)	13.6(2.5)	12.3(4.4)	14.9(4.9)	-	+0.40 < d+
Effektstärke g	+0.59	+1.20	+0.42	+0.80	+0.43	+0.73		< +0.96
Behaltenstest, Aufgaben richtig								
Systemkontrolle (SK)	16.6(2.1)	15.4(1.6)	11.3(2.3)	15.7(3.4)	13.6(3.4)	18.9(3.7)	23.6 [F(1,90)=6.34][a]	DELTA = +1.35
Lernerkontrolle (LK)	13.1(1.8)	12.5(1.7)	9.7(1.0)	11.1(1.8)	10.8(3.3)	14.5(4.7)	28.8 (Fehleranzahl)[b]	+0.84 < DELTA
Effektstärke g	+1.94	+1.71	+1.60	+2.56	+0.85	+0.94	+0.51	< +1.85
mittlere Effektstärke g	+1.07	+1.17	+1.07		+0.79		+0.51	d+ = +0.82 +0.59 < d+ < +1.06
Stichprobengröße								
Systemkontrolle (SK)	N = 24	N = 24	N = 24	N = 11	N = 11	N = 11	N = 49[c]	N total = 154
Lernerkontrolle (LK)	N = 24	N = 24	N = 24	N = 11	N = 11	N = 11	N = 49[c]	N total = 154

a) Es wurde nur der Haupteffekt Systemkontrolle vs. Lernerkontrolle berichtet.
b) Abhängige Variable ist in diesem Fall die Fehlerzahl.
c) Diese Werte sind angenommen, da nur die Gesamtstichprobengröße N=98 angegeben ist.

Anh. 3.1.2-1: Mittelwerte (Standardabweichungen), Exp. 1

	Total	adaptive Systemkontr.	Lerner-Kontrolle	invers-adaptive Systemkontr.
Vortest:				
Anzahl richtig	22.1	23.4	21.5	21.4
	(3.9)	(3.3)	(4.3)	(3.4)
Zeitbedarf Min.	9.2	9.5	8.6	4.4
	(4.1)	(4.6)	(4.4)	(3.2)
Übungsteil:				
Adaptivitätsindex	---	+0.43	---	-0.03
		(0.24)		(0.19)
Anzahl Items	148.4	141.4	93.8	209.9
	(93.2)	(88.4)	(60.3)	(91.0)
Anteil richtig	0.67	0.63	0.85	0.52
	(0.16)	(0.07)	(0.08)	(0.09)
Zeitbedarf Min.	33.7	25.7	30.8	44.6
	(19.8)	(13.2)	(20.9)	(20.0)
Nachtest:				
Anzahl richtig	26.1	26.5	25.9	26.0
	(2.9)	(2.3)	(3.1)	(3.2)
Zeitbedarf Min.	5.3	5.4	5.2	5.4
	(2.1)	(2.6)	(1.6)	(2.2)
Vpn N	66	22	22	22

Anh. 3.1.3-1: Mittelwerte (Standardabweichungen), Exp. 2

	Total	Lernerkontrolle	Adaptive Systemkontrolle: Total	Adaptivitätsindex: niedrig	Adaptivitätsindex: hoch
Vortest:					
Anzahl richtig	19.2	19.8	18.7	19.6	17.7
	(3.0)	(2.7)	(3.3)	(2.0)	(4.1)
Zeitbedarf Min.	9.5	10.2	9.5	9.1	10.0
	(2.6)	(2.8)	(2.4)	(2.3)	(2.5)
Übungsteil:					
Adaptivitätsindex	-	-	+0.40	+0.30	+0.49
			(0.14)	(0.09)	(0.10)
Anzahl Items	117.3	96.7	138.0	146.0	129.9
	(27.0)	(14.3)	(19.8)	(19.8)	(17.2)
Anteil richtig	0.64	0.79	0.49	0.49	0.48
	(0.09)	(0.09)	(0.07)	(0.06)	(0.09)
Nachtest:					
Anzahl richtig	42.1	42.3	42.0	40.1	43.1
	(3.4)	(3.6)	(3.3)	(3.2)	(3.1)
vortest-adjust.	-	41.9	42.3	40.7	44.0
		(3.0)	(2.9)	(2.8)	(2.1)
Vpn N	40	20	20	10	10

Anh. 3.2.2-1: Produktmoment-Korrelationen, Exp. 3

		(1)	(2)	(3)	(4)	(5)
Klassifikation, Nachtest	(1)	1.000				
Klassifikation, Behalten	(2)	0.507	1.000			
Hierarchie	(3)	0.012	0.115	1.000		
Definition: Oberbegriff	(4)	0.157	0.159	0.265	1.000	
Definition: Eigenschaften	(5)	0.374	0.202	-0.011	0.211	1.000

Anh. 3.2.2-2: Mittelwerte (Standardabweichungen), Exp. 3

		Definition neu zu erlernender Begriffe							
		Hierarchie-orientiert		Eigensch.-orientiert		H-		H+	
	Total	H-	H+	E-	E+	E-	E+	E-	E+
Klassif. Nachtest	59.0 (4.3)	59.3 (4.4)	58.7 (4.3)	59.1 (4.3)	58.9 (4.3)	59.8 (3.9)	58.8 (4.5)	58.3 (4.6)	59.1 (4.2)
Klassif. Behalten	59.0 (4.0)	58.8 (3.9)	59.2 (4.2)	59.3 (3.8)	58.8 (4.3)	59.5 (3.0)	58.1 (4.7)	59.0 (4.5)	59.4 (4.0)
Hierar-chie	31.9 (4.8)	30.4 (4.7)	33.5 (4.5)	32.7 (5.0)	31.2 (4.5)	31.2 (4.7)	29.7 (4.7)	34.2 (4.9)	32.7 (3.9)
Definit. Oberbegr.	21.1 (3.0)	20.9 (3.1)	21.3 (2.9)	21.2 (2.8)	20.9 (3.2)	20.8 (2.6)	20.9 (3.6)	21.6 (3.0)	21.0 (2.9)
Definit. Eigensch.	12.0 (2.6)	12.7 (2.5)	11.4 (2.6)	11.7 (2.6)	12.4 (2.6)	12.5 (2.6)	12.8 (2.5)	10.8 (2.3)	12.0 (2.8)
Vpn N	80	40	40	40	40	20	20	20	20

Anh. 3.2.3-1: Mittelwerte (Standardabweichungen), Exp. 4

		Definition neu zu erlernender Begriffe							
		Hierarchie-orientiert		Eigensch.-orientiert		H-		H+	
	Total	H-	H+	E-	E+	E-	E+	E-	E+
Wort-schatz	66.9 (13.4)	66.2 (15.2)	67.6 (11.4)	65.4 (14.0)	68.4 (12.7)	64.5 (17.2)	67.9 (13.1)	66.5 (10.2)	68.9 (12.7)
Klassif. VT	40.2 (4.3)	40.5 (4.5)	39.9 (4.2)	40.0 (4.5)	40.3 (4.2)	40.6 (4.9)	40.4 (4.2)	39.5 (4.2)	40.3 (4.2)
Klassif. NT	46.5 (4.0)	46.7 (4.1)	46.4 (3.9)	46.3 (4.5)	46.8 (3.4)	46.0 (5.1)	47.4 (2.8)	46.6 (3.8)	46.2 (4.0)
Klassif. BT	46.2 (4.9)	45.9 (5.5)	46.5 (4.2)	45.8 (5.7)	46.6 (3.9)	45.8 (6.4)	46.1 (4.7)	45.9 (5.1)	47.0 (3.0)
Hierar-chie NT	38.1 (6.2)	37.3 (7.5)	38.8 (4.7)	38.2 (5.7)	37.9 (6.8)	37.8 (6.3)	36.8 (8.6)	38.3 (5.3)	39.1 (4.1)
Hierar-chie BT	38.0 (5.0)	37.8 (5.5)	38.2 (4.5)	37.2 (5.8)	38.9 (3.9)	36.7 (6.5)	39.0 (4.1)	37.6 (5.1)	38.8 (3.8)
Defini-tion NT	5.1 (1.5)	4.9 (1.6)	5.4 (1.3)	5.1 (1.6)	5.2 (1.4)	4.7 (1.8)	5.1 (1.4)	5.5 (1.2)	5.3 (1.4)
Vpn N	80	40	40	40	40	20	20	20	20

Anh. 3.2.3-2: Produktmoment-Korrelationen des residualen Lernerfolgs, Exp. 4

		(1)	(2)	(3)	(4)	(5)
Klassifikation, NT	(1)	1.000				
Klassifikation, BT	(2)	0.670	1.000			
Hierarchie, NT	(3)	0.212	0.282	1.000		
Hierarchie, BT	(4)	0.326	0.591	0.326	1.000	
Definition, NT	(5)	0.381	0.367	0.301	0.221	1.000

Anh. 3.2.3-3: Residualer Lernerfolg, Exp. 4, Mittelwerte (Standardabweichungen)

	Total	Definition neu zu erlernender Begriffe: Hierarchie-orientiert H-	H+	Eigensch.-orientiert E-	E+	H- E-	H- E+	H+ E-	H+ E+
Klassif. NT	0.00 (3.35)	0.23 (2.88)	-0.23 (3.79)	-0.04 (3.23)	0.04 (3.51)	-0.22 (3.02)	0.68 (2.74)	0.15 (3.51)	-0.61 (4.11)
Klassif. BT	0.00 (3.93)	-0.17 (4.11)	0.17 (3.79)	-0.10 (4.02)	0.10 (3.88)	-0.07 (3.68)	-0.28 (4.59)	-0.14 (4.44)	0.49 (3.09)
Hierar. NT	0.00 (5.78)	-0.70 (6.83)	0.70 (4.47)	0.36 (4.90)	-0.36 (6.59)	0.06 (4.84)	-1.46 (8.44)	0.67 (5.06)	0.74 (3.91)
Hierar. BT	0.00 (4.52)	0.19 (5.01)	-0.19 (4.02)	-0.36 (5.27)	0.36 (3.65)	-0.11 (5.96)	0.49 (3.98)	-0.61 (4.62)	0.24 (3.39)
Defin. NT	0.00 (1.35)	-0.24 (1.40)	0.24 (1.26)	0.01 (1.37)	-0.01 (1.34)	-0.36 (1.56)	-0.12 (1.26)	0.37 (1.07)	0.11 (1.44)
Vpn N	80	40	40	40	40	20	20	20	20

Anh. 3.2.3-4: Korrelationen zwischen Wortschatz und residualem Lernerfolg, Exp. 4

	Total	Definition neu zu erlernender Begriffe: Hierarchie-orientiert H-	H+	Eigensch.-orientiert E-	E+	H- E-	H- E+	H+ E-	H+ E+
Klass. NT	0.23	0.01	0.48	0.17	0.30	-0.11	0.14	0.58	0.44
Klass. BT	0.12	-0.05	0.37	0.12	0.12	-0.06	-0.05	0.38	0.37
Hierar.NT	0.05	-0.01	0.15	-0.04	0.14	-0.07	0.05	-0.02	0.35
Hierar.BT	0.06	-0.13	0.38	0.06	0.04	-0.18	-0.05	0.60	0.15
Defin. NT	0.10	-0.02	0.25	-0.05	0.26	-0.11	0.10	0.02	0.41
Vpn N	80	40	40	40	40	20	20	20	20

Anh. 3.3.2-1: Varimax-rotierte Hauptkomponentenladungen der Persönlichkeitsskalen, Exp. 5

Skala	Komponente 1	2
Prüfungsangst	0.814	0.044
Gelernte Hilfosigkeit	0.804	-0.191
Allg. Ängstlichkeit	0.699	0.002
Emotionale Labilität	0.646	0.190
Selbstwirksamkeit	0.135	0.794
Neugierde	0.186	0.839
Gewählte Bezeichnung:	Ängstlichkeit	Selbstvertrauen

Anh. 3.3.2-2: Korrelationen der drei abhängigen Variablen, Exp. 5

	Handlung	Wissen 1[a)]	Wissen 2[a)]
Handlung	1.000		
Wissen 1	-0.057	1.000	
Wissen 2	0.098	0.409	1.000

a) Vorwissen auspartialisiert.

Anh. 3.3.2-3: Mittelwerte (Standardabweichungen) der unabhängigen und abhängigen Variablen, Exp. 5

						V-		V+	
	TOT	A-	A+	V-	V+	A-	A+	A-	A+
Vortest:									
Vorwissen	15.6	15.8	15.5	15.3	16.0	15.8	14.8	15.7	16.3
	(3.9)	(4.1)	(3.9)	(4.3)	(3.6)	(4.6)	(4.0)	(3.6)	(3.7)
Wortschatz	41.1	41.9	40.2	40.4	41.8	42.8	38.0	41.1	42.4
	(8.1)	(6.9)	(9.2)	(8.8)	(7.5)	(7.6)	(9.5)	(6.2)	(8.7)
ind.Denken	53.1	52.6	53.5	51.1	55.0	51.1	51.0	54.0	55.9
	(9.4)	(10.4)	(8.6)	(10.0)	(8.6)	(11.7)	(8.3)	(9.0)	(8.3)
Ängstlichk.	0.0	0.0	0.0	0.0	0.0	0.0	0.0	0.1	-0.1
	(1.0)	(0.9)	(0.9)	(1.0)	(1.0)	(0.9)	(1.1)	(0.9)	(1.2)
Selbstvertr.	0.0	0.1	-0.1	0.0	0.0	0.2	-0.3	0.0	0.1
	(1.0)	(1.1)	(0.9)	(0.9)	(1.1)	(0.9)	(0.8)	(1.2)	(1.0)
Nachtest:									
Handlung	5.8	6.1	5.6	5.8	5.8	6.8	4.8	5.3	6.4
	(2.6)	(2.2)	(3.0)	(2.2)	(3.0)	(2.3)	(1.7)	(1.9)	(3.9)
Wissen 1	20.2	19.6	20.7	19.9	20.4	18.8	21.1	20.5	20.3
	(4.3)	(4.6)	(4.0)	(4.7)	(4.0)	(5.0)	(4.2)	(4.1)	(3.9)
Wissen 2	7.3	7.1	7.6	7.2	7.4	6.9	7.5	7.3	7.6
	(2.6)	(2.7)	(2.5)	(2.5)	(2.7)	(2.7)	(2.8)	(3.2)	(2.3)
Nachtest, Vorwissen auspartialisiert:									
Wissen 1	0.0	-0.6	0.6	0.0	0.0	-1.5	1.4	0.3	-0.2
	(3.6)	(4.0)	(3.3)	(3.6)	(3.8)	(3.3)	(3.3)	(4.4)	(3.2)
Wissen 2	0.0	-0.3	0.3	-0.1	0.1	-0.5	0.4	-0.1	0.2
	(2.4)	(2.6)	(2.2)	(2.2)	(2.6)	(2.0)	(2.4)	(3.2)	(2.0)
Vpn N	64	32	32	32	32	16	16	16	16

Anh. 3.3.2-4: Korrelationen und ATI-Effekte, Exp. 5 [a]

	TOT	A-	A+	V-	V+	V- A-	V- A+	V+ A-	V+ A+
Handlungskompetenz (H):									
r(H,Vorwissen)	02	-16	15	21	-14	08	31	-55	02
r(H,Wortschatz)	04	03	03	34	-22	00	54	-02	-32
r(H,ind.Denken)	-05	-02	-07	27	-32	26	37	-32	-41
r(H,Ängstlichkeit)	-01	-01	-02	-08	04	03	-22	-02	09
r(H,Selbstvertr.)	18	-13	43	17	19	-03	10	-31	51
Wissen 1 (W1): [b]									
r(W1,Vorwissen)	00	-01	05	17	-20	39	09	-38	06
r(W1,Wortschatz)	35	36	52	23	50	29	47	54	54
r(W1,ind.Denken)	34	21	62	20	51	-11	70	48	59
r(W1,Ängstlichkeit)	-26	-11	-39	-09	-41	21	-38	-40	-49
r(W1,Selbstvertr.)	16	44	-14	-01	28	49	-21	47	-03
Wissen 2 (W2): [b]									
r(W2,Vorwissen)	00	-08	22	10	00	-05	29	-11	16
r(W2,Wortschatz)	38	27	54	26	52	12	46	43	70
r(W2,ind.Denken)	38	22	60	22	55	-06	56	45	74
r(W2,Ängstlichkeit)	-08	12	-26	-06	-10	03	-14	17	-41
r(W2,Selbstvertr.)	09	21	-03	-02	16	32	-20	17	15
Wissen 1, Wissen 2, [b] *Handlungskompetenz:*									
r(W1,W2)	41	34	48	42	40	38	39	31	61
r(W1,H)	-06	02	-10	02	-11	22	33	02	-21
r(W2,H)	10	20	04	21	03	32	39	20	-12
Vpn N	64	32	32	32	32	16	16	16	16

[a] Dezimalpunkte wurden fortgelassen.
[b] Bei den Nachtestvariablen Wissen 1 und 2 wurde das Vorwissen auspartalisiert.

Anh. 3.3.2-5: Varimax-rotierte Hauptkomponentenladungen der Persönlichkeitsskalen, Exp. 6

Skala	Komponente 1	2
Prüfungsangst	0.735	-0.213
Gelernte Hilfosigkeit	0.795	-0.149
Allg. Ängstlichkeit	0.808	-0.099
Emotionale Labilität	0.824	0.153
Selbstwirksamkeit	-0.271	0.744
Neugierde	0.089	0.871
Gewählte Bezeichnung:	Ängstlichkeit	Selbstvertrauen

Anh. 3.3.2-6: Korrelationen der drei abhängigen Variablen, Exp. 6

	Handlung	Wissen 1[a)]	Wissen 2[a)]
Handlung	1.000		
Wissen 1	-0.251	1.000	
Wissen 2	0.078	0.314	1.000

a) Vorwissen auspartialisiert.

Anh. 3.3.2-7: Mittelwerte (Standardabweichungen) der unabhängigen und abhängigen Variablen, Exp. 6

	TOT	A-	A+		TOT	A-	A+
Vortest:				*Nachtest:*			
Vorwissen	16.1	17.3	15.0	Handlung	5.3	5.8	4.8
	(4.2)	(2.2)	(5.4)		(1.8)	(2.1)	(1.4)
Wortschatz	67.0	66.8	67.2	Wissen1	22.8	22.3	23.4
	(11.3)	(12.2)	(10.6)		(2.4)	(2.1)	(2.5)
ind.Denken	30.6	30.0	31,3	Wissen2	8.2	7.7	8.8
	(4.0)	(4.3)	(3.6)		(1.7)	(1.9)	(1.5)
Ängstlichk.	0.0	-0.2	0.2	*Nachtest (Residuen):*			
	(1.0)	(0.8)	(1.2)	Wissen1	0.0	-0.9	0.9
Selbstvertr.	0.0	0.0	0.0		(2.0)	(1.9)	(1.8)
	(1.0)	(1.0)	(1.0)	Wissen2	0.0	-0.6	0.6
					(1.7)	(1.9)	(1.5)
Vpn N	38	19	19		38	19	19

Anh. 3.3.2-8: Korrelationen und ATI-Effekte, Exp. 6[a]

	TOT	A-	A+		TOT	A-	A+
Handlungskompetenz (H):				*Wissen 1, Wissen 2,*[b] *Handlungskompetenz:*			
r(H,Vorwissen)	01	05	-17				
r(H,Wortschatz)	-26	-10	-55	r(W1,W2)	31	35	00
r(H,ind.Denken)	02	22	-20	r(W1,H)	-25	03	-46
r(H,Ängstlichkeit)	-12	-20	04	r(W2,H)	08	20	16
r(H,Selbstvertr.)	-05	-08	02				
Wissen 1 (W1):[b]				*Wissen 2 (W2):*[b]			
r(W1,Vorwissen)	00	11	17	r(W2,Vorwissen)	00	22	06
r(W1,Wortschatz)	31	23	46	r(W2,Wortschatz)	23	25	21
r(W1,ind.Denken)	14	-06	26	r(W2,ind.Denken)	10	-04	19
r(W1,Ängstlichkeit)	-11	-25	-18	r(W2,Ängstlichkeit)	07	07	-03
r(W1,Selbstvertr.)	-03	25	-35	r(W2,Selbstvertr.)	17	24	09
Vpn N	38	19	19		38	19	19

a) Dezimalpunkte wurden fortgelassen.
b) Bei den Nachtestvariablen Wissen 1 und 2 wurde das Vorwissen auspartalisiert.

Anh. 3.3.2-9: Varimax-rotierte Hauptkomponentenladungen der Persönlichkeitsskalen, Exp. 7

Skala	Komponente 1	2
Prüfungsangst	0.695	0.169
Gelernte Hilfosigkeit	0.768	-0.215
Allg. Ängstlichkeit	0.782	-0.094
Emotionale Labilität	0.768	0.259
Selbstwirksamkeit	-0.231	0.836
Neugierde	0.391	0.640
Gewählte Bezeichnung:	Ängstlichkeit	Selbstvertrauen

Anh. 3.3.2-10: Korrelationen der fünf abhängigen Variablen, Exp. 7

	Handlung	Wissen Teil 1[a)]	Wissen Teil 2[a)]	Behalten Teil 1[a)]	Behalten Teil 2[a)]
Handlung	1.000				
Wissen 1	0.154	1.000			
Wissen 2	-0.015	0.068	1.000		
Behalten 1	0.140	0.684	0.162	1.000	
Behalten 2	0.088	0.196	0.619	0.255	1.000

a) Vorwissen auspartialisiert.

Anh. 3.3.2-11: Mittelwerte (Standardabweichungen) der unabhängigen und abhängigen Variablen, Exp. 7

						H-		H+	
	TOT	A-	A+	H-	H+	A-	A+	A-	A+
Vortest:									
Vorwissen	16.7	16.4	17.0	16.3	17.2	15.7	16.9	17.2	17.2
	(3.6)	(4.0)	(3.2)	(3.8)	(3.4)	(4.3)	(3.2)	(3.6)	(3.3)
Wortschatz	36.9	36.4	37.5	37.6	36.1	36.9	38.4	35.7	36.6
	(7.0)	(7.1)	(7.0)	(6.8)	(7.3)	(6.6)	(7.0)	(7.8)	(7.0)
ind.Denken	21.4	21.1	21.8	21.3	21.5	21.2	21.5	21.0	22.1
	(3.8)	(3.7)	(3.9)	(3.8)	(3.8)	(3.7)	(4.0)	(3.8)	(3.8)
Ängstlichk.	0.0	0.1	-0.1	0.1	-0.1	0.2	0.0	0.1	-0.3
	(1.0)	(1.0)	(1.0)	(1.0)	(1.0)	(1.1)	(0.9)	(0.9)	(1.1)
Selbstvertr.	0.0	0.0	0.0	-0.1	0.1	-0.2	-0.1	0.3	0.0
	(1.0)	(1.1)	(0.9)	(1.0)	(1.0)	(1.1)	(0.8)	(1.1)	(1.0)
Nachtest:									
Handlung	6.0	5.9	6.0	5.7	6.2	5.4	6.1	6.5	6.0
	(3.3)	(2.4)	(4.1)	(3.7)	(2.9)	(2.1)	(4.9)	(2.6)	(3.2)
Wissen 1	21.1	20.2	22.1	20.6	21.7	19.3	21.8	21.1	22.3
	(3.4)	(3.8)	(2.7)	(3.6)	(3.1)	(4.1)	(2.5)	(3.2)	(2.8)
Wissen 2	7.9	7.9	7.8	7.6	8.1	7.7	7.5	8.2	8.1
	(1.9)	(1.8)	(2.1)	(2.1)	(1.7)	(2.0)	(2.3)	(1.5)	(1.9)
Nachtest, Vorwissen auspartialisiert:									
Wissen 1	0.0	-0.8	0.8	-0.3	0.3	-1.3	0.6	-0.3	0.9
	(2.7)	(3.1)	(2.0)	(2.7)	(2.7)	(3.3)	(1.6)	(2.9)	(2.4)
Wissen 2	0.0	0.1	-0.1	-0.2	0.2	0.1	-0.4	0.2	0.1
	(1.7)	(1.5)	(1.9)	(1.9)	(1.6)	(1.8)	(1.9)	(1.2)	(1.9)
Behaltenstest:									
Behalten 1	21.2	20.6	21.8	20.1	22.3	19.1	21.1	22.2	22.5
	(3.4)	(3.7)	(3.0)	(3.6)	(2.8)	(3.8)	(3.1)	(2.9)	(2.8)
Behalten 2	7.7	7.6	7.9	7.3	8.1	7.2	7.5	8.0	8.3
	(1.9)	(1.9)	(2.0)	(2.0)	(1.7)	(2.1)	(2.0)	(1.6)	(1.9)
Behaltenstest, Vorwissen auspartialisiert:									
Behalten 1	0.0	-0.4	0.4	-0.9	0.9	-1.6	-0.2	0.8	1.0
	(2.7)	(2.7)	(2.6)	(2.9)	(2.2)	(2.9)	(2.8)	(2.1)	(2.3)
Behalten 2	0.0	-0.1	0.1	-0.3	0.3	-0.4	-0.3	0.2	0.4
	(1.8)	(1.8)	(1.7)	(1.8)	(1.7)	(2.0)	(1.6)	(1.6)	(1.9)
Vpn N	80	40	40	40	40	20	20	20	20

Anh. 3.3.2-12: Korrelationen und ATI-Effekte, Exp. 7[a]

						H-		H+	
	TOT	A-	A+	H-	H+	A-	A+	A-	A+
Handlungskompetenz (H):									
r(H,Vorwissen)	19	25	17	21	15	16	27	28	03
r(H,Wortschatz)	14	11	17	25	03	10	32	15	-06
r(H,ind.Denken)	23	21	25	31	12	01	45	39	-07
r(H,Ängstlichkeit)	-02	-05	01	-06	05	-08	-05	-02	07
r(H,Selbstvertr.)	08	02	13	22	-12	41	15	-43	12
Wissen 1 (W1):[b]									
r(W1,Vorwissen)	00	-03	-01	09	-13	01	11	-17	-09
r(W1,Wortschatz)	13	09	16	19	11	18	16	03	19
r(W1,ind.Denken)	06	00	09	-08	20	-24	13	27	06
r(W1,Ängstlichkeit)	-16	03	-37	05	-35	24	-32	-27	-38
r(W1,Selbstvertr.)	11	13	12	05	15	-05	22	28	05
Wissen 2 (W2):[b]									
r(W2,Vorwissen)	00	-04	05	03	-07	-09	22	02	-13
r(W2,Wortschatz)	14	12	17	-21	54	-14	-25	46	64
r(W2,ind.Denken)	-03	-11	04	-06	-01	-09	-04	-15	09
r(W2,Ängstlichkeit)	29	32	25	45	13	38	53	20	09
r(W2,Selbstvertr.)	03	09	-03	-16	22	04	-40	15	28
Behalten 1 (B1):[b]									
r(B1,Vorwissen)	00	09	-15	-02	-07	02	-18	00	-15
r(B1,Wortschatz)	10	10	08	06	25	16	-09	14	36
r(B1,ind.Denken)	02	04	-04	-12	17	-11	-15	27	06
r(B1,Ängstlichkeit)	00	19	-14	29	-29	44	17	-17	-37
r(B1,Selbstvertr.)	11	11	12	01	14	-17	22	30	00
Behalten 2 (B2):[b]									
r(B2,Vorwissen)	00	-11	13	15	-22	-10	56	-22	-22
r(B2,Wortschatz)	18	04	32	07	33	04	09	07	59
r(B2,ind.Denken)	-07	-20	05	-15	-01	-26	-02	-13	08
r(B2,Ängstlichkeit)	-02	07	-09	39	-39	33	49	-33	-42
r(B2,Selbstvertr.)	15	23	05	14	11	28	-11	09	15
Wissen 1, Wissen 2,[b] *Handlungskompetenz:*									
r(W1,W2)	07	07	-18	07	04	42	-43	14	-04
r(W1,H)	15	15	16	27	-01	37	31	-02	03
r(W2,H)	-02	-02	-03	10	-22	31	04	-38	-13
Behalten 1, Behalten 2,[b] *Handlungskompetenz:*									
r(B1,B2)	26	26	28	16	29	24	05	07	45
r(B1,H)	14	14	11	13	12	13	11	12	12
r(B2,H)	09	09	13	10	05	09	12	-11	16
Vpn N	80	40	40	40	40	20	20	20	20

a) Dezimalpunkte wurden fortgelassen.
b) Bei den Nachtestvariablen Wissen 1 und 2 wurde das Vorwissen auspartalisiert.

Anh. 3.3.3-1: Mediane, Mittelwerte (Standardaweichungen), Exp. 8

		Total	A-	A+
Wissens-Vortest	Mittelwert	27.2	27.2	27.3
	Standardabw.	3.7	2.9	4.4
	Median	28.0	28.0	29.0
Wissens-Nachtest	Mittelwert	34.6	33.7	35.5
	Standardabw.	2.0	1.8	1.8
	Median	35.0	34.0	36.0
Betriebs-vermögen	Mittelwert	703603	706449	700757
	Standardabw.	71573	77715	67936
	Median	703538	717693	688966
Vpn N		26	13	13

Anh. 3.3.3-2: Varimax-rotierte Hauptkomponentenladungen der Persönlichkeitsskalen, Exp. 9

Skala	Komponente 1	2
Prüfungsangst	0.765	-0.270
Gelernte Hilfosigkeit	0.684	-0.469
Allg. Ängstlichkeit	0.786	0.064
Emotionale Labilität	0.704	0.153
Selbstwirksamkeit	-0.258	0.767
Neugierde	0.291	0.825
Gewählte Bezeichnung:	Ängstlichkeit	Selbstvertrauen

Anh. 3.3.3-3: Korrelationen der vier abhängigen Variablen, Exp. 9

	Handlung Aspekt 1	Handlung Aspekt 2	Wissen Teil 1[a)]	Wissen Teil 2[a)]
Handlung 1	1.000			
Handlung 2	0.883	1.000		
Wissen 1	0.292	0.231	1.000	
Wissen 2	0.198	0.225	0.331	1.000

a) Vorwissen auspartialisiert.

Anh. 3.3.3-4: Mittelwerte (Standardabweichungen) der unabhängigen und abhängigen Variablen, Exp. 9

		feed-	ad-	Detailliertheit			-- feedback --			--- advice ---		
	TOT	back	vice	D1	D2	D3	D1	D2	D3	D1	D2	D3
Vortest:												
Vor-	19.5	19.5	19.4	19.5	20.1	18.8	19.9	19.6	19.1	19.1	20.6	18.5
wissen	(3.0)	(3.1)	(2.9)	(2.7)	(3.0)	(3.1)	(2.6)	(3.5)	(3.2)	(2.9)	(2.3)	(3.0)
Wort-	54.4	54.1	54.7	53.4	55.1	54.8	50.5	57.0	54.9	56.3	53.1	54.5
schatz	(10.5)	(11.0)	(10.1)	(11.7)	(11.2)	(8.6)	(12.3)	(10.7)	(9.3)	(10.5)	(11.6)	(8.1)
indukt.	28.4	27.8	29.0	28.1	28.6	28.6	27.7	27.8	28.0	28.4	29.3	29.2
Denken	(6.0)	(6.2)	(4.9)	(5.7)	(5.7)	(5.5)	(6.5)	(7.1)	(5.2)	(4.8)	(3.9)	(5.8)
Ängst-	0.0	0.1	-0.1	-0.1	0.1	-0.2	0.3	0.1	-0.2	-0.2	0.1	-0.2
lichk.	(1.0)	(1.0)	(1.0)	(1.1)	(1.1)	(0.8)	(1.3)	(0.8)	(0.7)	(0.9)	(1.3)	(0.8)
Selbst-	0.0	0.1	-0.1	-0.1	0.2	-0.1	0.1	0.4	-0.3	-0.2	0.0	0.1
vertr.	(1.0)	(1.0)	(1.0)	(1.1)	(0.8)	(1.1)	(0.9)	(0.7)	(1.1)	(1.2)	(0.8)	(1.1)
Nachtest:												
Hand-	14.2	13.8	14.5	11.7	13.3	17.5	9.9	14.7	16.7	13.5	11.8	18.3
lung 1	(9.3)	(8.7)	(9.8)	(7.6)	(7.7)	(11.2)	(6.9)	(7.9)	(10.1)	(8.0)	(7.4)	(12.5)
Hand-	6.6	6.0	7.1	4.0	6.2	9.5	3.3	6.8	8.0	14.8	5.5)	11.1
lung 2	(7.4)	(6.8)	(8.1)	(5.2)	(6.3)	(9.2)	(5.1)	(6.5)	(7.9)	(5.4)	(6.3)	(10.3)
Wissen 1	26.4	26.5	26.3	26.2	27.0	26.0	27.4	26.5	25.8	25.1	27.5	26.1
	(3.3)	(3.2)	(3.5)	(3.9)	(2.5)	(3.4)	(3.2)	(2.6)	(3.6)	(4.3)	(2.2)	(3.3)
Wissen 2	17.0	16.8	17.2	16.5	17.2	17.3	16.6	16.7	17.2	16.5	17.6	17.3
	(3.5)	(3.4)	(3.6)	(3.8)	(3.5)	(3.2)	(4.0)	(3.4)	(2.7)	(2.6)	(3.6)	(3.7)
Nachtest, Vorwissen auspartialisiert:												
Wissen 1	0.0	0.1	-0.1	-0.2	0.2	-0.0	0.7	-0.1	-0.4	-1.1	0.5	0.4
	(2.8)	(2.6)	(2.9)	(3.1)	(2.5)	(2.7)	(2.7)	(2.3)	(2.9)	(3.3)	(2.8)	(2.5)
Wissen 2	0.0	-0.2	2.0	-0.5	-0.1	0.6	-0.6	-0.3	0.4	-0.3	0.2	0.8
	(3.2)	(3.2)	(3.3)	(3.3)	(3.4)	(2.9)	(3.5)	(3.4)	(2.7)	(3.1)	(3.5)	(3.2)
Vpn N	132	66	66	44	44	44	22	22	22	22	22	22

Anh. 3.3.3-5: Korrelationen und ATI-Effekte, Exp. 9[a]

	TOT	feed-back	ad-vice	Detailliertheit D1	D2	D3	feedback D1	D2	D3	advice D1	D2	D3
Handlungskompetenz (H1):												
r(H1,Vorwissen)	07	13	02	01	-10	32	01	15	29	08	-43	37
r(H1,Wortschatz)	27	23	31	27	30	27	19	02	32	28	53	23
r(H1,ind.Denken)	24	21	27	18	06	41	36	05	30	-04	18	49
r(H1,Ängstlichk.)	-10	-04	-15	-15	06	-11	-19	-03	34	-01	13	-45
r(H1,Selbstvertr.)	23	08	36	03	13	47	01	05	24	12	12	64
Handlungskompetenz (H2):												
r(H2,Vorwissen)	12	16	09	09	-06	36	02	13	36	18	-31	43
r(H2,Wortschatz)	20	16	24	11	27	24	-09	09	30	27	41	20
r(H2,ind.Denken)	20	17	24	08	03	41	12	08	34	02	-02	45
r(H2,Ängstlichk.)	-14	-07	-18	-18	07	-23	-26	01	23	-01	11	-56
r(H2,Selbstvertr.)	20	07	31	-09	04	50	-14	-03	33	-02	04	60
Wissen (W1):[b]												
r(W1,Vorwissen)	00	-04	03	27	-39	07	09	-32	08	35	-60	11
r(W1,Wortschatz)	25	30	21	30	18	27	38	31	35	44	11	17
r(W1,ind.Denken)	26	23	32	26	16	37	21	12	40	39	20	32
r(W1,Ängstlichk.)	-15	-12	-19	-36	06	-08	-59	31	13	-32	-08	-31
r(W1,Selbstvertr.)	15	01	26	13	11	20	-06	-04	05	18	28	31
Wissen (W2):[b]												
r(W2,Vorwissen)	00	-09	10	27	-15	-05	34	-23	-30	23	-07	20
r(W2,Wortschatz)	14	22	06	03	20	20	06	36	26	-03	10	15
r(W2,ind.Denken)	17	10	24	14	04	35	08	03	25	23	02	42
r(W2,Ängstlichk.)	-11	-04	-17	-18	-05	-04	-34	31	27	11	-29	-29
r(W2,Selbstvertr.)	13	06	21	15	05	22	25	-14	13	08	26	27
Wissen1, Wissen2,[b] *Handlung 1, Handlung 2:*												
r(W1,W2)	33	35	32	26	54	20	35	56	23	23	51	16
r(W1,H1)	29	21	36	29	29	33	44	17	27	36	45	38
r(W1,H2)	23	12	33	33	23	20	44	21	00	35	28	35
r(W2,H1)	20	19	21	07	28	18	23	13	15	-11	47	20
r(W2,H2)	23	21	23	05	32	21	32	27	03	-24	39	31
r(H1,H2)	88	84	91	85	89	88	84	88	79	86	89	94
Vpn N	132	66	66	44	44	44	22	22	22	22	22	22

a) Dezimalpunkte wurden fortgelassen.
b) Bei den Nachtestvariablen Wissen 1 und 2 wurde Vorwissen auspartalisiert.

Anh. 3.3.3-6: Varimax-rotierte Hauptkomponentenladungen der Persönlichkeitsskalen, Exp. 10

Skala	Komponente 1	2
Prüfungsangst	0.809	-0.323
Gelernte Hilfosigkeit	0.093	-0.673
Allg. Ängstlichkeit	0.599	-0.161
Emotionale Labilität	0.613	-0.019
Selbstwirksamkeit	-0.068	0.870
Neugierde	0.647	0.376
Gewählte Bezeichnung:	Ängstlichkeit	Selbstvertrauen

Anh. 3.3.3-7: Korrelationen der vier abhängigen Variablen, Exp. 10

	Handlung Aspekt 1	Handlung Aspekt 2	Wissen Teil 1[a)]	Wissen Teil 2[a)]
Handlung 1	1.000			
Handlung 2	0.747	1.000		
Wissen 1	0.027	-0.036	1.000	
Wissen 2	0.053	-0.047	0.375	1.000

a) Vorwissen auspartialisiert.

Anh. 3.3.3-8: Mittelwerte (Standardabweichungen) der unabhängigen und abhängigen Variablen, Exp. 10

	TOT	feed-back	ad-vice
Vortest:			
Vorwissen	20.5	20.8	20.2
	(2.5)	(2.5)	(2.6)
Wortschatz	67.9	68.2	67.7
	(11.6)	(12.7)	(10.6)
ind.Denken	30.5	30.9	30.1
	(4.6)	(4.4)	(4.8)
Ängstlichk.	0.0	0.2	-0.2
	(1.0)	(1.2)	(0.8)
Selbstvertr.	0.0	-0.1	0.1
	(1.0)	(1.2)	(0.8)
Vpn N	40	20	20

	TOT	feed-back	ad-vice
Nachtest (NT):			
Handlungskomp. 1	7.2	8.0	6.5
	(3.8)	(4.3)	(3.1)
Handlungskomp. 2	3.3	3.5	3.1
	(3.3)	(3.4)	(3.3)
Wissen 1	26.1	25.0	27.3
	(3.8)	(4.5)	(2.4)
Wissen 2	17.4	16.9	18.0
	(4.4)	(5.3)	(3.5)
NT, Vorwissen auspartialisiert:			
Wissen 1	0.0	-1.4	1.4
	(3.4)	(3.7)	(2.4)
Wissen 2	0.0	-0.7	0.7
	(4.1)	(4.7)	(3.4)
Vpn N	40	20	20

Anh. 3.3.3-9: Korrelationen und ATI-Effekte, Exp. 10[a]

	TOT	feed-back	ad-vice
Handlungskompetenz (H1):			
r(H1,Vorwissen)	46	55	34
r(H1,Wortschatz)	26	50	-14
r(H1,ind.Denken)	25	48	-07
r(H1,Ängstlichk.)	-15	-20	-18
r(H1,Selbstvertr.)	33	50	08
Handlungskompetenz (H2):			
r(H2,Vorwissen)	46	39	54
r(H2,Wortschatz)	22	49	-11
r(H2,ind.Denken)	26	33	18
r(H2,Ängstlichk.)	-16	-26	-04
r(H2,Selbstvertr.)	35	45	23
Wissen1, Wissen2, Handlung1, Handlung2:[b]			
r(W1,W2)	38	42	16
r(W1,H1)	03	35	-36
r(W1,H2)	-04	21	-38
Vpn N	40	20	20

	TOT	feed-back	ad-vice
Wissen (W1):[b]			
r(W1,Vorwissen)	00	32	-35
r(W1,Wortschatz)	17	22	16
r(W1,ind.Denken)	11	07	30
r(W1,Ängstlichk.)	-01	09	-02
r(W1,Selbstvertr.)	20	28	-07
Wissen (W2):[b]			
r(W2,Vorwissen)	00	20	-21
r(W2,Wortschatz)	12	17	06
r(W2,ind.Denken)	-05	-09	04
r(W2,Ängstlichk.)	18	23	16
r(W2,Selbstvertr.)	09	05	11
r(W2,H1)	05	22	-15
r(W2,H2)	-05	-02	-07
r(H1,H2)	75	71	83
Vpn N	40	20	20

a) Dezimalpunkte wurden fortgelassen.
b) Bei den Nachtestvariablen Wissen 1 und 2 wurde das Vorwissen auspartalisiert.

Autorenverzeichnis

Schlagwortverzeichnis